高等学校物流管理与工程专业系列教材

"十二五"普通高等教育本科国家级规划教材

全国优秀教材
二等奖

THIRD PARTY LOGISTICS

第三方物流（第三版）

主　编　骆温平

U0852378

中国教育出版传媒集团
高等教育出版社·北京

内容简介

本教材是“十二五”普通高等教育本科国家级规划教材，是教育部“新世纪优秀人才支持计划”（NCET）、上海市重点学科建设项目（T0602）及上海市教委重点科技项目（05ZS36）的部分成果，是在第三方物流（第二版）基础上修订的第三版教材。

本教材共十二章，从第三方物流理论、行业到企业三个层面展开。第一章至第三章为理论部分，主要是关于第三方物流与供应链管理互动的理论。第四章至第五章为第三方物流行业状况与市场细分。第六章至第十二章为第三方物流服务提供方与使用方战略与运作实务。其中第六章至第八章主要是第三方物流服务使用方的物流与配送网络优化设计、绩效衡量与监控、第三方物流采购与招标，第九章至第十一章主要是第三方物流服务提供方的物流项目投标、企业战略与核心能力建设、企业组织创新。第十二章是关于双方的合同与费用结构。

本书适合大学本科物流及相关专业的学生使用，也适合第三方物流服务提供方与使用方企业业务人员培训与自学。

图书在版编目（CIP）数据

第三方物流/骆温平主编. --3版. --北京：高等教育出版社，2019.7（2025.1重印）

ISBN 978-7-04-050169-8

Ⅰ. ①第… Ⅱ. ①骆… Ⅲ. ①物流管理-高等学校-教材 Ⅳ. ①F252

中国版本图书馆CIP数据核字（2018）第168469号

Disanfang Wuliu

策划编辑 曾飞华　责任编辑 王　威　封面设计 张　志　版式设计 杜微言
插图绘制 于　博　责任校对 刘　莉　责任印制 沈心怡

出版发行 高等教育出版社
社　　址 北京市西城区德外大街4号
邮政编码 100120
印　　刷 北京印刷集团有限责任公司
开　　本 787mm×1092mm 1/16
印　　张 21.5
字　　数 530千字
购书热线 010-58581118
咨询电话 400-810-0598
网　　址 http://www.hep.edu.cn
　　　　 http://www.hep.com.cn
网上订购 http://www.hepmall.com.cn
　　　　 http://www.hepmall.com
　　　　 http://www.hepmall.cn
版　　次 2007年9月第1版
　　　　 2019年7月第3版
印　　次 2025年1月第6次印刷
定　　价 45.00元

物 料 号 50169-A0

作者简介

上海海事大学经济管理学院教授，博士生导师，物流与供应链管理研究中心主任，第三方物流研究所所长。荷兰依拉斯姆斯大学物流博士。中国物流学会常务理事。教育部新世纪优秀人才。近十多年来，主持国家级、省部级及企业委托物流相关课题20多项，出版专著与教材近10部，论文20多篇。获物流与采购联合会科技进步二等奖、三等奖；宝供物流理论优秀奖与物流促进奖。

第三版前言

第三方物流是随着货主企业物流外包给专业的物流企业而发展起来的，也称为合同物流，其中包括提供运输、仓储等物流环节服务，还包括提供物流与供应链解决方案，以及提供基于知识、管理与信息技术服务的供应链服务。自第二版教材出版以来，编者承担了国家社会科学基金重点项目“制造业与物流业联动的物流服务创新”研究，在研究中体会到物流企业应该与客户（制造业）相互联动与协同，共同创造供应链价值。物流服务提供方与使用方的合作，开始是以单方面（单边）考虑为主的，在我国，由于物流企业总体服务能力有待提高，通常是物流服务使用方（客户）处于主动的地位，物流企业的创新与整合服务的潜力没有充分挖掘。后来，物流企业与客户企业逐渐认识到双方需要联动（双边），把合作关系上升到战略层面，并扩大高端的物流服务范围，才有更大的发展潜力。当前物流企业进一步认识到，必须发展多边合作与联动，包括物流企业、制造企业及上下游企业协同创新，才能挖掘更加广泛的供应链价值，使得供应链所有成员达到共赢的局面。

近年来，国内外随着新一代信息技术的发展与应用，“互联网+物流”得到了广泛发展，第三方物流在互联网思维与技术的驱动下，整合资源，创新商业模式。第三方物流的发展，有两个明显的特征：一是发展智慧物流（互联网+物流）；二是为客户提供综合解决方案（供应链服务）。本次修订，增加与更新了以下内容：

1. 增加了传统物流及高端物流与制造业联动的机理。
2. 结合最新数据，增加了全球物流业发展状况与我国物流产业的发展状况。
3. 增加了“互联网+”物流发展的内容。
4. 更新了部分案例。

物流与供应链服务发展迅速，特别是“互联网+”对物流服务与供应链服务的创新与推动，第三方物流正在经历快速的创新性发展，由于时间有限，还有不少发展中的内容没有来得及编入。本书难免会有错误和疏漏的地方，恳请读者不吝指正。

编　者

2019 年 5 月

第一版前言

自从拙作《第三方物流：理论、操作与案例》于 2001 年 3 月出版以来，国内第三方物流发展经历了从兴起、快速扩张到逐步提升的阶段。近年来国内不少高校开设了与物流相关的专业与课程，其中第三方物流是一门主要课程。拙作作为我国第一本该领域的书，虽然在当时起到了一定的作用，但回过来看，该书无论是对第三方物流理论的认识深度，还是与我国第三方物流实践的结合都是不够的。我国第三方物流产业的深入发展及物流专业人才的培养，都对一本高质量的第三方物流教材提出了需求。

国外的物流管理与供应链管理的教材体系较成熟，但是，在第三方物流教材方面，至今还没有一本可以供参考的教材。近年来作者一直想对该领域进行系统的梳理，只是感到无论从理论还是实践方面，还有待进一步深入。幸逢“十一五”规划教材的编写，在物流理论界与企业界同仁的鼓励下，在高等教育出版社的支持下，终于一鼓作气，完成了此作，以抛砖引玉。

本教材在第三方物流理论与实践内容的选材上，吸取了作者近年完成的国家社会科学基金课题“第三方物流与供应链管理互动的理论与方法”以及近 10 项国内第三方物流企业相关的咨询项目与实践。

本教材共十二章，其整体框架与各章的关系如下图：

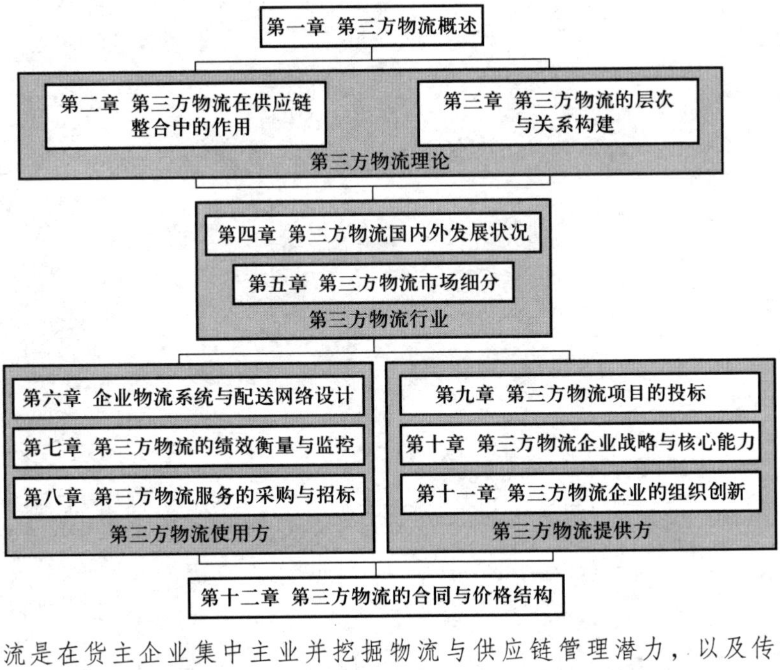

第三方物流是在货主企业集中主业并挖掘物流与供应链管理潜力，以及传统物流企业提升现代物流服务的推动下产生的。本书的特点与创新在于以第三方物流与供应链管理互动为核心理论，强调第三方物流发展的潜力取决于第三方物流服务提供方是否能为客户的物流与

供应链管理提升作出贡献。本书以第三方物流服务使用方与提供方在战略与运作层面的互动角度为切入点，强调双方形成战略联盟，互利双赢，共同提升物流与供应链的效率。

本书编写过程中下列人员参与了部分工作：谷中华负责第一章至第五章的关键词、思考题等，王铭、郭露露、任烙阳、王永璐等做了大量的文字输入、校对等工作，在此表示感谢。

同时感谢赵刚教授对全书的审阅；感谢高等教育出版社的有关编辑在出版过程中给予的大力支持。

教材编写时间从正式立项算起总共用了半年的时间。由于编写时间较仓促，本书从体系到内容考虑还有欠妥当之处，希望读者不吝指正。

骆温平

2006年12月

目　录

第一章　第三方物流概述

引　言

要正确地理解第三方物流，首先必须正确地理解物流。第三方物流是为工商货主企业提供部分与全部物流运作和管理的外部的物流服务提供商。因此对物流的正确理解是理解第三方物流的关键，本章介绍了物流的概念与作用，从物流定义及演变过程中理解物流的实质，其中包括物流的定义、物流的环节、物流的增值作用、物流与微观及宏观经济的关系。然后，本章介绍第三方物流的定义、第三方物流的发展以及第三方物流与外部环境的关系，最后总结第三方物流的利益、推动因素、成功因素与发展障碍。

第一节　物流的概念与作用

一、物流的概念

“兵马未动，粮草先行”，这是我国古代军事家的“后勤”战略思想。在西方，物流（logistics）最早是指军事后勤。第二次世界大战后，物流这一概念被运用于经济领域。简单地说，物流是关于在需要的时候，在指定的地点，得到所需的物品，或者可用7个恰当（7Rs）来表示：恰当的产品（right product）、恰当的数量（right quantity）、恰当的条件（right condition）、恰当的地点（right place）、恰当的时间（right time）、恰当的顾客（right customer）、恰当的成本（right cost）。

7个恰当指出了物流的基本活动，强调空间和时间的重要性，也强调了成本与服务的重要性。当物流系统发生变动时，物流管理者应不断评价成本与服务水平的适合性。

1962年，著名管理学家德鲁克（Peter Drucker）在《财富》杂志上，以“经济领域的黑暗大陆”为题，讨论了物流这一领域，首次明确提出物流是节约成本的最后领域。

其实，在人类进入文明社会时物流活动就已客观存在了。物流作业的复杂性与跨地域性，是其他任何作业都不能比拟的。

现代物流是一个挑战与机遇共存的领域，它包括对信息、运输、存货管理、仓储、物料搬运、包装等作业领域的综合管理。在这些作业领域内，又含有一系列不同的具体作业任务。物流管理的任务就是把这些具体作业任务有效地组合，因此，物流管理是一项富有挑战性，并具有回报性的专业工作。

物流的战略重要性已越来越受到人们的重视，现代物流的新意，在于其系统整合（integration）的概念，即整合传统的作业领域，并把它提升到一个综合的战略高度。物流管理者就像一个交响乐队的指挥家，指挥着企业内部与企业外部的物流工作。在企业内部，物流管理挑战的是对分散的物流作业进行协调，形成以服务客户为主的综合能力。这种协调将跨越本企业、联系最终客户以及原材料和服务提供者。从战略角度看，物流管理指挥着跨越组织的物流作业，实现供应链（supply chain）的协调。现代物流的重要性在于使物流在企业内部与外部整合，而形成企业在市场上竞争的能力。

物流的作业要求，是将原材料、在制品和产成品以最低的成本送达指定的地点。正是通过物流过程，发达的商业社会才得以将原材料送达生产基地，而使产品通过营销渠道，到达客户手中。物流作业相当复杂，在物流发达国家，其费用占国民生产总值的10%左右。对企业来说，其物流开支依据行业的种类、作业的地理范围和重量价值比的不同，占销售额的5%~35%。物流是商业活动中成本最高的活动之一，在制造业仅次于原材料成本，在批发零售业仅次于货物成本。因此，物流对企业经营的成败是非常关键的。

尽管就企业成本而言，物流是非常重要的，但现代物流的重要性，不仅仅是节约成本，还在于企业如何选择物流策略来获取竞争优势。

物流可以从不同角度进行定义，在国际上，最普遍采用的是美国物流管理协会（Council of Logistics Management）的定义：

"物流是为满足消费者需求而进行的对货物、服务及相关信息从起始地到消费地的有效率与效益的流动与存储的计划、实施与控制的过程。"

这一定义给物流过程提供了一个系统性决策的框架。一方面，物流过程综合了运输、存货、管理、仓储、物料搬运系统及包装和其他相关活动，包括对整个供应链（从供应商开始，一直到客户）的流动成本与服务水平的权衡（trade-off）取舍。

另一方面，物流包含效率（efficient）和效益（effective）两个层面，其最终目的是满足客户的需求与企业的目标。

从物流的定义可知，物流管理包含一系列的活动，它可以包括运输、仓储、包装、物料搬运、存货控制、订单处理、需求预测、生产计划、采购、客户服务、工厂和仓库选址、物品回收、零部件及服务保障、废品处理。企业也可能把这样的一些活动不完全包括在物流部门之下，如强调产成品物流的企业，可以不把采购包括在物流部门之内。

第二次世界大战后，随着对物流的重视，物流管理所包含的范围不断增大，下面简单介绍物流包含的活动及它们与物流管理的关系。

（一）运输（transportation）

运输是物流系统中非常重要的一部分，物流中最重要的是货物的实体移动及移动货物的网络。网络是由提供运输服务的运输及代理公司组成的。物流经理负责选择运输方式来运输原材料及产成品，或建立企业自有的运输能力。

（二）仓储（warehousing and storage）

仓储与运输具有权衡关系（trade-off），仓储包括两个既独立又有联系的活动：存货管理与仓库管理。运输与存货水平及所需仓库数之间有着直接关系。例如，如果采用相对慢速的运输方式，企业一般需要保持较高的存货水平和较多的仓库数，这就为采用快速运输方式而减少仓库数与降低存货水平提供了可能的选择。

许多重要的决策与仓储活动有关，包括仓库数目、存货量大小、仓库的选址、仓库的大小等。

（三）包装（packaging）

与物流相关的第三个领域是工业包装或称外包装。运输方式的选择将影响包装要求，包括产品的运输与原材料的运输。一般来说，铁路与水运因其货损的可能性大，而需支出额外的包装费用。在权衡运输选择时，物流管理人员要考虑运输方式的改变而引起的包装费用的变化。

（四）物料搬运（material handling）

物流的第四个活动领域是物料搬运。在制造企业，除物流部门，其他部门如生产部，也有物料搬运活动。物料搬运对仓库作业效率的提高是很重要的。物流经理负责货物搬运入库、货物在仓库中的存放、货物从存放地点到订单分拣区域的移动和最终到达出货区（dock）准备运出仓库的全部过程。物料搬运一般是货物通过机械设备作短距离移动，所用机械设备包括：传送机、叉车、行吊和货物容器。生产经理可能会专门设计托盘与容器，但可能与物流的仓储活动不兼容。因此，物料搬运设计必须协调生产与物流两个部门，以保证各种设备协调一致，另外，企业会发现在工厂与仓库用同一叉车是经济的。

（五）订单处理（order processing）

另一项可由物流部门负责的活动是订单处理，它包括完成客户订单的所有活动。物流领域之所以要直接涉及订单的完成过程，是因为产品物流的一个重要方面是前置时间（lead time），它是指从客户下达订单开始，至货物完好交给顾客为止的时间。如某一公司的备货周期是 6 天，它包括用于传送订单、处理订单、订单准备与交货的时间，若订单处理用 3 天，订单准备用 1 天，这就意味着货物必须在 2 天内送达顾客。较短的允许送货时间，就意味着要采用较快的运输方式。如果订单处理是作为物流系统的一部分，企业就可以寻找改进的方法，比如用电话接单，计算机处理订单，把订单处理时间减少到 1 天之内。这样就可以使企业采用便宜得多的运输方式，而仍能在 6 天的备货时间把货物送达顾客。从时间或者说备货时间的角度来看，订单处理是非常重要的物流功能。

（六）预测（forecasting）

存货预测是另一项重要的物流领域，准确的存货、物料和零部件的预测是存货有效控制的基础，尤其是使用准时制生产方式（just in time）和物料需求计划（material require plan）方法控制存货的企业。物流管理人员应进行预测，以保证准确与有效的控制。存货需求预测与一般的市场营销预测不同，后者代表销售目标。

（七）生产计划（production planning）

生产计划与物流的关系越来越密切。生产计划与存货预测有关。在已知现有存货量的条件下，一旦作出存货预测，生产经理便能确定必需的生产量，用以满足市场需求。然而，在生产多种产品的公司，生产过程的时间计划、生产线之间的关系需要与物流协调，通过物流对生产计划进行控制。在大公司，生产计划与物流的整合变得越来越普遍。

（八）采购（purchasing 或 procurement）

这是另一项可以归入物流领域的物流活动，把采购归入物流是因为运输成本与生产所需的原材料、零部件的地理位置（距离）有关；采购的数量与物流中的运输与存储成本也有关。是否将采购归入物流领域，要看其是否对降低成本与协调各环节活动有益，在 20 世纪 70 年代至80年代，越来越多的公司将采购归入了物流领域。

（九）客户服务（customer service）

物流的另一个重要领域是客户服务。客户服务是一个复杂的课题，它也与公司其他领域有关。客户服务水平与物流领域的各项活动有关，存货、运输、仓储的决策取决于客户服务需求。物流领域并不完全控制客户服务的决策，但在保证客户在恰当的时间、恰当的地点，得到恰当的产品中起着极其重要的作用。产品的可得性（availability）与前置时间（lead time）的物流决策是客户服务的关键。

（十）选址（location）

物流另一个重要领域是工厂和仓库选址。位置的改变会改变工厂和市场、供应商和工厂之间的时间和位置关系，这种改变将影响运输的服务与价格、客户服务、存货要求和其他方面。工厂选址与仓库选址一样重要，运输成本是决定选址的重要因素。

（十一）其他活动

物流领域还可以包括零部件与服务支持、回收物品处理、废品处理等。

二、物流的作用

（一）物流的增值作用

可以增加产品与服务价值的主要经济效用包括形态效用、场所效用、时间效用和占用效用。

1. 形态效用（form utility）

形态效用是指以制造、生产和组装来增加产品的价值。某些物流活动也能产生产品的形态效用。当原材料通过一定方式组合成为一种产成品就产生了形态效用，如瓶装饮料公司把果汁、水和碳酸盐加在一起，制成软饮料。把原材料加在一起生产软饮料的简单过程，表明改变产品形态可以使产品增值。

在当今的经济环境中，一定的物流活动也能提供形态效用。例如，在物流中心，通过改变包装形态与发送批量等，可产生形态效用；把托盘上的米粉分装至每个顾客的容器中，就产生了形态效用。

2. 场所效用（place utility）

物流活动通过把货物从生产地运送到消费地，提供了产品的场所效用。物流扩展了市场的边界，因而增加了产品的经济价值，这就是场所效用。场所效用的产生主要通过运输。例如，把农产品从农场通过铁路或公路运输到消费者需要该产品的市场，便产生了场所效用。同样，当钢材被运送到需要的工厂，也产生了场所效用。

3. 时间效用（time utility）

货物不仅要送达消费者需要的地点，而且要在消费者所需的时间内送达，这就是时间效用。物流产生时间效用是通过保持库存和货物的战略位置来达到的。例如，公司通过广告，事先把产品信息发布出去，在信息发布规定的时间，把产品送达零售店来产生时间效用。运输也能在某种程度上产生时间效用，例如通过快速地把货物送到消费地，采用航空运输来代替仓库，增加了时间效用。由于时间效用强调减少备货时间，这使它在当今的商业环境下显得越来越重要。

4. **占用效用**（possession utility）

这与市场营销中的产品推销有关。推销是一种直接或间接地与顾客接触，增加顾客想拥有商品的愿望的一种努力。物流在经济活动中的作用取决于占用效用的存在与否，因为时间与地点效用只有产品需求存在时才有意义。反过来，市场营销也依赖物流，因为只有时间与地点效用的产生，才能使占用效用得以实现。

（二）物流对宏观经济的影响

物流作用的另一重要内容，是对宏观或外部经济的影响，即物流对经济发展的专业化、商品的多样性、价格和土地价值的影响。

1. **经济发展的专业化**

对生产活动效益的重视，导致了生产朝着专业化分工的方向发展，生产的专业化与降低成本的要求是经济发展的正常过程。人们也许会问，为什么降低潜在成本和价格以及劳动力的专业化，并没有得到普遍推广？

亚当·斯密指出：对产品的需求量限制了专业化或劳动力分工。换句话说，公司如果不能出售专业化生产的成果，即把增加的产品出售给消费者，它就不能从专业化中获得最大程度的利益。增加的产品如不能从过剩点运送到需求点，就没有经济上的价值。因此，物流通过有效地将产品送达市场，使企业能专业化生产具有竞争成本优势的产品和服务，贡献于经济的发展。

2. **商品的多样性**

物流的另一贡献是不论距离的远近、批量大小、品种多少，都能在产品生产出来后，送到消费者手中。要保证复杂品种的货物在需要的时候就能送达消费者，在很大程度上取决于企业能否经济有效地履行货物的移动与存储功能，即物流。物流作业提供了连接与存储的网络，它对现代经济的运转是非常关键的。

3. **价格**

通过产生时间和场所效用，物流活动也对降低价格作出贡献。例如，物流扩展了货物的市场，包括时间与地点，外地运进的货物可以比当地生产的货物更便宜。企业常通过权衡规模经济效益和物流成本的增加，来降低价格。当公司从技术与管理方面改善物流系统时，一定会带来价格的下降和产品的丰富等好处。

4. **土地价值**

物流也影响经济系统的其他方面。如物流中的运输，常常影响土地价值。当在某一地区建设一条主干公路，或当现有设施明显改善时，公路旁的土地会因进出比其他地区方便而增值。例如，高速公路的交汇点是吸引制造业与仓储业的良好地点。

物流供应链在经济发展中起着重要的作用。高效的物流系统，增加货物与服务的时间和地点价值；物流供应链也增加形态与占用效用。此外，物流供应链也为一国经济中许多方面带来利益。

（三）物流的微观面

物流的另一方面是它的微观面，它常涉及物流与企业中其他功能领域的关系，如与营销、制造、财务等部门的关系。从本质上说，物流强调一个贯穿传统领域的过程，尤其在当今强调供应链的环境下。

1. **物流与生产制造的关系**

物流与生产制造相关的界面是生产周期的长度，人们常把具有较长生产周期和较少的生产线数目与生产的经济性联系在一起，然而，这容易引起某一产品的过多存货。因此，最终的生产决策需要管理层仔细权衡生产周期长短的优缺点。许多行业现在都趋于缩短生产周期并减少生产线的时间与费用。采用零库存方法进行存储与计划的公司更是如此。这就是朝着“拉式”（pull）系统发展的趋势。在该系统中，生产是以需求来“拉”动的，而不是在需求产生前“推动”（push）的。

生产经理感兴趣的是使生产的季节性需求影响最小化。但是，完全期望这样的需求并不总是现实的。然而，让已知需求量的产品在规定的时间与地点送到规定的地方，这是可以做到的。例如，为了降低成本，避免需求高峰供货不足的发生，生产经理一般喜欢在旺季来临之前生产出所需产品。这种事先生产，由于成本的原因，有时是不可行的。生产经理必须降低成本，因此，物流部门必须与生产部门配合，准备接受季节性存货，这种季节性存货可以在销售前的3~6个月就开始了。例如，年货或圣诞物品的生产，可能在夏季就已开始。

因为物流经理对原材料运输与仓储负责，物流与生产也在原材料供应方面相互交叉。如原材料发生短缺，则会引起生产的停顿，或增加生产成本。物流经理既要保证原材料和其他生产投入物能满足生产计划，又要注意尽量减少存货成本，这就需要协调。许多公司目前正把生产计划从制造管理转向物流管理。

物流与生产作业的另一交界点是包装。在许多公司，包装是物流活动之一。无论在生产作业还是物流作业中，包装的主要目的是保护产品，以免受损。

由于越来越多的原材料和生产投入是全球采购的，物流与生产作业的交叉变得越来越重要。越来越多的公司，也正在安排第三方制造或包装合作者来生产或装配部分或全部制成品。

2. **物流与市场营销的关系**

物流有时被称为市场营销的另一半，这是因为公司物流系统中的产品——物流作业负责产品到客户的运输与存储，因而对产品的销售起着重要的作用。在某些情况下，产品物流作业运作的好坏是销售成败的关键。

在这里，以市场营销中的4P，即价格（price）、产品（product）、促销（promotion）和场所（place）为基础，简单讨论物流与营销的相关性。

（1）价格。从物流的角度，把托运量调整到与运量相关的价格点是很重要的。铁路运输有最小托运量，公路运输有针对不同托运量的运价等，运量越大，单位运价越小，一次性大批量托运可以获得折扣运价。

公司在销售产品时，也常对大批量采购者给予折扣，如果采购的批量能与运输折扣的批量相吻合，则可为公司或顾客节约大量的费用（取决于销售条款）。例如，公司以到岸价格为基础（价格中包括运输费用）。如果价格计划与运输重量要求相吻合，则公司用较大的采购批量能得到较低的价格。因此，当公司计划以多少数量及价格向顾客销售时，应比较这些销售数量的重量与运价的要求。在多数情况下，为使单位运价降低而购买一定重量的产品，可获得成本优势。甚于采用离岸价或产地价（运输费用由购买者支付），也能使公司的顾客降低费用。

虽然把价格调整到运价区段并非总是方便可行的，公司仍应尽量调查这种可能性。

此外，物流经理可能对在不同价格下出售一定的数量感兴趣，因为这会影响存货需求、补货时间和其他与客户服务有关的方面。由于这种分析有些困难，所以公司就要确保物流经理在有吸引力的价格下保持足够的数量。

(2) 产品。在市场营销领域，另一个经常涉及的决策是关于产品方面的，尤其是它的物理特征。产品的大小、形状、重量和包装等物理特征影响物流系统对产品的移动和存储。因此，物流经理应参与新产品的营销，物流经理可提供有关新产品的运输与存储信息。此外，公司也常会对老产品做一些改进，以促进销售。这种改变可能是包装设计或包装的尺寸。产品物理尺寸影响存储与移动系统，也影响对承运人的选择、设备的要求、破损率、存储能力、装卸设备的利用等其他物流方面。

市场营销影响物流的另一方面是消费包装。营销经理常把包装看成是不说话的推销员。在零售时，包装可以是影响销售的决定因素，市场营销经理将考虑包装的外观、提供的信息和其他相关方面。消费包装可以是决定销售的关键，消费包装对物流的重要性有几个方面：首先消费包装应适应工业包装，或称外包装，消费包装的大小、形状会影响工业包装的应用。消费包装对商品保护的作用也是物流经理所关心的。消费包装的物理特性影响物流系统，如运输、装卸和仓储。

(3) 促销。促销是市场营销中的重要部分，促销的策略可分为两类：拉动式（pull）和推进式（push），拉动式是通过广告促销，推进式则是与销售中间人合作来刺激销售，这两种策略对物流系统的要求是不一样的。拉动式策略引起的需求不平稳，难以预测，因而要求物流系统具有救急能力。而推进式策略需求模式较平稳，因此，与零售商的合作要求制造商事先发货即可。

(4) 场所。场所或位置是指销售渠道，它包括交易渠道和产品配送渠道的决策。销售人员的决策是关于批发与零售，而物流人员必须满足不同销售决策对物流的要求，如批发商购买的批量大，对存货的预见性较好，而零售的物流要复杂得多。

第二节 物流思想的演变

物流在西方发达国家也是一门较新的学科。在理论上对物流的认识是一个不断加深的过程。

严格地说，在 20 世纪 60—70 年代，西方物流界并没有使用物流（logistics）这个词，而是用了配送（distribution)，它是指产品生产出来后到消费者手中的这一段的物流，或者说是产成品销售物流领域（physical distribution）。但不久人们认识到原材料这一段的物流（material management）同样存在很大的潜力，并且，产品物流与原材料物流可以综合起来管理，即出现了综合物流管理（integrated logistics management）的概念。到 20 世纪 90 年代，又提出了供应链管理（supply chain management，SCM）的概念，即企业的物流管理，要考虑上游原材料的供应商，以及下游的分销商到客户的协调与配合。

在西方，物流概念已经经历了较大的演变，并且物流的概念还会有不断创新。对于物流概念演变，可以追溯到 20 世纪初。表 1-1 是作者对 Kent and Flint① 论述物流概念演变的归纳。

① Kent J, Flint D. Perspectives on the Evaluation of Logistics Thought. *Journal of Business Logistics*, 1994, 18 (2): 15-29.

表 1-1 物流定义的演变

年份	定义（原文）	定义（中文译文）	经历时间
1927	There are two uses of the word distribution which must be clear differentiated...first, the use of the word to describe physical distribution such as transportation and storage; second, the use of the word distribution to describe what is better termed marketing	物流这个词有两种用法必须加以区分，一个是用来描述如运输、仓储等的实物配送，第二个意思最好是用市场营销来描述	开始
1967	A term employed in manufacturing and commerce to describe the broad range of activities concerned with efficient movement of finished products from the end of the production line to the consumer, and in some cases includes the movement of raw materials from the source of supply to the beginning of the production line	物流是在制造业和商业企业中所使用的术语，用来描述一系列较广的有关产成品从生产线终端到消费者之间的有效流动的活动，有时还包括原料从供应地到生产线的流动	40 年
1976	The integration of two or more activities for the purpose of planning, implementing, and controlling the efficient flow of raw materials, in-process inventory and finished goods from point-of-origin to point-of-consumption	物流是两个或多个活动的整合，目的在于计划，实施与控制原料、半成品以及产成品从生产端到消费端的有效流动	9 年
1985	The process of planning, implementing, and controlling the efficient, cost-effective flow and storage of raw materials, in-process inventory, finished goods, and related information from point-of-origin to point-of-consumption for the purpose of conforming to customer requirements	物流是为了满足消费者需求而进行的对原材料、在制品、产成品及相关信息从起始地到消费地的有效率与效益的流动与存储的计划，实施与控制的过程	9 年
1992	The process of planning, implementing, and controlling the efficient, effective flow and storage of goods, services, and related information from point-of-origin to point-of-consumption for the purpose of conforming to customer requirements	物流是为了满足消费者需求而进行的对货物、服务及相关信息从起始地到消费地的有效率与效益的流动与存储的计划，实施与控制的过程	7 年
1998	Logistics is that part of the supply chain process that plans, implements, and controls the efficient, effective flow and storage of goods, services, and related information from the point of origin to the point of consumption in order to meet customers' requirements	物流是供应链运作中，以满足客户需求为目的，对货物、服务和相关信息在产出地和销售地之间实现高效率和低成本的正向和反向的流动和储存所进行的计划、执行和控制的过程	6 年

从表 1-1 中不难看出，第二次世界大战后，物流的定义被不断地提升与创新，物流定义

被修改的时间间隔越来越短。物流概念最早可追溯到 1927 年，那时的物流仅限于运输及仓储。40 年后，在德鲁克对物流领域潜力的经典评价后，物流管理协会（当时是美国国家物流配送协会：National Council of Physical Distribution）对物流的概念进行了明确定义，这以后每隔一定年限物流都要被重新定义，并且间隔的时间也越来越短。

物流定义的不断重新定义，反映了对于物流理解的深入。在这些定义后面，不难发现其内在的原因：物流运作以及对物流理解已经从一种各个物流环节的分离状态逐步走向了整合，最终实现整个物流活动的整合。不难追溯自 20 世纪 20 年代以来物流的定义和再定义过程，从中看出物流的概念及思想在不断地深入与发展，如图 1-1 所示。

1927年	运输和仓储					
1967年	运输和仓储+	更广范围的活动、有效性				
1967年	运输和仓储+	更广范围的活动、有效性+	整合原材料、半成品及产成品物流			
1985年	运输和仓储+	更广范围的活动、有效性+	整合原材料、半成品及产成品物流+	成本与效率、信息、客户要求		
1992年	运输和仓储+	更广范围的活动、有效性+	整合原材料、半成品及产成品物流+	成本与效率、信息、客户要求+	服务	
1998年	运输和仓储+	更广范围的活动、有效性+	整合原材料、半成品及产成品物流+	成本与效率、信息、客户要求+	服务+	供应链过程

图 1-1　物流概念及思想的变革路径

物流最初是从有效利用稀有资源角度考虑的，包括从早期技术和工程开始直到经济和管理科学。19 世纪 80 年代后，物流则由市场竞争驱动。有许多作者讨论过物流思想及行为的变革。

Kent 和 Flint 通过对物流领域专家的调查后，把自 20 世纪初开始的物流观念变革划分成以下六个阶段。

一、农场到市场

本阶段由于农业经济特征的影响，人们主要关注怎样将农产品从农场运往销售地。

二、工商物流与军事物流细分

细分包括两个方面：工商领域与军事领域。一方面，在战时的军事领域，对于军需物品的供给产生了运输工程，以及有效的物资配送和物流。另一方面，在工商领域，配送被认为是市场营销的领域，且只是一个功能的领域。同时，仓储和批发是分开研究的。库存控制、物料搬运以及运输也各自考虑。在运输中，原料的运入与产成品的运出视为是不同的功能。最初只是对形成整个物流过程的各个功能进行关注。Kent 和 Flint 调查时，有一个被调查的专家指出："1960 年前，我一直认为批发、库存以及运输等是一个公司中的不同功能。"

三、功能整合

这一阶段开始了各个功能领域的整合。早在 20 世纪 60 年代，已经出现了总成本的概念，并且对系统方法进行了探讨，“整合物流”这一概念开始被用于工商领域。从只关注产品销售物流（physical distribution）到关注相互协作、相互依赖的整个系统活动，是物流认识的一次飞跃。

四、关注客户

对客户的重视在 20 世纪 70 年代出现。这是对物流认识的另一个角度。客户被认为是公司主要的关注点。包含配送的客户服务成了一个重要的问题。物流开始被认为是满足客户的途径之一。另外，库存持有成本、生产率和结点等概念在物流研究中也得以发展。

五、物流作为区别竞争对手的工具

早在 20 世纪 80 年代，物流就被认为是公司的一个关键的区别竞争对手的工具，物流被认为其公司战略的一个重要组成部分。当时出现的概念有整合供应链管理、物流渠道管理、公司内部组织效率、环保物流、回收物流和对全球化的高度关注。信息技术和战略观点在该阶段有重要影响。

六、行为和公司边际拓展

这是对于物流未来发展方向的预测，从目前的研究和对一些领域的高度关注中可以看到这种发展的迹象。有些迹象已经存在很久。其中最明显的是关于行为的问题，尤其是客户对于物流系统的了解和它们的相关行为。对行为问题需要更加深入的研究。

第三节　第三方物流的定义

随着对物流的认识在理论上不断加深，企业物流管理的实践也开始从较低级阶段向较高级的阶段发展，如表 1-2 所示。其中比较明显的变化是物流功能的整合、采用第三方物流、建立物流信息系统、管理水平的提高及物流组织的提升。采用第三方物流服务，或把物流外包给第三方物流是企业物流实践中的一个重要方面。这个现象在 20 世纪 80 年代时在发达国家大量出现，90 年代直到现在一直在持续地发展。

表 1-2　采用第三方物流服务是企业物流管理从低级走向高级阶段的特征之一①

特　征	早期阶段	成熟阶段
采用第三方物流	许多承运人，短期合同，进出物流分离，注重价格	少数承运人，长期合约，进出物流整合，重服务质量

① Prabir K B. European Logistics in Transition: Some Insights. The International Journal of Logistics Management, 1995 (2), 经作者提炼。

续表

特　征	早期阶段	成熟阶段
物流功能的整合	分离的生产与物流设施，许多供应方，短期合作	生产与物流系统合理化，减少供应方，长期合作
物流信息系统	有限或无系统整合，有限或无 EDI 连接，无条形码及跟踪系统	整合物流信息系统，与顾客、供应商、物流服务公司建立 EDI 联系，应用条形码，货物实时跟踪
管理水平	无 ISO9000 证书，有限或无最新管理概念	ISO9000 证书，全面质量管理，时间基础管理，重组业务过程
物流组织	分裂的物流组织，物流经理不在高层，物流不包含在战略计划中	整合的物流组织，物流经理在高级管理层，物流作为战略性竞争工具

随着越来越多的企业开始重视在物流领域挖掘潜力，寻求第三方专业物流公司的外包物流战略也越来越普遍，这给传统的物流企业发展第三方物流服务提供了机会，原先提供运输、仓储、货运代理等单一服务的服务提供商（企业），也相应地扩大了它们的服务范围，开始出现了所谓第三方物流，提供整合的物流服务。第三方物流是发货人和收货人之外的第三者从事物流服务的企业，运输业等类物流企业发展第三方物流服务，也是由于运输等相关行业放松管制（自由化）导致运输企业等企业的激烈竞争所迫使。第三方物流服务企业的发展可以归纳为表 1-3。

表 1-3　从传统的提供单一物流环节的服务到第三方物流服务的转变①

特　征	早期阶段	成熟阶段
物流服务的整合	无物流中心，不能控制整个物流链，限于地区物流服务，短期合约	采用物流中心，供给链的全面控制，参与国际物流，全球性的长期合作
物流服务侧重	甲乙两地的运输，价格竞争，提供标准服务	广泛物流服务项目，增值物流服务，为顾客提供特殊服务
物流信息系统	无外部整合系统，有限的或无 EDI 联系，无卫星跟踪系统	实时信息系统，与顾客、海关的 EDI 联系，卫星跟踪系统，存货管理系统
管理水平	无 ISO9000 证书，有限或无现代管理	ISO9000 证书，全面质量管理，时间基础管理，业务过程重组

国外许多有关第三方物流的文章并未给出第三方物流的确切定义，多数情况下，作者只是假设读者对第三方物流有一定的理解。关于第三方物流的描述和定义有许多，Leahy② 等总

① 资料来源同表 1-2，经作者提炼。

② Leahy S，Murphy R，Poist R. Determinants of Successful Logistics Relationships：A Third-Party Logistics Provider Perspective. Transportation Journal，1995（2）：35，经作者提炼。

结了相关的定义：一般常见的定义有第三方物流类似于外包或合同物流，或一公司使用另一公司进行所有或部分物料管理或产品配送服务。较明确与特定的定义有外包所有或部分本公司的物流功能，相对于基本服务，合同物流服务提供复杂、多功能和长期互益的服务。该定义强调现代的合同物流与早期物流外包的区别，即全方位、长期与互利关系。

所谓全方位、长期与互利关系，也就是战略合作关系，这在美国与欧洲的企业中用的较多。传统的外包只限于特定服务，即运输公司提供运输服务、仓储公司提供仓储服务。第三方物流是长期合同以及多项物流环节（功能）的服务管理和供应链管理。

总体来说，有关第三方物流服务提供者在国际上定义尚不统一，“第三方”是指物流服务提供者作为发货人（甲方）和收货人（乙方）之间的第三方这样一个事实。物流服务公司在货物的实际物流链中并不是一个独立的参与者，而是代表甲方或乙方。

广义地说，第三方物流公司是提供部分或全部企业物流功能的服务的一个外部提供者。广义的定义把提供运输、仓储、销售物流、财务等服务的提供者都包括在内。提供广义的第三方物流服务的公司数量很大，并有继续增加的趋势。

作为一个新兴的领域，第三方物流从 20 世纪 80 年代以来已得到了越来越多的关注。像许多其他的流行术语一样，第三方物流这一术语的运用也会因人和因地在意思上会有很大的区别。表达雷同的概念还有一些别的术语，如合同物流（contract logistics）、物流外协（logistics outsourcing）、全方位物流服务公司（full- service distribution company 或 FSDC）、物流联盟（logistics alliance）。

虽然第三方物流的定义及名称使用上有一定的差异，但国外有关第三方物流的认识仍可以归纳出下面几点。

（1）大家普遍采用的美国物流管理协会对物流的定义中并没有明确由谁来从事物流运作。在第三方物流供应方这一术语中，“供应方”被定义为所述组织向客户提供该服务。这样这类服务可由别的组织来承担。但第三方物流供应方一般的理解并不是经纪人。一个公司要承担起第三方物流供应方的角色必须管理、控制和提供物流作业。

（2）第三方物流是运输、仓储等传统与基础服务行业的一个重要的发展。从经营角度看，第三方物流包括提供给物流服务使用方的所有物流活动。欧美研究人员一般对第三方物流定义是：第三方物流指传统的组织内履行的物流职能现在由外部公司履行。第三方物流公司履行物流职能，包含整个物流过程或整个过程中的部分活动。

（3）此外，从战略重要性角度看，第三方物流的活动范围和相互的责任范围扩大。以下定义强调了第三方物流的战略意义：工商企业与物流服务提供者双方建立长期关系，合作解决托运人的具体问题。通常，建立关系的目的是为发展战略联盟以使双方都获利。

这一定义强调了第三方物流的几个特征：长期性的关系、合伙的关系、协作解决具体问题和公平分享利益并共担风险。与一些传统的基本服务如仓储、运输等相比，第三方物流提供的服务更复杂，包括更广的物流功能，需双方最高管理层的协调。

物流服务提供者为使用方的整个物流链提供服务，供求双方在协作中建立交易关系或长期合同关系。这两种关系间还可以有多种不同的选择，诸如短期合同、部分整合或合资经营。物流服务供求双方的关系可以只限于一种特定产品，如将汽车零部件配送给汽车经销商，或包括一组特定的物流活动，甚至还可以有更大的合作范围，如进出库运输、仓储、最终组装、包装、标价及管理。在计算机行业，物流服务提供方还提供超出一般范围的物流服务，比如在顾客的办公室安装、组装或测试计算机。

第四节　第三方物流发展的动力

第三方物流是随着物流的理论与实践发展而产生与发展的，因此，第三方物流的发展与物流本身的发展是分不开的。第三方物流发展的推动因素从物流服务的需求与供给双方都能找到。

一、物流发展的推动因素

20 世纪 80 年代以来，物流发展进一步加快。一般认为物流发展与推动的因素包括以下五个方面。

（一）放松运输管制（deregulation）

20 世纪 80 年代后，全世界范围内出现了放松运输管制的趋势，尽管各个国家的法案的基本意图很不相同，但这种运输的自由化给运输的革新营造了有利的环境。如美国 1980 年公路运输法通过后的几年，行政和司法部门采取了大量措施，进一步放松了对服务、价格及公共和合同承运人承诺方面的限制。自从 1980 年起，美国的运输结构发生了巨大的变化。

（二）计算机和数据处理技术的商业化

20 世纪 90 年代早期，物流部门开始采用计算机，低成本的硬件加上先进的软件使计算机能完成大部分的交易活动、运行的控制和信息处理决策支持。计算机对综合物流的影响是很深的。计算机能管理整个综合物流过程，包括从采购开始，到生产加工、制成品的产品分配的各个环节。使用关系数据库对相关领域进行物流资源计划的能力，提供了使物流作业达到前所未有的高水平的信息基础。90 年代以来高功能低成本的硬件和开放的系统设计对以信息技术为动力的物流革新继续产生推动作用。

（三）通信技术的发展

通信技术对物流作业的影响与计算机的发展相平行。20 世纪 80 年代物流经理开始试用条形码（barcode）技术改进物流作业。同时他们也开始使用电子数据交换（EDI）进行业务数据交换，各种类型的电子数据扫描和转换能及时获得关于物流操作的各个方面的信息。许多公司开始试验用计算机把顾客、供应商连接起来，以便及时准确地进行信息交换和数据处理，通过通信卫星获得了实时跟踪信息的能力。快速、准确及综合信息技术导致了以时间为基础的物流的形成，基于快速和可靠的信息交换的作业安排，提供了取得优秀物流表现的新的战略基础，如零库存、快速响应（quick response，QR）、连续补货（continuous replenish，CR）和自动补货（automatic replenish，AR）战略。在近期，信息与通信技术，包括因特网、电子标签（RFID）的使用对物流实践的影响将不断为物流过程整合的改进提供机会。

（四）全面质量管理

对物流的另一重要推动力量是全面质量管理。由于受到全球竞争的严峻挑战，全球的工业化国家被迫从质量上求生存。产品和服务上“零缺陷”的思想很快扩展到物流操作上。公司开始认识到同样的产品，如果延期发送或损坏就不能被接受。物流表现不佳会抵消产品的质量优势。对产品的质量已有不少研究，但对物流领域如何提高质量的研究还不太成熟。公司高级管理层对质量的普遍重视，对物流绩效的提高形成了强大的推动。显然，过去物流上对所有客户采用的通用与标准的物流服务，已不能满足质量的要求。企业不得不重新设计物流系统以满足客户不同的期望。例如，某一厂商有20个主要顾客，它们占全部销售额的80%以上，厂商必须明白同一物流表现并不能满足所有顾客的要求。领先的公司通常实施一系列独特的物流措施，以满足主要客户追求质量的愿望。因此，注重质量就成了把最佳物流思想从纯粹注重效率转向了获取战略优势。

（五）联盟

20世纪80年代以来标志了一个把发展合作与联盟作为最佳物流实践的时代。在多年的以权力为特征的业务关系的基础上，公司经理开始注重潜在的合作。最基本的合作形式是在组织之间发展有效的运作安排。由此公司开始更进一步考虑把顾客与供应商作为业务的合作伙伴，这种思想注重商业上的共同成功、减少重复与浪费。联盟的发展，跨越了一系列业务和政策内的各种不同操作部门。

总之，自20世纪80年代至今，运输法规的划时代的改变、低成本计算机的出现、信息与通信技术革命、联盟的全面采用，所有这些使物流的各个方面形成了全新的思想。

二、第三方物流发展的推动因素

第三方物流的推动因素可以从需求九与供给方共同去寻找。

从第三方物流的需求方角度，推动物流外包给第三方物流的因素一般包括以下九个方面。

（1）物流外包给第三方物流后，所花的管理时间比货主企业自己运作物流要少得多。

（2）通过将运输与仓储运作外包给第三方物流，货主企业可以减少运输设施的投资、仓库和搬运机械的建设与投资。因此，可以变固定成本为可变成本，并转移财务风险给第三方。

（3）企业物流由第三方来负责后，提供了克服高峰需求能力不足的机会。如果对物流运作能力的需求不确定或有波动，采用第三方物流时，货主企业可以容易地把成本调整到物流活动所需的水平。

（4）第三方物流公司能够把资产运用于多个客户和产品群，因此可以更好地利用资产。

（5）外部的物流公司可以提供比货主企业自身作业更好的服务。

（6）第三方物流使用方可以简化日常物流作业，如单证处理、配送计划、存货控制和人事管理。它也有利于实施EDI、条形码及组织或设施之间的人员交换。

（7）第三方物流服务方比货主企业的运作更易受到技术革新的影响，使得它们的服务更具有效率。另外，第三方物流比货主企业更具备国际物流的经验。

（8）当货主企业进入新市场而物流系统不匹配的时候，比如能力不够或市场、产品具有不同的物流特征时，把物流外包给第三方物流一般能够解决问题。

（9）当开拓新的市场，或运用新的营销渠道时，一般需要做市场试验。这种情况下使用第三方物流更灵活。

另外，从物流服务的提供方角度，也能找到第三方物流的发展动力。传统的以运输、仓储等物流环节服务为主的公司，由于进入门槛较低，在相关市场上的竞争非常激烈，通过提升到提供第三方物流服务，可以稳定客户、取得市场上的优势、获得利润增长等。

第五节　采用第三方物流的潜在利益

有关第三方物流给物流服务使用方带来的利益，在各种有关第三方物流的文献中经常会讨论到，一般认为对物流服务使用方来说，主要的利益有以下四个方面。[1]

一、有利于物流服务使用方集中力量于自己的主业

如果物流服务市场能够提供满足第三方物流使用方所需的物流服务，使用方就可以在市场上采购所需的服务。这样使用方就能集中其有能力革新的领域，或者说，集中力量做自己最拿手的业务，这有利于企业立于不败之地。

二、有利于物流服务使用方节约相关物流费用

物流服务的外包，减少了企业内部活动。由于外部公司在物流运作效率上可以比企业内部更高，例如外部的第三方物流公司的资产利用率可以更高，外部的第三方物流公司可以提高存货管理水平减少存货，可以整合小批量运输取得运输价格的折扣，可以减少劳动力成本等。

三、有利于物流服务使用方增加灵活性

物流外包给第三方物流公司的第三个重要因素是增加灵活性。物流服务的外包与企业零部件生产外包一样。为满足顾客需要而使产品多样化，生产就必须有很大的灵活性。个性化需求及“量体裁衣”制造的增多，必然导致那些有特定专业技术并能以较低价格提供零部件的生产者将物流外包给第三方。通常企业内部生产所有的零部件是不经济的，生产外包是保证快速交货以及企业针对客户需求迅速且创新地作出反应的唯一方法。灵活性还体现在物流运作高峰时通过外部能力来满足需求。

四、有利于物流服务使用方减少库存

物流外包给第三方物流提供方的另一利益是减少库存。企业承担不起产品库存量的增长。尤其是高价值的零部件，需要及时送往装配点装配，实现零库存，以保证库存量的最小。这些目标的实现，物流起着很重要的作用。物流服务公司必须提供高度可靠的服务，并且必须具有质量控制系统用以监控“零库存”的及时运送是否实现。

其他经常提到的使用外部物流服务的利益包括：改进对客户的物流服务、通过利用第三方物流公司的物流网络进入全球市场等。

---

① 骆温平. 第三方物流：理论、操作与案例. 上海：上海社会科学院出版社，2001.

第六节 第三方物流的成功因素与发展障碍

有关第三方物流的成功因素，国外相关的文献中有不少的研究。Steven E. Leahy①等对第三方物流的重要因素进行了研究。该项研究也对成功因素与公司的经营特征的关系进行了研究。他们通过对相关文献进行分析，找出了第三方物流服务提供者与使用者之间建立成功关系的25个因素，如表1-4所示。

表1-4 第三方物流提供者与使用者合作的成功因素

序号	因 素
1	为顾客着想——对顾客需求反应迅速，这包括提供者能提供个性化或为顾客定制服务
2	可靠性——以一致与可靠的方式提供服务
3	变通——不断改进（革新）使提供者能适应不断变化的商业环境，提高应急能力不使系统中断
4	准时——提供给使用者及时的服务与信息
5	方便——提供者是随时有准备的、易合作的
6	控制与工作评价——在提供者与购买者之间有关工作评价标准的合同
7	改进服务——提供者能同时提供高水平服务的外协
8	相互信任与为对方考虑——使提供者与使用者双方都清楚经营目标
9	专注于主业——使提供者与使用者双方更专注于它们的主业
10	整个组织的投入——包括提供者与使用者的高层管理人员之间的合作在内的多层次合作
11	提供者具有客户信息——了解顾客的能力与局限性
12	成本的节约——提供者可以同时以低成本进行外协
13	强调长期关系——提供者与购买者的关系是合约者的关系而不是交易者的关系
14	管理专业知识——提供者雇用有经验的专家管理供给链的各个方面
15	共享相关信息——建立信息系统、程序与会议，使使用者与提供者共享相关信息
16	合作方具有最新技术——使使用方能使用最新技术和设备而无投资的负担
17	财务实力——提供者与使用者的财务状况保证有资源应付不同问题
18	渠道观点——所有参与方（即提供方与使用者）从总渠道或供给链的系统观点着眼处理它们之间的关系

① Leahy S, Murphy R, Poist R. Determinants of Successful Logistics Relationships: A Third-Party Logistics Provider Perspective. Transportation Journal, 1995 (2): 35.

续表

序号	因　素
19	具有共同目标（价值一致）——提供者与使用者的企业文化与哲学一致，具有共同目标
20	具有解决问题与分歧的指南——建立对双方都有利的发现和讨论问题的程序
21	提供服务的数量——提供者提供整套综合增值服务，满足顾客的需求
22	利益风险共享——建立激励计划，包括对任何提供者与使用者的合作性努力的利益与风险共享
23	提供者对外部或竞争环境的了解——提供者了解竞争对手、行业规章、市场条件以及外部环境的相关信息
24	有退出条款——稳定的关系依赖于买卖双方考虑长期利益时能自由进出
25	设备与人力资源的共享——提供者与使用者共享设备与人力资源

通过对第三方物流提供者进行调查，并要求它们根据下列等级评价以上25个因素的重要性：0~1=不重要；1~2=轻微重要；2~3=中等重要；3~4=最重要。

调查结果如表1-5所示，第三方物流提供者认为所有的因素对于与顾客建立成功的业务关系都是重要的。最低等级因素的平均得分是1.87（轻微重要）。7个其他因素等级在2.41至2.98（中等重要）。最后，17个因素等级为3.05至3.57（最重要）。

表1-5　第三方物流提供者对于与客户合作的成功因素的评价

因　素		平均等级
最重要	为顾客着想	3.57
	可靠性	3.54
	变通	3.38
	准时	3.32
	方便	3.30
	控制与工作评价	3.30
	服务改进	3.27
	相互信任与为对方考虑	3.27
	专注于主业	3.24
	整个组织的投入	3.24
	客户信息	3.22
	成本的节约	3.19
	强调长期关系	3.14
	管理专业知识	3.11
	共享相关信息	3.11
	合作方具有最新技术	3.08
	财务实力	3.05

续表

因　　素		平均等级
中等重要	渠道观点	2.98
	具有共同目标	2.98
	具有解决问题与分歧的指南	2.81
	提供服务的数量	2.78
	利益与风险共享	2.76
	提供者对外部或竞争环境的了解	2.65
	有退出条款	2.41
轻微重要	设备与人力资源的共享	1.87

如表1-5所示，最重要的因素是为客户着想，这与经营哲学有关，它包括物流服务的提供者为使用物流服务的需求方提供个性化服务的能力。第二重要的因素是可靠性，即提供的物流服务必须以一致与可靠的方式进行。第三重要的因素是变通，即提供者能适应不断变化的商业环境，提高应急能力不使系统中断。

被调查者指出了重要因素中最重要的与最不重要的因素，如表1-6所示。17.1%的公司认为为顾客着想是最重要的，11.4%的公司认为节约成本是最重要的。42.4%的公司认为最不重要的因素是共享设备与人力资源，即供需双方协议共享设备与人员。27.4%的公司认为有退出条款轻微重要。

表1-6　重要因素中相对重要性的比例

因　　素		比例（%）
单项最重要因素	为顾客着想	17.1
	成本的节约	11.4
	整个公司的投入	11.4
单项最轻微重要的因素	共享设备与人力资源	42.4
	有退出条款	27.4
	提供者对外部或竞争环境的知识	12.1

为确定统计显著关系，有关25个决定因素按调查对象的公司和经营特征作了进一步的分析。最后，研究表明，无论其公司与经营特征如何，决定第三方物流成功与否的因素非常相似。

第三方物流发展在企业间是不平衡的，还有一定的障碍，主要包括：① 担心存在对货物失去控制的风险。② 某些企业把物流作为它们的核心战略，极其重要，因此不愿意把它交给任何第三方。③ 自己运作物流可以避免第三方赚取利润。④ 自己运作物流能保证本公司的物流目的，不会因为与其他公司共享而受损。⑤“硬”成本数据缺乏，妨碍对物流外包的绩效评价。很少企业的会计系统能够提供物流作业的成本，管理费用经常被计入间接成本，资产利息很少被考虑。⑥ 公司内部不同部门的目标不一致，导致对外包的抵制和阻力。如物流部门因威胁到自己的部门功能会反对物流外包；销售部门担心顾客服务水平的下降。还有，组织之间的合作是一件困难的事，如公司文化、数据系统、职工知识技能的一致性等。

第七节　第四方物流与高端物流的发展

一、第四方物流

第四方物流（4PL）最早是由一家咨询公司提出的。1999 年，安达信咨询公司首先提出第四方物流的概念，并且注册了这个术语的商标。安达信咨询公司将第四方物流定义为“一个供应链集成商，结合自己与其他组织的资源、能力和技术，设计供应链解决方案”。安达信后来放弃了注册的商标，第四方物流术语成了一个公共的术语。第四方物流将生产运输、仓储、装卸、加工、整理、配送、信息等方面有机结合，形成完整的供应链，为客户提供综合、多功能的服务，通过对整条供应链的有效管理来创造价值。

第四方物流是物流专业化分工的进一步体现。首先，第三方物流的产生是企业内部物流向社会物流发展的结果，是物流分工形成的标志。在物流发展的初期阶段，物流活动以运输、仓储、包装、装卸搬运、采购等分割的形式分散在企业生产的各个环节，各个企业也基本以自给自足的方式，独立完成企业自身的各项物流活动。随着生产力的发展、管理水平和管理技术的提高，以及军事后勤的经验，企业逐步发现运输、仓储、包装、装卸搬运、采购等功能是紧密相关的，可以形成内部一体化物流，降低总体物流成本。因此，从 20 世纪六七十年代开始，在企业内部开始出现物流管理一体化，通过对运输、仓储、包装、装卸搬运、采购等物流活动的集成化管理，企业提高了生产率，降低了成本和风险，提高了顾客服务水平。但是当企业规模达到一定水平后，企业内部物流管理成本会增加，当管理成本大于企业内部物流一体化的边际效益时，要进一步提高分工水平和专业化报酬，就需要通过组织创新，将企业内部的分工向外部市场化，以通过社会物流规模的扩大，进一步深化分工，实现更高的生产效率。因此，从 20 世纪 80 年代开始，随着企业对企业核心竞争力的重视，以及信息技术的发展和应用改变了传统的管理方式和交易方式，第三方物流作为一种新的市场化分工组织迅速发展起来。企业将一些原本由企业自己来实施的物流活动，交给外部的专业第三方物流来承担，通过快速沟通的信息技术与第三方物流实现高效合作，企业可以专注于自己的核心业务，加速提高自己的核心竞争能力，第三方物流也可以通过在内部进行物流设计和物流运作等功能的进一步分工，提高专业化水平，实现物流成本的降低和更高效率的物流运作。

其次，从第三方物流的进一步发展看，第三方物流的进一步发展形成第三方物流企业的分化，第四方物流企业出现，这是第三方物流企业对内部的物流设计和物流运作的进一步分工。

20世纪90年代以后，一方面，随着企业对企业核心竞争力认识的进一步提高和管理技术的进一步发展，企业开始重视上下游企业之间的分工与合作，即供应链的管理。通过深化企业所在供应链上的成员企业之间的分工，进一步提高专业化水平，提升整个供应链的效率，从而增强供应链及其成员企业的竞争能力，这就需要物流方案设计和组织协调水平更高的物流服务。另一方面，随着第三方物流的发展，物流管理和物流技术的不断提高，第三方物流企业也需要将内部的物流设计和物流运作的分工向外部市场化，以进一步提升专业化水平，提高自己的核心竞争能力。因此，作为分工进一步深化的结果，4PL企业（或者称之为管理、咨询型第三方物流企业）应运而生。4PL企业主要是利用管理和设计优势，策划设计综合的供应链解决方案，组织并协调第三方物流企业进行具体实施，从而进一步提高物流运作的效率，提升供应链的竞争能力，为客户创造更大的价值。

二、高端物流服务

物流产业发展的复杂性，导致出现了不同的物流服务供应商名称，虽然学术界在对相应的名称进行定义，但是在实践中有时也很难区分各种物流服务供应商的类别。例如，许多大型的第三方物流公司现在都具备第四方物流服务的能力。作者认为，为讨论与研究的方便，可以把高端物流服务与普通物流服务进行分类。高端物流供应商注重在战略层面的合作，普通物流服务提供商一般只在具体运作层面合作。详细的区分可以从提供物流服务的特征、物流服务提供方与使用方关系特征及拥有的核心能力三个方面进行（见表1-7）。

表1-7　高端物流与普通物流服务供应商的主要区别

项目	高端物流	普通物流
提供物流服务的特征	◇ 广泛的供应链专业知识 ◇ 深厚的行业知识与咨询技能 ◇ 应用先进技术的能力 ◇ 业务流程外包（物流之外） ◇ 项目管理与分包方的协调 ◇ 第三方物流技术整合 ◇ 创新与持续改进能力	◇ 传统的物流服务 ◇ 提供传统的各环节服务 ◇ 着重降低成本与改进服务 ◇ 追求运作优秀
物流服务提供方与使用方关系特征	◇ 合作与合资 ◇ 基于价值 ◇ 风险分享 ◇ 很少数的合作方 ◇ 长期合作（5年以上） ◇ 共同的核心价值 ◇ 结盟和信任 ◇ 合作竞争	◇ 合同关系（短期） ◇ 固定成本与可变成本 ◇ 交易型关系导向 ◇ 短期合作（5年以下）

续表

项目	高端物流	普通物流
核心能力	◇ 战略关系 ◇ 供应链专业知识 ◇ 以业务知识和信息系统为基础 ◇ 分担风险和回报 ◇ 高端技术能力 ◇ 项目管理 /合同管理 ◇ 单点联系 ◇ 第三方物流技术整合	◇ 加强的服务能力 ◇ 更为广泛的物流服务内容 ◇ 注重成本 ◇ 单个环节的优势

按照以上分类，高端物流服务供应商包括部分第三方物流（高端）与第四方物流，而普通物流服务供应商包括了部分第三方物流（低端）及传统的物流环节服务的供应商，如图 1-2 所示。

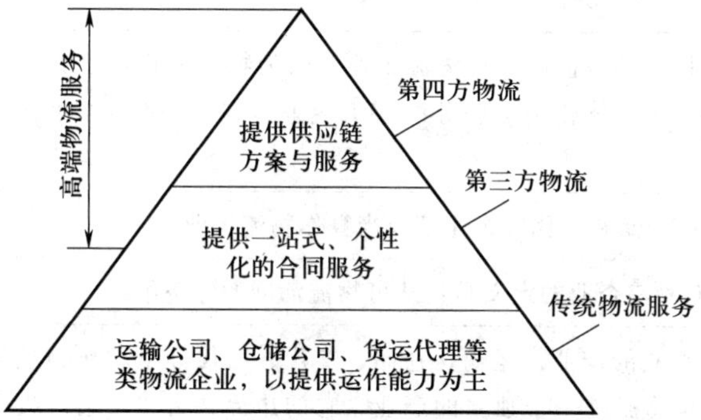

图 1-2　高端物流位置示意图

把物流服务分为高端物流服务与普通物流服务，其目的是希望在物流的研究与实践过程中，不过多地争论物流公司是第三方物流还是第四方物流，因为相当多的物流公司同时具有第三方与第四方物流的业务。把高端物流的实质或特征等归纳出来，进行高端与普通物流服务的区分，把重点放在如何掌握高端物流服务创造价值的途径上，比讨论是第三方还是第四方物流可能更有意义。

从以上讨论不难看出，物流服务行业从传统的单个物流环节提供商发展到整合的物流服务提供商（第三方物流），进一步发展成供应链服务的提供商，同时，在与客户从交易型关系发展到战略联盟关系，从注重降低成本到注重创造价值，从短期关系到发展长期关系，从自己拥有资产到整合资源等方面，物流产业还在不断地发展。

第八节　传统与高端物流服务与客户联动的机理

一、关于“物流产业” 的讨论

随着对物流认识的不断加深，制造企业物流管理的实践从较低级阶段向较高级阶段发展，把物流外包给物流企业是制造企业物流实践中的一个重要方面。这个现象在20世纪80年代时，首先在发达国家大量出现，之后，全球其他经济体都沿着这个趋势发展。

国际上对物流外包与物流服务的研究，较少从宏观产业角度进行研究物流产业（logistics industry），较多地从微观企业角度进行研究，传统的运输服务和仓储服务的企业称为类物流企业，现代整合物流外包服务一般称为第三方物流，类似的名称有合同物流（contract logistics）、物流外包（logistics outsourcing）、全方位物流服务公司（full-service distribution company 或 FS-DC）、物流联盟（logistics alliance）。

我国对物流服务主要是从宏观产业的角度进行研究，物流的产业属性得到了强调，反映了政府对经济活动的作用较大（资源配置、政策支持等）。

事实上，物流是否可以作为一个产业的争论由来已久（见表1-8）。其中被普遍认可的说法是物流业是一个复合产业，它包含了较多不同质的物流服务，需要分别对待，分别研究。

表1-8 关于物流产业的不同观点

物流产业的认识	观　点
认为单纯的运输、仓储和货代等企业不是物流企业，因为物流的运作是管理服务。只有那些能够为客户提供一体化物流服务的3PL企业（3PL）才能够算作物流企业	狭义论
也有的认为传统的运输、仓储和货代等企业都应当算作物流企业	广义论
《物流术语》国家标准对物流企业的定义是：从事物流活动的经济组织	标准论
认为物流不能算作一个独立的产业，运输、仓储、货代、船代等早就作为独立的产业或行业而存在。如果物流是一个独立的产业，它的边界在哪里？它的投入和产出又是什么？还有的认为物流业属于更大的商贸流通业的范畴	不可确定论
国家计委综合运输研究所的汪鸣则提出物流产业是“复合产业”。认为物流产业是“专门从事物流活动的企业集成”	复合论

二、物流产业在实践中的发展

企业专注主业，把物流外包给第三方，传统类物流企业发展成为专业的物流公司，形成了所谓的“物流产业”或第三方物流。物流产业实践发展，可以从物流企业提供的服务，及物流企业与制造企业（客户）的合作程度两个维度来分析。

1. 物流企业提供的服务品种与价值不断增加

传统的物流产业是通过专业分工的原理，从制造、流通企业（货主企业）中分离出来的。主要提供的是各种运输服务（包括国际运输、国内运输等）、仓储与配送及货运代理服务等（包括国际货运代理服务中的海关通关代理等）。这些物流环节或活动的特点是可以重复执行，并处于运作层面，货主企业通过这些环节的外部化，可以获得规模经济性，降低物流环节的成本，提高运作效率。

随后，传统物流服务过程中的一些原货主企业自己执行的辅助活动，如包装、贴标签、组装及加工等增值物流（value added logistics）也越来越多地在物流环节外包中打包给了物流企业，物流企业在承担传统物流环节服务的同时，能够最为贴近与方便地承接这些增值服务，进一步使得货主企业专注自己的主业。其他增值活动包括运输计划与管理、存货管理等，属于高端的物流服务。

随着对物流环节的整合以及企业更加注重供应链竞争，信息与通信技术在物流与供应链整合中的作用显现，物流企业中的部分提供商开始提供战略性服务和基于信息技术与产业的服务，包括供应链咨询、第四方物流服务、信息技术服务、客户服务、车队管理、售后零部件物流、订单管理与执行、运费审计与支付、绿色供应链服务等，如图 1-3 所示，图中数字是采用该服务的货主企业的百分数①，其中，传统的运作与重复性的活动比例较高，增值服务次之，战略与基于信息技术和产业的服务是近期发展的新型服务。

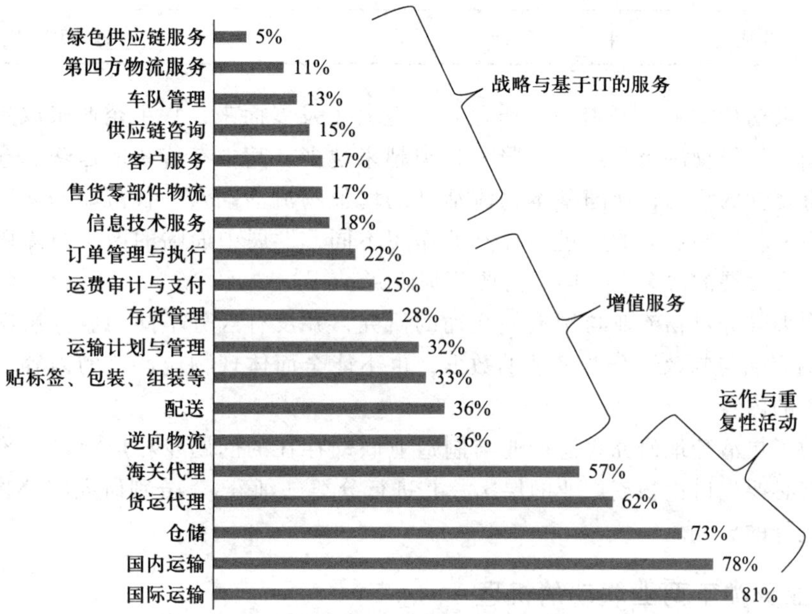

图 1-3　货主企业不断地外包各层次的物流服务

2. 物流企业服务于制造企业的程度加深

随着物流企业提供物流服务的种类越来越多，物流企业开始认识到与制造业（客户）建立双赢的紧密合作关系的重要性。特别是现代的战略性服务和基于信息技术和产业的服务，需要物流企业与制造企业双方有相互信任和长期合作的关系。传统的短期交易性关系在运作层面能够通过获得规模经济性为制造业带来物流环节成本的降低，而战略层面为制造企业带来的不仅是降低物流成本的利益，还包括对制造业客户服务水平的提升及战略层面的竞争力提升，这就需要双方有长期、紧密的合作关系。

表 1-9 是传统的运作性关系结构与现代物流服务的战略性结构的比较。传统的运作层面

① John Langley, Jr. 2014 18th Annual Third Party Logistics Study: the State of Logistics Outsourcing. Capgemini.

的物流服务，正朝着现代战略层面的物流服务发展。

表 1-9　传统的运作性关系结构与现代物流服务的战略性结构的比较

项目	传统运作层面服务	现代战略层面服务
服务的特征	注重物流成本节约 标准的服务产品	注重价值创造 创新与个性化服务
对制造业的作用	运作层面的物流环	战略层面的物流定位
关系	交易性（输赢）	战略合作（双赢）
竞争焦点	基于成本	基于价值
关系取向	对立、竞争	信任、合作
合同期限	短期	长期（5 年以上）

物流产业最初从货主（制造与流通业）专业分工发展而来，货主企业采取集中主业，外包非核心活动，使得物流企业提供的服务种类越来越多，其中有传统的运输、仓储、货运代理等运作与重复性的活动，伴随基本物流活动的增值物流活动及现代战略与基于 IT 的服务。这些不同的服务，对制造业的促进与提升的作用不同，发展中面临的困难与障碍，及对外部营商环境及促进发展的政策也不同，需要分别研究。

目前国内大部分对物流业与制造业联动的研究，并没有区分不同的服务层次及机理，采用“交通运输仓储与邮政”作为产业的数据，也不能全面体现物流产业的内容，特别是现代高端物流服务的内容。

因此，为了更清楚地研究物流产业与制造业联动存在的问题及相应促进与推动因素、相关政策等，有必要先讨论物流产业的层次，并进行分类（细分），分别研究细分物流与制造业的联动，才能有的放矢。

三、产业分类下两业联动的机理

（一）传统物流与制造业联动的机理

如上节讨论，传统物流是主要提供物流环节服务，如运输、仓储、货运代理等，也包括部分运作性的增值物流，公司投入的要素是运输、仓储与增值服务等资产，或者是基于运作服务的劳动力资本。传统物流环节原本是制造业的基本业务活动环节，因为存在规模经济与专业化的利益，这些活动环节逐步从制造业分离。传统物流存在的价值及与制造业互动机理，第一主要是通过规模经济性，降低这些物流环节的成本。第二是通过物流环节的专业化，提高这些环节的运营效率。

从 20 世纪 70 年代开始，各国运输、仓储、货运代理等行业的管制开始放松（deregulation），总体来说，目前进入传统物流产业市场的门槛底，竞争激烈。在我国，传统物流市场存在的主要问题，或阻碍健康发展的因素主要有：① 市场不够成熟。由于宏观管理“条块分割”、行政审批（变形审批）及准入许可的存在，市场上存在地区与行业垄断。② 市场主体行为不规范，体现在市场参与者还存在不诚信与不依法经营，存在不公平与不正当竞争。③ 政府市场监管还存在不到位、执法不公正与不依法。④ 监管执法体系与诚信体系不完善。⑤ 社会监督与行业协会作用不健全。而第③④⑤条又会影响第②条。

（二）高端物流与制造业的联动机理

与传统物流相比，高端物流主要投入的不是运输、仓储等物流资产与操作性人力，而是专业知识、人才、基于 IT 的技术能力与整合管理能力等“软实力”。高端物流创造的价值除了传统物流的物流环节的规模经济性与专业化带来的物流环节成本降低与效率提升，更重要的是通过对各物流环节之间的成本及物流成本与服务之间的效益背反关系的权衡取舍（trade-off），通过优化与系统整合供应链中的物流环节，创造新的价值。这包括使得制造业的物流与供应链总成本下降，对客户的物流服务水平的提高（包括缩短交货期，提高物流的可靠性等），以及对市场的适应性、灵活性与敏捷性的提高而获得的供应链竞争优势。

高端物流服务近年来发展较快，对制造业促进与升级的作用也较大，国内外都有相当多的成功案例。应该作为物流业与制造业联动研究与在实践中推进的主要领域。成功案例显示，高端物流与制造业联动，需要双方具备共同理念，建立长期的战略联盟与双赢合作关系，对物流企业要求具有正确的物流与供应链理念及专业知识、物流与供应链方案设计和战略与运作管理人才、信息技术应用能力、与制造业及上下游企业建立战略合作的能力。在具体的双方的关系与管理上，建立联合的发展战略、高层管理之间的合作、常规会议回顾、利益分享机制等管理创新。

促进高端物流发展的重要因素是创新，包括供应链创新、信息技术应用创新与双方关系管理创新。创新需要良好的营商环境、人才辈出的环境、创新激励的环境。

与传统物流相比，高端物流与制造业的互动程度加深，需要建立有效沟通与相互信任的关系，在战略规划、业务与运作管理、风险与回报的分享、合同制定、争端解决机制、共同投资等方面紧密合作。

表 1-10 总结了传统与高端物流的投入、产出及机理的区别。

表 1-10　传统与高端物流的投入、产出及机理的区别

项目	传统物流	高端物流
投入	资产、劳动力与人力资本（操作性）	创新、人力（知识、技术、管理）、技术（信息技术）
产出	物流环节的成本降低与运作效率提高	物流与供应链总成本降低、客户服务水平提高，战略上的竞争优势
机理	物流环节规模经济性、专业化	整合：物流成本、服务的权衡取舍；方案、供应链整合技术与管理创新，创造新的价值

高端物流的主要投入是创新、人力、技术等。高端物流创造的价值主要是通过对制造业各物流环节之间的成本及物流成本与服务之间的效益背反关系的权衡取舍（trade-off），通过优化与系统整合制造业供应链中的物流环节，创造新的价值，使得制造业的物流与供应链总成本下降，对客户的物流服务水平的提高，以及对市场的适应性、灵活性与敏捷性的提高而获得的供应链竞争优势。

高端物流服务近年来发展较快，对我国制造业促进与升级的作用比传统物流更大。

我国高端物流发展的特点是物流企业缺乏创新能力，包括物流与供应链方案创新、IT 技术应用创新、双方关系与管理创新。推进与政策的着力点是在国家层面，在企业层面推进创新型国家与企业的发展，创新需要良好的营商环境、人才辈出的环境、创新激励的环境。

本章小结

物流是一门较新的学科。对物流在理论上的认识是一个不断加深的过程。第二次世界大战后，物流的定义被不断地提升与创新，这反映了对于物流理解的不断深入。物流运作以及对物流理解已经从一种各个物流环节的分离状态逐步走向了整合，最终提出了将供应链中所有物流活动整合的理念。

随着越来越多的生产与贸易企业（货主）开始重视在物流领域挖掘潜力，货主企业开始采用把物流外包给第三方物流的战略，这给传统的提供运输、仓储、货运代理等单一服务的提供商发展整合的、个性化的物流服务提供了机会。然而，有别于传统的物流环节的服务，第三方物流需要与客户建立长期性的战略联盟关系，协作解决具体的不同的问题，公平分享利益并共担风险。与一些传统的基本服务如仓储、运输等相比，第三方物流提供的服务更复杂，包括更广的物流功能，需双方最高管理层的协调。

一般认为对物流服务使用方来说，采用第三方物流的利益包括有利于集中力量于自己的主业、节约相关物流费用、增加灵活性、减少库存等。第三方物流发展是不平衡的，主要障碍有担心对货物失去控制的潜在风险、某些企业认为物流是其核心战略不能交给任何第三方、自己运作物流可以避免第三方赚取利润、自己运作物流能保证本公司的物流目的而不与其他公司共享而受损、“硬”成本数据缺乏妨碍对物流外包的绩效评价、公司内部不同部门的目标不一致产生对外包的抵制和阻力，还有，组织之间的合作是一件困难的事，如公司文化、数据系统、职工知识技能的一致性等。

关键词

1. **产品配送**（physical distribution）
2. **物流管理**（logistics management）
3. **供应链管理**（supply chain management）
4. **第三方物流**（third party logistics）
5. **形态效用**（form utility）
6. **场所效用**（place utility）
7. **时间效用**（time utility）
8. **物流外协**（logistics outsourcing）
9. **合同物流**（contractor logistics）
10. **物流联盟**（logistics alliance）

复习思考题

1. 物流管理一般整合与管理哪些环节？

2. 试述物流的作用。

3. 从物流定义的演变过程讨论物流的实质。

4. 第三方物流还有什么类似的名称？请从广义与狭义两个层面谈谈对第三方物流的定义。

5. 结合我国实践，讨论我国第三方物流产生的推动因素及发展障碍。

6. 采用第三方物流的潜在利益有哪些？

7. 什么是第四方物流？什么是高端物流？

8. 请讨论物流是怎样的一个产业，有什么特点？

9. 讨论传统物流与制造业联动的机理。

10. 讨论高端物流与制造业联动的机理。

案例一

第三方物流与某食品制造企业互动合作

一、公司概况及合作背景

H物流公司是中国香港某集团与英国的一家集团公司合资成立的第三方物流企业。香港某集团在内地拥有多年的运作经验，其主要业务涉及房地产、零售批发、酒店、通信及港口管理。作为全球最大的港口管理公司之一，香港某集团公司目前已参与内地八大港口的运作，包括厦门港、深圳盐田港和上海集装箱码头。英国的集团公司是全球最大的第三方物流公司之一，在全世界30多个国家拥有员工3.3万人，能为客户提供一体化的物流及供应链管理服务。H物流公司集两家优势于一身，即结合其对地方市场的了解和最前线的物流管理技术工作经验于一体。H物流公司的核心业务为物流和供应链管理。H物流公司成立的目的是在全国范围内提供物流及供应链管理服务，公司的目标是要成为中国最大、效率最高的第三方物流企业。

N公司是以荷兰为基地拥有Nutricia，Cow&Gate，Milupa，SHS，GNC和Enrich等公司的国际控股集团。它是世界上最大的营养食品研究、生产和销售企业之一。在欧洲，N公司的婴幼儿食品、绿色食品和健康食品位居前列。现在，N公司在中国设立有分公司，同样进行营养食品的研究、生产和销售。N公司将努力服务于中国市场，为人们带来更有营养、更健康的绿色食品。

H物流公司与N公司于2002年8月开始合作。H物流公司主要负责N公司成品端的销售物流，也就是N公司产品在全国范围内的配送业务。N公司将销售端的物流业务（包括仓储和运输）完全外包给了H物流公司。H物流公司在合作之初，详细了解了N公司产品的生产、仓储条件、产品特色等，以及主要分销地、生产计划、销售预测等。然后H物流公司根据这些情况，在上海、广州、北京设立了3个地区配送中心，以供产品中转。

二、双方互动合作的实践

N公司的产品在国内的主要经销地为华东、华南及华北地区。H物流公司相应地在上海、广州、北京设立地区配送中心（RDC）。另外，N公司的生产工厂在黑龙江的齐齐哈尔市，某项目运作的范围如图1-4所示。

在这个项目中，所有的产成品利用铁路从齐齐哈尔运到上海、广州、北京的RDC，然后再从RDC送到N公司的分销商处。

H物流公司在这个项目上不具有物流资产，仓库、运力都是外包而来。仓库是租借上海商业物流中心的。运力方面，铁路运输外包给北京光正运输公司，由它们全权负责铁路运输；在广州的RDC，配送任务就外包给了天津中通物流；上海的RDC，配送则是外包给上海映星货运公司；北京的RDC，配送交给北京光正。H物流公司所具有的只是人力资源以及管理能力。所以，对仓库供应商以及运力供应商的管理就显得尤为重要，这也是保证该项目成功与否的关键。

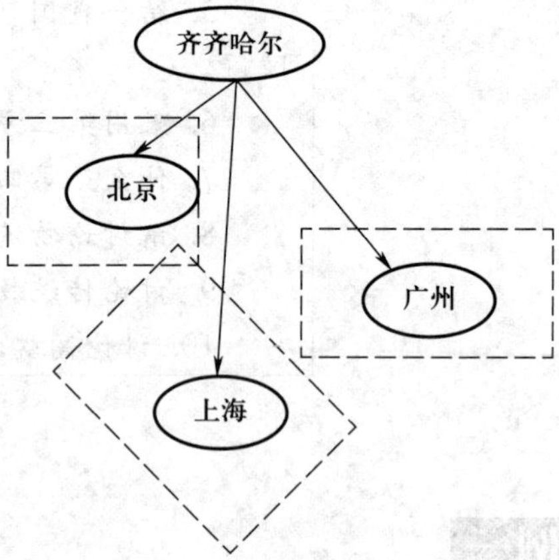

图1-4　N公司项目运作范围

（一）项目运作程序

此项目日常运作的程序如图1-5所示，包括以下流程：

（1）N公司通过传真发订单给H物流公司的上海运作中心。H物流公司通过电话确认订单。如果订单上的交货时间小于正常的交货时间，在合理的范围内，订单要求的交货时间可以更改。

（2）H物流公司根据订单性质，如果是铁路运输或是从北京RDC出库，则将订单传真至北京光正运输公司，具体的货物出库及车辆安排就由北京光正运输公司负责，H物流公司要求的就是北京光正运输公司及时反馈与此订单相关的信息；同样，如果是从上海RDC或是广州RDC出库，就通知各自车队准时过来提货出库，同样要求车队及时反馈送货信息到H物流公司。

（3）H物流公司再将相关信息及时、准确地反馈给N公司。

（4）每周一将三个RDC的库存状况报告给N公司。

（5）每个月将关键绩效指标（KPI）数据反馈给N公司。

（6）对于运作中出现的意外情况，及时迅速地作出处理。

（7）加强与N公司的沟通交流。

（二）H物流公司对供应商的管理

在运行此项目时，对运输供应商和仓库供应商的管理是关键，H物流公司的做法如下：

1. 对仓库供应商

（1）要求仓库能及时安排相应的装卸工具和人力，保证作业在工作时间内及时进行。

（2）库存损失率≤0.05%；库存报告准确率=100%；货物出库准确率=100%。若每月指

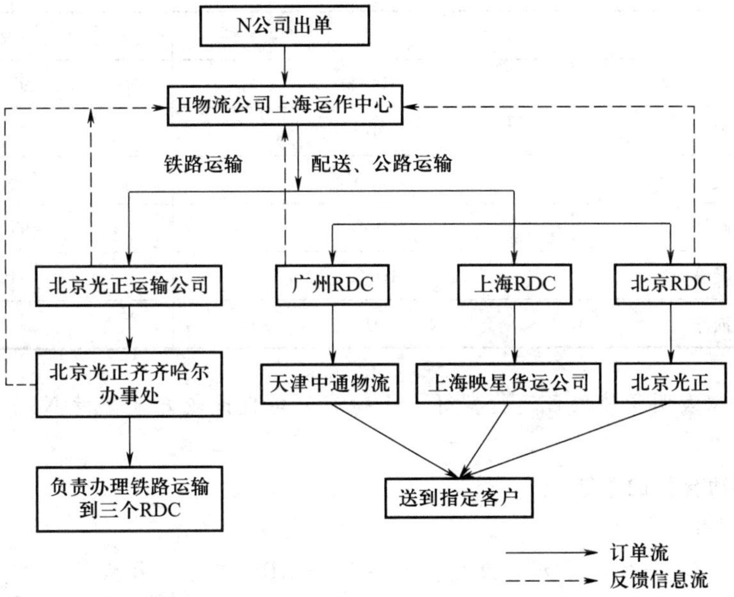

图 1-5　项目运作流程

标低于此数值，则有相应的处罚。

（3）若有紧急、临时任务，周末以及节假日安排加班。

（4）做好仓库的防鼠、防雨淋工作，每月定期检查一次。

2. 对运输供应商

（1）供应商必须有专人负责此项目的运作。能及时提供符合规定的车辆和司机参与运作，能在规定的时间内到指定地点提货，并且及时将货物送出。

（2）司机负责监督装卸货，以及按单清点货物品种和数量，货物正确出库后，出现一切问题均由车队负责。

（3）车队必须按照送货单指定的地址送货，不能异地送货。

（4）考核运输商 KPI，准时送达率≥98%；运输途中货物损失率≤0.05%；送货准确率＝100%；回单及时率＝100%。

（5）及时反馈到货信息给 H 物流公司，在货物送到的 5 天内将签收单送回到 H 物流公司，若是市内运输，回单时间是 2 天。

（6）以上标准不能达到者各有相应的处罚，违反两次者，取消承运资格。

（三）双方互动合作运行情况分析

此项目运行的结果是大大地提升了 N 公司对其销售端供应链的管理能力并节省了 N 公司的物流成本。

该项目运行两个月来，KPI 数据如表 1-11 所示。

表 1-11　项目的 KPI 数据

KPI	8月	9月
运输准确率	100%	97.18%
运输残损率	0	0
准时送达率	97.56%	96.20%
发货准确率	100%	97.40%
库存准确率	100%	100%
仓库破损率	0	0

这些 KPI 数据表明了该项目运行良好，H 物流公司也比较好地协助 N 公司提升了它们对供应链的管理能力。

三、双方互动合作的总结

（一）成功之处

（1）协助 N 公司进行物流方案策划，确定三个 RDC 选址以及大小，尽力从客户角度考虑，节省成本。

（2）及时提供符合条件的、适于运营的车辆，及时、准确、安全地将货物送达客户手中，有效地支持了 N 公司销售端系统。

（3）对客户的一些特殊要求，能够及时作出响应，对运行当中出现的意外情况，能及时处理。

（4）及时准确地与客户沟通物流信息，使客户对供应链中的物流信息了若指掌。

（5）为客户提供一些增值服务，例如分装、贴标签等。

（二）H 物流公司运行此项目有待改进之处

（1）对仓库、运输供应商的管理有待改进，没有明文规定奖罚制度。

（2）没有制定一套完整的标准作业流程（SOP）。

（3）为客户服务的思想没有落实到下面的操作人员。

（4）运作的稳定性不够，同一条路线的运输有时候会提前几天，有时候又会迟到几天。

（5）KPI 指标制定得不够精确，不能精确地评估供应链的运行情况。

案例讨论

1. 试运用本案例，深入分析第三方物流的使用方与提供方在我国目前环境下的发展动力、潜力与阻力。
2. 试分析该案例中双方的成功之处与有待提高的方面，请提出具体的方案。

案例二

罗宾逊公司的商业运作模式及案例

一、公司概况

罗宾逊全球物流公司（C. H. Robinson）于 1905 年在北美成立，名列美国《财富》杂志五百强企业，是全球较大的第三方物流公司（3PL）之一。通过北美、南美、欧洲、亚洲和大洋洲的办事处网络来提供货运和物流，外包解决方案，为113 000名客户提供采购和信息服务。为满足客户的货运需求，公司在全球范围内提供了107 000个运输服务供应商，包括合同运输公司、铁路、航空货运公司和远洋运输公司。公司拥有超过14 000名员工，公司的物流外包解决方案、生鲜农产品采购及Navisphere技术等都可以为各类大小型客户提供服务。①

罗宾逊作为全球最大的公路货运企业之一，紧追苹果公司等科技大佬。作为北美最大的第三方物流公司，罗宾逊拥有全美最大的卡车运输网络，但这个80%营收来自于公路运输的物流公司却没有一辆卡车，也就是典型的“无车承运人”轻资产物流模式。这是1980年美国开始放开货运业市场管制，允许运输企业以更灵活的形式经营之后，罗宾逊扩大货代业务，成为无船承运人，并将此思想运用于道路运输的结果。

1. 发展背景

罗宾逊物流的历史与美国的交通历史有着相似之处。从1939年引进第一辆非冰型冷藏车，到1945年开始建造州际高速公路系统，罗宾逊物流主要通过铁路运输提供运输，以补充其经纪业务。1980年，《机动车运输法》通过，取消运输管制。之后罗宾逊不断进行收购并扩充业务范围。每一个变化都带来了新的想法、新的方法，公司抓住了这些机会并可以更好地为客户和供应商服务。公司贴近客户和市场，以创新、采用最佳技术和雇佣最敬业的员工来迎接每一个挑战。始终保持对客户以及服务的关注，在全球各地提供多式联运和物流服务。②

在由重资产向轻资产转变的过程中，罗宾逊有两个不得不说的成功基础：第一，重资产的运力资源日趋饱和，集成化的物流服务需求日趋突出，让罗宾逊的蜕变成为可能。到20世纪90年代，美国公路货运运力已趋近饱和。连沃尔玛、百思买、家得宝等零售商都拥有或整合了运力资源。如1997年沃尔玛销售额首次突破1 000亿美元，也拥有了北美地区最大公路运输车队。传统专线公路企业和区域公路企业已被工商企业的自营物流车队冲击。因为白热化的竞争，传统专线公路企业的服务订单不断减少，加上这些企业缺乏综合服务能力，让它们的议价能力不断降低，生存环境越来越严峻。罗宾逊走在信息化高速路上，抢先网聚了大量需求信息，而且罗宾逊本来在美国物流市场的“小体积”让它可以轻松转身，放弃重资产，以整合服务商和系统服务方案提供者的角色首先出现，因此掌握了服务定价话语权，牢牢扼住了这个新兴市场的命脉。第二，彼时逐渐成熟的信息技术正在颠覆传统公路运输企业。沃尔玛早在1987年就建立世界最大的私营卫星通信系统，给沃尔玛的公路运输车辆装上了“千里眼”。受益于信息化在公路市场的广泛应用，罗宾逊也较早开展了信息化建设，为其1997年转型轻资产型平台企业奠定了基础。比较而言，虽然沃尔玛从车队规模上成为美国最大的公路运输企业之一，但是其配送物流体系只是沃尔玛闭环服务体系的一部分，而罗宾逊选择了做开放性社会服务平台，这超越了传统公路运输企业闭环生存、靠劳动力支撑的模式。

① 来自罗宾逊官网

② 来自罗宾逊官网

2. 发展过程

1905 年，Charles Henry Robinson 创立了 C. H. Robinson，起初是一家以果蔬批发为主的贸易公司；1919 年，总部搬至明尼阿波利斯；1968 年，其作为一个合同承运人进入受管制的卡车业务；1979 年，公司采用 IBM 大型机技术，开创了一个集中支持的技术、电子通信和信息共享的新时代；1983 年，收购一家燃油卡管理公司（T-Chek systems），为汽车行业服务；1988 年，罗宾逊公司进入多式联运业务；1996 年，C. H. Robinson 推出其第一个专有的、基于 PC 的整车操作系统，COSMOS；1997 年，成为一家公开交易的公司，在纳斯达克上市；2003 年，在中国香港设立办事处（罗宾逊全球物流有限公司）并收购了一间总部位于德国汉堡的国际货运代理及第三方物流公司—— Frank M. Viet GmbH InternationaleSpedition，扩大了国际货运代理网络；2007 年，公司上市十周年，且公司平均每股收益增长约 23%；2012 年，引进 Navisphere®，即该公司专有的单一全球技术平台；2015 年，C. H. Robinson 收购了一家总部设在密苏里州堪萨斯城的私人持有的货运代理人 freightquote. com；2016 年，罗宾逊连续六年被《入境物流》杂志的读者评选为第三方物流的第一名；同年，罗宾逊发布了一个新的移动应用程序，旨在支持合同机动运营商及其业务；2016 年，其还收购了 APC 物流，这是一家领先的货运代理和海关经纪服务提供商，在澳大利亚和新西兰有超过 3 000 个客户和供应商；2017 年，收购了 Milgram & Company Ltd. ，是加拿大的一家世界一流的货运代理、报关经纪以及水陆运输公司。①

二、主营业务及营收

以罗宾逊中国为例②，主营业务包括以下八个方面。

1. 供应链服务业务

采用强大的运输和物流网络扩大业务范围并优化供应链。作为中国到美国航线的最大无船承运人以及亚洲到美国航线的第二大无船承运人（按货运量计），能够有效获取舱位与优惠的价格。提供多种方式管理在亚太地区的全球运输——空运和海运货运代理、海关与符合法规、整车货运和零担货运服务、新鲜果蔬全球采购、先进物流技术、仓储、卓越运输运营商等，如图 1-6 所示。

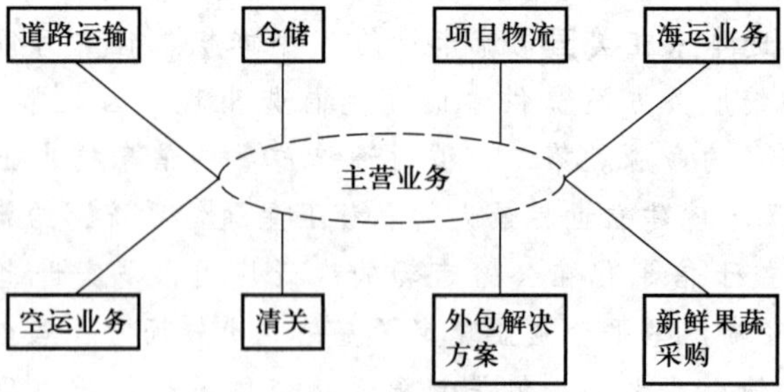

图 1-6　主营业务图

① 罗宾逊官网。
② 罗宾逊官网。

提供真实可靠、成本极具竞争力的内陆分销服务和道路运输解决方案。通过各种运输服务进行定期和紧急装运，包括整车货运、零担货运以及温控装载服务。将货物从香港、上海运往偏远地区，当地货运专家为道路货运寻找最佳解决方案，满足个性化的道路运输需求。

拥有通晓不同语言的资深供应链专家解析各种运输方案。他们具备各行各业的专业知识，如纺织业、汽车业、医疗用品和电子工业等。专家还可以为贵重货物的运输安全提供帮助，友善且反应迅速的客户服务，尽责的联系人以及专家指导。

（1）整车货运。

负责选择符合所需商业目标的专业道路交通运输公司。无论经营的公司规模大小，亚太地区的专家都能提供可靠的卡车运输方案来运送货物。可享受个性化服务和及时账户管理服务以帮助解决问题，以及先进的技术工具用来报告货运状况。Accelerate Your Advantage® 亚太区及世界各地的卡车装载专业知识：

① 为供应链提供多种整车货运服务；② 通晓客户语言并与客户同时区的专属联系人；③ 问题处理及定制供应链解决方案；④ 根据客户的需求轻松地将货物转交给其他运输服务供货商；⑤ 众多办事处提供值得信赖的运输服务，并对主要城市和地区提供本地市场专业知识；⑥ 通过 Navisphere® 技术在线访问获取货物跟踪方案；⑦ 连接到全球整车货运网络，北美、欧洲、南美等拥有优质供应链整合能力。

（2）零担货运（LTL）。

货物少于整车装载货运量时，可以选择零担货运（LTL）和货物拼装服务。当地货运物流专家会提供道路货运解决方案。整车及零担货运（LTL）的货物装运、平板卡车运输或温控运输服务值得客户信赖且货运能力卓越。先进的 Navisphere® 技术可查阅货件状况并向您提供详细的查询及跟踪服务。选择部分装载服务：

① 进行快速响应和问题处理的联系点；② 通晓客户语言的友善专业人士；③ 办事处遍布亚太地区，在主要城市和地区提供市场专业知识与服务；④ 乐享 Navisphere 在线访问，即从发货地到目的地的货物跟踪技术；⑤ 量身定制的报告工具。

（3）温控服务。

运输的是易变质的对温度要求较高的产品，则需要可靠的冷藏货物运输服务。具有悠久冷藏链物流历史的优势：① 冷冻食品、药品或其他需要温度保护的物品运输服务；② 专门的亚太区当地联系人负责您的温控货件运输；③ 使用技术便捷查询货物。

2. 海运

在亚太区及世界范围内获取多样国际海运方式。中国到美国航线最具竞争力的无船承运人（NVOCC）的海运，可以使得客户以极具优势的价格获得所需货舱。不论业务大小，都可在所有主要航线中找到最合适的整箱货（FCL）或拼箱货（LCL）出入境海运服务。

3. 空运

在当地空运物流专家的帮助下安排您的全球空运，为全球货件选择快捷可靠的空运方案：

① 根据需求选择往返欧洲、南美洲及北美洲的线路；② 通过精准追踪、报告及透明度使得客户对全球空运了如指掌；③ 委托当地联系人快速满足空运需求；④ 采用多样的业务组合构建业务；⑤ 便捷连接全球办事处网络；⑥ 受益于各个领域的专业知识，包括纺织品与服

装、玩具、家居用品、电子产品、医疗用品、食品与机械；⑦获得常规统一服务、清关帮助、采购订单管理与仓储服务；⑧与反应快速的联系人讨论货物保险事宜，从而管理风险。

4. 清关

将货物委托给资深报关员，这些报关员的在世界各地的年清关量超过500 000单，仅亚洲的清关量就超过350 000单。符合亚太区以及全世界的现行政府法规。与一间广受推崇的全球公司创建一整套清关流程。经验丰富的海关专家审查货物并提出建议，确保支付正确的关税、进出口关税和申报价值，从而简化清关。

5. 项目物流

来自亚太区的专家将贵重货物从东南亚运输到北美，或者跨境内陆间运输重型货物。

在项目物流专家团队的帮助下，可以轻易地在全球范围内安全运送大型、超重以及高价值的货物。专家们致力于让客户满意并享有卓越声誉。在预算范围内准时运送货物。经验丰富的项目物流团队，根据重型、超大型以及零担货物可以在海运、陆运、空运范围内调配。

6. 仓储

仓储和分销对整个供应链至关重要，物流需求方需要管理日常安排运输区域以及靠近客户的首选运输航线和港口。仓储服务可以提高库存控制，并有效管理货运和在亚太地区的仓储解决方案。

7. 外包解决方案

创新与设定供应链以满足不同的业务需求，依靠专家帮助选择正确运输方案。需要高级物流知识应对全球供应链的需求方，可以考虑外包解决方案。专业人士会为业务目标制定计划，而且外包物流解决方案有助于提升公司对客户与供货商的价值，且留给公司更多的时间来经营核心业务。

8. 新鲜果蔬采购

公司客户希望在他们的本地市场中购买世界各地的高质量新鲜果蔬，罗宾逊的服务可使其享受新鲜优质的水果和蔬菜，往返上海、香港与首尔、曼谷，委托新鲜果蔬专家在亚洲乃至全球范围内种植、包装、采购和分销新鲜美味的果蔬。

三、商业运作模式

罗宾逊物流以轻资产模式在行业加剧竞争中脱颖而出，轻物流企业并不占有资源，而是以搭建平台、驾驭资源为基础。罗宾逊放弃重资产模式，专注建设信息平台，扩展全球市场，内生增长和外延并购拉动业绩稳步提升。

1. “轻”的体现

(1) 轻车辆。

以“无车承运人”角色整合服务资源的罗宾逊，凭借着集成信息服务平台，6.3万家运输企业签约成为罗宾逊的合同承运人，这些企业合计拥有100多万辆卡车。如此规模堪称全球最大的公路货运企业，罗宾逊可承接遍及全美的公路物流服务，也有足够能力掌握服务定价权。随着移动终端的普及，卡车企业能随时通过在线工具注册成为罗宾逊合同承运商。

(2) 轻地产。

仓储物流中心（物流地产）对公路物流服务链来说，就像心脏之于血管，但在公路物流生态链上，罗宾逊抛弃地产心脏，将轻资产物流模式不断发展。罗宾逊的服务覆盖美国、加拿大、墨西哥、南美，却不花大把资金建设物流地产，而以强势资本和信息平台，遥控签约合作企业物流仓库。罗宾逊会在各地设立技术型主导分支机构、网点，能给客户提供上门服务。这些分支机构也是罗宾逊轻资产的线下网点，就像从罗宾逊庞大信息平台上连接到区域的神经末梢。这些分支不需要车辆、库房，但需要技术性服务人员负责了解当地客户需求和信息，成为罗宾逊最深入客户、感知最真实用户需求的区域信息枢纽。

近年国内一些平台型公路企业也投资线下物流地产，甚至和传统公路企业竞争运输环节的业务。中国真的还需要再扩建大量物流园区？2013 年统计数据显示，中国物流园区平均空置率高达 60%，如果把这些资源整合好或许就已经够用。

（3）轻劳力。

公路运输业长期属于劳动密集型行业，相关数据显示，截至 2013 年，德邦物流有 3 万员工，中邮速递物流有 10 万员工，我国快运、快递、配送等劳动密集型物流业态，人力成本已经占企业总成本的 50%。

但作为全球最大规模公路运输巨头的罗宾逊，因为没有大量的自有运输车辆以及物流地产，也就不需要在车辆、物流地产的日常维护、管理、执行等方面投入大量人力。到 2014 年 4 月，罗宾逊仅有 1.1 万名员工，而美国最大公路运输企业之一的世能达，仅司机就有 1.55 万人，在全球 28 个国家和地区拥有 2.23 万员工，如今的营收尚不及轻资产罗宾逊的一半。

罗宾逊已从劳动密集型企业向技术密集型和资金密集型转变，没有人力成本这个包袱。

2. “重”的体现

罗宾逊的轻物流，不是没有重心的轻。相反，罗宾逊重心正是其能跃居美国第一大公路运输企业的关键。罗宾逊轻物流模式，主要依赖于三大靠山：第一是网络信息化，重互联；第二是融资杠杆化，重资本；第三是人力科技化，重人才。

（1）重互联。

现代物流的生命线在信息化，信息化的目的是实现互联互通。有了互联网高速公路，就能打破传统物流的藩篱，实现高效快捷的物流。可为什么运输商愿意加盟罗宾逊的平台？为什么货主企业愿意跟罗宾逊合作？

这得益于罗宾逊物流信息平台上两条互联互通的信息高速路，这能给承运商和货主带来最大化的商业价值。第一条高速路是 TMS 信息平台，罗宾逊用它联通运输企业；第二条高速公路是 Navisphere 信息平台，罗宾逊用它联通货主企业（见图 1-7）。

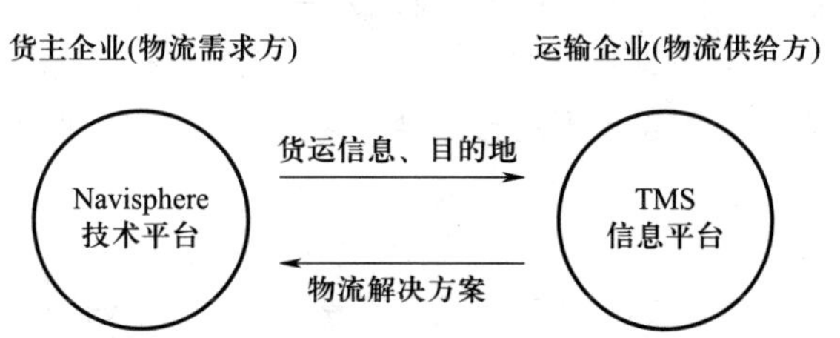

图 1-7

只要货主企业在 Navisphere 信息平台的导航球上注册账号，填写货运信息及目的地等，导航球就能把信息传递给 TMS 信息平台，TMS 根据客户对服务价格、时间等需要，提出各种可供选择的优化物流解决方案。公路运输市场常见的“货找车，车找货”等信息不对称问题被一键解决。

罗宾逊控制了这两条高速路，就能把物流供应和需求这两个过去无序冗繁的环节规范、压缩。货主企业能在罗宾逊的信息平台上，清晰地了解自己的货物正在哪个地方，处于运输的哪个时间段。

（2）重资本。

罗宾逊的轻物流模式是用重技术和重资本替换劳动密集型和资源密集型。当传统物流企业把大把资金投入仓储、车辆等领域，罗宾逊则把大量资金投入到信息技术等领域。

轻物流企业竞争的是科技和人才等软实力，而软实力也需要资本撬动。所谓轻物流企业的轻，只是行走时的轻松，维护时并不轻松。信息平台是罗宾逊建设的重心，为保障先进性，罗宾逊每年投入7 000多万美元维护，其中TMS平台维护费每年就达5 000万美元。

这就需要资本杠杆，罗宾逊在轻资产模式下的现金流，相对传统公路企业更充裕，而且，2013年罗宾逊的前十大股东，均是基金等大型投资机构，最大股东是世界上最大的不收费基金家族、曾位居全球第二大基金管理公司的先锋公司。

（3）重人才。

罗宾逊不是劳动密集型的公路物流企业，但却是人才密集型的巨头。拥有近600个IT工程师的罗宾逊，看起来更像一家科技企业。罗宾逊就是靠科技型人才整合服务资源，靠科技创新引领企业发展。

为抢占人才战略制高点，每年罗宾逊都广招精英人才加入，新人加入后要进行系统的课堂培训。罗宾逊还有在线教育等形式，建立正式和非正式的多渠道学习，强化科技主导服务型的团队建设。罗宾逊会帮助每个人建立职业发展规划和目标等，建立“人人皆精英”的团队。

作为美国上市公司，罗宾逊采取股权激励，很大一部分股份掌握在员工手中，这也是为什么罗宾逊能够保证人才梯队的长期稳定，从而保持了这个轻物流战车不失合力。相比之下，中国部分公路运输企业还没有解决好人才的问题，尤其是家族式的民营企业，高管人才流失率较高。

四、业务案例研究

以下是三个来自公司官网的案例。

案例1：全球物流业务外包，节省供应链支出——以TOSHIBA（东芝）为例

TOSHIBA（东芝）在电动机设计、制造以及销售方面世界领先，它将自己的全球物流业务外包以促进企业的经济增长，服务于庞大的生产系统，同时将供应链转变成企业在市场运作中的竞争优势。

1. 案例背景

在成本和服务方面缺乏透明度阻碍了公司发展全球供应链的目标。依靠完美的物流流程，东芝工业部电机业务部门将其全球市场和生产系统从日本扩展至中国，并从越南扩展至得克萨斯州。2010年，东芝将旗下的优质工业电机制造业务从休斯敦迁至胡志明市（越南国际港口）附近，地理位置极佳。东芝计划每年从越南新工厂投放120万台电机至全球市场，因此它需要建立一个高效协作的供应链关系以支持其积极的增长目标，同时维护产品服务和质量

标准体系。

东芝休斯敦分部的电机业务部门寻找了一种新办法以解决当前物流供货商的成本和服务问题。由于对货物有限的追踪功能、不够明确的操作程序、对入境运输的不重视，以及运费的不透明，东芝领导认为，缺乏内部供应链的专业知识抑制了公司的发展能力。因此他们需要创造性的解决方案来解决此类问题。

2. 过程及效果

第一要务就是建立从越南运输至休斯敦，或至北美其他地域的运输流程。协同团队需要记录必要的运输步骤并创建从保税仓库至交货地点的标准操作程序。

C. H. Robinson 与休斯敦的存货控制合作决定产品规格，此类信息随后会输入至优化工具中，用以创建装箱图表。新的装箱流程会产生积极的效果，载重在法律限制范围之内，基于特定的图表进行装载可以优化集装箱空间，从而减少集装箱数量降低成本。

东芝希望提供说明以提高区域分销中心（RDCs）的效率。包括优化转运流程并使用最佳做法以降低花费。C. H. Robinson 执行团队建议东芝在最佳地域建立区域分销中心，并分析存货周转。同时根据街道局域历史和东芝客户群，运行方案以决定 DCs 的最佳地理位置。C. H. Robinson 的流程和技术说明东芝提高效率的同时也在总到岸成本中增加总体透明度。此改善措施有助于改进商业计划，并为市场价格的设定提供更清晰的认识。

找到正确的承运人组合进行交货使东芝受益更多。以往，东芝使用许多承运人运输货物，C. H. Robinson 调整了流程，承运人的数量大幅度减少。东芝通过与小型核心团体合作，同剩余的承运人建立了良好的业务关系。承运人提高了对东芝流程和包装规格的认识，东芝的业务效率和服务质量显著提高。

Navisphere 技术提高了东芝供应链的透明度和效率。Navisphere 在线访问提供实时货物追踪和业务智能服务。为满足客户要求，C. H. Robinson 团队说明东芝与供货商建立的 EDI 交易。他们也通过增加扫描仪和条形码，升级越南的仓库，提高运营效率。在改进前，客户服务不得不推迟至 24 小时。现在，叉车司机扫描货物，货物信息自动输入至东芝企业资源规划（ERP）系统。自动化流程可更快整合订单，客户可以进入东芝网站，从网站库存中挑选物品并查看运费。

设立东芝电机业务部有利于提高竞争力并加速市场运转。另外，对东芝电机业务部而言，C. H. Robinson 现在服务于东芝混合动力汽车（HEV）业务部是可以合理驱动业务部门的。争取未来东芝物流市场份额的有利优势包括存货分析、网站设计以及其他可帮助东芝供应链花费减少 500 000 美元至 700 000 美元的物流策略。

案例 2：全球运输制造业——以泰瑞达为例

泰瑞达是自动测试设备顶尖供货商，服务于全球半导体、电子产品及汽车等龙头企业。泰瑞达依赖三大主要板块为其客户增加竞争优势，即装配测试、半导体测试及车辆诊断解决方案。

1. 案例背景

一些世界级半导体、电子产品及汽车公司依赖泰瑞达的自动测试设备节约时间、减少支出并提高效率。对于拥有高端客户及每件定制商品售价高于 100 万美元的泰瑞达而言，当务之急是建议一个高效安全的全球供应链。

为实现这一目标，泰瑞达邀请 C. H. Robinson 帮助优化其在美国国内的货车运输。几个月后，泰瑞达更改了其业务模式，将其制造业务大举迁至中国苏州。此举迎来了新的全球运输挑战，如利率增长、容量限制及海关合规问题。测试设备的两个组成部件如今将在中国及欧美等不同地域生产，因而泰瑞达面临着更加严峻的挑战。货品需要在运输途中合并，从而确保泰瑞达客户收到完整的设备及其发票。为此，泰瑞达在目的国需要不同类型的仓库服务，以使得两种货物分别运抵仓库，但又组装成完整测试设备出货。更复杂的事是测试设备的每一个部件均为超大尺寸，需要特殊处理。

2. 过程

在泰瑞达业务战略的转变过程中，C. H. Robinson 的全球运输技术、物流网络及无资产型业务模式使其能够适应并满足不断变化的需求与目标。认真研究了泰瑞达业务及其特有的货运挑战后，C. H. Robinson 成功改变了泰瑞达 SOP，为各客户制定最佳仓库类型，并提供全球运力满足其需求。C. H. Robinson 庞大的资源网络与供应链专家说明泰瑞达将北美供货商处的货物运至中国制造公司处，并开发涉及 12 个国家 14 座城市的出境中途并货项目。C. H. Robinson 在各地与航空、仓库、地面运输以及海关工作人员进行联络，确保顺利展开各项工作。

此外，C. H. Robinson 的整个全球供应链流程均极度透明。由于泰瑞达客户经常聘请接收团队监督测试设备的卸货与安装工作，因此这种极度透明化非常重要。测试设备价格非常高，如果设备无法正常工作，客户每天都将遭受损失。提供准确交付窗口、迅速解决问题与及时交货均有助于泰瑞达留住客户。

3. 结果

泰瑞达成功将其制造业务大举迁至中国苏州。泰瑞达减少从亚洲、北美及欧洲入境物料及出境货运等事宜的供货商数量，不再与多方供货商合作。促进了及时交货服务，始终到达准确交付窗口，并简化了发票流程，从而减少支出并留住客户。全球范围内始终如一的沟通与客户管理有效地改善了泰瑞达全球供应链。

案例 3：找寻货运代理，加速业务增长——以 Igloo Books Ltd. 为例

Igloo Books Ltd. 成立于 2003 年，是一家来自英国的采购商，属于办公文具、箱包、体育及旅游休闲用品采购商行业。

1. 案例背景

Igloo Books Ltd. 三年内每年其业务都达成了双位数的增长，这也为供应链带来了新的挑战。这家快节奏的公司不仅自主撰写设计和发行高质量的书籍，还为 50 个国家的顾客提供着高水平的服务。但由于高速的业务增长，要维持好 Igloo Books Ltd. 与众多承运人间的合作关系就变得有些难以为继。

2. 过程及效果

距离 Igloo Books Ltd. 的公司总部 Sywell 几个小时路程的 C. H. Robinson 曼彻斯特办事处提交投标书，协调 Igloo Books Ltd. 的发货安排。

随着越来越了解 Igloo Books Ltd. 及其对客户服务的热忱，C. H. Robinson 提供了另一种特殊供应链策略以适应公司业务的快速增长。为此，C. H. Robinson 实施了一项核心承运人策略，其庞大的载货量为 Igloo Books Ltd. 引进高效的运输流程，从而降低运货成本。

C. H. Robinson 曼彻斯特办事处和中国香港办事处紧密合作，联合亚洲供货商发货并协调至世界各地的货船。在那里，货物将运往承保仓库，在仓库中安排货物的最终配送。此项策略的成功是 Igloo Books Ltd. 选择 C. H. Robinson 作为其全球独家货运代理的主要原因。

每年的 8 月底至 12 月是 Igloo Books Ltd. 的业务旺季，在此期间，此物流策略的独到之处便会显现出来。在八月需要安排装载多个供货商的货品至英国，这样货物能在九月初到达目的地。在旺季，每周都会有 50 个集装箱到达仓库，必须对货物进行密切监控，这样适量的产品就会在合适的时间到达仓库中。

虽然 C. H. Robinson 会因为装运业务的需要而与 Igloo Books Ltd. 持续保持联络，但两家公司仍每月会面谈论之后可能会遇到的问题。如有需要，C. H. Robinson 会安排与 Igloo Books Ltd. 会面以预测未来的走向趋势。

C. H. Robinson 亦会告知 Igloo Books Ltd. 可能影响装运的市场状况，并提供相应策略以减少突发事件的影响。在某些情况下，例如，远洋船只供货商可能毫无征兆地削减特定航线的服务，这对某些供应链可能造成极大的伤害。根据过去的经验，由于较早收到关于类似事件的提醒，同时收到来自 C. H. Robinson 团队的相关建议，Prati 表示即使航线一夜之间突然取消，也不会出现服务中断的情况。相反的情况下，C. H. Robinson 也会建议下调远洋航线的运价。Igloo Books Ltd. 利用此类市场信息以避免签订长期合约和支付高于当时市场的运价。

目前，C. H. Robinson 和 Igloo Books Ltd. 继续紧密合作以寻找更高效的转运流程，并降低成本。C. H. Robinson 的全球技术平台在自动流程中扮演着重要角色，并提供全程的货物追踪以方便调控。供应链数据可在 Igloo Books Ltd. 多个部门间共享，从而用于联合财会事务和其他行政任务及运输情况。鉴于 Navisphere 平台可适应公司规模大小，该技术将继续扩展以适应公司的业务增长。

案例讨论

1. C. H. Robinson 公司的"轻"与"重"分别表现在什么地方？
2. C. H. Robinson 公司与客户货主一般经历怎样的过程？期望得到怎样的结果？

案例三

利丰集团倡导的价值链物流

一、概念来自供应链管理模式

利丰集团是以我国香港为基地的跨国商贸集团，全球领先消费品供应链专家。利丰集团 1906 年于广州成立，是中国首批对外贸易公司之一，2009 年营业额超过 160 亿美元，在全球超过 40 个地区中建立 80 多家分公司及办事处，聘用员工超过 34 000 名，网络遍布全球。利丰集团的核心能力是供应链管理。三项核心业务为贸易出口、经销及零售。

利丰集团的产品主要包括：服装产品、非服装产品（玩具、体育用品、手工艺品、服装辅料、家居用品、旅游用品、节日用品、家具等）及个人护理用品。其中服装占比 70%，非服装占比 30%。

利丰集团在全球有超过 40 个经济体系，已建立 240 多个办事处及仓库聘用员工超过 27 000

名，15 000个以上供应商遍布全球。

利丰在供应链管理中像一个乐队的指挥家，指挥着供应链的运作，从产品设计和开发、原料采购、生产规划和管理、质量管理、出口文件办理到运输安排，确保顾客能得到周到的增值服务。

二、价值链物流方案

利和经销集团①（以下简称为利和经销）董事经理郑有德认为"我们的目标是通过价值链物流重建传统经销行业。这意味着将我们深厚而广泛的亚太物流网络作为基础业务的促进者，加上先进的科技基础设施，通过物流业务无缝地连接起集团的其他两个核心业务——营销和制造。我们不会把经销只看作推销及销售品牌。它是一系列的服务，包括为客户提供清晰、具体即可实现的方案，使它们在物流过程中得到增值的价值链。我们与顾客工作时采取一种灵活的方法，令利和经销的顾客可从我们的服务清单中制定适合它们在本土或者全球销售需要的服务。我们称这一全面的方法为'价值链物流'。"

利和经销认为价值链物流（value-chain logistics）是一种独特的业务模式。这种模式以物流作为桥梁，联系各项核心业务，使之成为一条完整的价值链。物流连接和驱动经销过程的每一个部分，并通过科技和高效率的运作为其增加价值。物流在整个"价值链物流"概念中占据一个重要的战略性位置。

利和经销相信高质量、高效率的物流和分销管理是品牌拥有者最希望在亚洲得到的服务。实际上，很多国际品牌都想自行负责推广及销售工作，而把物流外包，一些著名的全球消费品牌，如强生、联合利华及宝洁便是其中的例子。与当时英之杰把物流只当作一个后勤部门相比利和经销则把物流放在业务的最前端，让物流连接着传统的营销与生产。物流、营销与生产这三项核心业务形成一条完整的价值链，由原材料的生产至制成品被运送至消费者。这种独特的价值链物流模式令利和经销不只是一个第三方物流供应商或分销商，而且是一个综合分销服务提供者。

多年来，利和经销在其核心业务之下逐步明确了各项不同的服务，开发出一份服务清单。这样它可以提供一种或多种服务给顾客，甚至是一站式端对端综合分销方案。有了价值链物流后，利和经销在市场上占据了一个独特的位置。

三、利和经销的价值链物流与传统物流的区别

利和经销的业务属于先进供应链管理的范畴，指为客户指挥和协调其供应链，通过物流操作为其供应链增值，即创建"价值链物流"。利和经销可提供一系列虚拟物流服务及信息技术支持，是客户供应链中的管理核心。虚拟物流是指利和经销不直接拥有任何"硬件"，如货仓、货品、船队及车队等资产，而是利用信息技术和其国际业务联系，把全球的物流合作伙伴连接起来，为客户提供效益最大的供应链方案。

虚拟物流是一个新概念，它是以信息网络技术来进行物流运作与管理，实现企业间物流资源共享和优化配置。虚拟物流主要有六个优点：

（1）没有固定资产，降低了营运成本；

（2）可根据客户的需求进行资源调配，如根据客户的生产和销售地点以及前置时间等，

① 利和经销集团为利丰集团下属子公司。

选取最合适的运输和仓储供应商，进行合理的流程编排；

(3) 结合供应商网络和信息系统增加物流的灵活性和反馈性；

(4) 具灵活性，较容易合并货量，以达到规模经济的效果；

(5) 可以快捷地与物流供应商结成战略联盟，不受约束地寻找各种物流服务的最佳供应商，以提供最优秀的供应链管理方案；

(6) 具中立性，避免了与物流供应商发生直接竞争。

如果把“虚拟物流”和“虚拟生产”结合，便会形成一种崭新的“虚拟供应链”模式，把供应链效应提升至新领域。虚拟生产即不直接拥有工厂，但与工厂保持紧密联系，并协调各个工厂内的工序和工厂间的合作，以保证生产出来的产品能为客户提供最大的成本效益。虚拟供应链的运作好比把利丰贸易的虚拟生产和利和经销的虚拟物流两个业务联结在一起。利丰贸易处理客户的采购和生产管理工作，是供应链上游的活动；而利和经销则负责与物流配送相关的策划，主要集中在供应链的中游活动，形成一个极具灵活性的虚拟企业协作网络，令客户能够对市场需求的转变作出快速反馈，并在最短时间内提供合适的产品，以达到最迅速、高质量及低成本的供应链管理境界。

很多人将价值链物流的操作模式与传统物流操作模式相混淆，在这里我们必须说明一下这两种业务的不同之处。

由于全球市场竞争激烈，产品多样化，产品生命周期缩短以及顾客要求提高，品牌企业一定要与其供应链上的其他企业合作，只依靠自身力量在满足顾客要求的层面上是很难达到最佳效果的。这种情况在一些国际性企业中尤其普遍。它们的产品生产基地遍及世界各国，涉及大量的采购商、经销商、物流公司，还要通过不同国家的海关、卫生检疫和商业部门的审查。除此之外，他们还要与各地的供应商及本企业的分公司保持紧密联系，整合来自不同地区、客户的订单与发票等。一件产品从生产到达消费者手中，需要经过原材料采购、生产、物流、分销及零售等多重环节，要完全满足顾客对产品的款式、性能、价格、数量及交货期等方面的要求，上述各环节必须紧密联系。

传统物流代理有别于价值链物流管理，二者的区别从表 1-12 中可见。传统物流代理只提供部分物流服务，例如出口，一家公司将货物由工厂运到港口，而清关手续及货物出口后的运输由另外的公司承接，客户可能同时需要寻找多家物流公司去完成一项工作。这种运作方式没有提供一个整体的物流计划，已无法达到缩短时间、降低成本的目的。但是客户更关心的是物流服务的质量、时间和价格等，它们希望物流供应商能够为他们提供整体的物流解决方案。事实上，现今很多传统物流供应商只能在单个项目上为客户减少成本，并未能达到整体供应链的效果。

价值链物流管理则着重增加整体供应链的效益及降低物流成本，力求在满足服务水平的同时，能以最少成本，把原材料供应商、生产商、物流企业、经销商及零售商有效地结合，追求效率以及降低整个物流系统的费用，这包括运输和配送成本，原材料和制成品的储存成本（利润通过不同环节采取共享仓库的手段）等。价值链物流管理的目标不只是优化物流的部分环节，而是优化整个供应链系统。

表 1-12　价值链物流管理与传统物流代理的区别

价值链物流管理	传统物流代理
以优化货品运送流程为中心	以搬运货品为中心
最大限度提高货柜容量	增加货柜运送次数以最大限度提高收入
物流成本全面透明化	物流成本缺乏透明度
分析供应链流程和物流网络成效，寻求创新和全面优化的方案	着重点到点的货运和内陆运输；固定而缺乏灵活性的物流方案
利用关键绩效指标和数据库进行科学化的供应商表现评估	有限度的供应商表现资料/数据
单一合同和发票	众多合同和发票
与供求双方都有紧密关系，能对市场变化作出机动性反应	与供求双方只有供货交货的关系，不会对市场供求变化主动反应
优化整条供应链中的成本	减少部分供应链项目的成本

传统的物流公司只负责货物运输交付的环节，没有与市场直接接触，也无法估计供应链上其他业者的需要，但具有环球作业能力的价值链物流管理公司的视野却大大不同。价值链物流管理是一种端对端的服务。价值链物流管理者需要了解市场的需求，对市场的变化作出专业的反应，同时也需要认识供应方面的各个环节，作出快捷有效的协调。随着市场的变化及制造技术的改进，价值链物流管理者要不断审时度势，因情况而改变物流方案，适应供求变化而做出机动性的应变及增值最高的物流方案。

供应链物流涉及四个流程：实物流、工作流、资金流及信息流。传统物流公司主要围绕实物流和工作流进行管理，重点在如何以最低的成本或最大的货量把产品从生产商运至消费者手中，是一个从甲地输送到乙地的操作。价值链物流管理则旨在协调供应与需求，通过先进的计算机软件及专业的分析，设计出供应链四个流程结合的最佳方案。它会提出一些非传统物流领域涉及的范围，譬如产品应该在哪里生产，应该有多少个生产点？仓库的数量，设置的地点，是否需要区域性仓库，应该以哪种方式和数量运输最合适？如何融资，如何加快收款？如何传输数据、处理信息等。价值链物流管理是一个智能型的管理概念，为客户提供一个供应链全面优化方案，是协调整个“需求—供应—需求”过程的增值供应链，也是支持国家贸易的综合式分销的最佳模式。

四、利和价值链物流的具体做法

（一）专业管理与信息技术合一的物流方案

与一般的货运代理不同的是，利和经销不只是为客户处理物流中实物的运送，还担当专业顾问的角色，评估客户的供应链，找出弱点并给予合理的建议。利和经销视客户整条供应链中的活动为一个连续的、无缝的过程，并加以规划和优化，依照顾客需求和流程管理的原则对客户供应链进行优化重组，提高整条供应链的竞争力。

利和经销有自己的一套供应链管理评估方法，称为供应链优化评估。供应链优化评估的目的是寻找出客户供应链的特征，针对供应链上、下游作业进行分析。对于上游的活动，供应链优化评估从以下几方面进行分析：前置时间、物料储存供应、生产规划的灵活性、产品设计和质量、生产商的最少订单数量及信息流程等。至于下游活动，供应链优化评估则针对市场反应、销售预测、储存地点及存货量、货品供应情况、运输及分销规划、过期货品及减价货品积压等问题进行分析。经过评估后，利和经销会拟定和重组客户供应链的结构，加强供应链中各环节的效率和服务质量，并订立操作和表现指标，以不断监察供应链的运作。

（二）核心服务之一：货运代理服务

1. 货运代理服务简介

利和经销提供的货运代理服务主要是为客户安排“一条龙”式的物流活动。利和经销可以说是一个货运服务的“超级买家”，运用自己与众多供应商的关系、专业知识和虚拟物流网络，组合一条以供应链管理为基础、最节省成本效率又高的流程。

利和经销提供广泛的多式联运服务，其特点是不管运程多远或运输方式转变几次，在点到点的运输之间，客户无须处理中间环节，利和经销的统一管理，有效加快了货品和资金的周转以及货运速度，并提高了货运质量，真正为客户提供了快捷、准时、方便、价廉、安全和优质的服务。

除了运输服务外，利和经销还会利用本身的供应链管理系统，自动监督物流流程的进度，并预先警告流程中可能出现的延误和偏差，以方便利和经销作出适当的反应，整条供应链的灵活性也随之提高。利和经销的货运代理服务也提供一站式的发票开出服务，可以为客户列出物流流程中所有服务供应商的费用和以每个货品为单位的物流费用，方便利和经销及客户仔细监察和评估物流成效。

2. 案例：点到点运输及代缴关税服务（delivered duty paid program）

随着商业竞争的发展，欧美销售商来亚洲生产基地采购已是显而易见的模式。在这类远距离的采购中，过去买家一般只向工厂购买产品，自己则负责将产品运输至最终销售国。但日益明显的趋势是，由卖家负责将产品运送到销售点。

这样做有什么好处呢？原来的做法中，虽然买家的运输成本可能较低，但其中安排点到点运输所需花费的人力和时间成本，远远高于降低的运输成本。进一步来说，在这样的运输网络中，存在多种类型的运输方式、多样的海关工作流程，不确定性高，买家的风险亦较高。

在新的做法中，运输过程的风险转嫁至卖家的身上，买家可能需要付出比原来高的运输成本，但买家可以节省的人力投入于对其更具价值的工作，例如拓展市场、提升销售额等。

以一个跨国的非营利组织（该组织主要代表小型独立的文具供应商）为例，它集合这些供应商的订购量，降低采购成本，以和大型零售商对抗。由于上述运输过程的复杂度超过该组织的人力负荷，这个非营利组织要求卖家负责所有的运输及关税服务。

利和经销与利丰贸易结盟，利丰贸易负责采购生产，利和经销负责提供从工厂到目的地的所有物流服务，包括原产地并柜，港到港运输，目的地清关，及运送货品至目的地。除了运输服务之外，利和经销亦利用自有的供应链管理系统提供整个流程的实时信息，并提供相关工作及财务报告，以帮助买卖双方更有效地管理其成本。

对于买家来说，利和经销的服务简化了维持营运所需的工作，同时减少了人力需求，大大降低了运作成本。对于卖家而言，利和经销作为一个可靠的伙伴，不仅提供了优良稳定的服务，而且持续地改进其服务内容，是卖家未来生意发展的有力助手。

（三）核心服务之二：供应链项目管理（program solution & administration）

1. 供应链项目管理的必要性

利和经销提供全球性供应链管理及出入口物流服务，为客户优化货物自厂房出产直至销售点的整个流程。客户主要是跨国公司，当中不乏畅销国际的时装和鞋类品牌，以及家具和快速流转消费品生产商。随着发展中国家/地区的经济开放和拓展，许多跨国公司陆续把生产线迁移到生产成本低廉、劳动力充裕的国家或地区。与此同时，随着经济的增长，人们消费力的提升，这些发展中国家成为这些跨国公司的新市场。因此，仅是一件产品的供应链已经变得十分复杂了，更何况在讲求多元化的消费模式下，每一个品牌都推出数以百计的产品？简单的数字可以告诉我们，n 家厂房对应 n 个销售点，至少会有 $n \times n$ 种可能的点到点线路，而每一条的点到点线路又会有海路、陆路、空路等多种选择（见图 1-8）。这种情况是以货物代理为营运模式的传统物流公司所不能有效处理的。

图 1-8 货物自厂房出产直至销售点的整个流程

2. 供应链优化的评估

供应链项目管理就是提供整体性的、由产地到目的地、多点对多点的流程管理方案。利和经销担当一个专业顾问的角色，利用在前文所提及的供应链优化评估方法，评估客户现有的供应链，对各个物流环节进行详细研究，例如找出哪些环节可以节省成本，哪些活动需要重新调配。我们把客户供应链中的活动视为一个连续的、无缝的过程，经过分析加以规划和优化，依照顾客需求和流程管理的原则对供应链进行重组，设计合适的区域性方案和全球性方案，力求在每一项供应链中的活动获取（更高）价值，提升整条供应链的竞争力。

3. 价值链方案内容

价值链方案设计需要在对供应链评估、重组、策划的基础上，对每个物流项目都设计出独一无二的价值链方案，以下是其中一些方案内容的例子：① 区域性物流枢纽；② 货物订单管理；③ 原产地（亚洲）货物运送；④ 货物集中整合及增值服务；⑤ 保税及特种仓储（包括进出口管理）；⑥ 出入口清关处理；⑦ 文件处理；⑧ 货运服务；⑨ 目的地配送中心；⑩ 目的地货物运送；⑪ 存货管理；⑫ 成本项目管理。

4. 供应链项目管理案例分析

根据个别客户的营运需要，上述价值链方案内容的组合可以千变万化，但不变的就是为客户的供应链实现更高的价值。为了进一步阐释供应链项目管理，下面介绍一个典型的案例：“将零散的地区供应链整合成环球价值链”。

(1) 客户原有的供应链。时装行业讲求时间性，成功之道除了要有独特的设计，还需洞悉潮流，甚至领导潮流、把握先机，因为再天衣无缝的设计要是错失了时机，都需要等上五年、十年乃至下一个潮流的循环！因此，供应链管理担当着举足轻重的角色。遗憾的是，许多时装品牌在强调设计、销售及市场管理的同时，往往忽略了供应链管理的重要性。

利和经销的一位欧洲时装品牌客户，其销售市场遍及欧洲、美洲等地区，是名副其实的国际品牌。其物流线路也遍及各大洲。产品在欧洲和亚洲的厂房出产后首先被运送到四大区域的配送中心，分别为北欧四国、欧洲大陆、亚太区及北美洲，这正是前文所述的“$n \times n$ 种点到点线路”（见图 1-9）。对客户而言，从行政管理、营运效率及业务发展来看，这样的物流线路简直是一场噩梦！此外，欧洲的国家配送中心还会导致客户的高昂运作成本，降低其品牌竞争力。

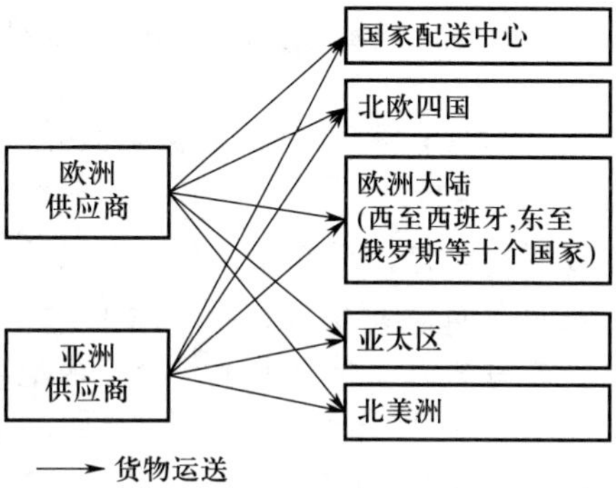

图 1-9　客户供应链改造前的物流状况

(2) 价值链重整方案——供应链改造及区域性物流枢纽。客户原有的物流线路也未免太零散紊乱，经过多番评估研究，利和经销决定改革客户的物流线路，来个破旧立新。首先，为客户在厂房和国家配送中心之间，加设区域性物流枢纽，大大简化了点到点线路。其次，区域性物流枢纽之间的存货可互相协调，使物流更具弹性。最后，区域性物理枢纽与国家配送中心各自担当不同的角色，前者主要处理劳动力密集的工序，包括按销售点分拣货物、储仓和补货。后者则主要负责拼货、维持保险存货和本地派送。

另外，在区域性物流枢纽中，我们把来自不同厂房、准备到不同目的地的货物集合在同一集装箱运送出去，这样的货物流程是从未实施过的。同时，收发信息和处理订单的流程需要重整配合变革了的物流流程（见图 1-10）。要实现这样的变革，利和经销需要有关各方（客户、厂房、仓库与目的地）进行协调。其中的过程非常烦琐，仅是准备工作就已花上一年的时间。通过这一供应链项目管理，利和经销希望为客户达到以下成效：① 把劳动力密集的工序迁往成本低廉的物流枢纽；② 把各个欧洲国家的多个销售点货物拼箱，整理妥当，减少了前置时间；③ 利和经销物流的订单处理系统使客户处理订单更加快捷简便；④ 可协调季节性货量的波动。

此供应链项目管理落实后，客户的供应链表现大为改善。以下是此环球价值链实施后的一些实际得益：① 货物运送时间缩短 2~4 个星期；② 由于把来自不同厂房的货物集合在同一集装箱运送，入仓运输费用下降了 42%；③ 仓库运作成本节省了 78%；④ 货物质量得到保

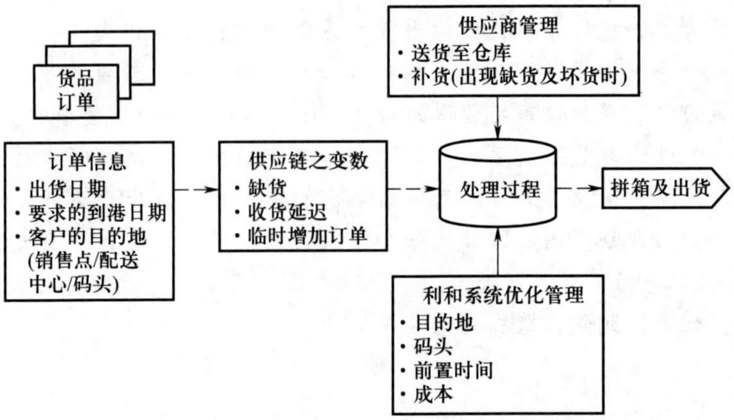

图 1-10　重整收发信息和订单处理的流程

证，货物派送准确度提升至超过99.5%；⑤ 改善了采购、订单处理、船务安排、仓库管理及发票处理。

利和经销的营运方针讲求与客户合作，建立相互的伙伴关系，把客户的供应链视如己出，务求在各项物流活动中为客户获取价值。此供应链项目管理的落实让客户心无旁骛地专注于主要的时装业务，而利和经销也可与客户在供应链项目管理的配合上获得双赢。

（本案例来源：利丰研究中心. 供应链管理：香港利丰集团的实践. 2版. 北京：中国人民大学出版社，2009：185-190；2011年3月利丰研究中心的集团介绍ppt）

作者点评：

利丰集团在供应链实践中有许多创新，利丰成功的做法在国际著名商学院早已成为经典的教学案例。作者在利丰集团总部调研和利丰上海的业务调研过程中进一步了解了利丰的供应链管理实践。在提供物流服务方面，利丰集团的做法与提法也有非常独到的地方。利丰的价值链物流的提法虽然在学术界没有广泛的运用，然而可以看出价值链物流所强调的高端物流服务的要素，如服务过程中的强调创造新的价值、提供优化的供应链方案、充分利用信息技术、提供一站式服务、优化总成本、与客户建立长期合作及轻资产重人才等。就如案例中提到的，利丰集团在提供服务时“担当专业顾问的角色，评估客户的供应链，找出弱点并给予合理的建议。利和经销视客户整条供应链中的活动为一个连续的过程，并加以规划和优化，依照顾客需求和流程管理的原则对客户供应链进行优化重组，提高整条供应链的竞争力。”

对照本书定义的高端物流的三个方面：提供物流服务的特征、物流服务提供方与使用方关系特征及核心能力，可以看出利和经销追求的是高端的物流服务。

案例讨论

1. 高端物流有哪些特征？
2. 该案例中，利丰集团的物流提供了哪些有价值的服务？
3. 你认为利丰集团的物流在以后的实践中哪些方面还可以提升？

即测即评

请扫描右侧二维码,进行即测即评。

第二章 第三方物流在供应链整合中的作用

引 言

供应链是把产品或服务引入市场的公司联盟。供应链管理要求供应链中的相关组织在管理上作出努力。第三方物流本身就是供应链的一个有机的组成部分，作为供应链核心成员之间的桥梁提供物流服务，它连接了供应商与制造商、制造商与分销商及最终客户，作为供应链中提供物流服务的中间方，第三方物流并不是简单地获取货主的业务，第三方物流必须在供应链的整合中起到积极的作用，才能有可持续性的发展机会。

本章讨论第三方物流与供应链核心成员（货主企业）互动的原理，从供应链管理的理念及其他相关学科的理论分别作出解释。最后，对这些理论解释进行综合。

第一节 供应链管理的演变与实质

20 世纪 90 年代开始，供应链管理越来越受到人们的重视。到 2004 年，美国物流管理协会已经决定更名为供应链管理专业协会（CSCMP），许多公司现在都设立了供应链管理部门，供应链管理已经成为公司的管理职责。供应链管理作为相当热门的话题，国内外有关专业期刊，如生产、配送、市场营销、客户管理或运输等方面的专业期刊能经常看到供应链或与供应链管理相关的文章。

推动供应链管理概念流行的因素有许多，其中包括全球采购的趋势。全球采购强调基于时间和质量的竞争。为了在全球范围获取最优资源、保障供应，企业开始面向全球范围进行采购。供应的全球化推动了企业寻找更有效的方式协调公司的进、出物流。这种协调的关键是与供应商保持更密切的关系。进一步讲，当今的企业及整个供应链的竞争更多地体现在时间和质量方面。比竞争者更快、更可靠地让客户得到零缺陷的产品不再被视为竞争优势，而仅仅被看成是一种市场要求。客户一贯要求产品能以更快的速度交货，严格遵守准时的要求且没有破损。这些要求使供应商与批发商之间必须更密切地协作。这种全球范围的战略定位和不断增长的基于绩效的竞争，加之迅速发展的技术与不断变化的经济条件，使市场充满不确定性。这种不确定性要求单个公司和供应链拥有更大的灵活性，进而又要求供应链各主体之间的关系具有更大的灵活性。

虽然供应链管理这一术语已广为流传，但国际与国内学术界和实业界对其内涵还不十分清晰。有些学者把供应链管理定义为一种包含物料和产品流的操作层面的术语，另一些学者视其为一种管理哲学，还有一些学者将其视为一种管理过程。为了清楚地定义供应链管理、确定影响有效供应链管理的各种因素、揭示供应链管理方法如何影响公司策略和绩效，有必要详细了解供应链管理这种现象。

一、供应链的分类

Mentzer[①] 回顾了关于供应链管理的文献，分析了各种供应链管理的定义，并进行分类综合，提出了供应链管理的定义框架。

在各种文章中，“供应链”的定义比供应链管理的定义更为常见，有人提出，供应链（supply chain）是使物料由下游向上游移动的公司的集合。通常，几个独立的公司同时处于生产某种产品的过程之中，并在供应链中实现将产品送达最终用户手中，原材料和零部件的生产商、产品装配商、批发商、零售商和运输公司都是供应链中的成员。出于同样的考虑，有学者将供应链定义为把产品或服务引入市场的公司联盟。以上关于供应链的定义将最终用户视为供应链的一个组成部分。

Christopher[②] 认为，供应链是在把产品和服务送达最终用户的创造价值的不同过程和行为中，通过上下游之间相互联系而组成的组织网络。换言之，供应链由多重公司组成，既包括上游的公司（如供应商），又包括下游的公司（如分拨商），还包括最终用户。

结合这些定义，Mentzer 将供应链定义为：供应链是三个或更多的实体集合（组织或个体）直接参与产品、服务、资金和信息从供应商到客户的上下游之间的流动。

从这个定义可以看出供应链的复杂程度分为三级，即直接型供应链、扩展型供应链、终端型供应链。

（一）直接型供应链

直接型供应链是在产品、服务、资金和信息往上游和下游的流动过程中，由公司、此公司的供应商和此公司的客户组成（见图 2-1）。

图 2-1　直接型供应链

（二）扩展型供应链

扩展型供应链把直接供应商的供应商和直接客户的客户包含在内，左右这些成员均参与产品、服务、资金和信息往上游和下游的流动过程（见图 2-2）。

图 2-2　扩展型供应链

（三）终端型供应链

终端型供应链包括参与产品、服务、资金、信息从终端供应商到终端消费者的所有往上

---

① Mentzer, John, etc. Defining Supply Chain Management. Journal of Business Logistics, 2001 (8).

② Christopher. Logistics and Supply Chain Management. London: Pitman Publishing, 1992.

游和下游的流动过程中的所有组织。图 2-3 表明了终端型供应链可能达到的复杂程度。其中，第三方物流供应商承揽公司间的物流业务；资金提供方可提供资金，承担部分风险，提供融资建议；市场调研公司提供公司终端客户的信息，支持供应链的运行。复杂的供应链可以履行并且实现诸多功能。

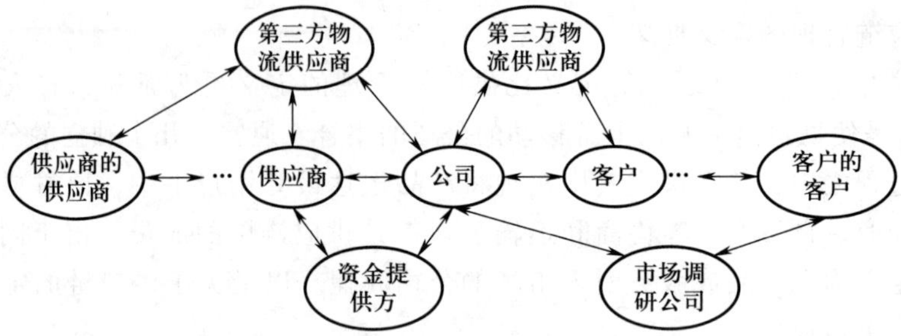

图 2-3　终端型供应链

事实上无论公司的管理层是否自觉运用供应链的概念，供应链都是确实存在的。但是，应该认识到作为业务现象存在的供应链与供应链管理过程之间是有明确区别的。前者（供应链）相对简单（通常也称为分拨渠道），而后者（供应链管理）显然需要供应链中的组织在管理上作出努力。

如果供应链的设置存在很多潜在的选择，那么认识到任何一个组织可能是无数供应链中的一部分是非常重要的。例如，大型超市可以是食品供应链、服装供应链、五金器具供应链及其他许多产品供应链中的一部分。多重供应链现象说明许多供应链具备网络的特性。

二、供应链管理的定义及其思想

学者们对供应链管理的定义有所不同，代表性的定义可参见表 2-1。总体来说，供应链管理的定义可分成三类：供应链管理是一种管理哲学、供应链管理是管理哲学的执行、供应链管理是管理过程集合。

表 2-1　供应链管理的定义①

Monczka, Trent and Handfield	供应链管理需要将传统的分裂的物料功能汇报到一个负责整个物料过程的总监，也需要在多层的供应商之间合作；供应链管理是指用在多个功能与多层供应商之间的，用系统观念进行整合和管理采购与物料控制的一个概念
Lalonde and Masters	供应链管理策略包括：两个或更多的公司在供应链中达成长期协议；发展相互信任和承诺关系；整合物流活动，包括需求和销售信息的共享；物流过程控制的潜力

① Mentzer, John, etc. Defining Supply Chain Management. Journal of Business Logistics, 2001 (8).

续表

Stevens	管理供应链的目的是将客户与来自供应商的物料流的要求综合考虑，在提高客户服务、降低库存管理成本和降低单位成本这些通常是冲突的目标之间达到平衡
Houlihan	供应链管理与传统的物料和生产控制的区别：① 供应链管理被看做是一个单一的过程，供应链中各组成部分的职责不是片面孤立的，也不仅仅是生产、采购、分拨、销售等单个的功能；② 供应链管理要求并最终依赖于战略层面的决策，“供应”实际上是链中各功能部分共同追求的目标，“供应”具有战略上的重要意义，因为它能影响总成本和市场份额；③ 供应链管理要求对库存持不同的观点，而在过去，库存被视为最后采用的而非最先采用的平衡机制；④ 供应链管理要求新的系统方法，即系统整合而非简单联系
Jones and Riley	供应链管理处理从供应商到最终用户的所有物料流
Cooper，et. al.	供应链管理是：管理从供应商到最终用户的分拨渠道的所有流动的一体化的思想

（一）供应链管理是一种管理思想与理念

部分学者认为，供应链管理作为一种思想，是采用系统论方法，把供应链视为一个整体，而不是只需实现各自功能的一些不关联的部件组合。换句话说，供应链管理的思想是将联盟关系的概念扩展至多个公司共同努力，管理从供应商到最终客户的所有货物流动。因此，供应链管理认为供应链中的每一个公司都会直接或间接地影响供应链中其他成员的绩效，最终也会影响整个供应链的绩效。

作为一种管理思想，供应链管理寻求公司内部和公司之间在战略和运作能力上的交叉点，从而形成统一的、具有竞争力的市场力量。作为一种系统一体化的思想，供应链管理指导供应链的成员专注于发展创新的方式方法，创造独特的、个性化的客户价值。有人建议，供应链管理的目的应结合所有供应链中的活动来创造客户价值。因此，供应链管理的思想表明供应链管理的范围不但包括物流，还包括在公司内和供应链内创造客户价值的其他功能，这就十分有必要理解客户价值和客户需求。换句话说，供应链管理的思想促使供应链的成员形成以客户为本的思想。

基于以上的讨论，可见作为管理思想与理念的供应链管理具有以下特征：

（1）供应链被视为一个整体的系统论方法，管理货物从供应商到最终客户的流动。

（2）通过共同努力，整合与集中公司内部和公司之间的运作能力和战略能力，使之成为统一的、整体的战略定位。

（3）关注客户，创造独特的、个性化的客户价值，满足客户的需求。

（二）供应链管理是实现管理思想的活动集合

采用供应链管理思想的过程中，公司必须建立与此思想一致的管理实践，鼓励员工按这些要求做事情。许多学者已经关注到组成供应链管理的各种行为或活动。成功实现供应链管理思想需要多种行为（见表 2-2）。

表 2-2　供应链管理的各种行为或活动

序　　号	行为或活动
1	一体化整合行为或活动
2	信息共享
3	共担风险、共享收益
4	合作
5	以相同的目标和关注服务于客户
6	过程的整合
7	合作伙伴间建立并维持长期合作关系

在当今激烈竞争的环境中，公司必须扩大其一体化整合行为的范围，将客户和供应商一体化。通过外部整合的方式扩展一体化整合行为，这被称作供应链管理。在这种背景下，供应链管理的思想就转变成供应链管理的执行，即贯彻落实此思想的行为集合。这种行为集合在供应链的各伙伴之间协调，如供应商、物流公司、生产商，以动态地响应最终客户的需要。

与一体化整合行为相似，贯彻供应链管理的思想需要供应链核心成员之间的信息共享，特别是在计划和监督两个过程中。有效的供应链管理需要信息在供应链核心成员之间不断更新。信息共享可定义为：愿意将有关战略和策略的数据与供应链的其他成员共享。开诚布公的信息共享（如库存水平、预测、销售促销战略、市场营销战略）可以降低供应链核心成员之间的不确定性，提高运作绩效。

有效的供应链管理也要求各成员之间共担风险、共享收益，这样才会形成竞争优势。共担风险、共享收益应当是一种长期行为，且对于供应链核心成员之间的长期合作是非常重要的。供应链管理也要求供应链核心成员之间的合作。合作是指公司间的相似的、互补的、相互协调的种种行为，合作双方期望这些合作行为能给合作双方或某一方带来额外的产出。合作不局限于当前交易的需要，它可以同时存在于几个层面，例如，高层经理层和操作经理层，还包括供应链核心成员之间跨部门的协调配合。

密切的联合行动是指以相互合作或相互协调的方式开展工作。合作始于共同编制计划，并且共同评估供应链核心成员绩效以及整个供应链绩效的控制行为。共同编制计划和共同评估包括多年来一直采用的流程。除了计划编制和控制工作之外，减少供应链中的库存量，实现整个供应链的成本降低也需要合作。此外，新产品的推广和新的产品组合的决策也需要供应链核心成员的合作。最后，质量控制和配送系统的设计也需要合作。

供应链所有成员只有以同样的目标和关注点服务于客户，供应链才会获得成功。在供应链的成员之间确定共同的目标和关注点是一种政策一体化的形式。成功的合作关系旨在整合供应链的政策，提高合作水平，使各成员在更低成本水平下更有效地运作，同时避免重叠与冗余。如果供应链核心成员之间的企业文化和管理技巧相互兼容，则政策一体化就成为可能。

供应链管理的贯彻执行要求在供应链内从采购到生产，到分拨进行过程整合。通过跨功能的团队、驻厂人员、第三方服务供应商可以实现整合。

有效的供应链管理由一系列伙伴合作关系组成，因此，供应链管理要求确定合作伙伴，维持长期合作关系。合作关系的时间可以超出合同期。与此同时，为了提高合作力度，合作伙伴的数量不应太大。

供应链中的主要活动，包括进出货物流、生产、市场营销、销售、客户服务等，由供应链中的某一公司完成以达到客户价值最大化是不常见的。因此，与供应链中的合作伙伴，如供应商、客户、中间商（如物流公司）形成战略联盟，便可通过创造客户价值提高竞争优势。

（三）供应链管理是管理过程的集合

与注重构成供应链管理的活动的观点不同，有一种观点更关注管理过程。过程定义：为某一特定客户或者市场设计的、可以得到特定产出的、有组织结构可度量的活动的集合。也有学者提出，供应链管理是关系管理和信息管理的过程，是通过综合管理从采购到消费过程的实物和相关信息的流动，对跨越企业界限、提升客户服务和提高经济价值的物料流进行管理的过程。还有学者将供应链的过程定义为在特定供应链中，体现货物和服务通过供应渠道进入市场的运营特征的商业职能实体、机构和操作。换句话说，一个过程就是一个特定的工作排序，有头有尾，穿越时间与场所，有明确的输入与输出，行动有确定的结构。

为了成功地贯彻供应链管理，供应链内所有的公司必须克服自身的功能性障碍，而采用过程论的方法。这样，供应链内所有功能都被视为关键过程。传统的功能观点与现在的过程观点的关键区别在于关注每个过程都能满足客户需求，公司围绕着过程组织起来。典型的关键过程包括客户关系管理、客户服务管理、需求管理、订单履行、生产管理、采购以及产品推广和商品化。

三、供应链与供应链管理的小结

供应链可以简单定义为把产品或服务引入市场的公司联盟，在终端型供应链中，包括参与产品、服务、资金、信息从终端供应商到终端消费者的所有上游和下游的流动过程中的所有组织。其中，第三方物流供应商通过供应链公司间的物流业务，支持供应链运作。

供应链管理则需要供应链中的组织在管理上作出努力，第三方物流与其他供应链核心成员都可以发挥互动的作用，使得供应链具有竞争力。

作为一种管理思想，供应链管理寻求公司内部和公司之间在战略和运作能力上的互动，从而形成统一的、具有竞争力的市场力量。作为一种系统一体化的思想，供应链管理指导供应链的成员专注于发展创新的方式方法，创造独特的、个性化的客户价值。供应链管理认为供应链中的每一个公司都会直接或间接地影响供应链中其他成员的绩效，最终也会影响整个供应链的绩效。

从更具有操作意义上定义，供应链管理是实现管理思想的活动集合，这些活动包括：一体化整合行为或活动、信息共享、风险共担、收益共享、合作、以相同的目标和关注服务于客户、过程的整合、合作伙伴间建立并维持长期合作关系。

为了成功地贯彻供应链管理，供应链内所有的公司必须克服自身的功能性障碍，而采用过程管理的方法。这样，供应链内所有功能都被视为关键过程。一个过程就是一个特定的工作排序，有头有尾，穿越时间与场所，有明确的输入与输出，行动有确定的结构。

从以上的讨论中，已经肯定了第三方物流本身就是供应链的一个有机的组成部分，作为供应链核心成员之间的桥梁提供物流服务，它连接了供应商与制造商、制造商与分销商及最终客户，作为供应链中提供物流服务的中间方，在供应链整合中是可以起到积极的作用的。第三方物流对供应链管理的价值，是否可以从不同学科角度寻找到相关的理论支持？这些理论对第三方物流与供应链核心成员的互动可以提供什么指导？下面从经济学的相关理论、管理学中的战略管理、组织行为学等理论中寻找相关的解释。通过多个学科角度，探讨第三方物流的价值。最后，力图把相关理论的解释结合成一个综合的理论整体，以便能够比较完整地阐明第三方物流在供应链管理中的作用，或者说，通过观点系统化来加深对第三方物流价值的理解。

第二节　社会分工理论对第三方物流产生与发展的解释

一、社会分工理论与第三方物流的产生

亚当·斯密提出财富的增长第一靠劳动的效率，第二靠劳动的数量。其中第一点所起的作用尤其大。而劳动效率的提高主要靠分工。分工能大大提高劳动生产率，原因有三：一是工人的技巧因业专而日进；二是可免除由一种工作转移到另一种工作所浪费的时间；三是便于改良工具和发明机器。社会分工是一个动态的过程，其主要功能是提高劳动生产率，使资源达到有效利用。

同时社会分工的发展具有两种不同的形式和结果，一种是从集中化的生产中产生社会分工，即企业内部的分工转化为企业之间的分工。这里存在双重结果，一方面，一部分生产从原有的企业内部分离出来由另外一些独立的企业来承担，因此原来的企业在生产内容上变小了；另一方面，也正是由于原有企业的生产专业化加强了，为生产规模的扩大和集中发展创造了条件，企业可能变得更大了。社会分工发展的另一种形式是在现有生产的基础上创造新的分工关系，即创造原来没有的生产，这一点在当代科技革命的发展过程中表现最为突出，如一系列中小型高科技企业利用新的技术发明，生产和提供以往并不存在的新产品和服务。

在社会生产发展中，生产的社会化同社会分工的发展是不矛盾的，都是生产力发展的形式。通过集中化提高劳动的社会生产力和规模效益，通过社会分工实现专业化，提高劳动的个别生产力和专业化生产水平。

从产业结构的演变角度来看也是如此，在产业结构发展的最初阶段，由于社会资源的有限性同各产业的发展之间的矛盾不是很突出，社会分工还是以分为主，而当产业力量的增长使资源的有限性对发展的约束越来越强时，社会分工以合作为主。

现代物流的发展进程具有与工业革命期间由家庭作坊式的手工业生产模式过渡为手工工场的生产模式再过渡为社会化机器大生产模式一样的演变规律，都是生产不断社会化的表现。开始时生产力不是很发达，流通的产品数量有限，生产企业自己拥有车辆、仓库等物流设施来自营物流服务。这就好比是家庭作坊式的物流生产，自给自足，能流通多少就流通多少，物流生产能力很小，服务方式单一并且范围较窄。随着生产力的发展，经济水平的提高，市

场上生产和交换的产品越来越多，此时的企业自营物流无论在数量上还是质量上都无法完全满足社会的需求，不得不到市场中寻找物流服务供应商来帮助自己。有需求就有供给，这就促使传统物流企业繁荣发展。它们也没有从根本上进行技术手段的革新，而是在组织形式上发生变革，它们是家庭式的物流生产与市场的结合，将原来极为分散的物流过程集中起来完成，以降低企业的生产成本。随着科学技术日新月异的发展，后工业时代的萌芽有所展现，社会生产力在科技的促进下有了快速的增长，物流成本的节省成为企业的第三利润源泉，物流创造的价值已经成为国民生产总值中不可忽视的部分。这时，传统的手工工场式的物流生产远远不能满足对物流的需求，因而必须向机器化大工业生产式的第三方物流及综合物流转变。

可以说，第三方物流是社会分工和社会化大生产的必然结果，第三方物流作为一种专业的社会分工，比它没有作为一个专业分工从企业的其他业务中分离出来时大大提高了经营效率。第三方物流如果融入供应链中，可以提高整个供应链的运作效率，并降低供应链的物流成本及其他成本，因为它具有专业优势和规模优势。

二、社会分工理论对第三方物流演进与发展的解释

第三方物流是企业内部物流向社会物流发展的结果，第三方物流的发展也是社会物流进一步深化分工的结果，第三方物流的产生与发展是和物流发展的分工演进过程紧密联系在一起的。

首先，第三方物流的产生是企业内部物流向社会物流发展的结果，是物流分工形成的标志。在物流发展的初期阶段，物流活动以运输、仓储、包装、装卸搬运、采购等分割的形式分散在企业生产的各个环节中，各个企业也基本以自给自足的方式，独立完成企业自身的各项物流活动。随着生产力的发展、管理水平和管理技术的提高，再加上军事后勤的经验，企业逐步发现运输、仓储、包装、装卸搬运、采购等功能是紧密相关的，可以形成内部一体化物流，降低总体物流成本。因此，从 20 世纪 60—70 年代开始，在企业内部开始出现物流管理一体化，通过对运输、仓储、包装、装卸搬运、采购等物流活动的集成化管理，企业提高了生产率，降低了成本和风险，提高了顾客服务水平。但是当企业规模达到一定水平后，企业内部物流管理成本会增加，当管理成本大于企业内部物流一体化的边际效益时，要进一步提高分工水平和专业化报酬，就需要通过组织创新，将企业内部的分工转向外部市场化，以通过社会物流规模的扩大，进一步深化分工，实现更高的生产效率。因此，从 20 世纪 80 年代开始，随着企业对企业核心竞争能力的重视，以及信息技术的发展和应用改变了传统的管理方式和交易方式，第三方物流作为一种新的市场化分工组织迅速发展起来。企业将一些原本由企业自己来实施的物流活动，交给外部的专业第三方物流来承担，通过快速沟通的信息技术与第三方物流实现高效合作。企业可以专注于自己的核心业务，加速提高自己的核心竞争能力，第三方物流也可以通过在内部进行物流设计和物流运作等功能的进一步分工，提高专业化水平，实现物流成本的降低和更高效率的物流运作。

其次，从第三方物流的进一步发展看。第三方物流的进一步发展形成第三方物流企业的分化，第四方物流企业（也可称之为高端第三方物流企业）出现，这是第三方物流企业将内部的物流设计和物流运作之间分工转向外部市场化的结果，是社会物流的进一步分工。

20世纪90年代以后，一方面，随着企业对企业核心竞争力认识的进一步提高和管理技术的进一步发展，企业开始重视上下游企业之间的分工与合作，即供应链的管理。通过深化企业所在供应链上的成员企业之间的分工，进一步提高专业化水平，提升整个供应链的效率，从而增强供应链及其成员企业的竞争能力，这就需要物流方案设计和组织协调水平更高的物流服务。另一方面，随着第三方物流的发展，物流管理和物流技术的不断提高，第三方物流企业也需要将内部的物流设计和物流运作之间分工转向外部市场化，以进一步提升专业化水平，提高自己的核心竞争力。因此，作为分工进一步深化的结果，第四方物流企业（或者称之为管理咨询型第三方物流企业）应运而生。第四方物流企业主要是利用管理和设计优势，策划设计综合的供应链解决方案，组织并协调第三方物流企业进行具体实施，从而进一步提高物流运作的效率，提升供应链的竞争能力，为客户创造更大的价值，见图2-4。

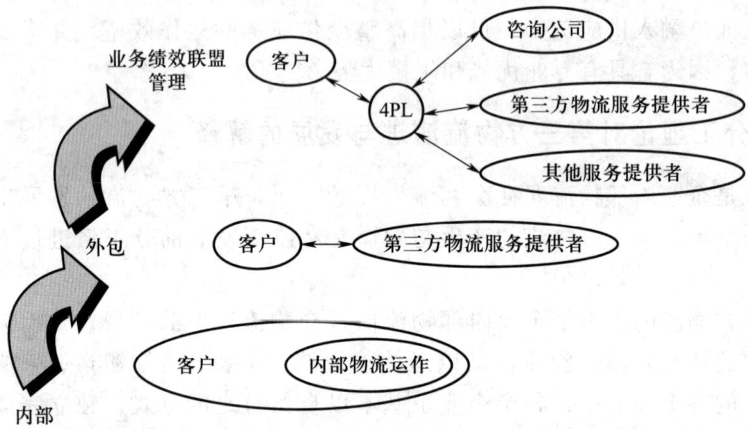

图2-4　供应链中物流分工的演进

第三节　交易费用理论对第三方物流的解释

一、交易费用理论与第三方物流

交易费用理论是西方新制度经济学的一个分支，其主要代表人物有科斯、威廉姆森。

科斯认为企业与市场是不同的交易机制。市场机制以价格机制配置资源，企业机制以行政手段配置资源，企业与市场可以互相替代。交易费用决定着企业存在，当市场交易费用高于企业内部交易费用时，为减少交易费用企业可以“内部化”市场交易，从而企业比市场更有效率。企业又不可能完全取代市场，因为企业扩张有边界限制，企业管理会产生管理费用，企业规模越大管理费用越高。当扩大企业内化市场交易费用的节省恰好等于管理费用的增长时，企业规模达到均衡点。交易费用就是利用价格机制的费用，在获得准确的市场信息及谈判和经常性契约时所付出的费用。

交易费用理论的基本前提假设包括：首先，人的有限理性和机会主义。交易费用理论突破了新古典经济学的传统，提出了有限理性的人，而不是所谓的“经济人”。理性之所以有限是因为理性的信息是有限的、不完全的、不对称的。人的理性要受到信息传播效率和人本身接受信息的能力的限制。同时，人的行为又呈机会主义特征。这样就使市场交易活动变得十分复杂，不得不增加谈判次数、合同条款、严格的检查来监督合同的履行等，这些都直接关系到交易费用的大小。其次，交易费用理论关于环境的假设是未来的不确定性和市场不足。未来不确定性指未来不可预测性。由于人的理性能力有限，不可能知道未来发生什么，因此在交易过程中人们尽可能要面面俱到，以应不测，甚至设置一些监督保障机构，这样交易费用势必增加。另一方面市场上的角色是不足的，没有形成足够的市场。这样垄断结构的市场使得非垄断一方付出很高的代价，市场交易费用十分大。

交易费用理论的核心是交易费用的节省，由于市场交易费用的存在，导致经济资源配置效率的降低，因此节省交易费用的努力就成为市场经济中组织结构和组织行为产生与变化的决定因素。

（一）交易费用理论的一般解释

首先，从交易的全过程看，第三方物流与供应链核心成员建立物流联盟，有助于物流合作伙伴之间在交易过程中减少相关交易费用。由于供应链核心成员与第三方物流合作伙伴之间经常沟通与配合，可使搜寻交易对象信息方面的费用大为降低；提供个性化物流服务建立起来的相互信任和承诺，也可减少各种履约风险，即使在服务过程中产生冲突，也因为物流合约一般签约时期较长而可通过协商加以解决，从而避免无休止的讨价还价，甚至提出法律诉讼产生费用。

其次，从交易主体行为看，第三方物流与供应链核心成员之间建立联盟关系，将促使伙伴之间的“组织学习”，从而提高双方对不确定性环境的认知能力，减少因交易主体的“有限理性”而产生的交易费用；第三方物流与供应链核心成员企业之间的长期合作将在很大程度上抑制交易双方间的机会主义行为，因为一次性的背叛和欺诈在长期合作中会导致“针锋相对”的报复和惩罚，面临着逆向选择的高昂代价，这使得交易双方机会主义行为带来的交易费用控制在最低限度。

最后，从交易特性的三个方面看，也促使第三方物流与供应链核心成员企业进行战略性的合作，建立联盟伙伴关系。资产专用性是其中最为重要的方面。资产专用性高意味着投资所带来的固定成本和可变成本包含了相当部分的“不可收回的成本”或“沉没成本”，因此交易双方契约关系保持连续性具有特别重要的意义，第三方物流与供应链核心成员关系的建立以及对专用性资产的“共同占有”成为解决这一矛盾的有效选择。

交易的不确定性和市场的多变性与交易主体的有限理性和机会主义行为都密切相关。交易双方都不可能对未来的一切洞察秋毫，并对将要发生的变故预先在契约中设置条款加以处理，如交易双方信息不对称也很难避免其中一方产生机会主义行为；交易频率越高意味着双方的交易量很大且交易经常不断地进行，从而产生较高交易费用。通过寻求一种有效的组织形式消除交易频率较高带来的负面影响，第三方物流与供应链核心成员建立联盟不失为可供考虑的制度安排，因为第三方物流联盟作为一种长期的契约安排，此时单位交易所承担的交易费用有减少的趋势。

纵观以上分析可得：从交易的全过程、交易主体行为和交易特性等领域和环节中所产生的种种交易费用，增加了行为主体在经济运行中的总费用，为节约其中的交易费用，联盟作为一项有效的制度安排而产生。

（二）威廉姆森“双边依赖”的治理结构的进一步解释

“联盟”通常是从长远的投资回报考虑，架构企业与企业间不可或缺的相互关系，这种依赖关系越持久，双方从此获得的收益越大。供应链核心成员与第三方物流成立联盟看上去似乎要企业与第三方物流公司签订特定服务合同，有可能加大交易成本，但实际上是双方企业作业能力上的互补，从而形成一种持续的依赖关系，这就是威廉姆森所称的“双边依赖”，这种治理结构反而有助于降低交易成本。

威廉姆森根据交易过程中的特性，把交易协调方式分为四种类型：第一种是“市场规制”方式，即古典的市场缔约，交易条件通过多次“讨价还价”达成，适用于非专用性交易（如公共物流服务）。第二种是“三方规制”方式（如采用共同物流），在这一结构下交易的特征是资产具有混合性和高度异质性且交易频率较高，通常是双方事先约定一个共同接受的第三者，授予这个第三者以相机决策的权力。第三种是“双边规制”的方式（如建立物流联盟），交易双方仍然保持各自的独立地位，但相互之间出现了某些旨在维持双方长期合作关系的机制。第四种是“统一规制”的方式（如设立物流子公司），即纵向一体化。市场交易和企业内部管理协调构成了两种最基本的交易协调方式，而“三方规制”和“双方规制”则属中间组织形式。

如果第三方物流与供应链核心成员之间达成了物流联盟的程度，显然类似于威廉姆森所提出的“双边规制”的方式，而且，威廉姆森认为的双边规制是双方在自由交易市场为稳定交易关系而进行的一种被动的调整，物流联盟则是企业双方在物流领域的战略性合作中进行的有组织的市场交易，从而能节约纯粹市场交易中的各种相关费用，包括：① 避免交易中的盲目性，减少搜寻信息的成本；② 联盟企业通过建立一定的程序和惯例，更顺利地达成交易，降低交易中讨价还价的成本；③ 联盟企业间的组织协调可有效地节约交易中监督执行成本，交易双方也将自觉地抑制各自的机会主义行为；④ 联盟组织的建立还有利于提高双方对不确定性环境的应变能力，降低由此带来的交易风险。由此可见，第三方物流与供应链核心成员之间建立物流联盟，可利用组织化的优势，降低市场交易中各类费用。

同时，第三方物流与供应链核心成员企业双方在相互合作组织协调交易的同时，仍保持各自的相对独立性，组织成员间仍存在着竞争（围绕自营、外购），维持较高的市场效率，从而避免一体化组织中的僵化失灵而产生的组织费用，充分利用市场优势保持联盟组织成员的内部活力。

综合以上分析，第三方物流与供应链核心成员之间建立紧密的互动关系不仅仅是为克服市场和组织失灵而进行的被动的制度安排，而且是有效利用组织和市场双重优势的一种组织创新。

二、交易费用理论对第三方物流与供应链互动的指导意义

企业的各种物流活动，诸如仓储、运输、采购、分销等必然要涉及一系列的交易。根据交易费用理论，交易必然会产生一定的费用，而问题的关键就在于如何使交易费用最低。

第三方物流与供应链核心成员企业要有良好的沟通与配合以减少交易费用；相互建立长期合同关系及相互信任与配合，减少履行合同的风险与成本。第三方物流与供应链核心成员之间建立联盟关系，将促使伙伴之间的“组织学习”，从而提高双方对不确定性环境的认知能

力，减少因交易主体的“有限理性”而产生的交易费用。

第三方物流与供应链核心成员建立互动关系的方式与程度可以根据交易过程中的特性确定，具体有：企业交易机制的自营模式、物流环节分散外包、第三方物流整合物流服务与物流联盟、设立物流子公司。下面分别介绍一下自营模式和外包模式。

（一）自营模式：企业交易机制

按照科斯定理，当市场交易费用高于企业内部交易费用时，为减少交易费用企业应选取自营模式，即自己拥有车辆来运输本企业的产品，自己建仓库对库存物资进行保管，自己建立营销渠道从事销售物流。

但是企业在这样做时会遇到两个问题：

其一，当企业规模比较小时，企业没有能力从事这些物流业务。因为，无论是拥有自己的车队，建立自己的仓库，还是铺建营销渠道都需要大量的资本投入，而这是中小企业根本无法做到的。

其二，当企业规模很大时，尽管企业完全有能力成立自己的物流公司做自营物流，但这样做会使企业的管理费用大大增加，信息传递效率降低，并最终导致管理费用的增加大于内化市场交易费用的节省。此外，随着企业物流量的增加和质量要求的提高，企业很难完全自揽自办物流，否则将使企业实际交易成本增加，严重损害产品供应方和需求方的利益。

（二）外包模式：市场交易机制

当市场交易费用低于企业内部交易费用时，企业应选择市场交易模式，即企业应将有关物流业务交由物流公司去做。但这样做时又会碰到另一个问题：分散购买物流服务还是整体购买物流服务？

1. 分散购买物流服务

从交易费用的角度看，分散购买物流服务是不经济的。因为分散购买运输、仓储等物流服务，搜寻成本（包括搜寻所需的费用和时间）就会随搜寻量的增加而增加。同时交易过程中不可避免地要发生谈判和签约的费用。谈判的目的在于消除或减少交易中的不确定性，谈判越仔细对自身的交易利益越明确，但谈判的费用也在增加。另外交易发生的次数越多交易中的签约费用也就越大。这样分散购买物流服务的交易费用肯定大于整体购买物流服务的交易费用。

此外，由于物流的中间环节很多，分散物流服务会导致这些物流环节难以很好地衔接，因而其服务质量就难以达到人们的要求。往往在产品的流通过程中会出现某些突发性的情况和事件，当运输与仓储之间无法准确衔接并对例外情况很快反应、及时变通解决时，将会导致多方利益受损，交易费用又以物流服务质量的下降而表现出来。

2. 整合物流服务：第三方物流

第三方物流这种形式采用的是趋于一体化的物流生产过程，它不仅可以减少由于分散购买物流服务带来的过多的选择、谈判和签约的费用，减少由于价格竞争带来的市场混乱以及单项物流提供商的低质量服务，还能很好地满足用户个性化、灵活性、高质量的服务要求。此外，它还能大大减少市场交易中介、削减信息不对称的影响，能较好地平衡各方利益关系，节省交易成本，减少市场失灵的不良影响。

第三方物流减少了以上所述的种种交易费用，克服了自营物流和传统物流的许多不足之处，能大大增加企业的竞争力，相对于企业自营物流和传统的分散物流的生产方式都具有不可比拟的优越性。一项事物的存在必有其合理性，因此当特定的条件达到后第三方物流这种物流生产方式就自然得以产生，并会长期固定下来，在物流生产市场中居于主导地位。

第四节　委托代理理论对第三方物流的解释

一、委托代理理论与第三方物流

代理理论主要研究委托人确保代理人按委托人意志行事的能力问题。代理理论的内涵可以延伸至合作策略的决策，因为从某种意义上讲，合作关系成立就是双方相互成为对方的代理人，合作的一方有可能以牺牲一方的利益为代价来获取自己的机会。

在市场交换中，存在着许多由于供应商和顾客的信息不对称而引起的委托代理问题。第三方物流与供应链核心成员的互动关系的基础是合作，企业间强调合作，但双方都是独立的法人实体，由于其利益主体不同，企业之间为分配合作带来的利益会展开竞争。因此，尽管第三方物流与供应链核心成员合作给双方带来一定的价值，但双方基于“双赢”基础上的“合作竞争”的经营模式也对企业经营管理者提出了挑战。根据波特的竞争理论，企业在与其他公司进行商务往来时，为了在谈判中获得优势，通常会保留某些私有信息。在第三方物流与供应链核心成员合作时，企业间同样会存在信息不对称而引发委托代理问题。

（一）第三方物流与供应链核心成员企业间是一种合作竞争的关系

第三方物流与供应链核心成员的本质强调处于供应链上的企业间合作，强调企业集中资源发展其核心业务和核心竞争力，而对非核心业务则通过外包方式完成。第三方物流与供应链核心成员企业间虽然强调合作，但也存在利益冲突，企业之间为分配合作带来的利益会展开竞争。研究第三方物流与供应链核心成员企业间的委托代理关系，就是通过代理理论的分析，通过企业间的制度安排和设计实现利益分享和风险分担。

（二）第三方物流与供应链核心成员间委托代理问题是多阶段动态模型

如上所述，第三方物流与供应链核心成员企业间的合作强调建立一种持久稳定的关系，这与传统的委托代理模型有所不同。在商品交换市场上，供方和需方之间存在委托代理问题。一般而言，供方对商品信息的掌握比买者多，需方是委托人，供方是代理人。供方和需方的买卖交换关系是一次性的、暂时的，买卖双方会采用各种手段实现自己的效用最大化，比如说，卖方可能以次充好或抬高价格。而在第三方物流与供应链核心成员企业之间建立的合作关系中，企业需要长期进行交易，道德风险问题相对没有那么严重。企业或许有短期行为，但从长期看是不可取的，因为它们发现虽然从短期行为中得到一时好处，但合作关系也会随之终止；而维持长期的合作关系，所带来的收益的贴现值会远远大于短期利益。正因为第三方物流与供应链核心成员企业间的委托代理问题是多阶段的、长期的，运作管理的制度设计和激励才显得更为重要。

（三）第三方物流与供应链核心成员间委托代理是多任务委托代理

传统的企业间的购买策略是以价格和质量为基础的竞争，企业通过在众多供应商之间进行选择，以获得最低价格、最好质量的产品。然而随着竞争全球化、产品需求顾客化、技术创新加快，市场对产品技术含量、服务、交货期的要求越来越高，企业不可能单凭价格展开竞争。同样，第三方物流与供应链核心成员企业间的供应商不仅提供价格低廉的产品，而且要在技术创新、质量改进、缩短产品提前期、提供服务等方面作出响应。供应商在有限经济资源和时间资源约束下，要在多目标间作出权衡。而制造商的评价和报酬标准则是供应商决策的依据。例如，如果制造商把价格作为最重要的决策因素，那么供应商将会对技术创新和改进质量等方面缺乏积极性，因此，制造商对供应商的绩效评价和报酬激励应该具有综合性。

（四）第三方物流与供应链企业间委托代理的有害选择和道德风险两类问题并存

第三方物流与供应链核心成员企业的合作关系客观上要求减少供应商的数目，建立少而精的供应体系。对供应商的选择和评价涉及有害选择问题，如果第三方物流供应商希望加入供应链，它就要通过一定的方式向供应链核心成员企业（制造商）传达信号，制造商再对第三方物流供应商的资格进行甄别。如果第三方物流供应商作出不切实际的承诺，而制造商又由于信息不完全，没有发现其中的问题，就会给日后供应链上的制造商带来损害，最终直接影响供应链整体效益，这就是有害选择问题。道德风险问题的存在是不言而喻的。

二、委托代理理论对第三方物流与供应链互动关系的指导

因为从某种意义上讲，合作关系成立就是双方相互成为对方的代理人，合作的一方有可能以牺牲一方的利益为代价来获取自己的机会，代理理论的贡献在于建议采用合作策略进行合作项目时，合作各方最好事先确定收益分摊和建立保障合作各方信息畅通的关系，如建议委托人最好把激励机制和管理机制结合起来，以保证代理人行为始终与委托人意愿相一致，减少合作方相互之间的怀疑，并以此为发展相互信任的前提，只有它们之间建立起相互信任之后，代理理论所强调的管理机制的重要性才可以得到削弱。

第五节　博弈论对第三方物流的解释

一、第三方物流供需双方的一般博弈与重复博弈分析

第三方物流企业和供应链核心成员是否合作，从本质上看，是企业双方的博弈问题。按照博弈论原理，某一企业的收益不仅取决于它自己的行为，还取决于与之交易的另一企业的行为。其博弈方式有两类：合作与不合作。合作是指双方克制自己，为各自的利益、共同利益着想，并达成一个具有约束力的协议。任何一方在作出自己的策略选择时，并不知道另一方将会选择什么策略。理性的交易双方都会以个体自身利益最大化为目标。第三方物流企业和供应链核心成员企业的博弈矩阵如图 2-5 所示。

图 2-5 中，IC 表示双方合作时每个企业的收益，$IC>0$；IC' 表示对方不合作时的企业收益，IC 不等于 IC'；Id 表示背叛对方时自己获得的收益，$Id>0$；Id' 表示双方企业都各自背叛对方时的收益，$IC>Id'$ 且 Id 不等于 Id'。在一次性博弈中，参数值不同，该模型均衡结果也不同：

当 $IC>Id$、$IC'>Id'$ 时，双方都选择合作策略是唯一的纳什均衡；

当 $IC<Id$、$IC'<Id'$ 时，双方不合作是唯一的纳什均衡；

		供应链核心成员(物流服务使用方)	
		合作	不合作
第三方物流企业	合作	IC, IC	IC', Id
	不合作	Id, IC'	Id', Id'

图 2-5　第三方物流企业和供应链核心成员的博弈矩阵

当 $IC>Id$、$IC'<Id'$时，(合作，合作）和（不合作，不合作）是纳什均衡；

当 $IC<Id$、$IC'>Id'$时，(合作，不合作）和（不合作，合作）是纳什均衡。

由此可见，当博弈只进行一次时，每个参与人都着眼于短期利益，只考虑一次性的收益，若背叛者受到的惩罚太小或不可信，则博弈双方合作的可能性是比较小的。第三方物流企业和供应链核心成员（使用方）在供应链中注重长期的合作关系，这种长期关系需由企业经过一次次相对独立的反复交易，建立信任才能够得以维持。也就是说，如果博弈重复多次，参与人会为了长远利益而牺牲眼前利益从而选择不同的均衡战略，使得在一次性博弈中往往不可能存在的合作成为可能，实现更为有效的均衡。

重复博弈常常并不只是构成它们的一次性博弈的简单重复，其博弈均衡结果将出现更多的可能性。上述博弈模型由于参数值的不同，均衡各有差异，下面对刚才的四种情况进行具体分析。

（1）$IC>Id$、$IC'>Id'$时，(合作，合作）是唯一的纳什均衡，也是帕雷托最优。以该博弈作原博弈 G 进行 T 次重复博弈，则重复博弈 $G(T)$ 总得益为在 G 中得益的 T 倍。

（2）$IC<Id$、$IC'<Id'$时，双方都不合作是唯一的纳什均衡。这是一个囚徒困境博弈，有限次囚徒困境重复博弈有唯一的子博弈完美纳什均衡路径，即各博弈方在每阶段都采用原博弈的低效率的纳什均衡策略（不合作，不合作），效率较高的策略（合作，合作）在每个阶段都不会出现。但是，如果参与人有足够的耐心，博弈重复无限多次，则博弈双方都合作是一个子博弈完美纳什均衡结果。

（3）当 $IC<Id$、$IC'>Id'$时，(合作，不合作）和（不合作，合作）是纳什均衡。以该博弈原博弈进行 T 次重复博弈，则第三方物流企业的策略是在前 $T-2$ 次中都选合作，但一旦发现哪次出现结果（合作、不合作），则改选并坚持不合作到底；物流服务使用方的策略也是前 $T-2$次都选合作，但一旦发现哪次出现结果（不合作、合作），则以后都选不合作，这是一条子博弈完美纳什均衡路径。

（4）当 $IC>Id$、$IC'<Id'$时，(合作，合作）和（不合作，不合作）是纳什均衡。在这种情况下的重复博弈中，会出现多条子博弈完美纳什均衡路径，但是触发战略仍然是最优路径，因为每阶段选（合作，合作）是帕雷托最优的。

二、博弈论对第三方物流与供应链互动关系的指导

（一）第三方物流与供应链核心成员双方长期信任合作的博弈矩阵

从博弈的角度看，在市场利益机制的作用下，第三方物流与供应链核心成员结成联盟对企业双方的长期稳定合作有显著作用。以下用博弈论来分析联盟成员合作的稳定性。

假定有供应链核心成员企业（货主企业）A 和第三方物流公司 B，企业 A、B 分别有两种选择：通过物流外包组建或不组建联盟组织。如果 A 不外包物流业务，B 也不存在合作问题，即无联盟关系结成，回到传统企业的经营模式，则双方各得收益 5 单位，总收益 10 单位。如果 A 将物流业务外包给 B，而 B 全力合作，则联盟组织运行良好，双方各得收益 15 单位，总收益 30 单位。如果 A 外包物流业务给 B，而 B 作为委托-代理关系中的代理方因拥有更充分的信息而有可能采取机会主义行为，则 A 的资产受损，要付出 10 单位的成本，而 B 因采取机会主义行为而得到 12 单位的好处，总收益仅为 2 单位。如果 A 在外包后，在 B 充分合作的态度下有败德行为而导致未来业务中断，则 A 仅能收益 12 单位，B 则会为此付出 10 单位成本，总收益同样仅为 2 单位。对此可用图 2-6 中的酬偿矩阵表示各种行为组合（括号内前者为货主企业 A 的博弈收益，后者为物流公司 B 的博弈收益）。

在图 2-6 中，最终均衡有两个纳什均衡，即不结成联盟（5，5）和结成联盟后双方采取合作态度（15，15）。

		第三方物流企业(B) 不合作(机会主义)	第三方物流企业(B) 合作
供应链核心成员企业(A)	不外包(或外包中败德)	(5，5)	(12，−10)
	诚意外包	(−10，12)	(15，15)

图 2-6　物流外包中的联盟双方博弈分析

众所周知，在有限次多重博弈中纳什均衡存在的必要条件是每一阶段博弈的纳什均衡都成立，现假定在市场上每次交易 i 的费用相等，用 p 来表示，那么 n 次交易（博弈）成功（达到纳什均衡）的总费用是 $n\times p$；如果这一系列交易由一次交易 I 达成，而这一次交易的费用 $P>n\times p$，那么 I 就是一个更有效率的交易安排。可以证明，当 $n\to\infty$ 时，$P[q<n\times p]\to 1$。显然，双方在结成联盟关系后，进行共同努力使联盟组织走向稳定会使双方得到更大的收益。由此看来，供应链核心成员企业将物流业务外包给第三方专业物流公司、在结成的联盟关系上双方企业共同努力维持长期合作的稳定性是上选之策。

（二）第三方物流与供应链核心成员博弈分析模型的结论

供应链核心成员企业和第三方物流物流企业所建立的联盟是建立在互相信任的基础之上的。因为作为独立的经济体，双方拥有各自的利益趋向，必然会站在不同角度上来看待彼此的合作。尽管可以在合同中用尽可能详尽的条款规定双方的权利和义务，但是在具体的实际操作中往往出现既定条款变成一纸空文的现象。条款中的惩罚措施是针对重大违约行为的，而对非实质性违约行为的约束力很小，因为惩罚措施的执行是有成本的，而且一旦执行则意味着物流联盟关系深度的倒退，因此合同条款的特征更多的体现的是一种原则性的条款。因此，在操作中必然要求第三方物流与供应链核心成员合作双方在本着长远利益一致的原则下，建立一种非契约化的信任关系，才能真正使双方的合作深入与顺畅。

因此，为了取得第三方物流与供应链核心成员联盟的双赢效果，合作双方要得到很大程度的、对等的信任。首先，要在充分获取信息的基础上，审慎地选择合作对象。其次，双方要在合作中共同付出努力，采取积极的合作态度。最后，也是极为重要的一点，那就是，联盟中伙伴间的相互信任是需要时间的，随着各方不断地交往，疑虑和不了解将逐步减少，相互信任开始萌生。

第六节　组织管理与核心竞争力理论对第三方物流的解释

一、组织管理理论与第三方物流

精简原则和有效跨度原则是组织管理的基本原则。组织精简就是机构、人员及管理层次能减则减，办事程序及规章力求简单明了。管理跨度是一个主管直接指挥人员的恰当数量。管理跨度直接决定企业的部门数及层次。因此精简和管理跨度关系密切。

机构精简和有效跨度首先是组织效率要求决定的，同时与组织适应性、协调性以及激励性也有直接关系。管理学大师德鲁克指出每增加一个层次，就会使得保持共同方向和互相理解更困难一些；每增加一个层次，就会使目标歪曲而注意力分散。数学中的信息论有一条规律，在通信系统中每增加一个中继站就会使信息减半而“噪音”加倍。一个组织中的任何一个层次都是一个“中继站”。链条中的每一环节都增加一些紧张程度并形成一个惰性、摩擦和松弛的根源。

在企业自营物流的情况下，企业将在自身的组织机构设置中增加物流这一部门。但这可不是那么简单，它关系到企业的方方面面。因为物流部门并不是一个孤立存在的部门，从基层物流设施的购置、维护、营运，到与计划、销售、调度之间的配合和协调，再到财务预算开支、生产决策层、战略制定层的决策支持系统都无一例外地要考虑到物流生产。

单就物流这一部门的增加来说，就要相应地增加组织机构、管理人员、技术人员。根据企业自身的组织特点，可将其设置为一个新的中层管理部门，或者将其归入已有的中层管理部门。前者将会增加中层管理部门的数量，使上一级的管理幅度变宽；后者将会使企业组织的管理层级增加、管理链条拉长并使该中层管理部门的管理幅度变宽。管理层级增加、管理幅度过宽、管理链条过长，不但增加管理费用，还会使组织间信息的传达沟通和命令的执行反馈受到损失，极易滋生官僚主义作风，使管理效率下降，并且各种“搭便车”行为也得不到有效的监督控制，使企业内部激励机制失效，而导致组织的失灵。

基于以上的分析，供应链核心成员企业应尽可能地精减企业的组织结构，将物流业务外包给第三方物流企业。

二、核心竞争力理论与第三方物流

所谓核心竞争力（core competence），就是企业借以在市场竞争中取得并扩大优势的决定性的力量。核心竞争力具有如下特性：① 明显的用户价值。只有那些确实能为顾客提供根本性效用的技能才能表明企业在此方面具有核心竞争力。② 具有延伸现象。核心竞争力不是局限于某一业务领域，而是能为企业打开若干销售渠道提供支撑，使企业出现许多商机，从而具有竞争优势的能力。③ 具有独特性。核心竞争力不易被竞争对手模仿，起码短时间内不会被模仿。

企业核心竞争力的表现形式多种多样，这些不同形式的核心竞争力存在于人、组织、环境、资产与设备等不同的载体之中。

供应链管理注重的是企业核心竞争力，强调根据企业的自身特点，专门从事某一领域、某一专门业务，在某一点形成自己的核心竞争力。

制造企业和商业企业的核心竞争力并不存在于物流方面，所以它们为了提高自己在主营业务上的效率，降低自己在其他资源上的沉淀成本，必然要把自己在供应链上的物流业务外包给适合的、能胜任的第三方物流企业去完成，以集中精力于自己的核心业务。而这也是第三方物流企业在供应链管理中的生存空间。

第三方物流企业自身所具有的核心竞争力就是自己的物流业务能力、自己在物流方面的专业能力，以及在物流资产、设备、设施、物流人才上的优势。这样才能参与供应链管理，与供应链核心企业共同发展壮大。

供应链核心成员企业将供应链中的物流业务外包给第三方物流企业，也就获得了第三方物流企业的核心竞争力——物流能力。这种外包仅仅花费最小的代价就弥补了供应链核心成员企业在物流业务能力上的不足。

第七节　第三方物流与供应链管理互动的综合框架

前面的讨论旨在回答两个问题：① 第三方物流与供应链中的核心成员（货主企业）为何要互动？② 第三方物流与供应链中的核心成员如何互动？

关于第一个问题，供应链管理的理念与专业分工理论及管理学的理论（组织理论与核心竞争力）已经可以作出解释。供应链管理要求供应链成员以整体供应链的绩效来协调与配合，而第三方物流本身又是供应链中的成员之一，第三方物流的加入，自然要求供应链效率的提高。专业分工理论要求物流作为非核心业务，从供应链核心成员（制造与商业企业）中分离出来，获得专业化与高效率。

关于第二个问题，即第三方物流与供应链核心成员如何互动，交易费用理论、委托代理理论及博弈论都从不同角度对第三方物流与供应链核心成员如何互动作出了一定的提示。同时，这些理论也解释了第三方物流与供应链核心成员为何要互动。

首先，交易费用理论提示第三方物流与供应链核心成员要努力建立紧密的战略联盟关系，从而减少搜寻信息的成本、讨价还价的成本及监督执行的成本。第三方物流与供应链核心成员之间紧密的联盟关系，有利于减少市场交易与关系管理过程中的各种费用。同时，交易费用理论也提示第三方物流与供应链核心成员之间建立紧密联盟关系需要一定的外部与内部条件，因此，第三方物流与供应链核心成员之间的关系的深度也要根据实际情况确定，第三方物流与供应链核心成员之间可以建立紧密的联盟关系，条件不成熟时，也可以建立一般的联盟关系或者较松散的联盟关系。

其次，委托代理理论提示，因为第三方物流与供应链核心成员之间的委托代理关系是多阶段、长期的关系，委托代理程序、运作管理制度的设计与激励机制的建立非常重要。也就是第三方物流与供应链核心成员关系建立（或者说供应链核心成员采购第三方物流物流服务）的程序要建立，如采用招投标方法，第三方物流与供应链核心成员间的运作流程与信息系统，还有供应链核心成员对第三方物流企业的绩效考核体系的建立（如 KPI）。

最后，博弈论提示第三方物流与供应链核心成员之间要注重长期关系，采取积极的合作态度，逐渐建立相互信任关系。

通过以上分析，本节得出了以下结论：① 第三方物流与供应链核心成员的互动关系可以是不同层次的；② 第三方物流与供应链核心成员的互动关系需要具有一定的条件；③ 第三方物流与供应链核心成员的关系需要双方共同推进。

第三方物流与供应链核心成员互动关系的综合框架如图 2-7 所示。

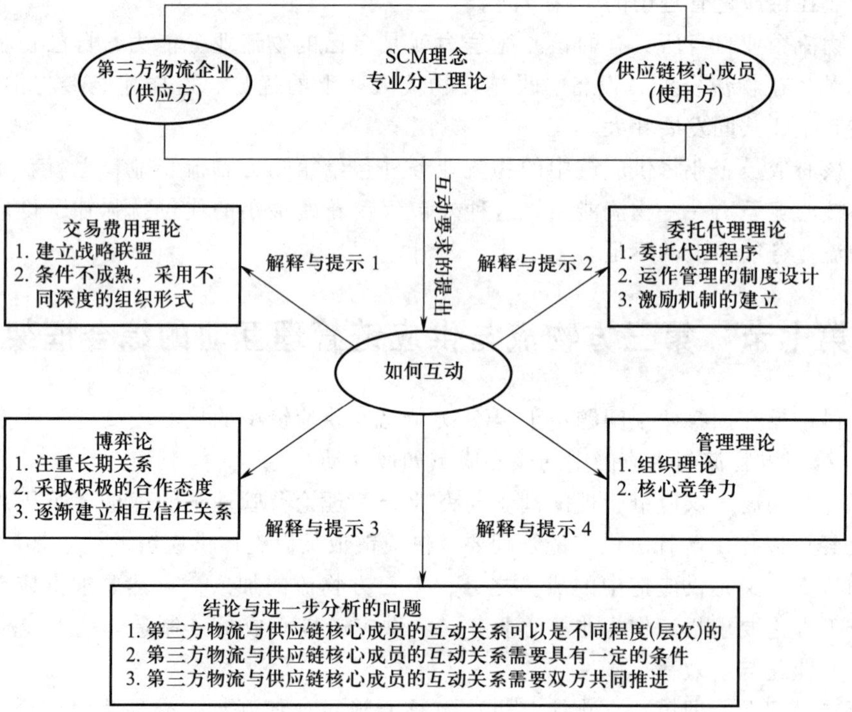

图 2-7　第三方物流与供应链核心成员互动关系的综合框架

本章小结

本章对第三方物流与供应链管理互动的原理进行分析，首先分析讨论了供应链管理的演变与实质，得出供应链可以简单定义为把产品或服务引入市场的公司联盟。供应链管理则需要供应链中的组织在管理上作出努力，第三方物流与其他供应链核心成员都可以发挥互动的作用，使得供应链具有竞争力。通过对国际上供应链管理文献的分析，得出对供应链管理的认识主要有三种：一是把供应链管理作为一种管理思想与理念；二是把供应链管理作为实现管理思想的活动集合；三是把供应链管理作为管理过程的集合。本章肯定了第三方物流本身就是供应链的一个有机的组成部分，作为供应链核心成员之间的桥梁提供物流服务，它连接了供应商与制造商、制造商与分销商及最终客户，作为供应链中提供物流服务的中间方，在供应链整合中是可以起到积极的作用的。

接下来，本章从经济学与管理学科相关理论（包括社会分工理论、交易费用理论、委托代理理论、博弈论、组织管理与核心竞争力理论）分析与讨论了第三方物流与供应链核心成员（第三方物流使用方）互动的原理，并分析这些原理对第三方物流与供应链核心成员互动的实践指导意义。

首先，交易费用理论提示第三方物流与供应链核心成员要努力建立紧密的战略联盟关系，从而减少搜寻信息的成本、讨价还价的成本及监督执行的成本。第三方物流与供应链核心成员之间紧密的联盟关系，有利于减少市场交易与关系管理过程中的各种费用。同时，交易费用理论也提示第三方物流与供应链核心成员之间建立紧密联盟关系需要一定的外部与内部条件，因此，第三方物流与供应链核心成员之间的关系的深度也要根据实际情况确定，第三方物流与供应链核心成员之间可以建立紧密的联盟关系，条件不成熟时，也可以建立一般的联盟关系或者较松散的联盟关系。

其次，委托代理理论提示，因为第三方物流与供应链核心成员之间的委托代理关系是多阶段、长期的关系，委托代理程序、运作管理制度的设计与激励机制的建立非常重要。也就是第三方物流与供应链核心成员关系建立（或者说供应链核心成员采购第三方物流物流服务）的程序要建立，如采用招投标方法，第三方物流与供应链核心成员间的运作流程与信息系统，还有供应链核心成员对第三方物流企业的绩效考核体系的建立（如KPI)。

第三，博弈论提示第三方物流与供应链核心成员之间要注重长期关系，采取积极的合作态度，逐渐建立相互信任关系。

本章最后提出了第三方物流与供应链核心成员互动关系的综合框架，并得出了第三方物流与供应链核心成员的互动关系可以是不同层次、第三方物流与供应链核心成员的互动关系需要具有一定的条件及第三方物流与供应链核心成员的关系需要双方共同推进等结论。

关键词

1. **供应链**（supply chain）
2. **核心竞争力**（core competence）

复习思考题

1. 按照供应链的复杂程度可以将供应链分为哪几级?
2. 试述供应链管理的定义。
3. 试用社会分工理论论述第三方物流的产生。
4. 根据交易过程中的特性，第三方物流与供应链核心成员建立互动关系的方式分别有哪些?
5. 试述第三方物流与供应链核心成员间委托代理关系的特点。
6. 结合实际情况，分析我国第三方物流供需双方的博弈。
7. 试用组织管理理论分析供应链核心成员企业将物流业务外包给第三方物流企业的动因。

案例一

凭借国际供应链管理的能力提供第三方物流服务

中远集团凭借其自身的优势，特别是依托其国际集装箱运输能力，以及大型运输设备及人员、管理与相关经验，在许多物流项目上取得了成功。下面以X核电站物流项目为例，分析其成功的因素。

X核电站工程是中国和加拿大两国政府和平利用原子能，由中国核工业总公司和加拿大原子能有限公司合作，在中国建造的第一座重水堆核电站，是中加两国政府合作的最大工程项目。

中远集团凭借其先进的物流理念，获得了此项特殊而重大的使命——负责承运X核电站工程所有设备的内陆运输和大部分设备的海外段运输。在项目运行的两年中，中远集团承运了集装箱、散货、空运货及大件设备。货物损坏率为零，单证差错率为零，货物准时送达率为100%。优质的工作实绩，赢得了加拿大原子能公司和X业主的赞许和嘉奖。

中远集团对X项目进行了全球化供应链管理，以有效整合和协调参与各方的物流资源，为客户提供个性化物流服务。在满足客户物流需求的前提下，最优化物流成本，做到物流服务和成本的完美平衡。中远集团的全球信息网络和先进的信息技术手段，为X项目提供了技术支持。中远集团还构建了标准化操作平台，对项目的日常操作实行标准化质量管理，将风险控制得最低。

一、全球化供应链管理

X核电站物流项目作为一个大型的、全球化的综合物流项目有其自身的特点：

（1）X项目的设备是在世界范围内采购的，北美、南美、西欧、东欧、日本、韩国、东南亚都有工厂在为X项目制造设备。设备的运输需要通过众多航线、道路，采取了海陆联运、空运等多种运输方式，最后汇聚到上海港，由上海走水路或陆路运至X项目现场工地。

（2）X项目货物的种类、规格繁多。从小至安全帽、办公用品、文件资料，大到重量为几百吨的超重货、长度为50米的超长货、高度达9米的超高货等特种货物一应俱全。

（3）到货时间集中。X项目货物的到货量在时间上比较集中，1999年和2000年两年内集中了70%的货物运输量。

（4）运输质量要求高。核电设备运输要求与一般货物是不同的，在运输中造成的任何细微损伤在今后都有可能成为核电站运营的隐患，这就意味着一些传统的运输环节对于X项目的设备可能是不适合，需要对此加以改进。

（5）参与方多。X项目涉及设备供应商、客户公司、中远集团海上陆上各单位以及许多内陆运输分包商。

由此可见，X项目是一个极其复杂的系统工程，需要对其全球化的供应链管理进行整合。供应链中的参与各方是不同经济利益的独立实体，相互存在着利益上的冲突。因此，有必要在供应链中成立领导中枢机构，通力协调各参与方，这样才能从整条供应链的角度，运用系统思想，对供应链的各项物流功能进行有效整合和协调管理，以达到降低物流总成本和提高顾客服务的目的，并随着供应链的整体优化，为参与各方带来经济效益和竞争的优势。

对于X项目，中远集团专门在上海中货成立X项目部，作为X项目供应链关系的中枢机构，项目部内分运输、商务、质保等各个部门，各司其职，分工管理。X项目部协调各独立的经济实体，即分包商和协作单位，对供应链中的货物流、信息流、资金流进行统一的计划、组织、协调和控制。X项目部是整个供应链的“头脑”，通过各种承诺、协议及联合等方式，将中远集团及其他分包商组成优势互补、资源与利益共享、风险共担的网络组织。从总体来讲，X项目供应链管理突出表现为以下两个方面：

其一，货物进度的管理。根据对设备清单，工程建设时间表和制造厂商分工表，X项目部得出将来1至3个月内将要运输货物的时间表和基本运输情况，包括需要运输设备的生产厂家、工厂地址、设备名称数量、尺寸、重量信息等。然后，通过将信息传递给有关海外分公司和代理，由它们与发货人直接联系。中远集团海外公司或代理在订舱完成后，将货运单证、装船信息、中转信息、预期抵达时间、货物运输特别注意事项等信息通过因特网与EDI传输到项目部，项目部汇总分类后将电子信息传送到各有关方面手中。货物到港后，根据送货计划，进行运输安排。这样，货物从海外开始装运，到接下来的中转、进口报关、内陆运输、现场卸货等环节都有充分的时间做好安排。

其二，对分包商及其他有关方的管理。首先与分包商签署了相应的分包合同，项目部商务科有专人对合同和协议进行管理，对每一个运输任务进行合同上的审核，从而确保分包商能够按照主合同的要求，开展X项目的物流工作。在操作上要求每个分包商制定总体运输程序，对操作流程、各方接口、责任权利等作了明确规定，从而理顺了关系。在中远集团的帮助下，分包商建立了自己的质量体系。中远集团对物流过程进行了风险控制。合同费用控制方面，根据分包商的具体情况，制定了固定包干总价和固定单价相结合的支付方式，既符合物流支出的实际需要，又保证了分包商的利益，保证了合同的顺利进行。至于其他中远内部涉及的公司，根据总部要求，对与X项目有关的业务，保持紧密联系和协作。

总之，依托中远集团的整体优势，通力协调中远集团海上、陆上各单位及其他分包商，根据不同的作业时段和作业内容，对物流资源进行整合，发挥了集团作战的优势，顺利完成了运输任务，同时将物流成本降到最低。

二、个性化的物流方案设计

衡量物流服务企业物流能力的一个重要标准是该企业能否为不同的客户或同一客户在不同时期不同地点的具体需求提供“量体裁衣”式的个性化服务，这也是物流服务企业发展其供应链关系的核心。正如上面所说的，X项目的物流服务是异常复杂的。为此，中远集团设计了针对X项目的总体物流方案和特殊货物的单独物流方案以及应急物流方案。

（一）总体物流方案

在海运方面，中远集装箱运输公司为X项目的集装箱运输单独设计了方案，方案包括首先通过遍及全球的海外代理与国外发货厂直接联系，进行国外内陆段运输，再利用遍及全球的各条精品航线，准时安全地将集装箱运抵上海港。对一些在国外需中转的集装箱，确保在第一时间转上二程船，到达上海港以后，中远特别把装载X项目货物集装箱的超期使用时间限制延长至到港后的30天内，并且在中远的堆场上可进行30天的免费堆放，如货主有特殊情况还可适当延长。

对于承运的散货、大件，广州远洋公司在安排其新型杂货船的装货及航行计划时，给予X项目货物以充分的舱载容积，确保了货物在运输和吊卸时的安全。在考虑航线和其他货主货物配舱时，X项目货物运输的时间性和安全性也被放到了最优先考虑的位置。

中远空运则承担了部分的空运货物和出口货物的运输，采用了24小时提货、送货等特别措施，以最快的速度保证X项目货物的紧急运输。

在陆运方面，对货物在运输中可能经过的各条道路桥梁的宽度、承重、路边障碍物、近空障碍物、转弯处的角度、道路的坡度等进行了十多次的实地考察，采集了详尽的数据，在此基础上对陆运超宽件、超高件、普通集装箱、空运货等各类货物选定了最佳的运输路线。同时采用性能良好、车龄短的进口车辆进行运输，安排经验丰富的调度员和驾驶员进行操作，确保了陆运的顺利进行。

在驳船运输方面，对驳船行驶的路线、水深、沿途船舶密度、潮位、各季节的风力和风向情况、鱼汛等情况进行了调查，设计了周全的驳船运输方案。并在多艘待选驳船中选定了船龄短、性能优异的3 000吨位的兴华3001作为专门实施X项目运输的驳船，同时配备了多条大功率的拖轮。

中远集团还专门为X项目购置了全新的挂车和汽车吊，进行大件转运和现场卸货。

在此基础上，中远集团根据X项目的特点制定了以运输质量为先，兼顾时间性和可得性的总体物流方案，并获得了货主的赞同和批准。

（二）单独物流方案

总体物流方案还不能涵盖全部的设备运输要求。为此，X项目组对每件重量在50吨以上，或重量虽然不足50吨，但尺寸特殊或有特别运输要求的设备，单独设计物流方案。方案的设计除包括传统的运输过程设计外，还汇集设备制造商和用户的双方面要求，做到既熟悉各个大型设备的不同运输特点，又了解设备安装要求。

（三）应急物流方案

核电设施对安全要求是非常高的。为了确保核电设备的安全运输，中远集团对万一可能发生的事故进行了估计并制定了完善的预防和应急方案，在硬件和软件方面都做好了布置。

（1）硬件方面。公司配备了专门的应急车辆、防化服和受过专门训练的工作人员，万一发生事故时可赶往现场配合消防、卫生、交通等部门进行善后处理工作。

（2）软件方面。公司制定的X项目防火程序和环保程序，对各种可能发生的事故如车辆倾覆、碰撞、抛锚及危险品货物的泄漏等情况制定了完善的处理措施，并对第一线操作人员定期进行环保和防火程序培训，确保万无一失。

中远集团还要求客户提供所有危险品的资料，并与上海市防震抗灾办公室和陆管会取得了联系，把资料送交他们备案。

三、服务和成本的平衡

降低物流成本和提高服务水平是现代物流的要求。正确处理和协调两者之间的关系是摆在物流企业面前的重大课题。运输、储存等物流各功能活动存在着“效益背反”的关系。只有在保持既定服务水平的前提下，才能运用合理的数量方法，利用物流功能活动的“效益背反”关系，做到物流总成本的最优化。但是不能忘记，物流的职能和目的是提供满足客户物流需求的服务。离开了这一大前提，成本的最优化只能是舍本求末。

X 项目的很多设备是大而笨重的，但在结构上却十分脆弱。这使中远集团在运输上特别是在陆运上遇到了很大的困难。如特大件冷凝器，虽然是一个长 17.7 米、宽 8.8 米、高 6.5 米、重 300 吨的巨无霸，但并没有很厚的箱体壁且壁内布满了纵横交错的细小管道，这决定了在运输冷凝器的时候要注意底部受力均匀，以避免管道破裂。在自有挂车宽度为 5 米的情况下，中远集团设计了三个运输方案：一是外协其他公司的宽度接近 8 米的重型拖车进行运输，这种方案需要一定的资金投入；二是在自有挂车上横置几根钢梁，分散一部分压力，这种方案投入最少；三是重新制造两个专用的大型钢托架，大小和冷凝器完全相同，这样可做到完全受力均匀，但资金投入最大，需 20 万元。公司经过合理的计算和周密的分析，决定采用投资最大的方案三，理由如下：一是方案三对冷凝器在运输中的安全完全有保障，可以避免对工程建设的一切隐患；二是今后还有同样的冷凝器还要到货，而且一些大尺寸的货物也有再次利用托架的必要性，可以提高托架的利用率；三是在卸货时，如有托架，可采取自卸的方式，而不用使用重型轮胎吊，节省了费用。

类似的例子在 X 项目中还有很多。总之，中远集团始终以客户为中心，运用系统的观点看问题，努力提高服务水平和降低物流成本，做到两者的完美平衡。

四、信息技术的强大支持

信息技术对现代物流来说是非常重要的，对于物流企业来说，信息技术是强化其物流竞争能力的一个主要因素。可以说，信息技术是现在极少数“功能在迅速增强而成本正在下降”的物流资源之一。

中远集团对信息技术的发展一直十分关注，着力于发展自己的全球化的信息网络和专业化技术软件。中远集团现在对信息技术的运用还处于初级阶段，但现有的这些信息网络和专业化信息技术设备和软件已经在 X 物流项目中发挥了巨大作用。

首先是“零库存”（JIT）物流计划和电子数据交换。客户要求 X 项目的众多设备、材料需要根据到货时间、货物的重要性等分批次适时地送抵目的地。为了达到这个目标，X 项目部与客户之间建立专线联系，实现了物流信息共享，加上中远集团现有的全球信息网络实现的 EDI 电子数据交换，基本实现了供应链的信息化管理，取得了较好效果。

其次是运输信息实时跟踪。由于 X 核电设备的特殊性，客户要求能全程监控货物。因此在各个环节，中远集团采用专业化的信息设备和软件，在杂货船和集装箱船上配备有先进的卫星定位系统（GPS），中远集团的陆运车辆及外包的驳船拖轮上也安装有 GPS 系统。这样中远集团就可以通过总部终端进行全程监测，实时跟踪货物的动态，按客户的要求随时报告货物的方位。

还有就是实现了电子化的物流方案设计和信息统计。中远集团成功开发出了获得国家技术成果鉴定、具有国际先进水平的大件陆路运输模拟软件，可用于模拟大件设备的陆路运输过程。只要将设备及货物的有关数据输入计算机，计算机将自动进行车辆装载受力计算、弯矩校核计算等一系列计算，自动实现车辆选配，解决捆扎设计问题，而且能在计算机屏幕上进行转弯模拟、衡量桥梁通过能力等。此外，中远集团创建了 X 项目数据库，包括有关的货物信息、物流方案等所有与 X 项目有关的数据，在任何时间都可以检索、修改和统计。

五、风险控制和标准化操作

风险控制体系是 X 项目物流设计得以实施的有力保障，也是其中一个重要组成部分。

由于X项目涉及面广，运输环节多，而且客户交付中远集团承运的很多都是高精密度、高价值的国家重点工程设备。因此，建立风险控制体系的必要性显得尤为突出。中远集团已通过挪威船籍社和中国商检局的共同ISO9002质量审核。X项目风险控制体系正是在此基础上建立的，具体体现在质保方案的制订、标准化操作平台、过程控制和专家评审四个方面。

中远集团从ISO9002标准的要素出发，根据X项目物流设计的内容，针对其中涉及的所有环节制定了全面的质量保证方案。质保方案共由十一套质保程序组成，包括对质保方案进行总体规划的质量计划和质量计划控制程序；对人员职责提出总体要求的质量管理程序；对文件化管理进行规定的文件资料控制程序；对人员素质提出要求的人员培训程序和人员资质审核程序；实施服务质量控制的不符合项控制程序；对自我评审和分供方评审作出规定的内审和外审程序；对物流方案进行控制的总体物流方案控制程序；两套应急方案控制程序。随着物流设计的实施，这些质保方案起到了指导和规范物流作业的重要作用。为了保证其有效性，中远集团在专家评审的基础上，定期对这些质保方案进行修订，迄今为止，质保方案已经通过了三次改版，保证了物流作业的顺利开展。

风险控制体系为X项目构建了标准化操作平台，中远集团对物流方案实施了文件化管理，保证物流作业的规范性和标准化操作。中远集团将作业前的物流设计方案、作业期间的往来信息资料及所有作业记录，编制成统一的文件，并标有版次和编号，由专人保管。所有电子文档也由专人进行管理。对于和业主及分包商有关的文件资料，例如每次大件运输的单独物流设计方案，都以文件形式传递给业主和分包商，按既定程序经过三方确认批准后才正式生效。并要求分包商以培训或讲座形式，确保物流方案传达到每个相关作业人员，包括船员、汽车和吊车司机。

过程控制保证中远集团将所有分供方的作业进展情况随时置于控制之下。通过文件化程序，中远集团对分包商使用的所有运输工具进行审核，并经过保险公司的确认。每次作业前由分包商提供运输工具检验记录。重大件运输时，中远集团还请国家权威机构对所有吊钩进行无损探伤试验，彻底消除事故隐患。作业时运用信息技术实施货物运输全程信息跟踪，并对大件运输重要环节如绑扎、电焊、覆盖油布、驳运、吊装、大车运输、就位等制定运输检查计划，按照各检查点在码头和工地现场实施现场监督。在重大设备如排管容器运输过程中，中远集团派专人在拖轮上全程监控海驳运输，并在陆地通宵值班，保持联络畅通。

X项目风险控制体系在建立之初由各方专家对其进行评审。其后，为了确保该体系的有效运作，公司不仅每年进行两次内部质量审核，而且由客户，也就是加拿大原子能公司从事核电质保达四十多年的质保专家，会同X项目核电有限公司的质保人员，对该体系进行全面的审核，为中远集团继续顺利开展X项目奠定了基础。另外，中远集团每年开展一次对所有分供方的全面审核，每半年一次对其进行质量检查。通过风险控制体系的运行，中远集团将X项目的作业风险控制在最小范围内。

综上所述，X项目是中远集团作为全球承运人在物流领域进行的新的尝试，是中远集团开发物流事业首期成功的标志。“千里之行，始于足下”，中远集团在X项目中的优质服务和完善管理，为中远集团赢得更多的国内外大型项目奠定了基础。

案例讨论

1. 试述 X 物流项目的特点及对供应链管理的要求，作为第三方物流提供方中远集团是如何为该项目提供设计与服务的。

2. 谈谈该案例对你的启发。

案例二

第三方物流提升 A 公司供应链管理效率

一、A 公司物流现状

（一）原材料物流管理模式

首先，进口元器件如芯片（CPU）、内存条、硬盘等由设在我国香港的国际采购中心统一负责采购。根据 A 公司工厂的生产计划，在香港的采购中心通常会备有 1~2 周库存。A 公司采用订单生产方式，工厂通常在接到客户订单之后才向香港采购中心下单。香港采购中心根据订单需求，安排出货、进口报关和深港运输，货运到深圳之后，一部分留在惠阳工厂，其余采用空运或陆运方式运往设在北京和上海的工厂。

A 公司的生产计划系统每天运行两次，实时统计出使用量和需求量，为香港采购中心的备货提供数据。由于从香港报关到运付给工厂大约需要 2 天左右的时间，因此，A 公司的工厂里对这一部分器件会保留 2~3 天使用量的暂存库存，以保证生产顺利进行。目前，对于这一部分元器件的具体物流运作及香港采购中心仓库的日常操作管理由 A 公司的物流部门和采购部门共同负责管理。A 公司当前的原材料采购模式如图 2-8 所示。

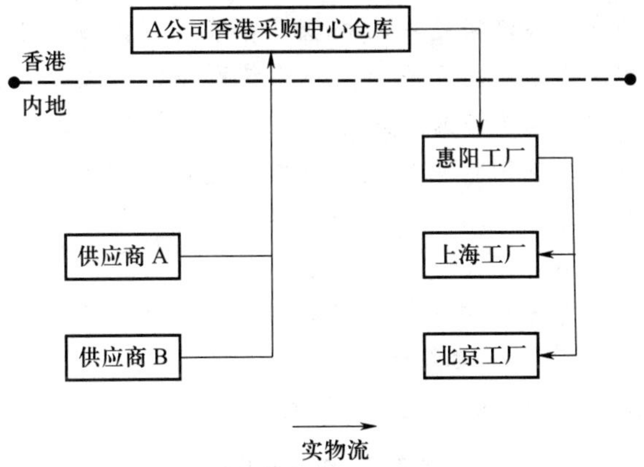

图 2-8　A 公司当前的原材料采购模式

对于一些辅助物料如外壳件、包装材料等的采购，A 公司主要选择的是国内供应商，对这部分原材料 A 公司推行 JIT 管理模式，由供应商根据订单需求负责将物料及时运付到生产线。在这一部分物流管理中，A 公司的物流团队主要负责收货及与供应商之间的交货协调。

（二）物流费用和货款的支付

对于以上的两种物流运作模式，A公司对货物需要承担的责任是不同的，所以相应需要承担的物流费用也不同。另外对于货款的支付A公司也采取了不同的方式。

首先对于元器件的采购，由于采购是以香港采购中心的名义进行的，而供应商大都是境外公司，成交条款大多是以CIF香港为主。此种贸易方式决定了货物在到达香港后物权已转移到了A公司的手中，A公司需要在货物到达香港后承担货物在香港发生的一切物流费用，包括在香港的运输、仓储等费用。当A公司内地工厂要货时，A公司还要负责香港到内地的运输，并向海关申报，由于目前A公司的产成品销售主要是以内地市场为主，所以对于元器件的采购均采取一般贸易的方式，因而在向海关申报时还需要支付相应的增值税（17%）和关税（部分原材料为零关税）。在完税后，A公司还需要负责内地的内陆运输，并支付相应的运输费用。在货物到达工厂仓库后，A公司还需要为存放保管这些货物继续承担相关费用。同时为保证货物在供应商交付后的安全，A公司还需要向保险公司支付相当的保险费用。总而言之，在香港一旦供应商向A公司交付货物以后，货物的物权就转为A公司所有，A公司需要承担这之后发生的所有相关费用和责任。

同时，对于元器件的采购，在每批货物到达香港后，A公司还需要按照和供应商商定的付款期限及时支付货款。

对于其他辅助物料如外壳件、包装材料等的采购，由于这些材料的供应商均为国内厂商，并实行了JIT的管理模式，成交条款基本为“完税后交货（……指定目的地）”（DDP），所以对于这部分原材料的采购来说，供应商承担了在货物到达A公司工厂前的所有的物流成本和风险。

（三）信息管理

作为一家IT制造企业，A公司内部已经开始使用企业资源计划（ERP）系统来进行管理。在通过系统得到生产需求后，工厂的计划员可以通过WMS系统查询在工厂的库存情况，并通知香港的采购中心进行补货，香港采购中心根据库存情况向供应商下采购订单。在这一系列信息传递中，由于工厂和采购中心之间没有实现系统联结，所以工厂向采购中心发送的要货指令实际是通过电子邮件的方式传递的。同时在采购中心和供应商之间也没有实现系统联结，所以订单的下达还是采用了传统的订单方式：双方通过电子邮件或传真的方式进行。A公司当前的信息管理如图2-9所示。

（四）供应商的管理

供应商的管理对于A公司来说是一件非常困难的事，目前A公司共有供应商355家，其中98家为国内供应商，其余257家为海外供应商。但对于供应商管理来说，A公司目前仅按照供应商的所在地区和所提供的产品类型对其进行了分类，具体如表2-3所示。

表2-3 供应商分类

类型	数量	百分比
元器件海外供应商	257	72.4%
元器件国内供应商	11	3.1%
辅助物料国内供应商	87	24.5%
总计	355	100%

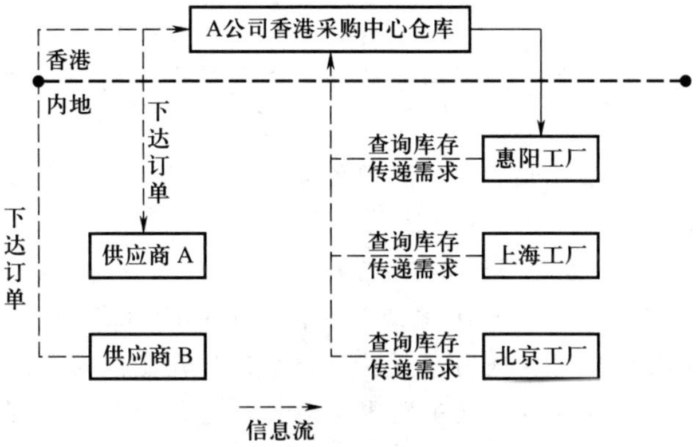

图 2-9 A 公司当前的信息管理

二、A 公司物流问题分析

(一) 环节多与运输时间长

A 公司的主要元器件供应商虽然大多为海外公司，但是这些海外公司大多在国内建厂生产或委托国内厂家代工生产，这些真正的生产工厂目前主要集中“长三角”和“珠三角”地区。所以，从表面上看 A 公司虽然是在向海外公司采购原材料，交易是通过我国香港地区的采购中心和海外供应商之间完成的，但产品的实际生产者却在内地，这也意味着实际的货物来源是内地的生产厂家。而目前的物流模式却是当香港采购中心向海外供应商下达订单后，这些海外供应商通知它们的内地工厂生产产品，当这些工厂完成生产后，将产品出口并运至 A 公司设在香港的采购中心交货。而当 A 公司的工厂向采购中心要货时，采购中心还需要安排将货物重新运到内地。

从当前的流程来看，当 A 公司的北京工厂发生缺货时，工厂向香港采购中心下订单 0.5 天，香港采购中心安排航空运输将货物运输到北京，包括进口清关时间在内，最快需要 2 天，则整个过程最快需要 2 天半。如果香港采购中心也发生缺货的情况，则整个过程需要延长到 1 周左右。而当今电子产品更新换代异常迅速，新产品新技术层出不穷，迟钝的响应意味着丧失市场。对此 A 公司为了保证每个工厂都有足够的原材料以供生产，在 3 个工厂都备足了 2 周的库存，与此同时在香港采购中心也备了 2 周的库存以便调拨，以此来杜绝工厂的缺货情况的发生。但随之而来的是巨大的原材料的库存，库存不仅占用了 A 公司大量宝贵的资金，更重要的是，作为 IT 企业，新技术的开发利用，新产品的不断问世，大量库存原材料的技术过时，不能继续使用，只能返工或报废处理，这给企业造成了进一步的损失。这些都是 A 公司目前所面临的主要问题。

(二) 物流成本居高不下

在以上的物流过程中可以发现，原材料在生产完成后，需要先从内地生产厂送到香港采购中心，再从香港采购中心重新送到深圳、上海和北京，在其中直接物流成本主要包括运输成本和仓储成本。

除了运输成本高，由于响应时间慢，导致工厂紧急要货的情况增多，为了能够不延误生产，对于此类紧急情况，A 公司均是采用航空运输替代公路运输的方法来克服的，这导致运输成本进一步增加。据统计在2003年中，A公司由于紧急要货而产生的航空运费在整个运输成本中占30%左右。

对于仓储成本来说，在香港，无论是劳动力成本还是仓库的租金成本均远高于内地，一般来说平均高出约1/3。

所以，就A公司目前的物流运作来说，物流路线设计不合理、运输路线重复、中心仓库选址不合理等是造成其直接物流成本高的主要原因。

（三）信息反馈不及时，信息不能共享

目前，在A公司内虽然引进了ERP系统管理，但是ERP系统的应用还非常不全面，由于生产工厂和香港采购中心没有实现联网，所以无论是工厂还是采购中心都不能实时地了解对方的原材料的库存情况，这样就会造成采购中心对工厂的缺货情况不了解，不能对工厂主动进行补货。同时，采购中心和供应商之间也没有实现联网，信息不能共享，这也造成了供应商对于采购中心的库存不能了解，不清楚原材料的使用情况，无法准确安排生产，满足采购中心的订单需求。对于目前整个原材料的供应链来说，信息被人为地分成三块：A公司的生产工厂、香港采购中心和原材料供应商。它们虽然各自都有自己的信息管理系统，但各自为政，互不关联，缺少一个公共的信息平台来共享相关信息。

（四）供应商管理粗放，安全库存设置不合理

A公司目前对供应商的管理还仅限于粗放的初级管理，仅按照供应商的所在地和所提供的原材料进行分类，没有对供应商的其他信息进行仔细分析。另外A公司的供应商数量过多，没有确立战略采购关系，同一原材料可能会有2~3家供应商，导致采购量分散，形不成量的优势，间接导致了采购成本的上升。

另外，对于安全库存的设置不合理。目前，A公司无论原材料的价值多少，均设置了2周的安全库存以确保生产的需求，但在实际运作中却发现有些原材料虽然备了2周库存，但还要频繁地补货，而同时有些原材料1年也补不了几次。其实产生这种情况的根源在于A公司没有充分认识到货物流转快慢和安全库存之间的关系，所以A公司需要对所有原材料实施ABC分类管理以确定各自的安全库存和服务层次，通过这种分类管理可以确定各种原材料的各自的补货周期，在有效降低库存的同时又提高了服务水平。

三、第三方物流通过合作实施供应商管理存货（VMI）提升供应链管理

通过以上对A公司采购物流现状的分析不难看出，传统的采购方式、繁复的物流环节、信息沟通的不流畅、粗放的供应商和库存管理，造成了A公司原材料库存居高不下，快速响应得不到实现。这一方面造成A公司大量宝贵的资金被积压在原材料库存中，另一方面由于快速响应不能实现，又不得不耗费额外的费用去满足生产的需求。如此反复不但生产需求不能保证，而且影响了A公司新产品、新技术的开发和利用，削弱了企业的核心竞争力。所以，对采购物流进行改造刻不容缓。

于是A公司在采购物流中实施了VMI管理：

（1）将原材料的库存交给供应商来管理。由于在这个阶段原材料的物权为供应商所有，所以A公司不必为此垫付大量资金，可以将宝贵资金从库存中解放出来，投入到其他更重要的生产活动中去，提高企业的核心竞争力。

（2）A公司不必再囤积大量的原材料，工厂可以按需采购。

(3) 由于 VMI 仓库基本设在工厂附近，对工厂的需求响应速度快。

(4) 可以减少不必要的运输环节，大幅度降低直接的物流成本。

(5) 和主要供应商建立战略关系，减少供应商数量，集中采购量，降低采购费用。

(6) VMI 仓库交由第三方物流公司管理，由第三方物流公司提供信息平台，实现信息共享，信息交流电子化，加快响应速度。

(7) A 公司可以从繁复的和自己并不擅长的物流管理工作中解脱出来，将物流管理工作委托给专业第三方物流公司来处理，而 A 公司本身可以集中人力和财力进行市场营销和新产品的开发。

四、与第三方物流合作实施 VMI 管理的实践

(一) VMI 的物流管理

1. 在 VMI 模式下，A 公司的 VMI 仓库设置

在供应商的生产工厂集中的地区设立采购中心仓库，由于 A 公司目前元器件的采购主要是向海外供应商采购的，而大部分供应商的生产工厂均集中在珠三角地区，对这些工厂来说，由于进行的是加工贸易，所以产品必须出口。这决定了采购中心仓库还必须位于保税区内，同时具备公共保税仓库的功能。考虑到以上情况，采购中心仓库选址在深圳的福田保税区。

目前，A 公司的生产工厂有 3 个，分别位于北京、上海和惠阳。通常来说原材料的 VMI 仓库需要设立在制造企业的生产工厂附近，一般运输车程不超过半小时为好，以保证及时响应的需求。但 A 公司目前的生产工厂的地理位置决定了一个原材料配送中心是无法同时满足三地的生产需求的，所以需要在三地分别设立地区的配送中心。对惠阳工厂来说，由设在福田保税区的采购中心仓库来满足惠阳工厂的生产需求；由设在上海外高桥保税区的配送中心来满足上海工厂的生产需求；由设在北京的保税仓库来满足北京工厂的生产需求（北京目前没有保税区）。同时，由福田的采购中心来完成向设在上海和北京的配送中心库存的调拨操作。

所以，在 VMI 模式下，结合 A 公司的具体情况，共设置 3 个 VMI 仓库来满足 A 公司的生产需求。仓库的管理和功能如表 2-4 和图 2-10 所示。

表 2-4　仓库的管理和功能

仓库	功能	
	集货和调拨	VMI
福田保税仓库	Y	Y
上海外高桥保税仓库		Y
北京保税仓库		Y

2. 物流运作的具体实施方案

实施 VMI 管理，从理论上来说货物在实际到达生产工厂之前的物权是属于供应商的。入库的货物来自海外（保税货物）或国内。在入库时，理论上物权应该仍归供应商所有，在必要时可以从 VMI 仓库调拨至其他地方。仓库可由第三方物流企业代为管理，根据生产需求设立安全库存及最高库存水平。制造企业根据生产计划下放订单给 VMI 仓库要求送料至生产线，VMI 仓库根据订单要求在库内进行配货及取货，送至制造商收货平台。物权在物料出库或者

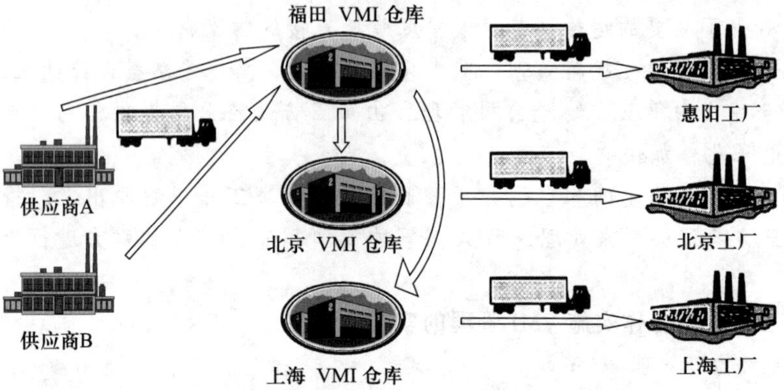

图 2-10 仓库的管理和功能

到达收货平台时才发生实质性转移。

如发生退货，有两种操作：

(1) 制造商退回 VMI 仓库。制造商须向 VMI 仓库传送退货信息，仓库收到信息后进行退货收货，但物权不能再转回为供应商所有。

(2) VMI 仓库退回供应商。此行为可能发生在收货阶段仓库发现货损货差时，或者入库质量检测不合格后。制造商向 VMI 仓库提出退货请求，仓库根据退货信息进行检货与相关退货单据准备，然后进行货物出库操作。

但结合 A 公司具体情况，A 公司决定首先在采购量最大（占总采购量的 90%）、物流成本最高的海外供应商中实施 VMI 管理，并推行 VMI 管理外包给第三方物流。

第一，由 A 公司通过香港采购中心向海外供应商确定年度采购意向，采购中心通常会向供应商提供一个长时期的采购计划，但这个采购计划和传统的采购订单不同。首先，采购计划中不确定一个统一的采购的单价，最终的交易单价按照供应商实际交货时和 A 公司确认的单价为准，这也就意味着在这个采购计划中最终可能有几个不同的采购单价。第二，采购计划中没有确切的采购数量，只有采购数量的意向，结算时以实际交付的数量为准，这也意味着最终成交的数量可能会低于采购计划，也可能会高于采购计划。第三，成交条款明确以三地 VMI 仓库的装货平台为界，也就是说 A 公司只负责从 VMI 仓库平台到生产工厂的费用和风险，由供应商负责从生产工厂到采购中心仓库，再到各地 VMI 仓库直至在平台向 A 公司交付货物之前的所有的费用和风险。物权的转移也在 VMI 仓库平台的交接中完成。第四，供应商同意按照 A 公司的生产需求在 VMI 仓库内设立安全库存，保证 A 公司的生产。A 公司同时也将采购意向发送给第三方物流公司。

在有了上面所说的书面采购意向后，海外供应商安排国内的工厂生产，在完成生产后，将原材料采用公路运输的方式送到 A 公司设在福田保税区的公共保税仓库，第三方物流按照 A 公司的采购意向进行收货。货物在进入保税区后将视同出口并继续保持保税状态。在福田仓库的货物除满足惠阳工厂的生产需求外，还需要调拨到北京和上海的保税仓库。福田仓库根据供应商的指令负责安排货物的调拨，由于货物需要继续保持保税状态，所以需要采取转关的运输方式。考虑到运输成本和调拨的时间要求，通常采用陆运海关监管的方式进行运输。

货物到达北京或上海后，由当地的第三方物流公司安排海关转关申报，在申报后分别由当地的 VMI 仓库收货并进行仓储管理，货物继续保持保税的状态。

当 A 公司的生产工厂提出需求时，VMI 仓库则根据工厂的订单备货，并安排运输车辆将货物送到 A 公司的工厂完成交货。由于物权是在 VMI 仓库的发货平台完成转移的，同时在这之前货物始终都保持着保税状态，所以从理论上说，在物权转移的同时还要完成保税状态到非保税状态的转移，通俗地讲也就是在这同时要完成海关申报和完税的手续。但就目前我国的海关进口申报手续来说，完成一般贸易的完税过程大致需要 1~2 天的时间，而 A 公司的工厂生产需求是以小时来计的，如果采用普通的通关手段显然是无法满足需求的。如果说让 A 公司预先完成申报工作，那就意味着 A 公司需要先为不确定的生产需求垫付一大笔税金，而且这样做也不能完全保证在库的非保税库存能够完全满足生产的需求。为此第三方物流公司提出的方案如下：采用先出后报、集中报关的方式。也就是在货物没有到达 VMI 保税仓库时，预先向主管海关就货物的信息进行电子备案并进行预归类，货物实际出保税仓库时通过和海关联网的保税仓库监管系统向海关进行电子备案，货物离开保税仓库后 A 公司在海关预先确认过的时间内就某一段时期的出库货物向主管海关集中申报，交纳税款，完成清关手续。也就是说将整个申报、纳税的手续后置。这样不仅能够满足海关的监管要求，又能满足 A 公司的生产需求，同时也不需要 A 公司预先垫付大笔的税金。但在实际操作中，由于这种新的海关管理模式还处于试运作的期间，各方面经验还不丰富，海关为最大限度地减少监管上的风险，还是要求 A 公司交纳了一定数量的保证金。

在实现了以上的流程后，VMI 仓库对工厂的需求的响应时间缩短为 2.5 小时。如图 2-11 所示。

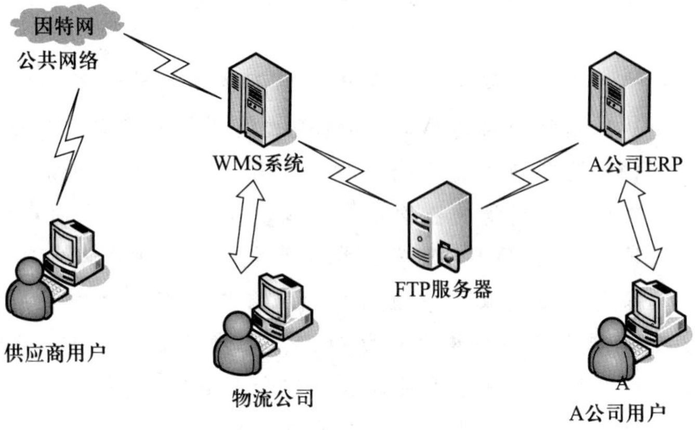

图 2-11　第三方信息平台

（二）VMI 的信息流管理

A 公司的 VMI 管理是基于第三方物流提供的服务来实现的，物流公司不但为 A 公司和其供应商提供了全程物流服务，更为重要的是通过第三方物流提供的信息平台，将 A 公司和他的供应商连接起来，实现了信息共享，大大简化了流程，使信息交换及时，并实现了单据的电子化。

在信息连接上，物流公司首先在 A 公司的 ERP 和自己的仓库管理系统（WMS）之间设立了一台服务器，以供双方交换数据之用。在每天的固定时间点，A 公司将信息发送到这个服务器，物流公司的 WMS 系统可以自动到这个服务器上去抓取信息，如图 2-11 所示。

1. 公司信息的获得

首先 A 公司发送给供应商和物流公司的采购意向是有固定格式的电子信息，物流公司收到后将自动导入到 WMS 系统的订单管理模块。供应商向 VMI 仓库发货前按照固定格式向物流公司发送到货预报（ASN），WMS 系统将 ASN 导入，并自动和采购意向进行匹配，当发现有错误时能及时向供应商发出报告，要求更正发货信息。货物到达后 VMI 仓库按照 ASN 进行收货并上架。仓库操作员扫描货物和货位条形码，货物在 VMI 仓库的储存信息将自动录入 WMS 系统中。收货完成后，WMS 系统将自动向 A 公司和供应商发送收货确认报告。当 A 公司的 ERP 系统产生生产需求后，出货要求将发送给 VMI 仓库的 WMS 系统，WMS 系统将按照事先和 A 公司确认的拣货策略打印出备货单，仓库操作人员按照备货单拣货和备货后，由 WMS 系统发送送货确认信息给 A 公司，同时自动打印送货交接清单。当送货完成后，A 公司通过系统发送收货确认给 VMI 仓库，在收到这个确认后 WMS 系统自动发送发货报告给供应商以便供应商和 A 公司结算。WMS 系统每天定时和 A 公司核对进库和出库数量，同时在 WMS 系统中还按照 A 公司和供应商确认的结果预先设定了最低和最高库存，一旦某项原材料的库存低于或高于所设定的标准，那么 WMS 系统将自动发送警报给相关人员。

2. 供应商信息的获得

对于供应商来说，因为供应商数量很多，各自有不同的实际需求，所以要单独实现点对点的连接十分困难，为此物流公司又开发了一个专用的公共网站，分配给每个加入 VMI 管理的供应商单独的用户名和密码，供应商只要登录网站，既可查询自己的库存并得到相应的进出货报告。当然为了数据安全，物流公司还是对供应商的权限做了限制。

3. WMS 和海关系统的连接

在以上的物流运作模式中可以发现用户和海关之间的信息交换是否顺畅关系到整个物流供应链是否运作顺畅，所以物流公司的 WMS 和海关之间还需要建立信息交换机制。在中国电子口岸和海关的帮助下，物流公司首先在仓库内设立了仓库海关联网系统，实现了仓库内的一切进货和出货的信息都能够通过海关监管系统，以电子信息的方式向海关进行申报和备案。而同时海关也可以通过该系统向 VMI 仓库发送指令。在实际运作中还发现，VMI 仓库在 WMS 系统需要输入的信息和需要在海关系统中输入的信息有相当部分的内容是重复的，这样就导致 VMI 仓库的工作人员需要在 2 个系统中重复输入，工作量加大，效率降低，为此物流公司特地和中国电子口岸共同开发，实现了海关监管系统和 WMS 系统的连接，这样信息不需要重复输入，同时海关和仓库之间的信息传递更迅速、更准确。

（三）VMI 的供应商管理

1. 供应商服务标准的确定

基于 VMI 的管理，第三方物流公司对所有供应商所提供的服务应该是平等的，但其所提供的服务却是首先要满足 A 公司的需求。

从传统意义上讲，对于物流公司来说，谁付款给物流公司，谁就是物流公司的客户，服务当然以客户的需求为中心。在 VMI 管理中，向物流公司支付物流服务费用的主要是供应商，那么物流公司所制定的服务标准是否应该基于供应商的需求呢？其实在 VMI 管理中，对于物流公司来说，更应该注重接受物流服务的一方，而在 VMI 管理中，接受主要物流服务的是采购方，也就是 A 公司。所以在 VMI 管理中 A 公司是整个供应链的真正的服务接受方。另外从采购方和供应方的关系来看，供应方的行为也往往是由需求方所左右的，所以在 VMI 管理中，作为第三方物流公司来说，服务标准的制定，应该以需求方为主，在本案例中则应该以 A 公司的需求为物流服务标准的出发点。

对于供应商来说，虽然物流公司对于每个供应商都提供相同的、公平的服务，但在不违反、不破坏整个 VMI 管理的大原则的前提下，物流公司适当地为某些供应商提供一些个性化的服务也不是绝对排斥的。

2. 供应商 ABC 分类管理

因为 A 公司之前对于供应商的管理比较粗放，没有对供应商的情况和相关数据进行科学的系统的分析，所以在 VMI 项目实施中 A 公司对应该引入怎么样的供应商颇费脑筋，有些供应商的供货量非常大，但相对来说货物价值不高，有些供应商的供货量不大，但货物价值非常高。对前一种供应商，物流公司是欢迎的，因为在对所有供应商采用相同物流服务价格的前提下，周转量大意味着物流费用高，但这样的供应商加入 VMI 后，对 A 公司减少原材料库存的目的意义不大。对后一种供应商，A 公司是欢迎的，高价值货物转为 VMI 管理可以大大减轻 A 公司的资金压力，但周转量太小意味着物流公司在这样的供应商身上不会得到太多的物流服务费用，但还是需要提供和其他供应商相同水准的服务水平，这是物流公司所不愿意的。如果说将来所有的供应商都能加入 VMI 管理，则上述问题对 A 公司和物流公司来说都不是不可以解决的，因为对 A 公司来说，它的目标就是让所有供应商加入进来。而对物流公司来说，将来总的流转量增大以后，对于小客户所需分摊的运作成本压力将会大大减轻。现在的主要矛盾集中在为了 VMI 项目的顺利进行，同时让所有供应商加入在时间上不允许，在操作上也不可行。那么第一批加入的应该是什么样的供应商呢？

在这种情况下，第三方物流公司引入 ABC 分析法，对 A 公司所有海外供应商进行了 ABC 分类，最终筛选出可以同时满足 A 公司和物流公司需求的首批加入 VMI 管理的供应商。

采用 ABC 分析法对 A 公司的供应商的分析结果如表 2-5 所示。

表 2-5 供应商的分析结果

供应商代码	工厂	箱数（2 周）	百分比（%）	累计百分比（%）	货值（2 周）KUSD	百分比（%）	累计百分比（%）
1838	Comm	1 334	10.06	10.06	700	4.89	4.89
20188	Display	607	4.58	14.64	375	2.62	7.51
1055	Display	600	4.52	19.16	38.5	0.27	7.78
82009	Scanner	500	3.77	22.93	22.5	0.16	7.93
20242	Display	480	3.62	26.55	30	0.21	8.14
1627	Comm	480	3.62	30.17	350	2.44	10.59
1604	Display	400	3.02	33.19	500	3.49	14.08

续表

供应商代码	工厂	箱数（2周）	百分比（%）	累计百分比（%）	货值（2周）KUSD	百分比（%）	累计百分比（%）
20188	Storage	375	2.83	36.02	250	1.75	15.83
960	Display	371	2.80	38.82	23	0.16	15.99
447	Display	320	2.41	41.23	189	1.32	17.31
20232	Display	320	2.41	43.64	460	3.21	20.52
20259	Display	300	2.26	45.9	15	0.10	20.62
1311	Display	250	1.88	47.78	185	1.29	21.92
1355	Display	240	1.81	49.59	2 500	17.46	39.38
20117	Comm	188	1.42	51.01	200.5	1.40	40.78
1061	Display	184	1.39	52.4	85	0.59	41.37
20081	Comm	180	1.36	53.76	21	0.15	41.52

从上面的计算中可以发现这17家供应商的货量占总货量的54%，货值占总货值的近42%，而17家供应商只占所有供应商的5%。根据以上分析结果物流公司确定在VMI项目的初期需要引入这17家供应商，这样VMI项目的实施才有意义。

（四）仓库设计

VMI管理的物流仓库的设计需要从多个方面来考虑：① 所需储存的货物的种类；② 所需存储货物的包装类型；③ 所需存储货物的进库和出库的类型；④ 库存的流转周期；⑤ 最大库存量；⑥ 生产工厂所需的响应时间；⑦ 目前仓库距离工厂的距离。

以上因素从多方面对仓库的选址和仓库内部的设计都有十分显著的影响。但是就A公司目前的VMI项目来说，由于需要使用的是公共型保税仓库，目前为其提供VMI管理的物流公司在上海外高桥保税区和福田保税区均有现成的公共保税仓库，所以没有可能为了A公司一家客户的需求就重新选址和改建，因此就目前来说在上海和福田的VMI仓库只能在进出货的流程上进行优化来满足A公司的需求。而在北京地区由于没有保税区，现有的公共保税仓库只有屈指可数的1~2家，所以基于成本方面的考虑，也不可能重新建立新的保税仓库，而只能就现有的仓库进行内部布局的改造来适应VMI管理的需求。下面就北京的保税仓库的内部布局作简单的介绍。

从北京的仓库结构来看，该仓库最大的缺陷是进出货门共用一个，进出货流不能分流，另外没有专用的装卸货平台。为此物流公司提出的设计图如图2-12所示。

通过设置大面积的收货理货区，使货物能够快速离开进出货门，防止货物堵塞仓库进出货的通道。当收货时，货物先收入理货区，当完成理货后，货物进入货架区进行仓储，进货流程如图2-13所示。

同样通过设置大面积的拣货备货区，使货物可以暂时存储在备货区，不需要马上移动到出货门，同样可以防止堵塞通道。当完成拣货后，将货物暂存在备货区，当实际出货时才将

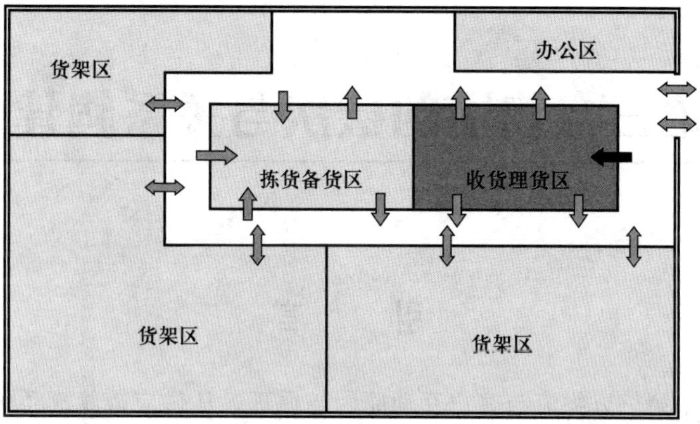

图 2-12 仓库布局设计图

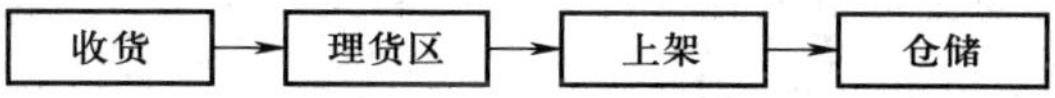

图 2-13 进货流程

货物移动到出货门，装车完成出货任务，出货流程如图 2-14 所示。

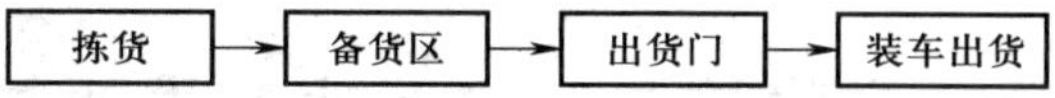

图 2-14 出货流程

案例讨论

1. 比较 A 公司实施 VMI 前与实施 VMI 后的供应链结构与效率。

2. 运用第三方物流与供应链互动理论来分析 A 公司与第三方物流公司可以如何互动来提高供应链管理的效率。

即测即评

请扫描右侧二维码，进行即测即评。

第三章　第三方物流的层次与关系构建

引　言

前面一章讨论了第三方物流与客户互动原因与原理，从供应链管理角度、专业分工角度、交易费用理论、委托代理理论、博弈论及组织管理等理论，分析与解释了第三方物流提供方与使用方之间相互合作的动力与阻力，得出：① 第三方物流提供方与使用方的互动关系可以是不同层次的；② 第三方物流提供方与使用方的互动关系需要一定的条件；③ 第三方物流提供方与使用方的关系需要双方共同推进。

本章进一步分析第三方物流与客户互动的条件，即互动关系的推动因素（内部条件）与促进因素（外部条件）、根据条件具备程度不同的相应互动关系层度（次）的分类以及不同层次互动关系的区别与管理。

第一节　第三方物流与客户互动的推动与促进因素

一、推动因素（内部因素）分析

所谓推动因素（driving force）是指第三方物流与客户双方互动合作关系推动与形成的内在动机。具体来讲，互动合作的双方企业必须相信与对方建立互动合作关系能够带来利益，否则，双方的互动合作就没有基础。

（一）对供应链中第三方物流服务使用方的推动因素

1. 专注主业的同时获取所需的物流运作与管理能力

专注自己的主业，有利于使企业获取战略优势而立于不败之地。但这使第三方物流服务的使用方自身没有足够的物流能力来支持与其主业相关的活动，即使有，也可能不具备竞争力。企业需要与第三方物流进行合作，借助于第三方物流企业的网络和物流运作与管理能力，为广大范围（全国乃至于国际市场）的物流提供全方位的支持。当一个企业的业务地理范围很广，而且其生产基地集中于某些地方的时候，它更需要一个综合的物流服务的供应商。否则，企业需要与很多仓储、运输企业建立合作关系来完成大量的物流运作与管理，需要维持庞大的组织来保持运作管理能力。总之，企业本身资源有限，而集中主业及自身物流管理与运作能力不足是推动企业寻找第三方物流企业建立互动合作关系的一个非常重要的因素。

2. 通过与第三方物流企业互动合作提高产品的竞争力

企业产品的竞争力主要体现在下面几个方面：质量、价格、服务（包括交货期与交货质量）。企业也总是从这些方面着手更好地满足客户的需求。事实上，第三方物流企业可以对这些方面都产生重要的影响。质量本身是由生产决定的。但是，必须意识到，如果没有良好的包装、适宜的存储条件和装运设备，产品的质量很有可能在从生产商到最终客户的流通环节中发生损伤，最终可能无法满足客户的要求。从价格来看，物流成本也是构成产品成本的主要部分，优秀的第三方物流供应商可以利用其专业技术、规模经济和门到门的运输能力全方位地降低物流成本，从而使物流服务使用方的产品相比于竞争对手而言更具有竞争力。服务包括交货期与交货时货物的质量，第三方物流可以利用其广泛的网络、与相关部门长期接触所积累的关系以及其他广泛的社会资源，保证物流服务使用方的产品在准确的时间和地点，以准确的数量交付给最终用户。所以说，通过与第三方物流企业建立紧密的合作关系从而全方位地提升产品的竞争力也是驱使企业（物流服务使用方）与第三方物流企业建立互动合作关系的重要因素之一。

3. 提高资产的利用率

一方面，对于物流服务使用方而言，当履行某些物流作业的时候，需要某些专用的物流设备。这时候，对于物流服务使用方而言，自己去购置并维护这些设备的成本比较高，所以，最佳的解决办法就是向外部寻求资源。通常，外部资源的最佳提供方就是第三方物流企业。第三方物流作为综合性的物流服务供应商，它通常会拥有大量的专业物流设备，甚至可以提供超出客户期望的物流设备。所以，第三方物流的资产专业性是吸引物流服务使用方与其建立合作关系的因素之一。另一方面，物流服务使用方通常自己会拥有一些物流设备，包括叉车、运输车辆等，甚至拥有自己的仓库。当第三方物流使用方利用这些专业设备的时候，其利用率通常不高，无法达到规模经济的效果。而通过与第三方物流企业建立合作关系，它可以让第三方物流企业托管这些设备甚至卖给对方，同时让第三方物流企业来运作与管理自己的物流，从而提升资产、设备的利用率。

4. 获得持续和稳定的利益

第三方物流使用方与第三方物流企业建立互动合作的关系，是希望借助于外部资源来实现企业自己的目标。所以它总是希望第三方物流企业所提供的服务是稳定的、连续的，能持续地满足自己对于物流服务方面的需求。因为稳定的物流服务是保证稳定的客户服务水平的基础。在此基础上，双方通过更为紧密的合作，或者是建立专门的项目小组来实现持续的质量改进，提升客户满意度。所以说，物流服务使用方利益的持续性和稳定性是双方合作关系的驱动因素之一。

（二）第三方物流企业的驱动因素

1. 通过为客户创造价值分得应有利益

市场上存在的企业的基本目标都是一致的，就是通过满足客户的需求来实现企业自己的利润目标。当然，第三方物流企业也不例外，其最根本的目的就是提供令第三方物流使用方满意的物流服务产品来获取利润。第三方物流通过与第三方物流使用方建立互动与合作关系，甚至是战略联盟的关系，就是希望能够不断地为第三方物流使用方创造价值，自己则从中获取合理的利润。

2. 与客户建立长期的关系以降低经营风险

传统的物流服务提供商一般提供分散的物流环节服务，与客户的关系也是短期的、不稳定的。随着传统物流行业的自由化（放松管制），竞争加剧，客户的不稳定就意味着物流企业的经营风险大与利润不稳定。第三方物流企业为了降低企业经营的外部风险，非常希望与第三方物流使用方建立一种长期的、稳定的合作关系，或者是战略联盟关系，通过持续地满足客户的需求，获取稳定的利润来源，从而可以降低外部市场的不确定性可能会导致的各种经营的风险。

3. 实现规模效益

第三方物流通过与多家企业建立合作关系，可以把多个客户的物流服务需求进行有效的整合，从而实现物流运作的规模效益，更好地体现出第三方物流的价值。

二、促进因素（外部因素）分析

促进因素（facilitating force）是第三方物流企业和第三方物流使用方企业互动合作关系形成的支持性外部环境因素。促进因素是第三方物流企业和第三方物流使用方之间构筑良好合作关系的基础。促进因素反映了第三方物流提供方与使用方之间的相容性与合作成功的可能性。从促进因素的构成要素来看，可以包括以下四个方面。

（一）企业的相融性

企业的相融性包括企业文化、管理哲学与方法。企业文化是一个企业所特有的哲学思想和性格特征。这是企业战略决策与经营政策的内驱因素，也是企业一切制度有效运作的基础。一个企业的文化的形成是一个长期的过程，它包含了商业惯例、历史、民族个性方面的一系列特征。相融的企业文化能够保证第三方物流企业和物流服务使用方之间能够迅速地了解彼此并且接受彼此的工作模式、思维方式、沟通方式，从而对于双方的合作关系产生很大的促进作用。

（二）市场地位的对称性

市场地位的对称性指的是第三方物流企业和第三方物流使用方在企业规模、品牌知名度、市场地位各方面的对等程度。第三方物流企业和第三方物流使用方市场地位的不匹配有两种情况：一种情况是第三方物流企业的市场地位逊于第三方物流使用方。这时候，第三方物流企业当然很希望获得这样一个客户，因为它可以给企业带来较高的利润，同时有助于第三方物流企业品牌的提升。但是，第三方物流企业可能由于自己在管理与运作能力上的局限性，与第三方物流使用方企业的合作会遇到一些障碍，可能会对双方的合作关系产生负面的影响。另一种情况是第三方物流企业的市场地位高于第三方物流使用方企业，这时候，第三方物流使用方企业对于第三方物流企业而言可能是一个小客户，而不是重点客户，所以也不会投入太大的人力、物力、财力来维持这样一个客户，从而对双方的合作关系产生不良的影响。所以，第三方物流企业和第三方物流使用方企业市场地位的对称性对双方的合作关系有很好的促进作用。

（三）资源的互补性

资源的互补性指的是第三方物流企业拥有的资源、技术或者管理上的优势正是第三方物流使用方企业稀缺的。这时候，供给和需求达到了一种最佳的吻合状态，双方的资源达到了最优配置，这样对双方的合作关系就会产生很好的促进作用。

（四）互惠性

通常，企业之间的合作都是建立在平等互利的基础上的。但是，有时合作双方的某一方凭借其市场地位的优势会侵占对方的利益。在物流市场上，物流服务使用方频频压价，使得第三方物流企业的利润空间变得越来越狭小，有的甚至在亏本经营，从而伤害了双方的合作关系。

第二节　第三方物流与客户互动层次分类

前面分析了第三方物流提供方与使用方互动合作的推动因素与促进因素。双方必须具有推动互动合作的动力，以及能够互动合作的条件或促进因素。然而，在现实物流服务需求与供给市场中，双方的推动因素并不总是很强的，同样，双方的促进因素也并不总是如理想中的都具备。

因此，如果把是否具备推动因素与促进因素分别分为三种情况，即低、中与高。则第三方物流提供方与使用方企业双方的匹配情况可以用图 3-1 表示。

推动因素(内部因素)

促进因素(外部因素)	低	中	高
低	短期交易型	类型 I	类型 II
中	类型 I	类型 II	类型 III
高	类型 II	类型 III	类型 III

图 3-1　第三方物流提供方与使用方企业双方的匹配情况

一、类型 I 互动合作

第三方物流提供方与使用方双方的推动与促进因素处在中与低的状态，双方认识到对方是一个合作伙伴，双方在物流与供应链管理的活动中的协调与共同计划是有限的。合作关系一般以短期为主，合作的范围一般是物流的功能部分，第三方物流提供方与使用方涉及的部门一般只有一个。第三方物流使用方的目的是获得想要的物流功能（活动）。双方关系的管理主要是通过合同及第三方物流使用方规定的关键绩效指标（key performance index，KPI）进行评估。双方互动有限，第三方物流使用方的利益局限在物流活动层面的竞争优势。

二、类型Ⅱ互动合作

第三方物流提供方与使用方推动与促进因素都处于中等状态，或者一低一高。这种情况下合作的领域可以加深，不仅仅是个别的物流功能或活动，可以是物流各个部分的综合运作与管理，合作的期限更趋于长期，双方合作涉及的部门也可以是多个相关部门，如物流运作、信息技术等部门之间的合作。第三方物流服务使用方除获得物流功能外，还可以得到物流整合的利益与一定的对方物流管理的能力；管理上通过共同制定共享的运营规则、双方共同开发的 KPI、经常对合作进行经营回顾并分享合作利益；双方有一定程度的互动，获得物流环节的整合与一定程度的供应链管理能力与效益。

三、类型Ⅲ互动合作

第三方物流提供方与使用方双方的推动与促进因素都处于高的状态，或者一中一高。这种情况下，双方的合作关系可以更加紧密，第三方物流提供方与使用方之间在物流与供应链管理中，已经具有一定程度的整合，每一方已经把对方看做是自己企业的延伸；合作期限可以一直维持；获得物流功能运作、与管理能力，进一步获得供应链能力的提升并分担新的业务风险；管理上，通过战略层面的联合发展，高层管理之间的沟通与合作，分享利益；运作上，进行常规会议回顾，双方可以达到较高程度的互动，获得供应链管理能力与效益。

综上所述，从第Ⅰ类到第Ⅲ类的互动合作关系，第三方物流提供方与使用方之间的合作从整合角度看不断提升，包括物流整合和供应链整合与管理能力提升。从最终表现看，从重视成本到重视效率，最后重视价值的角度发展。

第三节　第三方物流与客户互动紧密程度评价

根据双方的推动与促进因素，第三方物流提供方与使用方之间的合作与互动可以在各个层面的各方面展开，下面讨论并提出对第三方物流提供方与使用方合作紧密程度判定的指标体系。

一、合同期限

通常，第三方物流企业为客户提供的是合同物流或者叫做契约物流。所以合同的期限在一定程度上可以反映出双方互动合作关系。当物流服务的使用方刚采购第三方物流的时候，由于存在对第三方物流服务能力方面的怀疑，通常都会设置一个过渡期。而且，第一份合同的期限也比较短，通常都为一年。双方经过一段时间的磨合和了解之后，客户觉得第三方物流确实是能够为自己带来价值的，双方就有可能缔结更为长期的合同。合同期越长，意味着双方的合作时间就越长，第三方物流企业就可以更加深入地了解客户的采购、生产和销售物流，能更准确地把握住客户的需求，为客户提供更为优质的高度个性化的服务。通常，合同期越长意味着双方越紧密的合作关系。

二、第三方物流服务供应商数量

物流服务使用方拥有多少物流服务供应商能够从一定程度上反映出其供应商选择的战略。如果有比较多的供应商的话，就意味着供应商之间在服务水平和价格上存在竞争。有的客户觉得这样对自己而言有很多的好处，但这会导致更多沟通成本、供应商管理成本以及其他方面的成本，也会妨碍与供应商之间建立更为紧密的合作关系。所以说，当一家企业的物流服务供应商越少，它与供应商之间的关系就越紧密。

三、第三方物流企业的合理收益

第三方物流企业是希望通过提供满足客户需求的服务来实现企业自己的目标。第三方物流企业和物流服务使用方的合作关系是建立在双赢基础上的。第三方物流企业为客户提供专业化的、个性化的物流服务来帮助客户降低成本，而客户也应该给予第三方物流企业合理的回报。如果物流服务使用方只关注物流服务的价格，一味地要求供应商降价，双方的合作关系也就会受到伤害。因为，对于第三方物流企业而言，它必须通过获得合理的利润来实现企业自身的发展，才能为客户提供更为优质的服务。

四、第三方物流企业的物流服务占其总外包物流活动的比例

通常，企业的物流活动可以分为采购物流、生产物流和销售物流。其具体环节可包括网络设计、订单处理、仓储、运输货物的包装等。当然，企业外包的物流服务数量很大程度上取决于企业的物流战略以及外包能够产生的收益。但是，物流毕竟不是工商企业的主业，它最终的目的是依靠物流活动的支撑来满足客户的需求。所以，当企业把大量的物流活动外包给第三方物流企业的时候，物流服务使用方就给予了第三方物流企业很多的信任，希望能够在彼此之间建立紧密的合作关系。所以说，第三方物流企业的物流服务量占企业总物流活动的比例越高，双方的合作关系越紧密。

五、沟通的频率和深度

沟通是第三方物流企业与客户之间合作的基础。其沟通的频率和深度可以很好地反映出双方的合作关系。通常，仅仅是交易关系的双方注重的是交易的完成以及收益的获取，但是，如果双方有紧密的合作关系，就会经常沟通，及时地交换信息，并且探讨是否可以进行更高层次的合作，或者怎样共同去改善双方的物流运作状况。

六、彼此的信任程度

第三方物流企业和物流服务使用方之间的合作是建立在彼此信任的基础上的。数据的分享更是基于双方有效的沟通。信任是双方合作关系开始、延续并不断深化的前提。它可以很好地反映出双方的合作关系。

七、特定关系的资产

特定关系的资产包括实现物流过程的物质基础。关系型资产的投资能够帮助降低价值链

的成本，加快对市场的反应速度。第三方物流企业和物流服务使用方之间特定关系资产主要是物质资产。物质资产通常指的是那些相当专业化，为了提供特殊服务而配备的设备。如第三方物流企业专门为客户配置危险品运输车、专用的存储设备等。这些设备难以转化为其他用途，如果服务一旦取消，这些设备很可能成为沉没成本。所以，特定关系资产的比重越高，双方的合作关系通常就越密切。

八、双方信息与知识的共有化

第三方物流企业和物流服务使用方之间的信息与知识的共有化能够很好地提升彼此的竞争力。它通过对彼此拥有的信息进行融合、改造，形成一种新的战略信息，从而再扩散到彼此之间。信息、知识的共有化的关键是这样一种融合和创造的能力。所以双方应该明确谁拥有可分享的信息、拥有什么样的信息、信息置于何处，这有点类似于知识管理。物流服务使用方在要求第三方物流企业提供物流服务的时候，就必须提供相关的信息和数据，有些数据甚至是企业的核心机密如销售区域、目标客户、销售额等。如果双方有着长期的紧密的合作关系。物流服务使用方就有可能会让第三方物流融入企业的销售预测、JIT 管理中。知识的分享更是体现了双方的合作关系，双方通过对彼此知识的共有化，如互相提供培训机会，分享项目管理经验，从而更好地为企业服务。

九、资源的互补性

第三方物流企业和物流服务使用方资源的互补性是形成长期伙伴关系的重要衡量标准。双方将不同的资源带进联盟体，经过相互结合，能产生一种协同效应，从而使产生的新资源变得更稀缺、难以分割和模仿。只要双方很好地识别了彼此的战略互补资源，然后再通过有效的组织形式将双方的资源整合起来，将对双方的合作产生很大的促进作用。第三方物流企业和物流服务使用方的战略互补资源可以体现在双方的资产互补性、人员互补性、管理互补性三个方面。

第四节　紧密型互动关系的构建与维护

第三方物流提供方与使用方之间的关系可以是非常紧密的互动合作关系，也可以是一般的互动合作关系。第三方物流提供方与使用方双方推动因素（内部）与促进因素（外部）的具备程度，决定了互动合作的潜力。但是，能否取得紧密的互动合作关系，还取决于第三方物流提供方与使用方双方的互动战略与过程管理。双方的互动战略与过程管理是指双方构建与维护互动合作关系的战略以及运作层面的联合活动与过程。从我国第三方物流发展及与第三方物流使用方的互动现状看，往往是双方的推动与促进因素并不十分缺乏，但成功的紧密互动关系并不多见，可见，互动关系需要双方共同在战略与运作层面作出努力。下面进一步讨论第三方物流提供方与使用方紧密互动合作关系的构建与维持。

一、第三方物流与客户紧密互动关系的构建与维持

双方战略与运作层面的联合活动与过程管理是保证第三方物流企业和第三方物流使用方紧密型关系成功构建的关键，也是整个合作关系得以维持和运行的关键。下面进一步讨论第

三方物流提供方与使用方双方互动合作的战略与运作关系的管理要素。

（一）互动战略规划

在紧密型互动关系中，双方的着眼点不仅仅是把物流业务外包，如前面讨论的合作，期望获得供应链整合的价值，双方高层需要在战略上相互沟通与配合，第三方物流使用方在营销、采购与物流上的战略，需要第三方物流企业配合。例如，市场范围的转移与扩大，需要第三方物流的网络在战略上同步地配合。

（二）互动业务与运作管理

通常，第三方物流企业和物流服务使用方建立合作关系后，其标准作业流程（standard operation procedure，SOP）和关键绩效指标是要双方共同制定的。特别是在操作流程上的制定会考虑到双方彼此工作的便利性和有效性，然后再制定一套高效且行之有效的操作流程。共同规划可以让企业双方利用各自本行业的优势，取长补短，同时也有助于彼此信息的交换和沟通，保证计划符合双方共同的利益，最终实现一个双赢的结果。当第三方物流企业开始为第三方物流使用方提供物流服务的时候，双方的衔接就显得非常重要。第三方物流使用方的物流优势在于销售预测、物料计划和生产计划；而第三方物流企业的优势在于仓储管理、运输调度和系统优化这一块。为了能够有效地融合双方的优势，很多业务需要彼此的有效配合，有的甚至是需要共同去完成。特别明显的例子就是第三方物流企业派人参与到企业的生产物流中去，或者是物流服务使用方派人到第三方物流企业来共同运作物流活动。

（三）有效沟通

第三方物流企业和物流服务使用方沟通主要包括两个层面：一方面是双方企业高层管理人员之间的沟通。双方的高层管理人员应该定时进行沟通以确保双方的合作与企业各自的目标是吻合的。同时，通过这样一种沟通，及时消除双方合作中存在的各种隐患，并且可以制定双方合作关系的未来发展方向。总之，高层管理人员的有效沟通是双方合作关系成功的关键。另一方面是具体运作与执行人员的沟通，如信息传递的流程和相关人员的直接沟通。执行人员的有效沟通可以避免双方合作中由于信息不畅而引发的一些问题。同时，双方人员可以积极讨论更加简便而有效的沟通方式，降低双方的沟通成本。而且，具体人员的信息沟通可以标准化和制度化，如将订单的传输方式、各种接收的凭证、反馈单据和信息的存储方式等纳入标准的ISO9000操作规范当中。

（四）风险与回报的分享

风险和回报的分享主要取决于双方的合作关系。如果双方只是单纯的交易关系，第三方物流提供方通过提供在价格和服务上令客户满意的服务来获得收益，双方独立承担各自的风险，获取彼此应得的收益，不存在风险回报分享的必要性。但是，如果第三方物流企业和物流服务使用方之间是长期性的合作关系甚至是战略联盟关系，那么双方就应该制定相应的风险分担和利益共享机制。

（五）契约（合同）

契约是第三方物流提供方和物流服务使用方之间缔结的合同，它规定了双方的权利和义务。可是，有时候合同条款比较模糊，从而会引发对合同条款理解上的分歧，以至引发争端。特别是当第三方物流公司采用综合定价方式给客户进行报价的时候，对于第三方物流使用方所需的运输量、作业次数、仓库的最高容量方面应该有一定的限制，以避免第三方物流使用方提出过多的服务从而使第三方物流企业的物流运作成本上升，使利润空间下降，甚至无利可图或者亏本，最终将会伤害到双方的合作关系。在这方面，通常作为主导方的第三方物流使用方，应该提供详细的数据，以避免在未来的合作中产生冲突。

（六）相互信赖

对于双方的合作关系而言，信赖是双方的：一是对在相互承诺的合作活动中求得一个价值最大化这一预期结果的信赖；二是对对方为保证这种预期结果愿意承担义务而且能够承担义务的信赖。在这个意义上，信赖就是一种信任。一方面，由于交易活动与简单的交换活动不同，交易双方所预期的价值最大化，常常是在交易活动进行中和结束时才出现的，所以在契约中必有一种对将来出现的价值最大化的信赖和期待，这种期待被称为合理的期待。另一方面，信赖除了表示一种合理的期待之外，还用来表示人们对契约活动是实现价值最大化的有效方式的坚信。第三方物流使用方应该给予第三方物流企业以足够的信任，包括对于服务质量方面的信任、对企业的业务数据会进行严格的保密等。同时第三方物流企业也应该相信客户是一个忠诚而又可以信赖的伙伴。信赖是促成双方有效沟通的基础，是双方合作成功的关键。

（七）资本投资

共同资本投资是第三方物流物流和第三方物流使用方之间合作关系的重要评价指标。它意味着双方共同出资进行固定资产或在其他方面的投资，具体可以包括共同出资建造仓库、购置专业的运输设备等。这样双方就结成共同的利益体，可以大大改善双方的合作关系。

（八）争端解决机制

争端解决机制是第三方物流企业和第三方物流使用方预先规定的在将来产生冲突的时候应该遵循的一整套解决程序、方法和原则。比如要明确争端的解决目标是为了实现双方共同的目标，应该建立在友好协商的基础上，应该规定争端解决时需要参与的相关人员以及时限等。这样，即使问题产生，只要按照双方约定的争端解决机制去处理问题，就不会对双方的合作关系产生太多负面的影响。相反，通过这样的一种机制，可以通过不断地解决争端来深化双方的合作关系。

二、紧密型互动关系构建与维护模型

结合第三方物流提供方与使用方推动因素与促进因素的讨论及以上的构建与维持的管理要素讨论，可以得出成功构建第三方物流提供方与使用方紧密性互动关系的模型，如图 3-2 所示。

在双方考虑建立紧密型互动合作关系之前，对双方的推动因素与促进因素进行交流与评估是非常重要的。如果双方的推动因素与促进因素匹配不是十分理想，可以建立一般的互动合作关系，或者，双方尽量创造匹配的条件，以建立紧密型合作关系。

第三方物流提供方与使用方在相互充分评估与交流推动因素与促进因素的基础上决定建立紧密型互动合作后，还需要双方建立相应的管理机制。

三、我国第三方物流与客户紧密型互动关系现状

根据前面讨论的管理要素，结合案例分析与定性评价的方法，得出表3-1，目的是说明我

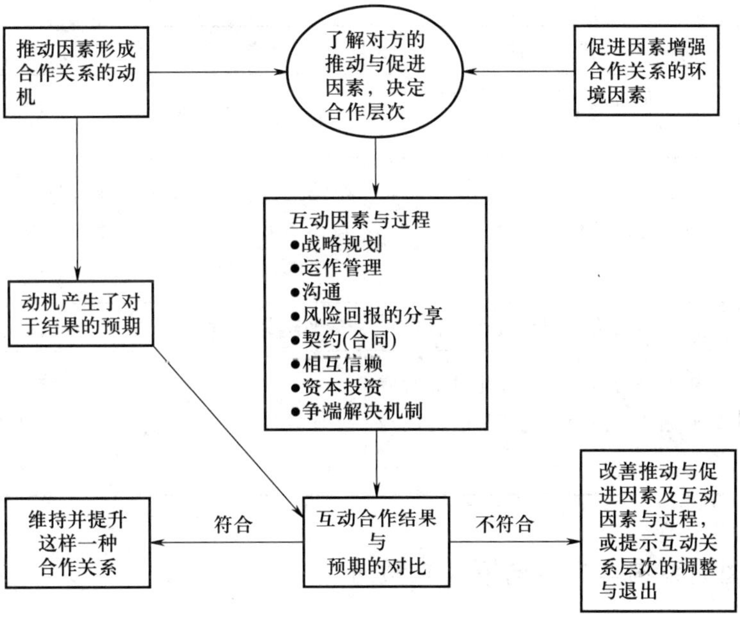

图 3-2　双方紧密型互动关系构建与维持模型

国第三方物流提供方与使用方之间的紧密互动关系建立与维持中存在的问题与进一步提升的空间。

表 3-1　我国第三方物流提供方与使用方间紧密型互动关系的状态

项　　目	描　　述	状 态 判 定
互动战略规划	双方高层在战略上相互沟通与配合，以求得双方在供应链的各个环节以及环节之间的整合更加有效	我国第三方物流使用方与第三方物流企业互动战略规划还比较欠缺，相比发达国家的实践有一定的差距
互动业务与运作管理	双方在操作流程（SOP）、绩效考核指标（KPI）等方面共同制定，双方利用各自的优势取长补短，也包括双方互派员工加强运作协调等	我国第三方物流企业目前一般都能够提供操作流程与绩效考核指标，但是，单方面制定的较多，互动性较差，另外在实施中往往不是很尽如人意
有效沟通	包括双方高层管理人员的沟通与具体执行人员的沟通，避免双方因为信息不畅而引发的一些问题	我国第三方物流与供应链成员在高层沟通上比较少，日常运作沟通一般
风险与回报的分享	双方是否制定相应的风险分担与利益共享机制	双方在合作中，许多企业还没有制定风险与利益共享机制，缺乏这方面的理念

续表

项　目	描　述	状态判定
契约（合同）	双方是否有详细的合同规定双方的权利与义务	有合同，但是合同有时由单方面制定，有失公平
相互信赖	双方相互信任的程度	第三方物流使用方企业（货主企业）对第三方物流还不太认同，第三方物流企业为获得业务，往往承诺的比实际的多
共同资本投资	共同出资进行固定资产的投资	比较少
争端解决机制	双方是否事先约定发生冲突时应该遵循的一整套解决程度、方法与原则	比较少

四、紧密型关系构建失败的原因与预防

由于双方缺乏相互理解，很容易造成互动合作的失败。这包括双方存在不现实的期望，如我国第三方物流使用方一方面要求第三方物流企业大幅度降低成本，同时要求其提高服务水平；公司文化的差别，如第三方物流企业的文化不能与客户的参与式管理文化匹配在实际中也是常见的；缺乏共同的利益，如第三方物流希望得到更多的利润，而使用方希望成本大幅度降低；某一方无利润，如使用方价格过低导致第三方物流无利润甚至亏本；缺乏共同的与明确的目标，故意企图破坏，缺乏最高管理层的支持，权利的不对称等。

因此，在决定建立紧密型互动关系前，相互理解对方的推动与促进因素非常重要，在有正确理解的情况下，则可以主动预防，见表 3-2。

表 3-2　双方缺乏理解会造成的失败及预防方法

错误理解对方造成的失败	预防与解决方法
不现实的期望	在讨论推动因素时相互调整
公司文化的差别	在讨论促进因素时解决，或作为不能实施合作关系的指示
缺乏共同的利益，某一方无利润	对推动因素的评估指出要么相互有合作的利益，要么合作关系不能实施
缺乏共同的与清楚的目标	目标不一定要一致，但每一方必须有确定的目标，并且目标必须是兼容的；相互利益的讨论能够保证每一方理解并接受对方的目标
故意企图破坏	双方在讨论推动因素与促进因素的时候肯定能够发现
缺乏最高管理层的支持	双方在讨论促进因素时会显示出来
权利的不对称	讨论促进因素时，可以指出这种权利的不平衡是否大到导致合作关系失败的程度

本章小结

本章接着前一章的结论，首先对第三方物流提供方与使用方互动因素进行分析与层次分类。对于第三方物流使用方（货主企业）而言，常见的内部推动因素包括：① 集中主业，同时获取物流运作与管理能力；② 通过与第三方物流提供方互动合作，提高产品的竞争力；③ 提高资产利用率；④ 保持利益的持续与稳定。

对于第三方物流提供方而言，同样存在内在的驱动因素，包括：① 为第三方物流使用方创造价值同时获得利润；② 与第三方物流使用方建立长期的关系，降低经营风险与获取稳定利润；③ 获取规模效益。

促进因素反映了双方企业之间的相容性与合作成功的可能性，包括：① 企业的相融性；② 市场地位的对称性；③ 资源的互补性；④ 利益的互惠性。

双方的推动因素与促进因素的匹配程度，提示可以存在不同层次的互动合作关系。匹配情况可以分为三种，不同情况双方关系管理是不同的。

第一种（类型Ⅰ互动合作）：第三方物流提供方与使用方双方的推动与促进因素处在中与低的状态，双方认识到对方是一个合作伙伴，双方在物流与供应链管理的活动中的协调与共同计划是有限的。合作关系一般以短期为主，合作的范围一般是物流的功能与环节部分，第三方物流提供方与使用方涉及的部门一般只有一个。第三方物流使用方的目的是获得想要的物流功能（环节）。双方关系的管理主要是通过合同及第三方物流使用方规定的 KPI 进行评估。双方互动有限，第三方物流使用方的利益局限在物流环节层面的竞争优势。

第二种（类型Ⅱ互动合作）：第三方物流提供方与使用方推动与促进因素都处于中等状态，或者一低一高。这种情况下合作的领域可以加深，不仅仅是个别的物流功能或环节，可以是物流各个环节的综合运作与管理，合作的期限更趋于长期，双方合作涉及的部门也可以是多个相关部门，如物流运作、IT 等部门之间的合作。第三方物流服务使用方除了获得物流功能外，还可以得到物流整合的利益与一定的对方物流管理的能力；管理上通过共同制定共享的运营规则、双方共同开发的关键绩效指标、经常对合作进行经营回顾并分享合作利益；双方有一定程度的互动，获得物流环节的整合与一定程度的供应链管理能力与效益。

第三种（类型Ⅲ互动合作）：第三方物流提供方与使用方双方的推动与促进因素都处于高的状态，或者一中一高。这种情况下，双方的合作关系可以更加紧密，第三方物流提供方与使用方之间在物流与供应链管理中，已经具有一定程度的整合，每一方已经把对方看做是自己企业的延伸；合作期限可以一直维持；获得物流功能运作与管理能力，进一步获得供应链能力的提升并分担新的业务风险；管理上，通过战略层面的联合发展，高层管理之间的沟通与合作，分享利益；运作上，进行常规会议回顾；双方可以达到较高程度的互动，获得供应链管理能力与效益。

最后，讨论了第三方物流提供方与使用方互动紧密程度评价指标体系。

从我国第三方物流提供方与使用方的互动现状看，往往是双方的推动与促进因素并不十分缺乏，但成功的紧密型互动关系并不多见。可见，紧密型互动关系需要双方共同在战略与运作层面作出努力。

关键词

1. **推动因素**（driving force）
2. **促进因素**（facilitating force）
3. **标准作业流程**（standard operation procedure，SOP）
4. **关键绩效指标**（key performance index， KPI）

复习思考题

1. 简述第三方物流与客户互动的推动与促进因素。
2. 论述第三方物流与供应链核心成员互动关系的类型及管理。
3. 第三方物流与供应链核心成员合作紧密程度的评价指标有哪些？
4. 论述我国第三方物流与供应链核心成员紧密型关系构建失败的原因及预防方法。

案例一

百岁物流(BSL)与某汽车零部件公司的互动合作

一、合作背景

百岁物流（以下简称 BSL）成立于 1994 年，前身是上海百岁汽车运输公司，是上海建材集团属下上海大中建材总厂投资注册的全民所有制企业，现属民营企业。其经过十多年的发展，积累了丰富的物流服务经验，现已成长为一家能够提供运输、配送、仓储、流通加工、国际货代等一体化物流服务的专业第三方物流供应商，在第三方物流行业中有着广泛的影响力。近几年来，BSL 依靠自身的运营实力与品牌魅力，成为多家世界 500 强和国内知名企业的综合物流服务供应商，致力于为不同类型的客户提供专业、个性化的物流服务；强化客户企业的竞争优势，实现客户价值。

U 公司成立于 1998 年，是美国一家知名制造集团与国内一生产企业共同投资组建的合资企业，目前是国内某汽车零部件最大的开发制造商。其工厂位于上海浦东地区，产品主要是国内整车生产企业配套使用的汽车零部件，具有年产 120 万套的生产能力。随着中国汽车行业的兴起，其作为国内领先的汽车零配件企业，业务发展良好。

但其作为供应链上的上游企业，物流极大地影响着其对下游企业的服务水平。目前，国内的整车生产企业为加快跟进世界汽车企业的步伐，在降低成本上以加强采购汽车零部件供应商和整合整个系统供应链为主要目标，实行零库存管理已经成为趋势。高供货要求和成本压力必然要求 U 公司内部要有相对完善的物流管理和运作能力，而 U 公司当时内部相对薄弱的物流运作已经跟不上其国内业务的快速发展。

二、双方合作的经过与内容

U 公司当时的成品物流主要涉及成品仓储，异地整车生产企业配送，上海大众、上海通用两家关键大客户的 JIT 配送，小部分出口产品的流通加工，配套产品使用的生产器具管理和流通。

在 BSL 未和 U 公司合作前，U 公司的物流运作由销售部门的人员兼管。成品仓储主要通过自己在周边地区租借，委托他人管理。生产规模的不断扩大导致 U 公司借用的仓库分散，难以集中管理。U 公司工厂区内有一个小型中转仓，短期存放生产线下线产品。异地整车生产企业的成品配送主要由大大小小的十几家专线运输商提供。同时，为保证对上海大众、大众通用的 JIT 配送，公司采购了十多辆车组成车队进行专门运输。

当时，U 公司物流运作和管理呈现出来的问题是：

（1）U 公司内部的物流管理运作没有专门的物流部门统一组织管理，管理权分散，效率低。

（2）自营车队运作成本高。

（3）众多的运力供应商，服务水平参差不齐，随着物流市场价格起伏，运输成本很难控制。

（4）生产规模的不断扩大，厂区狭小，使得生产器具流通管理出现很大问题。由于没有地方存放生产器具而摆满了过道，流通管理的欠缺导致有时出现生产线上生产器具供应不足。

（5）租借的仓库远不能满足现有生产能力，急切需要扩容，而且由于现有的仓库设施条件简陋，信息系统不完善等诸多原因，导致仓库管理水平难以提高、库存信息更新慢等问题。

基于以上的物流状况及问题，U 公司急切需要提高自身的物流管理水平。U 公司高层经过讨论达成共识：一定要将现有的物流业务进行整合，并要引进专业的第三方物流公司将现有的物流业务外包出去，迅速改善现有物流状况，并逐步提升物流管理水平，降低物流成本，支持其在中国业务的发展。

BSL 在上海物流市场具有一定的品牌知名度，是当年上海 3PL 服务行业的四小龙之一。其自身定位于为一些国内外的大中型企业提供一体化的综合物流服务。双方经过洽谈考察发现，BSL 无论在企业文化价值观、软硬件设施、服务水平上，还是在汽车零配件物流的运作经验上都比较匹配 U 公司目前的需求。双方很快确定意向，由 BSL 作为 U 公司唯一的第三方物流管理供应商，双方签订长期合同。

BSL 对 U 公司的物流服务合作项目非常重视，经过公司高层领导和项目团队的共同努力，确定了切实可行的物流运作方案。双方确定合作初期 U 公司首先委托 BSL 提供 U 公司的所有销售成品物流服务，由 BSL 提供一个近 2 万平方米的仓库为 U 公司 CDC 存放所有成品及生产器具并全权委托 BSL 进行管理。待时机成熟后，将合作领域扩大至 U 公司的成品包装加工等一些增值服务及采购物流。以下为 BSL 与 U 公司合作初期的物流服务内容：

（1）在上海设立全国物流中心（CDC），由 BSL 公司进行全面管理。

（2）BSL 提供物流信息系统支持，提供完整的物流信息追踪、统计与反馈服务。

（3）成品从上海工厂至上海仓库（CDC）的短驳运输。

（4）成品从上海仓库至上海大众、上海通用的 JIT 配送。

（5）成品从上海仓库至外省市地区中转库和客户工厂的运输。

BSL 设计的物流运作方案如图 3-3 所示。

三、BSL 运作方案

（一）目标

初期改善 U 公司物流状况；中期全面提升 U 公司物流服务水平、降低物流运作成本；远

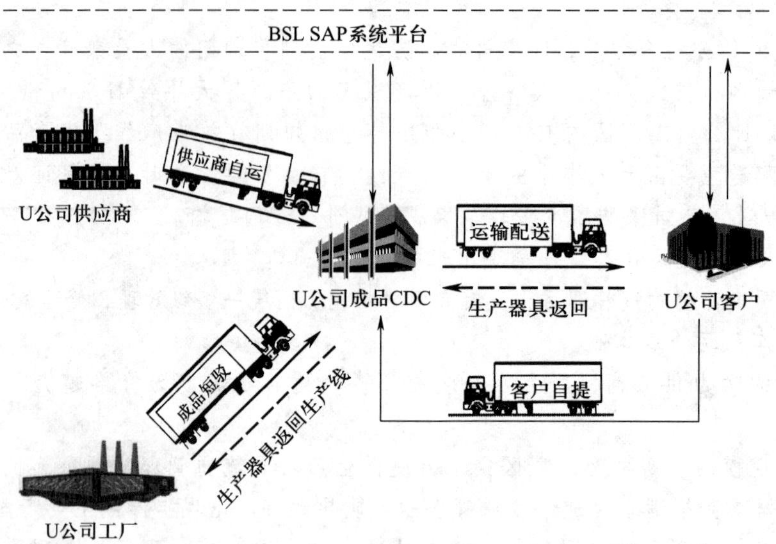

图 3-3 BSL 设计的物流运作方案

期完善 U 公司整个内部供应链水平。

（二）合作理念

信任、协助、共赢、持续改进。

（三）运作策略

（1）BSL 采用项目团队管理。

（2）项目运作实施实行分阶段管理：

- 项目筹备阶段：人力、设备资源配备，确定项目 SOP 操作流程和制度；
- 运作磨合阶段：产品移库至 CDC 全面接管及试运作；
- 项目启动优化阶段：服务运行良好，进一步优化，达到中期目标；
- 项目合作深入阶段：扩大合作范围，持续改进，达到远期目标。

四、BSL 对客户的物流运作特点

（一）合作初期的运作磨合致力于物流运作和人员实现平稳过渡

1. 物流运作的平稳过渡

合作一开始，双方共同实施 SOP 操作流程（实物、单证、信息），确保了项目运作的规范性。为实现成品至 CDC 的顺利移仓，不影响 U 公司在此期间的销售发货，双方制定了实施计划，做了大量的筹备工作。U 公司为了让 BSL 项目团队尽快熟悉 U 公司内部物流运作，特地组织了由工厂内部物流岗位人员带领 BSL 项目团队成员的学习活动。

2. 人员的平稳过渡

BSL 有着自身企业改制重组的经验，认识到客户物流模式改变必然导致人员波动，如何对这些人员积极引导，并安排合适的岗位是项目平稳过渡的一个关键因素。最终 U 公司通过转岗和 BSL 接收录用全部剩余人员很好地解决了这一方面的问题，极大地鼓舞了双方员工的士气，增强了他们对于企业的信心。

BSL凭借着自身的实力和经验，而且基于双方的信任和协作，项目初期运行非常良好，进入了一个良性循环状态。产品移库期间没有发生库存信息混乱，U公司的销售发货没有受到丝毫影响。

（二）合作中期致力于项目管理和运作的优化

BSL深知第三方物流企业利用自身的资源优势、行业服务经验、提高物流服务水平，降低物流成本，为客户赢得竞争优势，实现客户满意，是赢得客户、持续发展的关键。为实现以上目标，BSL对U公司的物流服务上将突破口放在了资源整合和流程优化上。

在资源整合上，BSL除将多个仓库整合成一个CDC外，同时取消了U公司工厂内部原本存放成品的中转库。于是，U公司的生产计划提前几天传达给BSL，BSL就已经安排好了派车计划，生产线上的成品一下线，即被装上BSL的车辆，源源不断地短驳至CDC。在成品配送上，BSL根据U公司产品流向和U公司客户的不同要求，确定对U公司的两大客户——上海大众和上海通用的供货物流组建项目车队，满足高供货要求；对于异地整车厂配送，为确保成本低廉，仍然沿用运力供应商服务模式。自有车队的管理主要集中在车辆配置和调派上，以提高车辆满载率和使用率、保证服务水平为目标。项目上分析了U公司主要产品的规格和订单批量，采购了具有最佳装载量的车型；同时派人跟车到上海大众、上海通用现场熟悉流程后将服务要求一一纳入项目运作流程中。在异地配送服务上，BSL对于U公司原有的供应商则根据运输线路和实力进行筛选，统一纳入公司供应商管理，优化配送线路，由此降低了运作成本，保证了服务质量。

在优化流程上，为达到整车生产企业零库存的送货要求，U公司同时将订单打单权下放给BSL，由BSL根据订单计划，随时打单，随时装货送货，提高了响应速度。U公司CDC实行24小时发货，确立了项目应急方案，保证了紧急送货及紧急事件能得到第一时间处理。

同时，BSL接管了U公司的供应商（供应成品）的收货任务，U公司只要在CDC派相应的质检人员到场监督收货就可。以往U公司的供应商首先将产品运输至U公司工厂，由工厂质检人员验收后再转至仓库，这样不仅协调沟通多了，而且多了一道运输环节。

在信息服务上，整个项目无论是仓储管理，还是运输配送方面，都实现了信息化管理。BSL的强大的SAP信息系统让整个项目信息管理达到先进水平，所有数据通过信息系统流转。同时，U公司以及U公司的客户借助网络可以进入系统平台浏览和查询在途和库存货物的全部物流运作信息。

所有这些措施都改善了U公司的物流状况，达到了提高服务质量，降低运作成本的目的，顺利达到了中期目标。

（三）提供个性化的服务、建立与客户的良好沟通机制是BSL与客户深入合作的一大法宝

在合作中，BSL努力贴近客户需求，适时扩大业务范围，协助U公司优化内部物流运作。目前，BSL已经将业务范围扩大至进出口产品流通加工（改包装、换装、贴标签）。以往，生产器具的流通和管理始终是U公司的一大难题，当货物抵达客户处，需要将生产器具及时回收返回生产线重复使用，一旦流通不畅，就会影响生产。如今由BSL全权负责管理，这一问题得到了解决。

BSL与U公司合作近三年，双方合作融洽，管理良好，这与BSL注重与客户的沟通和互

动是分不开的。在沟通机制上，BSL很早就确立了所有大客户可以顺畅地与BSL总经理、项目经理、客服人员三个不同级别人员沟通的机制。同时，BSL定期采取客户意见征询制度及一年双方合作回顾等不同形式来持续改进物流服务水平。

五、合作成效

U公司和BSL合作已持续三年，项目运行良好：物流服务质量逐年提高，无重大事故发生，物流成本逐年下降，博得了U公司的赞赏和信任。

U公司在与BSL合作期间，提高了内部管理水平，同时成立了专门的物流管理部门。而BSL通过与U公司的业务合作，在汽车零配件的管理方面经验愈加丰富，同时，鉴于U公司在行业里的品牌效应，无形中扩大了BSL在汽车零配件行业的影响力。BSL在汽车零配件物流领域的发展形势越来越好，获得了良好的效益。

六、总结

信任、协作、共赢的合作理念是BSL与客户合作的基本理念，与客户积极地互动和沟通使得BSL与客户之间的关系和合作越来越牢固，这就是BSL能够如此长盛不衰的秘诀。

案例讨论

1. 为什么第三方物流与客户的合作关系必须建立在信任、协作与共赢的基础上？
2. 以上案例对你有什么启发？

案例二

第三方物流如何深入采购和生产物流运作

在美国和欧洲的一些发达国家，企业同第三方物流公司已结成了较为紧密的合作关系，相当多的物流公司介入了企业的生产和物料采购等业务环节。例如，Ryder物流公司同Whirlpool（惠尔浦）签订的合同周期为5年的物流服务合同，服务内容涵盖了采购物流和生产物流的模式设计和运作管理，目标是减少物流成本、改进信息管理以及优化生产所需物料的备货时间等。

目前，国内的具备管理实力的物流公司，已经开始尝试将第三方物流服务深入到生产企业的生产物流管理环节，给客户提供更多附加值。其中，比较典型的一个例子是中国物流公司同沈阳某汽车制造公司之间的合作。

沈阳某汽车制造公司是一家新型的汽车生产企业，其战略目标是在未来5~10年时间，发展为国内重要的汽车生产集团，年销量达到40万至45万台。自2002年8月份开始，公司产品已正式推向了市场，面对快速增长的产量和因此产生的复杂而庞大的零部件采购、生产物料的备货和配送上线，以及产品售后服务所需的全国性的维修配件的配送，公司在生产物料的管理中主要存在以下问题：

（1）不具备设施完善的物料存储中心。

（2）没有完备的物料管理信息系统。

（3）库存的分类管理没有实施。

（4）没有同生产计划紧密结合的JIT生产线的物料供应线。

(5) 企业缺乏专业而经验丰富的生产物流管理团队。

为了有效地支持生产、集中企业资源，管理层经过认真的比较和筛选，中国物流公司最终被确定为其唯一的物流服务供应商，介入其生产流通环节的物流管理。

中国物流公司在对需求进行仔细分析后，确定了围绕着供应链上的库存控制、客户服务水平（配送及时性和准确性）这两个重点，提供全面的第三方物流服务的工作思路。在整个项目的准备和执行过程中，中国物流公司着重进行了以下几个方面的工作，通过周密的策划和严格的管理措施，保证了企业的顺利生产。

一、资源准备

中国物流公司很快完成了仓库的选址，其中售后服务配送中心面积近4 000平方米、距汽车制造厂仅3 000米的路程；生产配送中心面积5 000平方米，距生产基地5 000米。由于汽车配件对于仓库环境的严格要求，为确保客户的产品在储存的过程中不发生质量问题，中国物流公司进行投资对原有仓库进行了大规模的改造。根据汽车物流的操作流程将仓库划分为不同的功能区，使用环氧树脂对全部仓库进行了地面硬化防尘处理，并在仓库内建立了多层立体货架和轻型检料架，使仓库的利用率到达最高。

通过对整个标准操作流程的了解和与客户的详细的沟通，中国物流公司的专业IT人员完成了对原有大型物流系统的客户化改造，使该系统完全能满足汽车物流对大容量库存信息的及时、准确的要求。通过系统对库位、库存的跟踪，中国物流公司真正意义上达到了汽车配件先进先出的操作要求，使客户的库存控制达到最优化。

二、库存管理和JIT配送管理

中国物流公司主要通过对库存状态的实时监控，以及对销售和生产需求的深入分析，进行库存的计划和管理。中国物流公司主要是通过与企业汽车生产部门合作，围绕生产计划所产生的物料需求分解，结合现有库存及在途库存情况，制订JIT的采购计划。同时，对库存结构进行了分析，按照物料的价值、供应周期、物料的物理性质、使用频率等多种因素，将库存分成A、B、C三类，分别给予不同程度的关注。在整个库存管理的过程中，中国物流充分利用成熟的物流管理信息系统，进行信息的实时查询和分析，为库存的决策提供了有力的支持。

三、项目管理

中国物流公司委派了一名项目经理，并且由营运总监亲自进行支持，很快组建了专门的项目小组，并制定出了严密、完善的项目计划及时间表。项目小组的主要职责是充分地了解和分析该公司对物流服务的需求，制定出中国物流公司的服务战略，包括必需的硬件（仓储和运输设施）配置、同企业现有信息系统相兼容的物流管理信息系统、相应的人力资源计划（包括管理团队和操作工人的配置）。根据该企业的实际情况，项目小组建议组建了一个运作团队，以负责今后日常的物流服务管理。该运作团队由多名来自于大型物流公司的、具有丰富的物流运作经验及良好的客户服务意识的人员所组成，并在较短的时间内完成了运作体系的建立及团队的磨合。

四、客户服务水平的管理

中国物流在为客户提供第三方物流服务的过程中，自始至终把满足内部和外部客户的需求放在首要的位置去考虑，制定了一系列的客户服务标准及考核方法，主要体现在以下三个方面。

（一）采购订单处理

根据客户的采购计划，借助 IT 系统，在 1 小时内完成收货计划，包括仓位安排、收货人员安排、设备调配等工作，并通知客户及供应方。

（二）配送订单的处理

中国物流公司平均每天对生产线提供 15 次以上（约 16 500 件配件）的及时配送；保证在收到生产物料配送指令的 3 小时内，完成库内拣货、拆包装、组配专用器具、装车和配送上线等所有工作。对于紧急的生产拉动，中国物流公司能够在收到指令后 30 分钟内完成配送发运。

（三）库存信息共享

中国物流公司提供完善的 IT 管理服务系统，客户可以通过网络查询所有配件的库存及使用情况。

（案例来源：杨臻. 第三方物流如何深入采购和生产物流运作. 观点聚焦，2004（6））

案例讨论

1. 推动沈阳某汽车制造公司与中国物流公司达成战略合作伙伴关系的因素有哪些？

2. 运用“第三方物流与客户互动层次分类”理论指出沈阳某汽车制造公司与中国物流公司的互动合作关系属于哪种类型，并说明理由。

3. 沈阳某汽车制造公司与中国物流公司是如何实现紧密互动关系的构建与维护的？

即测即评

请扫描右侧二维码，进行即测即评。

第四章　第三方物流国内外发展状况

引　言

目前，无论在国际还是国内学术界，对物流产业包含的内容，还没有一致的认识。在宏观管理上，全球各国也没有建立起“物流产业”对应的统计体系与管理机构。但是，由于物流服务在服务业，特别是生产性服务业的比重较大，也有不少官方、民间机构对物流服务（物流产业）进行了持续的研究，有了一定资料数据的积累。

第一节　全球物流产业分析

通过收集与分析国际上主要相关机构的资料，可以基本掌握全球物流产业的发展状况。在此选取了以下研究机构的相关资料进行分析：

（1）Amstrong & Associates Inc.，商业性咨询公司，是目前发布全球物流产业市场数据较全面的机构。该机构每年会给出《全球和地区基础设施、物流成本及第三方物流市场趋势》报告，每年公布全球各国的社会物流总成本、社会物流成本占 GDP 比重、第三方物流营收。

（2）John Langley 教授领衔的年度第三方物流研究报告（Third-Party Logistics Study：The State of Logistics Outsourcing），年度报告从 2003 年开始，包括的地区已经从欧美扩大到亚太地区、南美地区及非洲地区。

（3）世界银行的国际物流指数等相关研究与数据。

Amstrong & Asscoation Inc. 提供的《全球和地区基础设施、物流成本及第三方物流市场趋势》报告中的“物流成本”包括运输成本、存货成本与管理成本，指的是全球各国的社会物流总成本，基本反映了传统物流产业的市场规模，“物流成本占 GDP 比重”指标在一定程度上能够反映物流产业的效率，但是，各个国家产业结构、地理人口等因素相差很大，也不能简单对比；第三方物流营收反映了第三方物流的市场规模，第三方物流相对传统的运输与仓储服务，提供高端物流服务。第三方物流营收占物流成本比重一定程度反映了高端物流的比重。

下面，首先对物流产业的定义进行讨论，然后，通过分析报告来分析全球及地区的物流发展状况。

一、物流产业的定义与统计

物流是否可以作为一个独立的产业进行研究？这个问题在第一章第八节中已经有讨论，

下面分析常见的相关机构对物流产业的定义与统计。

1. 联合国物流产业相关统计

联合国为便于汇总各国的统计资料进行对比，联合国经济和社会事务统计局根据经济活动的种类，制定了《所有经济活动的国际标准产业分类》[①] 简称《国际标准行业分类》，对经济统计、人口、生产、就业、国民收入和其他领域的数据进行分类，共分为21个门类。

其中物流相关的门类是H门类，涵盖了通过铁路、管道、公路、水路或空中提供的定期或不定期客运或货运活动，并包括终点站和停车设施、货物装卸、储存等相关活动，以及配备驾驶员或操作人员的运输设备的租赁以及邮政和邮递活动。H门类又具体分为以下5类：① 陆路运输与管道运输；② 水上运输；③ 航空运输；④ 运输的储存和辅助活动；⑤ 邮政和邮递活动。

2. 我国物流产业相关的统计

我国依据联合国《所有经济活动的国际标准产业分类》[②] 规定了我国社会经济活动的分类与代码即《国民经济行业分类》（GB/T 4754-2017），指出行业（或产业）是指从事相同性质的经济活动所有单位的集合。其中与物流相关的分类是交通运输、仓储和邮政业，具体包括：① 铁路运输业；② 道路运输业；③ 水上运输业；④ 航空运输业；⑤ 管道运输业；⑥ 多式联运和运输代理业；⑦ 装卸搬运和仓储业；⑧ 邮政业。

可见联合国与我国对物流产业所包含的内容更多的是从统计角度考虑。

3. 国际知名咨询公司分析物流产业时的分类

德勤咨询在对物流业进行分析时，将物流业分为5类，更多的是从物流服务的实际运营角度分类的：① 第三方物流；② 地面运输（公路和铁路系统提供的物流）；③ 快递及包裹；④ 货运代理；⑤ 第四方物流；⑥ 配送公司。

4. 专业研究机构对物流产业的分类

美国John Langley教授领衔佐治亚理工大学物流研究中心对物流产业（第三方物流）从物流公司对客户提供的服务进行分类与分析：① 牵头/第四方物流；② 客户服务；③ 供应链咨询；④ 信息技术服务；⑤ 车队管理；⑥ 配件物流；⑦ 订单管理和执行；⑧ 产品标签、包装、组装、配套；⑨ 库存管理；⑩ 运输计划；⑪ 运货单审核和付款；⑫ 直接转运；⑬ 逆向物流 ；⑭ 报关服务；⑮ 货运代理；⑯ 国际运输；⑰ 仓储；⑱ 国内运输。

根据国际上重要的机构对物流产业的分类及相关研究，进一步得出以下结论：

（1）物流产业没有明确的定义，国际上与我国对物流产业没有统一的口径；

（2）现有统计数据不能反映物流产业提供的全部服务内容；

（3）现有的相关统计，包括联合国经济和社会事务统计局、我国国家统计局的有关物流产业的统计绝大部分只能包含传统物流部分，高端部分还没有统计；

（4）物流服务中，高端物流越来越多的出现，应该引起充分重视，因为高端物流对制造业的推动作用大。

以下对全球物流产业的分析，采用了两类数据。第一类，行业的数据（社会物流成本、

① 联合国. 所有经济活动的国际标准产业分类［EB/OL］.［2008-12］.

② 国民经济行业分类国民经济行业分类［EB/OB］.［2013-12-30］.

第三方物流收入)，这类数据能够在一定程度上总体反映传统与高端物流产业的市场规模及效率)；第二类，咨询公司及机构的调研数据，该类数据能够进一步反映不同物流服务种类的发展状况，如 3PL report，进一步把物流服务分成 18 个品种（包括传统与高端物流服务)，分析物流产业发展状况与趋势。

社会物流成本是反映物流产业的市场规模的指标。美国的社会物流成本从以下三个方面进行核算：存货成本、运输成本、管理成本。Amstorng & Associates Inc. 作为行业咨询机构，收集发布了全球的物流产业相关数据，包括各国的社会物流成本、第三方物流的收入；很明显，从社会物流成本的构成来看，它只包含传统意义的物流产业部分，高端物流服务，如牵头/第四方物流、供应链咨询、信息技术服务、订单管理和执行等并没有包含在内。

二、全球物流产业发展情况

1. 传统物流市场

社会物流成本，主要代表了传统物流服务的市场规模，应用这个数据，可以分析全球传统物流市场的规模与增长情况。图 4-1 展示了 2006—2015 年全球社会物流成本，可以看出相关年度的传统物流市场规模大小及增速情况。2015 年全球物流业市场的规模已经超过 8.66 万亿美元，2006 年到 2015 年的 10 年间，规模增长了 41.5%。总体而言，全球物流市场规模大增长快，但是增速在逐渐放缓。

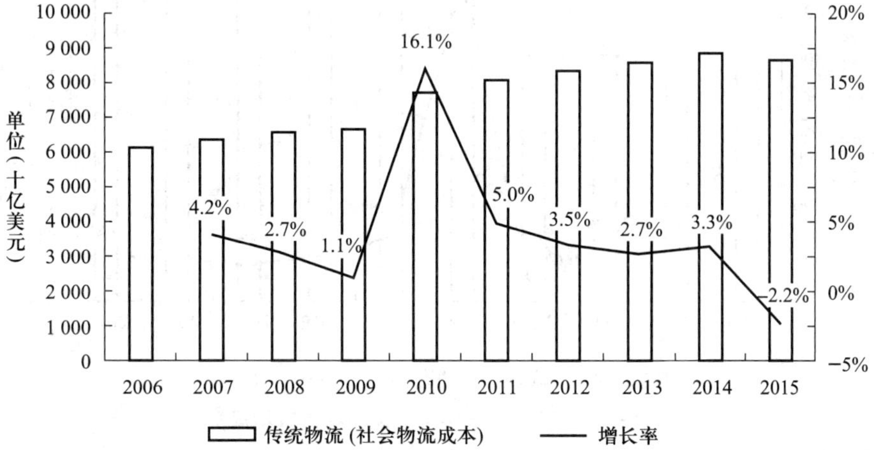

图 4-1　2006—2015 年全球传统物流市场规模（社会物流成本）

如前所述，社会物流成本占 GDP 的比重，在一定程度上可以反映传统物流产业的效率，比重越高效率越低。

图 4-2 展示了 2006—2015 年传统物流产业的效率变化情况（全球社会物流成本占 GDP 比重)。全球社会物流成本占 GDP 比重在近十年中没有发生较大的变化，稳定在 10%~12%。

2. 高端物流规模

如前所述，第三方物流业营收，是目前可以得到的与高端物流相关的一个数据，可以一定程度反映高端物流的市场规模。图 4-3 展示了 2006—2015 年全球第三方物流营收变化情况，截至 2015 年年底，全球第三方物流营收已经达到 7 530 亿元，相比于 2006 年的 4 710 亿

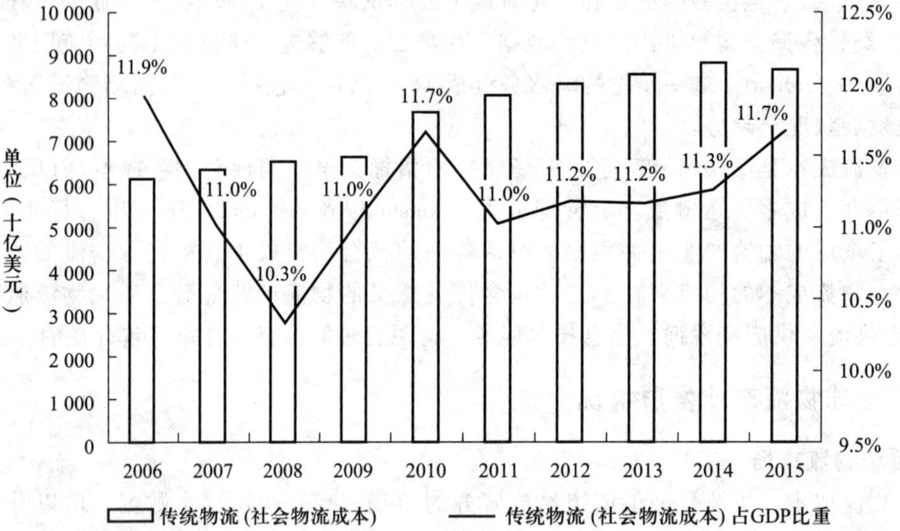

图 4-2 2006—2015 年全球传统物流市场效率

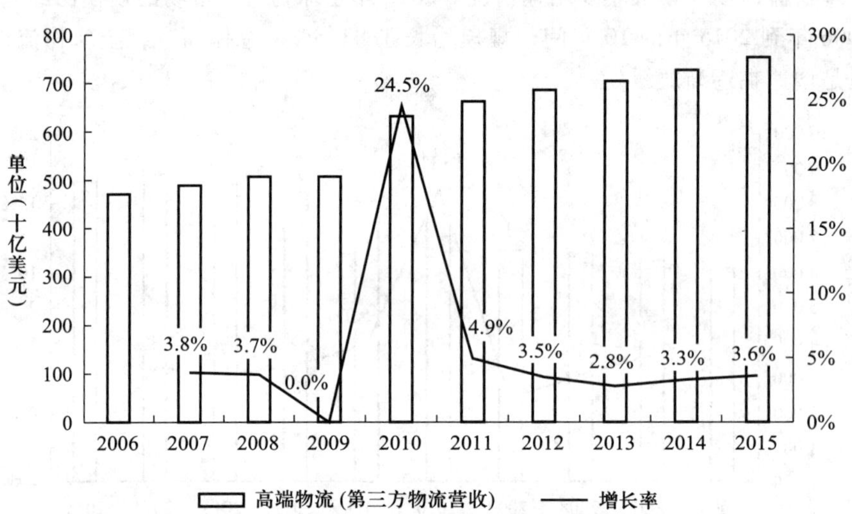

图 4-3 2006—2015 年全球高端物流市场规模

美元增长了 57%，同比 2014 年收入增加了 3.6%。

3. **高端物流与传统物流市场比较**

前面给出了传统物流市场规模及高端物流市场规模，因此可以得到高端物流与传统物流规模上的对比（第三方物流营收占物流成本比重），从图 4-4 中可以看出，截至 2015 年年底，第三方物流业营收占社会物流成本比重仅为 8.69%，相比 2006 年的 7.7%绝对数值增加了 0.99%，波动较小，第三方物流市场的比重发展大致呈缓慢上升的趋。

三、全球分地区物流发展状况

表 4-1 为全球各地区的社会物流成本、物流成本占 GDP 比重、第三方物流营收、第三方

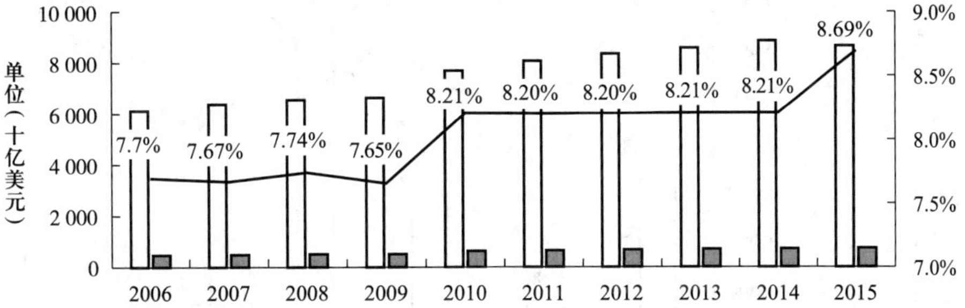

图 4-4　2006—2015 年全球传统物流与高端物流对比

物流营收占物流成本比重的数据。

1. 传统物流发展情况

表 4-1 中可以看出，全球物流市场各地区发展差异较为明显，亚太地区的社会物流成本最高，也就是传统物流产业规模最大（32 899 亿美元），几乎为欧洲（14 713 亿美元）和北美洲（17 545 亿美元）之和；非洲传统物流产业规模最小（3 567 亿美元）（见图 4-5）。但就传统物流市场效率而言（物流成本占 GDP 比重），非洲地区效率最低（15.75%），其次是亚洲地区（13.5%）与南美洲地区（11.9%），发达地区北美（8.6%）、欧洲（9.2%）。以上数据可以看出，亚太地区传统物流市场规模最大，要高于欧美发达地区（见图 4-5）；但是从传统物流产业效率来看，欧美发达地区效率最高，非洲地区最低（见图 4-6）。

表 4-1　2015 年全球主要地区物流市场规模与效率（单位：十亿美元）

地　　区	GDP	传统物流（社会物流成本）	物流成本占 GDP 比重	高端物流（第三方物流营收）	第三方物流营收占物流成本比重
北美洲	20 704	1 754.5	8.6%	190.1	10.83%
南美洲	9 923.3	410.6	11.9%	35.3	8.6%
欧洲	160 713	1 471.3	9.2%	154.5	10.5%
亚洲	238 148	3 289.9	13.5%	276.9	8.42%
非洲	2 270.5	356.7	15.75	27.4	7.7%

来源：Armstrong &（Associates）Inc.

2. 高端物流市场发展情况

如前所述，第三方物流业营收在一定程度上反映了高端物流的市场规模，从图 4-7 可以看出，亚太地区第三方物流营收最高，超过欧洲和北美发达国家，说明亚大地区高端物流市场体量大。

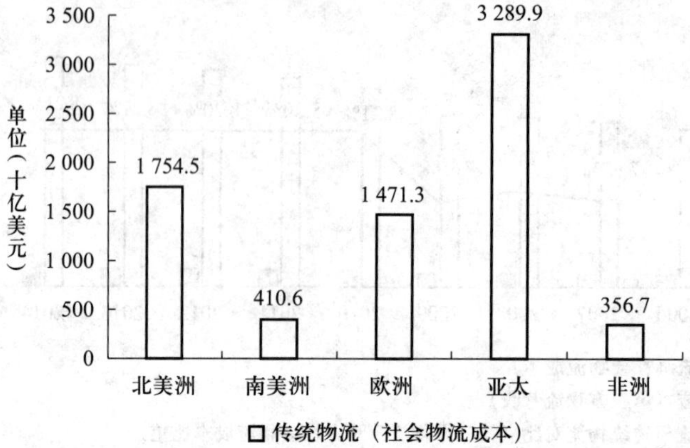

图 4-5　全球主要地区传统物流市场规模（2015 年）

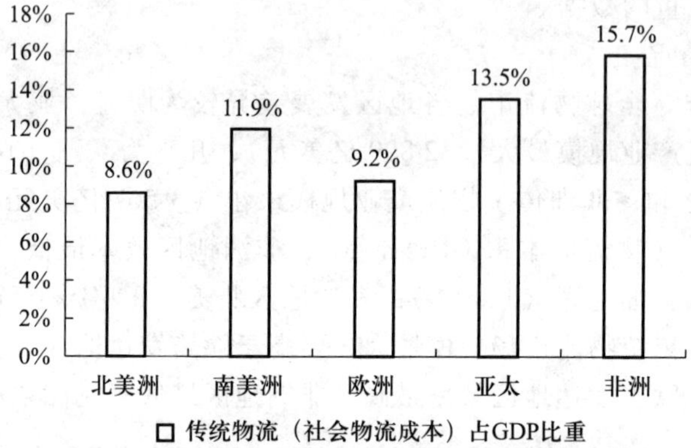

图 4-6　全球主要地区传统物流市场效率（2015 年）

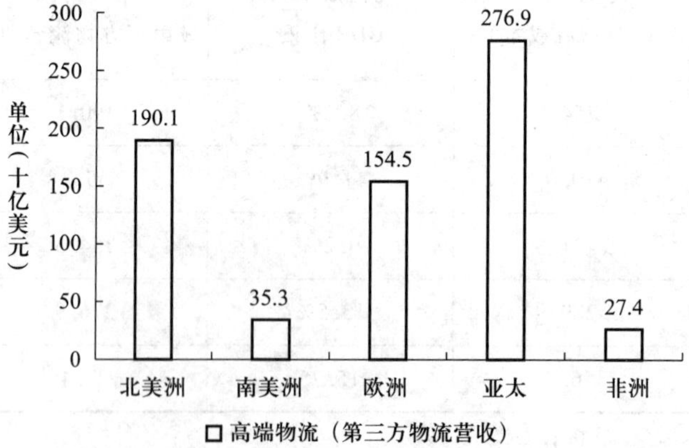

图 4-7　全球主要地区高端物流市场规模（2015 年）

3. 高端物流与传统物流的比较

对比全球高端物流市场规模（第三方物流营收）以及传统物流市场规模（社会物流成本）可以发现（见图 4-8），虽然亚太地区第三方物流营收最高，超过欧洲和北美发达地区，但是第三方物流营收占社会物流成本比重却低于欧美发达地区，说明发展中国家集中的亚洲地区高端物流市场绝对规模大，但是整体物流市场的相对规模不及发达国家集中的欧洲和北美洲地区，整体而言亚太、南美洲发展中地区的高端物流市场发展状态不如欧美发达地区，非洲地区的高端物流发展比较落后，还是以传统物流为主。

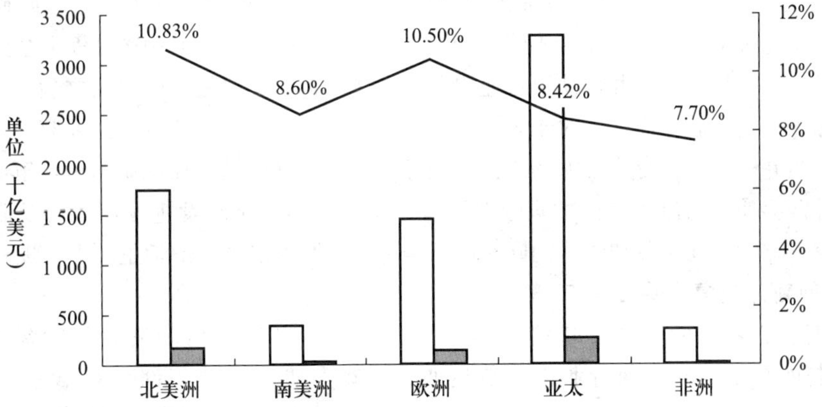

图 4-8　全球主要地区传统物流与高端物流对比（2015 年）

四、全球第三方物流发展趋势

由 John Langley，Jr.，Ph. D.，领衔的年度第三方物流研究报告（《2017 Third-Party Logistics Study-the State of Logistics Outsourcing》）从 1996 年开始至今已经进入第 23 个年头。该报告对全球第三方物流市场行业趋势进行调研与分析，包括货主使用第三方物流服务状况、第三方物流企业提供物流服务状况。除此以外每年都有不同的关注重点，比如 2017 年报告关注的是物流领域的大数据以及数据分析技术，2016 年关注的是货主与第三方物流之间的关系等。2002 年之前该报告仅对北美地区第三方物流发展状况进行调查，2002 年调查范围扩展到欧洲，2003 年扩展到亚洲，之后调查范围逐步扩大，自 2007 年开始调查范围包括了全球主要国家（地区）的第三方物流发展状况。以下分析主要采用该系列报告的相关数据。

2017 年的报告，结合历年报告，分别从供需双方（第三方物流公司和货主）角度，对全球第三方物流市场的发展状态以及未来的发展趋势进行分析。

面对复杂多变的竞争环境，货主需求的多样化，货物运输时效性的增加，第三方物流企业不得不通过兼并和收购扩大服务范围，并且利用大数据信息技术持续创新为货主创造价值，更好地为货主提供物流服务。

1. 兼并和收购提升服务水平

货主企业越来越希望第三方物流能够提供基于信息和大数据的解决方案，为了满足这一需求，第三方物流也在不断尝试新的技术手段，通过第三方物流之间并购逐步扩大自己的业务范围，提升竞争优势。2016 年的并购总额已经达到 1 730 亿美元，相比 2014—2015 年的

870 亿美元，几乎翻了一番，而跨国并购的总额达到 1 150 亿美元是 2014—2015 年并购金额的四倍。

对于第三方物流频繁并购的现象，货主企业有不同的观点。34%的货主企业表示，担心第三方物流并购之后市场上价格竞争减弱，不能以较低的价格获得服务；31%的货主企业担心并购之后享受不到之前小型第三方物流能够提供的个性化服务；20%的货主认为并购会阻碍行业内的创新；18%的货主企业表示并购之后会使得市场中的参与者减少；也有 10%的货主企业表示，这种并购现象会形成一个循环，即并购使得行业内参与者暂时减少，但是一段时间之后又会有新的小型第三方物流加入市场。总体而言，对于第三方物流的兼并现象，货主的观点主要有两方面。积极的一面是货主认为并购能够使得第三方物流提高服务水平，能够提供更加优质的运输解决方案；消极的一面是，并购会使得物流市场内的竞争激烈程度降低，不利于激发企业创新以及服务价格会提高。因此，第三方物流在兼并和收购的同时应该努力提升服务水平打消货主顾虑，提高行业门槛。

2. 不断创新应对复杂多变的环境

目前，第三方物流的营商环境变得越发复杂多变。燃油价格的波动、国际需求的变化、行业管理规制的提出、互联网行业进入货运业、卡车司机的短缺等都会对第三方物流的发展产生冲击。以美国为例，美国卡车协会估计到 2020 年美国卡车司机的短缺数量将达到 24 000 人，而美国 70%的货物都是通过卡车进行运输；对卡车司机的需求以及对司机短缺的担忧，就迫切需要第三方物流能够对货物运输路线进行优化。今年有 86%的第三方物流表示为了降低物流成本，提高服务水平，他们已经开始和其他公司合作，甚至是和自己的竞争对手合作，去年这一比例是 81%。第三方物流为了提升自己的优化水平，已经开始一些新的尝试。44%的第三方物流表示他们开始采用大数据对运输方式、线路、每次发货量、发货频率进行优化。44%的第三方物流开始采用高级运输管理解决方案，43%的第三方物流应用预测分析优化成本和服务，33%的第三方物流开始尝试全球贸易管理方案。

3. 拓展大数据服务，满足货主需求

对于第三方物流而言，掌握了数据就是掌握了机遇。60%的货主认为大数据的价值在于促进供应链整合，55%的货主认为大数据的价值在于提升数据质量，52%的货主认为大数据可以提高流程质量和绩效。调查发现，事实上第三方物流并没有完全认识到大数据对于货主的重要性，以及货主对大数据的重视程度；在不使用第三方物流服务的货主里，35%的货主表示第三方物流可以帮助他们更好地利用大数据。因此，第三方物流应该不断提升自己数据管理和分析能力，从而扩大自己的客户群体。

第三方物流和货主之间良好的关系是建立在双方开放、透明、高效的交流以及能够共同灵活应对市场需求变化的能力之上的。对于第三方物流而言，仅仅提供传统物流服务已经不能够满足货主的需求，无缝整合客户的供应链网络、为客户提供实时可视化服务、提供不同市场地区的市场信息、为货物运输的最后阶段提供增值服务等，这些才是能够为货主创造价值，真正满足货主需求的服务。现今，优秀的第三方物流服务商一定既是供应链管理方面的专家，又是高效的物流运营人；货主方面也越发愿意和第三方物流进行信息共享，只有 20%的受调查货主表示他们不愿意和第三方物流分享一些独有的信息。

总体而言，第三方物流在全球背景下持续发展。第三方物流提供商正在增强和扩展自己的核心业务。同时，客户和潜在客户也在不断提升自己的业务能力来有效管理与第三方物流之间的关系，实现他们自身的供应链目标。

五、第三方物流与货主的合作状态

1. 物流企业提供服务及客户使用服务的对比分析

2013 年的第三方物流报告对第三方物流提供的服务以及货主使用的服务进行了调查与分析，如表 4-2 所示。对比数据可以发现，物流企业能够提供传统物流服务的比例较高（50%以上），高于使用的货主企业比例，但是两者之间差距不大，说明传统物流服务供需基本吻合。然而，物流企业能够提供高端物流服务的比例要低得多（在 30%以上），货主企业使用高端物流的服务的比例则更低。说明高端物流服务还不够成熟，在发展过程中，受到客户认可的程度也比传统物流要低，高端物流服务更需要双方在理念、战略与运作上的互动与合作。

表 4-2　被调查公司物流服务项目提供或使用的比例

物流服务	物流公司提供各项服务的公司比例（%）	货主企业使用各项服务的比例（%）
国际运输	71	78
国内运输	88	71
仓储	83	63
货运代理	64	53
海关代理	54	52
逆向物流	60	26
配送	64	25
贴标签、包装、组装等	65	25
运输计划与管理	70	22
存货管理	64	19
运费审计与支付	34	18
订单管理与执行	65	16
信息技术服务	50	13
零部件物流	39	12
客户服务	56	10
供应链咨询	56	10
车队管理	26	8
牵头/4PL	39	8
可持续与绿色供应链	31	6

资料来源：2013 Annual Third Party Logistics Study

2013 年的第三方物流报告对第三方物流提供的服务以及货主企业使用的服务比例按地区进行了调查分析（见图 4-9）。全球范围而言，第三方物流企业能够提供的服务比例高于货主企业使用的服务比例。

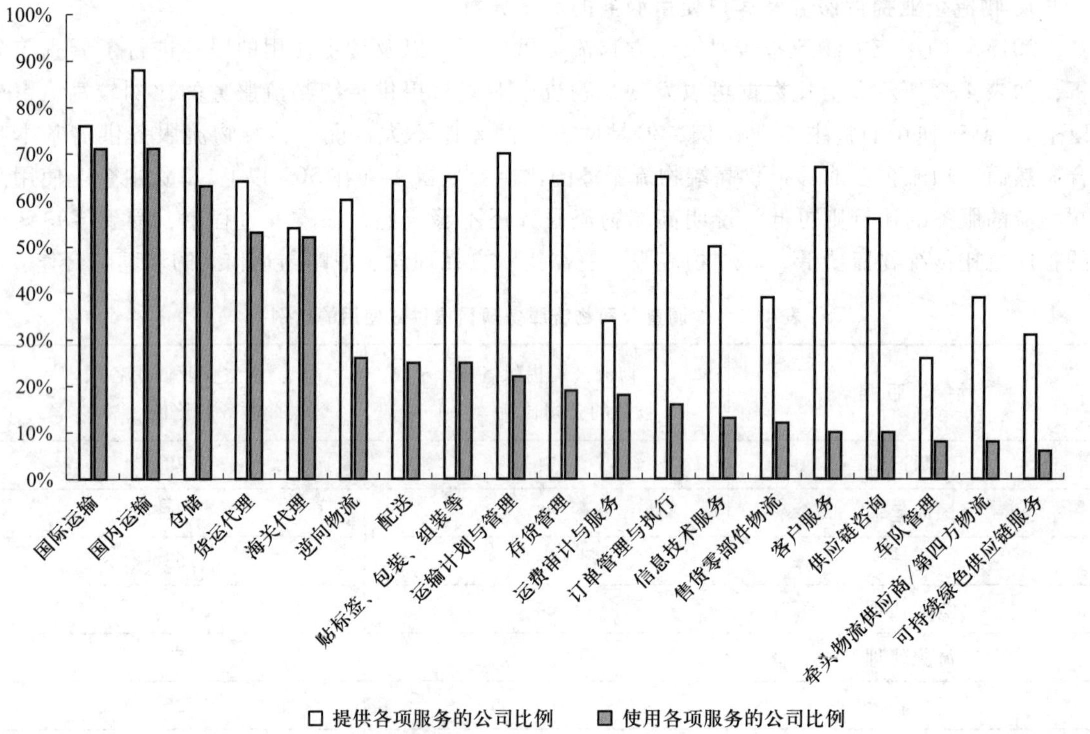

图 4-9　第三方物流提供的与货主企业使用的物流服务

以第三方物流企业提供的传统物流服务为例，虽然第三方物流企业提供服务的比例基本上要高于货主外包的比例，但是两者之间差距不大（见图 4-10），与传统物流服务使用情况形成鲜明对比的是高端物流服务货主使用比例的情况（见图 4-11），第三方物流能够提供高端物流服务的比例远高于货主使用的比例，货主企业使用高端物流服务的比例还不是很高。这一现象说明货主企业仍然没有充分利用第三方物流的专长来提升自己所在供应链的效率，只是将一些交易型重复性的物流活动进行外包。这一现象产生的原因：一方面是由于第三方物流与货主之间缺乏必要的信任，没有建立战略联盟关系；另一方面，第三方物流提供的高端物流服务还不是很成熟，还有很大的发展空间。

2. 货主与第三方物流企业的合作越来越紧密

从近 20 年的第三方物流研究中可以发现，货主企业对第三方物流的使用在不断增加，调查显示，使用第三方物流的货主企业全年物流费用支出中有 50%和外包活动有关，这一比例和 2016 年保持一致，但是和前几年相比，这一比例有较大提升。在 2017 年第三方物流报告的调查中，有 58%的货主企业表示他们增加了外包物流服务的使用；有 26%的货主企业表示他们有部分物流活动由外包转内包，外包和内包的比例接近 2∶1，这一比例较前几年相比有所降低。另外有 47%的货主企业表示他们将减少合作的第三方物流企业数量只

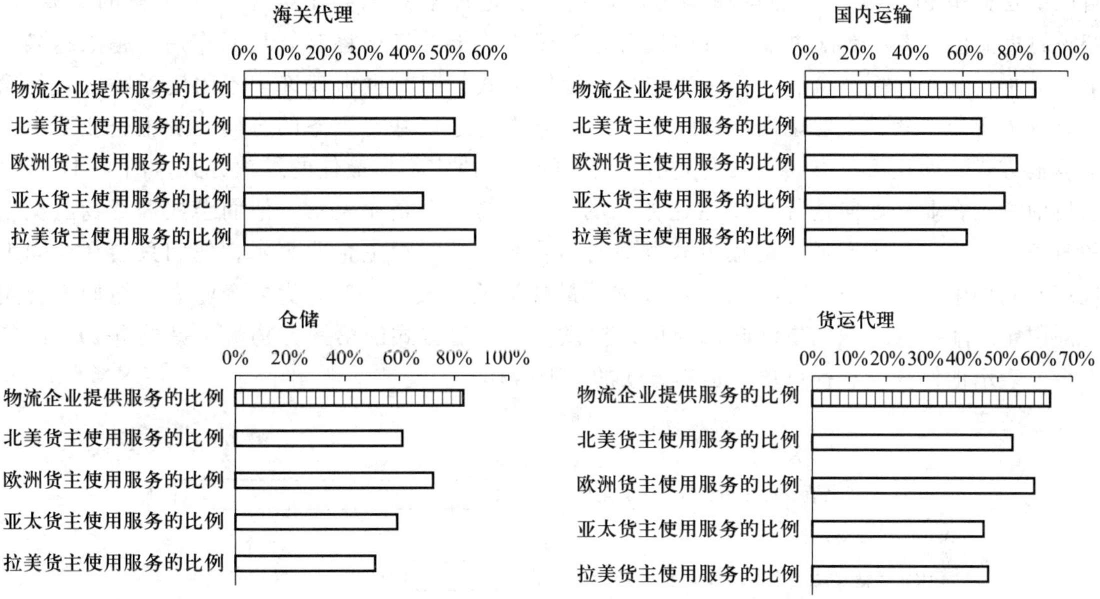

图 4-10　全球各地区货主企业外包的代表性传统物流服务

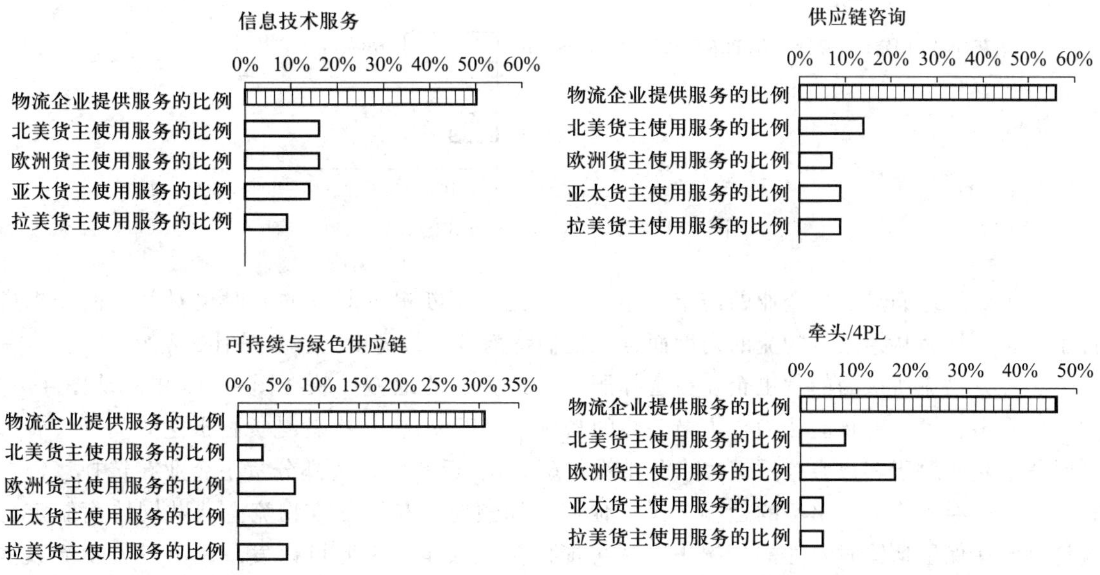

图 4-11　全球各地区货主企业外包的代表性高端物流服务

保留固定的几家第三方物流，这说明货主企业和第三方物流正逐步建立稳定的战略联盟关系。

另外，随着最后一公里需求变得更加多样化，电子商务的蓬勃发展，顾客和货主都希望货物能够运送得更快，对于第三方物流而言，保证物流的时效性变得更加具有挑战。越来越多的第三方物流开始注重自己的运输网络优化，也有第三方物流企业通过兼并和合并来扩大自己的运输范围提升自己的运输能力。货主企业也逐渐意识到了数据对于决策的重要性，93%的货主企业表示数据决策支持的提升，对于供应链的发展将起到重要作用。越来越多的第三方物流利用数据整合和分析来决定最佳运输方式，同时也出现许多不固定运输方式的第三方物流企业；货主企业也逐步青睐于和第三方物流签订基于服务的合同，货主企业不再指定运输方式，而让第三方物流根据成本和他们的需求决定货物最佳的运输方式。图 4-12 展示了目前货主企业是如何选择货物运输方式的。55%的货主企业表示，他们会根据货物的类型和第三方物流一起决定最佳运输方式并签订合同；16%的货主企业表示，他们只会在合同上规定时间期限，而让第三方物流决定货物的最佳运输方式；16%的货主企业表示他们不会用合同限定运输方式，他们更倾向选择可以提供多种运输方式的第三方物流；另外有 21%的货主企业表示他们只会和提供单一运输方式的企业合作。

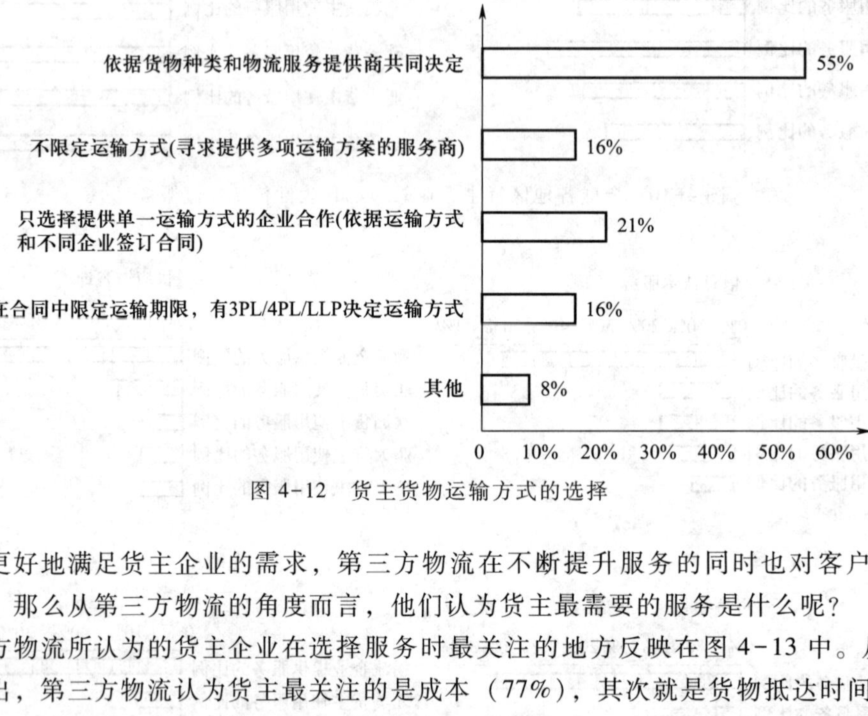

图 4-12　货主货物运输方式的选择

为了更好地满足货主企业的需求，第三方物流在不断提升服务的同时也对客户的需求进行了分析。那么从第三方物流的角度而言，他们认为货主最需要的服务是什么呢？

第三方物流所认为的货主企业在选择服务时最关注的地方反映在图 4-13 中。从图 4-13 中可以看出，第三方物流认为货主最关注的是成本（77%），其次就是货物抵达时间（75%）；同时货主企业对于客户服务反馈也十分重视（63%）。近几年，大部分货主企业在选择运输方式的时候已经不拘泥于单一的运输方式，他们更加倾向于和第三方物流企业共同协商制定运输计划，在保证运输时效性的情况下，尽可能的降低成本；由此可以发现，第三方物流数据分析和运输网络优化能力对于第三方物流与货主企业的联动发展起到至关重要的作用。

3. 货主需要的 IT 服务与第三方物流提供的 IT 服务

随着技术的进步以及时代的发展，第三方物流已经逐步意识到能够为客户创造价值，能够为货主提供基于 IT 技术的服务，是提升行业竞争力的重要途径。图 4-14 展示了货主需要的 IT 服务。但是往往第三方物流提供的 IT 的服务不能很好地满足货主的需求，图 4-15 反映了 2002 年至 2016 年这一“需求—供给”差距的变化情况。从图 4-15 中可以看出，2002 年至 2016 年十四年间，需要第三方物流提供 IT 服务的货主比例一直很高（90%左右），对第三方

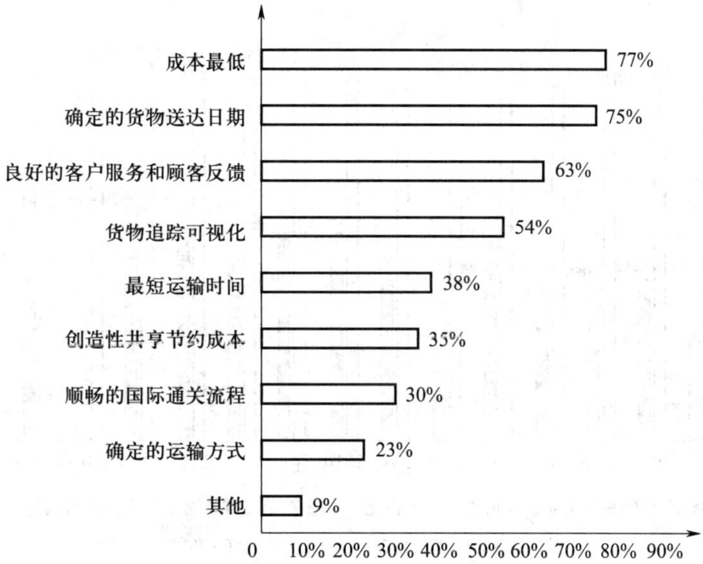

图 4-13　第三方物流认为货主企业关注的重点

物流提供的 IT 服务满意的货主正在逐年增加。虽然两者比例一直存在一定“差距”，但是从 2002 年 62%的差距到 2016 年的 26%的差距，可以看出“差距”呈现出逐年缩小并趋于稳定

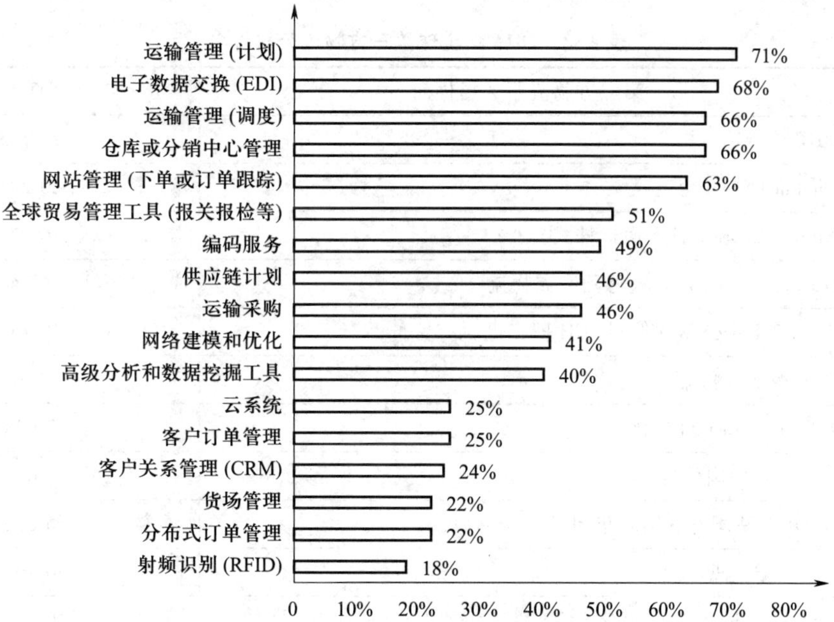

图 4-14　货主需要的信息技术服务

的趋势，第三方物流在逐步提升自己以满足客户的需求。这也说明第三方物流企业与货主企业在高端物流服务层面的联动有逐年改善和提升的趋势。

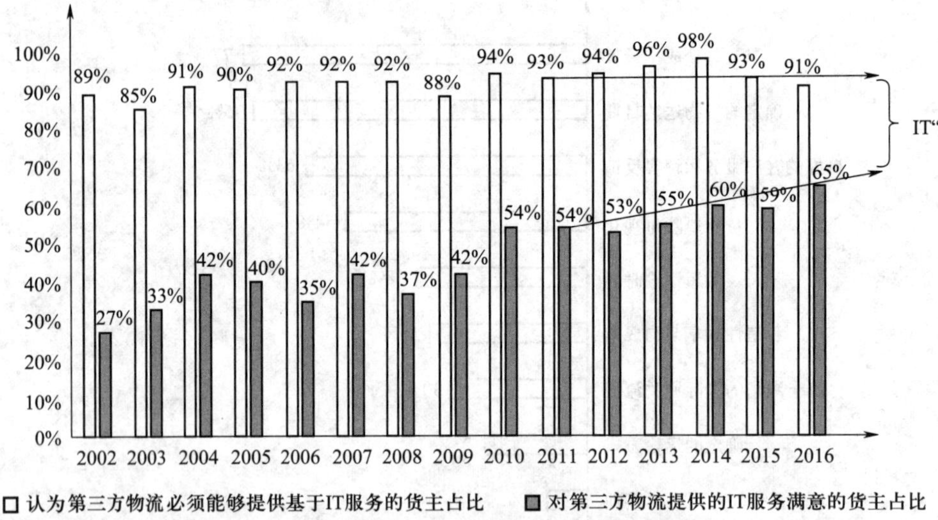

图 4-15 货主企业需要和第三方物流提供的 IT 服务“差距”

六、全球第三方物流公司排名及国际物流绩效

1. 全球第三方物流公司排名

表 4-3 是全球第三方物流企业排名前 50 的公司及它们 2016 年营收情况。

表 4-3 2016 年全球第三方物流公司排名

排　名	第三方物流服务提供商	营收（百万美元）
1	DHL 敦豪	26 105
2	Kuehne+Nagel 德迅	20 294
3	Nippon Express 日本通运株式会社	16 976
4	DB Schenker Logistics 德国辛克物流	16 746
5	C. H. Robinson Worldwide CH 罗宾逊	13 144
6	DSV 德斯威物流	10 073
7	XPO Logistics XPO 物流	8 638
8	Sinotrans 中国外运	7 046
9	GEODIS 法国乔达国际集团	6 830
10	UPS 联合包裹服务	6 793
11	CEVA Logistics 基华物流	6 646
12	DACHSER 德国超捷	6 320
13	Hitachi Transport System 日立物流	6 273
14	J. B. Hunt JB 亨特	6 181

续表

排　名	第三方物流服务提供商	营收（百万美元）
15	Expeditors 康捷空	6 098
16	Toll Group 澳大利亚 Toll 公司	5 822
17	Panalpina 泛亚班拿物流	5 276
18	GEFCO 捷富凯	4 800
19	Bolloré Logistics 波洛莱	4 670
20	Kintetsu World Express 近铁国际货运	4 373
21	Yusen Logistics 日邮物流	4 169
22	CJ korea express CJ 大韩通运	3 808
23	Burris Logistics 伯里斯物流	3 629
24	Agility 亚致力	3 576
25	Hub Group 美国中心集团	3 573
26	Hellmann Worldwide Logistics 海尔曼	3 443
27	IMPERIAL Logistics 茂霖运通	3 352
28	Kerry Logistics 嘉里物流	3 097
29	FedEx 联邦快递	2 916
30	Ryder Supply Chain Solutions 莱德供应链	2 659
31	Damco 丹马士	2 500
32	Coyote Logistics 丛林狼物流	2 360
33	Total Quality Logistics	2 321
34	Sankyu 山九	2 275
35	Schneider Logistics&Dedicated 施耐德物流	2 063
36	Echo Global Logistics 回声全球物流	1 716
37	Transportation Insight	1 710
38	NNR Global Logistics 西铁全球物流	1 676
39	Landstar	1 632
40	Mainfreight 迈辉国际物流	1 627
41	APL Logistics 美集物流	1 620
42	Transplace	1 620
43	Arvato 欧唯特集团	1 615

续表

排　名	第三方物流服务提供商	营收（百万美元）
44	Americold 美冷	1 555
45	Fiege 飞格集团	1 550
46	Wincanton 温馨物流	1 516
47	Penske Logistics 美国潘世奇物流公司	1 500
48	Swift Transportation 斯威夫特运输公司	1 431
49	Groupe CAT 法国彼得卡特物流	1 328
50	NFI	1 250

数据来源：Armstrong & Associates Inc.

2. 世界银行国际物流绩效指数（LPI）

世界银行为了帮助国际贸易物流欠发达的国家改进物流效率，对全球各国（地区）的物流绩效进行了研究与比较，以便为国际贸易物流相对落后的国家（地区）提供标杆比较与改革的指导。其中世界银行 2007 年首次发布了物流绩效指数（Logistics Performance Index, LPI），并于 2010 年发布了改进后的 LPI，之后每两年发布一次 LPI 报告，最新的一期是《2016 年联结以竞争：全球经济中的贸易物流》。

2007 年由世界银行国际贸易运输部负责组织，芬兰 Turku 经济学院、全球快递协会（GEA）、国际货运代理联合会（FIATA）积极参与了一项不同国家（地区）物流绩效的调查，第一次提出了物流绩效指数（LPI）的概念（见图 4-16）。2016 年发表的物流绩效指数（LPI）在 2007 年的基础上，给出了衡量供应链绩效的综合框架体系，包括海关通关效率、贸易与运输相关基础设施、获得竞争性价格货运的便利性、物流能力及物流服务质量、跟踪及反馈货物信息的能力和货物在预定或预期时间到达收货人的频率（见图 4-17）。

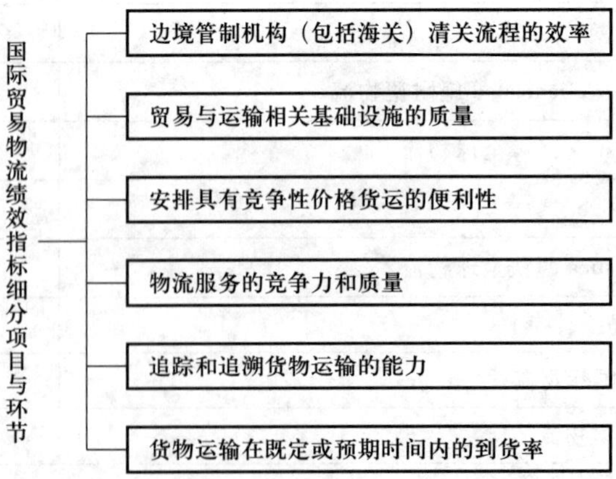

图 4-16　国际物流绩效指标（LPI）与细分指标的构成（2007）

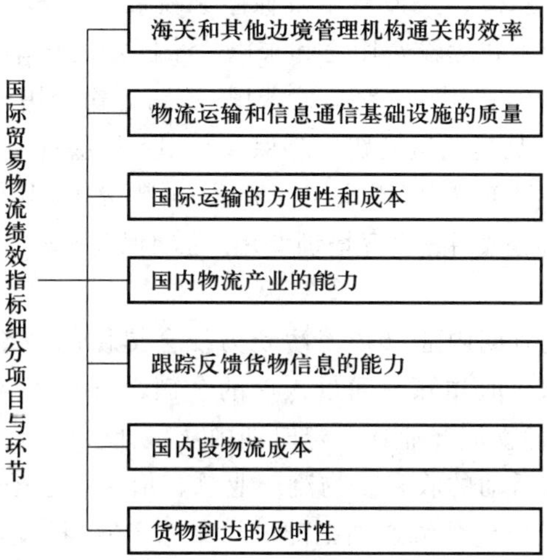

图 4-17　国际贸易物流绩效指标（LPI）与细分指标的构成（2016）

第二节　我国物流产业发展分析

本节分析我国物流产业发展状况，分两部分进行分析。第一部分是根据我国物流产业的相关宏观统计与数据，分析物流产业的宏观状态。在第二部分，分析我国第三方物流的发展趋势。

一、我国物流产业总体状况分析

1. 现有统计指标

目前我国统计发布的可以代表物流产业规模的有以下三个统计量：

（1）社会物流总额。

它是指在报告期内，初次进入物流领域，通过物流服务，已经或正在送达最终用户的全部商品的价值总量。按照物流对象的用途和特点，社会物流总额包括 5 个方面：① 进入需求领域的农产品物流总额；② 进入需求领域的工业品物流总额；③ 外部流入货物物流总额（包括我国海关进口总额和从区域外流入的物品总额）；④ 进入需求领域的再生资源物流总额；⑤ 单位与居民物品物流总额。社会物流总额在很大程度上决定社会物流产业活动的规模，是一定时期内全部社会物流活动的最终结果，在物流产业统计基础十分薄弱的情况下，社会物流总额这一指标具有十分重要的意义，它的增长变化一定程度上反映物流需求的增长变化。

（2）社会物流总费用。

它是指在报告期内，国民经济各方面用于社会物流活动的各项费用支出。包括：支付给运输、储存、装卸搬运、包装、流通加工、配送、信息处理等各个物流环节的费用；应承担的物品在物流期间发生的损耗；社会物流活动中因资金占用而应承担的利息支出，社会物流活动中发生的管理费用等。社会物流总费用划分为运输费用、保管费用、管理费用三大部分核算。运输费用包括各种运输方式的直接费用及与之相关的费用。保管费用指花费在保存货物的费用，除了包括仓储、残损、人力费用及保险和税收费用外，还包括库存占压资金的利息。管理费用一般按保管费用和运输费用之和乘以一个固定的比率来计算。物流费用=运输费用+保管费用+管理费用。运输费用=铁路运输费用+道路运输费用+水上运输费用+航空运输费用+管道运输费用+装卸搬运及其他运输费用。保管费用=利息费用+仓储费用+保险费用+损耗费用+信息及相关服务费用+配送费用+流通加工费用+包装费用+其他保管费用。管理费用=管理人员的报酬+职工福利+办公费用+教育培训费用+劳动保险+车船使用费等管理费用。

（3）物流产业增加值。

它是指物流产业在一定时期内通过物流活动为社会提供的最终成果的货币表现。物流产业增加值等于物流产业的总产值扣除中间投入后的余额，反映了物流产业对国内生产总值的贡献。（物流产业总产值是指物流产业在一定时期内从事社会物流活动总成果的货币表现，即物流产业在一定时期内物流活动的收入。物流产业总产值=交通运输业物流总产值+仓储业物流总产值+邮政业物流总产值+包装流通加工配送物流总产值+批发业物流总产值）。

社会物流总额从货物的价值角度反映物流产业的规模。社会物流总费用从全社会花费的物流费用（运输成本、保管成本、管理成本）反映物流产业的规模。物流产业增加值反映物流产业对国内生产总值的贡献。这三个指标从不同角度反映我国物流产业的规模。但是还存在一定局限性，比如：社会物流总额反映的是物品的价值，物品价值并不一定反映出物流量的大小。而社会物流费用只是包含了传统物流的费用（成本），并没有包含高端物流服务的费用（成本），如供应链咨询、整合管理服务、信息技术服务等。

2. 规模与增长情况

（1）社会物流总额。

2016 年全国社会物流总额增速继续呈现趋缓态势。全社会物流总额 228.1 万亿元，按可比价格计算，同比增长 6.1%。增速提升 0.3 个百分比。从社会物流总额的构成看，2016 年工业品物流总额仍然是社会物流总额重要的组成部分，为 214 万亿万元。进口货物总额为 10.5 万亿元，农产品物流等为 3.6 万亿元。2009—2016 年社会物流总额构成情况如表 4-4 所示。

表 4-4　2009—2016 年社会物流总额构成情况（单位：万亿元）

年　份	工业品物流		进口货物物流		农产品物流等		合　计	
	绝对值	比重（%）	绝对值	比重（%）	绝对值	比重（%）	绝对值	比重（%）
2009	87.4	90.4	6.9	7.1	2.4	2.5	96.7	100.0
2010	113.1	90.2	9.4	7.5	2.9	2.3	125.4	100.0
2011	143.6	90.2	11.2	7.1	3.6	2.7	158.4	100.0
2012	162.0	91.4	11.5	6.5	3.8	2.1	177.3	100.0
2013	181.5	91.8	12.1	6.1	4.2	2.1	197.8	100.0
2014	196.9	92.2	12.0	5.6	4.6	2.2	213.5	100.0
2015	204.0	93.6	10.4	4.8	3.5	1.6	219.2	100.0
2016	214.0	93.8	10.5	4.6	3.6	1.6	228.1	100.0

资料来源：国家发展改革委、国家统计局、中国物流与采购联合会《全国物流运行情况通报》（2006—2016 年）。

（2）社会物流总费用。

2016 年，全国社会物流总费用为 11.1 万亿元，较 2015 年增长 2.7%，增速比上年回落 0.1 个百分点。社会物流总费用与 GDP 的比率为 14.9%，比 2015 年下降 1.2 个百分点。社会物流总费用与 GDP 的比率的变化一方面受货运量、货运周转量及 GDP 数据调整的影响，一方面也是我国经济结构变化的结果。2006—2016 年全国社会物流总费用及增速情况如表 4-5 所示。

表 4-5　2006—2016 年全国社会物流总费用及增速情况

年　　份	社会物流总费用（万亿元）	比上年增长（%）	占 GDP 比重（%）
2006	3.8	13.5	18.3
2007	4.5	18.2	18.4
2008	5.5	16.2	18.1
2009	6.1	7.2	18.1
2010	7.1	16.7	17.8
2011	8.4	18.5	17.8
2012	9.4	11.4	18.0
2013	10.2	9.3	16.9
2014	10.6	6.9	16.6
2015	10.9	2.8	16.1
2016	11.1	2.7	14.9

资料来源：国家发展改革委、国家统计局、中国物流与采购联合会《全国物流运行情况通报》（2006—2016 年）。

从社会物流总费用构成看，运输费用、保管费用和管理费用，2016 年较 2015 年均有一定幅度的增长，如表 4-6 所示，但是三项费用的比重较 2006 年变化不大。其中，运输费用仍是社会物流总费用中最主要的组成部分，占比达到 54%，如图 4-18 所示。

表 4-6　2016 年全国社会物流总费用构成情况

指　　标	绝对值（万亿元）	比上年增长（%）	比重（%）
社会物流总费用	11.1	2.9	100
其中：运输费用	6	3.3	54
保管费用	3.7	1.3	33.33
管理费用	1.4	5.6	12.61

资料来源：国家发展改革委、国家统计局、中国物流与采购联合会《2016 年全国物流运行情况通报》。

（3）物流产业增加值

2014 年，全国物流产业增加值为 3.5 万亿元，同比增长 9.5%。其中，交通运输业增加值为 2.4 万亿元，同比增长 8.3%，贸易物流业增加值 6 781 亿元，同比增长 7.9%，仓储业和邮

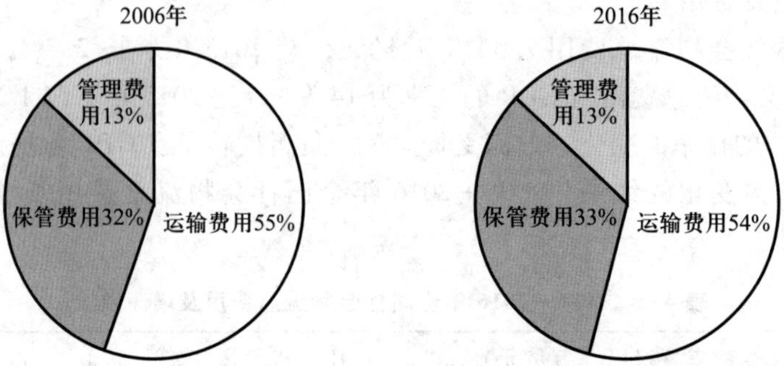

图 4-18　2006 年和 2016 年全国社会物流总费用构成情况对比

政物流业增加值分别增长 4.8%和 35.6%。2006—2014 年全国物流业增加值及增速情况如表 4-7 所示。

表 4-7　2006—2014 年全国物流产业增加值及增速情况

年　份	物流业增加值（万亿元）	比上年增长（%）
2006	1.4	12.5
2007	1.7	20.3
2008	2.0	15.4
2009	2.3	7.3
2010	2.7	13.1
2011	3.2	13.9
2012	3.5	9.1
2013	3.9	8.5
2014	3.5	9.5

资料来源：国家发展改革委、国家统计局、中国物流与采购联合会《全国物流运行情况通报》（2006—2014 年）。

（4）物流产业效率

社会物流总费用占 GDP 的比重，在一定程度上可以反映我国物流产业的效率，比重越高效率越低。图 4-19 展示了 2006—2016 年我国物流产业效率变化情况（社会物流总费用占 GDP 比重）。我国社会物流总费用呈逐年增加的趋势，但是社会物流总费用占 GDP 比重近三年有下降趋势，说明我国物流业的发展水平在逐步提高。

（5）我国排名前五十物流企业分析

根据中国物流与采购联合会发布的“2016 年度中国物流企业 50 强排名”，可以看出我国物流 50 强企业主要分布在华北、华东地区，其中北京、河北和江苏上榜企业最多，东北地区、华中地区以及华南地区的上榜企业较少。从企业性质来看，国有物流企业从收入到数量仍占主导地位，50 家企业中有 37 家企业为国有企业。

二、我国第三方物流发展展望

经济新常态下中国经济发展结构调整将逐步深化，电商化将逐步渗透到经济发展的各个

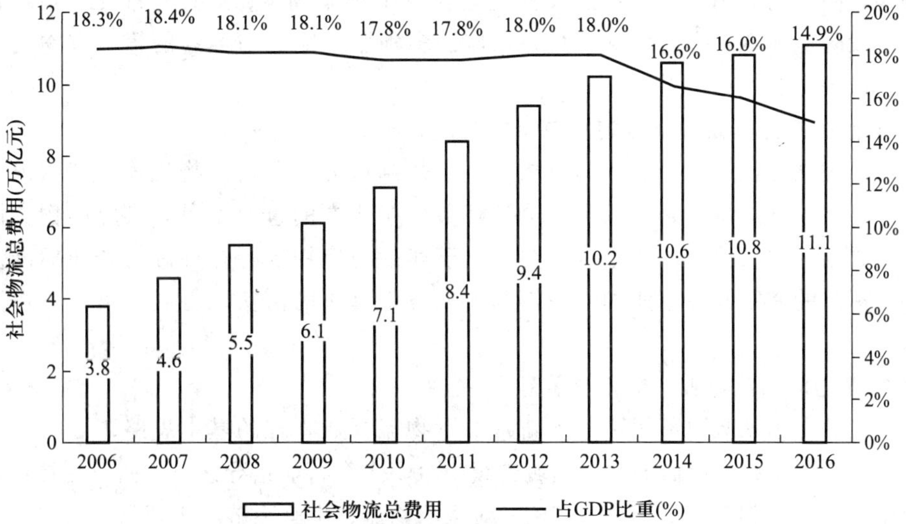

图 4-19　2006—2016 年社会物流总费用占 GDP 比重变化图

层次，互联网技术和其催生的新物流需求将深刻地影响着供应链的变化与调整，与供应链如影随行的第三方物流服务进入快速调整与变革新时期。根据中国物流与采购联合会《中国物流发展报告》（2014—2015 年）：

1. 第三方物流的生态环境变化促使第三方物流服务变革

电子商务在终端销售领域爆发性增长的大趋势下，2015 年将逐步延伸影响到第三方物流服务领域，需求的改变，快递快运、专线联盟也开始抢占第三方物流市场，第三方物流服务企业上受到客户需求变化的压力，下受到供应商抢占市场的挤压，第三方物流与传统快递、快运的界线将模糊。快运、快递等社会物流服务企业通过大客户策略凭借基础物流服务优势开始进入第三方物流市场，第三方物流企业也将通过自有大客户资源为基础向社会物流平台发展，新的物流服务格局将逐步产生。同时，企业通过资本的介入，兼并重组，集中度将有所提升，第三方物流服务将向平台化和专业化两个方向发展。

2. 大型制造企业集团跨供应链一体化运营将成为常态

市场竞争的加剧与商业模式的变革，促使多元化的大型集团企业越来越重视供应链一体化运营，通过对集团内多个产业板块的供应链协同，从优化采购计划、集中采购、仓储协同、供应商管理库存（VMI）、集中运输、循环配送、线边协同等方式或运作模式，扁平供应链，减少环节，协同供应链运行，减少供应链渠道库存，加快库存周转，实现跨供应链的优化。由于客户跨供应链整合需求的出现，物流企业的供应链优化将从第一阶段和第二阶段独立的供应链优化，向第三阶段跨供应链优化方向发展。第三方物流企业必须适应跨供应链协同的需求，提升信息化、标准化、柔性化、个性化的服务能力及供应链物流解决方案服务能力，满足客户跨供应链服务的需求。

3. 供应链服务外包需求从简单物流向高层次快速发展

随着竞争从独立企业竞争走向供应链竞争，供应链协同越来越被供应链上的相关企业所共同关注，经营独立的第三方物流服务企业在供应链协同中扮演更重要的角色，解决跨企业的优化问题，制造与分销企业则更加关注优化与控制物流成本，通过标准化、精益化、信息化运营等手段降低成本、提高效率。具备供应链多种服务能力与经验的第三方物流服务企业将有更多的市场机会。

4. 标准化将成为提高供应链物流效率的关键之一

在供应链优化已经进入深层次的时候，无论是制造分销业还是物流业，都意识到标准化是降低行业物流成本，特别是降低各个物流环节衔接成本的重要手段。供应链物流标准化工作重点是从原则与框架性的国家标准向更偏重于实际与应用的行业标准与企业标准发展。参与各种层次标准的制定并在企业的供应链物流服务中真正的落实，将成为第三方物流企业的重要战略之一。

5. 国家强化对物流行业的规范化管理

十八大之后，国家政府部门调整了新常态下物流行业管理的基本思路，近期各部委在同城配送、电子商务、跨境电商等各个领域连续出台了多个行业指导意见，同时在社会诚信建设方面不断加大力度，伴随新版 GSP 的实施，对医药物流、生鲜冷链等于药品食品安全紧密相关的行业加强监管。今后政府将进一步简政放权，加强行业监管和行业发展的指导与支持。给第三方物流企业创造了良好的经营环境，第三方物流企业需要抓住机会，适应形势，规范发展。

6. 先进物流技术与装备将快速发展

随着中国经济结构调整的深入，人力资源等成本将持续上升，物流企业减员增效，提高劳动生产率的意愿日益增强，先进物流技术装备将出现大幅增长。物流运营将向智能化方向发展，包括储位优化、配送线路优化、装载优化、库存分布决策、分布式订单优化、柔性供应链服务体系等。京东商城的“亚洲一号”成为大订单量、爆发性波动、单品拣选、快速响应、高效高速的电商仓储分拣系统标杆。九州通的自动化药品分拣仓储系统为医药专业物流的自动化运营创造了样板。各种高效率的自动、半自动分拣设施在物流行业快速应用，并从自动化向智慧化快速发展，物联网技术渗入到物流操作的各个环节，实现供应链全程的可视化、可控化，大幅提高供应链物流的效率。中国物流先进装备制造业将伴随物流业发展而共同成长。

7. “互联网+”趋势下，物流信息化、自动化程度将进一步提升

在互联网大潮冲击下，供应链结构开始调整，以客户为中心、扁平化趋势开始显现，信息化和自动化成为供应链优化的两个重要抓手，目的是实现全链条的可视化、可追溯。大数据、云计算、智能化、模块化、集成化、平台化技术与模式的应用将打造一个新的供应链物流生态体系，为供应链上下游企业、政府监管部门、企业经营管理提供高效、便捷、齐全的云服务。中小型企业更多地选择 SaaS 模式的云服务系统，在提升信息化能力的同时，为平台汇总了大数据，提升了价值。在制造业供应链物流服务的过程中，外资企业也开始改变不与中国物流企业信息对接的固有观念，开始制定包含严格的网络安全准入制度的供应链信息化 EDI 对接计划。

新常态奠定了中国经济发展的基本格局，“互联网+”成为供应链物流进步的利器，人才需求、技术需求、装备需求、管理需求将伴随中国经济发展结构的变化而快速增加，中国第三方物流企业发展变革的新机遇来了。

8. **第三方物流市场逐步细分，中小型第三方物流企业向优势专业转变**

随着中国经济快速发展，过去以大客户为核心的第三方物流服务市场将逐步向新兴市场发展，特别是农村物流（包括生产资料、生活资料与农产品物流）、伴随电子商务日渐兴起的社区物流、专业的冷链宅配物流、基于第三产业的服务型物流、专业的危险化学品、医药、医疗器械物流等都将伴随产业的发展和国家管理政策的调整而出现很多新兴市场，培育出专业性的第三方物流企业群体。第三方物流服务以中小物流企业为主的格局不会改变。

9. **物流企业经营环境仍然严峻**

由于物流业的跨行业、全流程的特点，面对我国条块管理的格局，国家层面的《物流业调整和振兴规划》、“物流国九条”等重大政策也面临执行难的现状。在物流行业发展面临的原有问题未能解决的基础上，还要面临“营改增”短时期的影响，各种资源性成本继续上升、物流资源日趋紧缺、物流运作方式大多还是粗放式、物流服务的附加值仍然不高、人才短缺、技术应用水平参差不齐、行业诚信不足、环境负担沉重、资金紧缺等一系列难题，市场依然存在下行压力。2014 年中国物流企业经营环境严峻，将促进第三方物流企业加快转型、变革与调整。同时由于物流成本的持续上涨将会传导至整个经济链条，导致经济社会运行成本继续上升。

10. **资本开始关注第三方物流企业**

在过去的几年里，资本所关注的大部分是成长迅速，具有垄断市场的趋势和具备独特商业模式的快运、快递等社会型物流服务企业，第三方物流企业由于成长性不及社会物流服务企业而受关注不多。2014 年，中国经济结构进入快速调整阶段，第三方物流面对客户的调整将有更多创新与优化。同时，针对中小型企业新三板的开闸，将进一步促进资本对第三方物流企业的关注。

我国第三方物流的发展由于受到发展时间不长，企业层面的创新能力不足，行业层面的市场化程度、诚信体系建设滞后等因素影响，还有较长的路要走。

在第三方物流提供者与使用者的相互关系、合同形式、采用的技术等方面，需要进一步提升。

第三节　国内外第三方物流行业的经验与借鉴

在欧美等发达国家，第三方物流已经发展了 30 多年的历史，我国第三方物流的发展也有近 20 年的历史，在第三方物流提供者与使用者的相互关系、合同形式、采用的技术等方面已经积累了一些的经验，这对规划和开展物流服务项目有很大的借鉴与帮助。

一、相互关系不同于传统的运输仓储服务

（一）物流服务提供者与使用者所有层次间沟通的改进

缺乏沟通是和使用者之间建立紧密关系的主要障碍。物流供应商常常抱怨得不到有关中短期的客户业务模式改变或长期战略发展的信息。而客户经常抱怨得不到有关系统出了问题时的及时信息。提供者与使用者建立健康与长期关系是基于密集的信息。信息要在两个组织的管理层之间进行不同层次的流动，就必须与每个公司垂直沟通相结合，以保证对关系认识

的一致性。

（二）物流服务提供者在设计客户物流系统中的积极参与

许多制造商正使用开放式的“表现”规范采购零部件，取代传统的根据“设计规范”采购。设计规范详细规定各项要求，开放式的“表现”规范仅仅给出总的框架要求，给供应商较大的创新空间以利于经济有效地开发符合客户要求的部件。

在物流服务采购上，发生了同样的趋势。公司物流外部化中，物流系统的设计体现在合同中已非常普遍。另外，使用合同物流的原因之一是获得专业技能，毫无疑问，物流服务使用者应该在确定物流战略时寻求物流公司的建议。外部合同方比内部的物流经理能更加客观地看待公司的物流系统。

（三）对长期伙伴关系发展的更加重视

与物流供应商发展长期伙伴关系很重要。这类关系中，有相当部分已被建立起来并发展成物流合同的正式条款。这类关系在专一服务于一家客户的情况下，更易建立。当物流能力分享给几家客户时，有时会有客户冲突。专一关系虽然能保证服务质量，但弱化了供应商传统的作用，即通过集合多个客户业务而降低单位成本。许多工商企业愿意付出较高的成本以取得专一性的服务，以保持较高控制程度与服务水平。

（四）联合创新

对物流服务供应的使用者的调查显示，对服务标准与作业效率基本满意，但是对创新与主动建议方面还不够满意。物流合同商也必须具有创新的自由，许多物流服务提供者抱怨得不到创新自由，因为合同已严格规定了有关条款。健康的长期关系需要双方的新思想与新观点及双方共同的创新意愿。战略层次的对话与共享预测，可以使合同商更为主动。合同商如果既具备对物流业发展趋势的知识，又了解客户的物流运作，则处于一个进行当前业务专业性建设的最佳位置。

（五）相互依赖的程度的改变

在客户与供应商相互依赖时，紧密与合作型关系更有发展的可能。传统上发货人认为它们对承运人的依赖性不大。这反映了发货人对公路运输市场的观点，即公路运输是买方市场，运输业务可以在短期以很低的成本在不同承运人之间转移。物流服务外部化，并集中于很少数量的合同商增加了客户的依赖性，使它更难以断绝与合同商之间的关系，起码在短期是困难的。

二、建立全新的合同关系

（一）物流服务以合同形式采购的比例增加

运输与仓储服务传统上以交易基础进行。这些服务相当标准化，并以最低价格购买。公路运输行业的分散与竞争，使行业中拥有众多小型承运人提供低价服务。以此种方式购买运输服务有很大的缺点，它需要日常接触大量的独立承运人，使交易成本上升，并使高质量送达服务遇到困难。即使在这种市场上，企业也必须固定地使用相对稳定的几家运输承运人以减少麻烦。甚至在无正规合同的情况下，制造商也表现出对特定承运人的“忠诚”。当货主有一些特殊要求需要一些定制的服务并对承运人的投资有部分参与时，它们必须准备建立长期合同关系。当承运人专一服务于特定货主时，合同最好能覆盖至少是车辆生命期的长度。

（二）合同方数量减少

在欧美发达国家，无论在交易型市场（短期、不固定）或合同物流服务市场，单个企业采用合同的平均数已减少。以这种方式采购物流服务使双方都能减少交易成本和提高服务标准。

（三）更严格的合同方的选择

有多项研究表明，过去许多公司选择运输方式或承运人时并不全面考虑所有的选择可能。这种选择程序的缺陷可部分解释为运输支出在许多公司的总支出中并不显著，并且不同运输公司之间服务质量差别不大。现在，既然公司已把许多与物流相关的服务外部化，这些服务的外部支出在公司预算中开始凸显出来。这一现象加上对服务质量的重视、减少承运人及采用合同关系，使得对承运人的选择变成一件重要的决策，需要对市场更全面的评价和采用更正规的选择程序。

（四）合同条款更加详细

许多早期物流服务合同起初的条款并不详细，这导致了许多误解与不满意。合同商与客户都从经验中学到了东西，现在不太容易犯早期的错误。对物流合同中应该注意的事项也已有了相当详细的清单。近期的报告指出，有些公司对合同定得过于详细，以至于过于法律化，而过分依赖标准范本与条款。

三、物流服务技术的充分开发

（一）开发互联网与电子数据交换

许多供应商与客户关系已通过建立互联网或 EDI 联系而得以加强，尤其是合同供应商提供的是综合物流服务。通过使货物通过供应商系统时更可见与透明（每天甚至每小时都可见），互联网或 EDI 增加了客户对合同作业的信心。合同商与客户信息系统的整合，也加强了在它们之间的作业联系，并使双方在短期难以立即中断关系。

（二）物流设备越来越专业化

在运输与物料搬运领域中，技术的发展使对个别公司物流需求特制设备成为可能。这类客户特制设备大大增加了在供应商与客户之间的“关系性合同”，这已是物流行业的老经验了。

（三）评估体系的改进

采用如运送时间、缺货水平、计划执行情况等指标对短期物流合同进行审核，并不能足以提供对长期合同项目的评估。对长期合同项目的评估，应该采用短期/操作性评估与长期/战略性评估相结合的方式。同时，既要考虑可以统计测量的参数，也要考虑统计上较难测量的“满意度”参数。定量与定性方法的结合提供了评估托运人和承运人合作关系的框架。

（四）采用公开式会计

虽然费用收取水平并不是第三方物流服务中的主要争议来源，但是，定价系统的选择会较大地影响合同双方关系的质量与稳定性，尤其是对专一性的服务。物流服务的单一性外协的缺点是无法与其他供应商的价格进行比较的。因此，它们需要经常确认所付出的价格是否得到了应有的服务。越来越多的合同物流供应商通过提供详细的成本，把管理费用单独列出与客户协商，以打消客户的疑问。采用公开式会计与成本加管理费定价的方式增加。公开式会计仅仅在专一的物流服务项目中适用，因为可以把服务于单个客户的成本区别开来。就是在专一服务的情况下，合同双方的冲突也是难以避免的。

第四节　第三方物流创造价值的方法

第三方物流服务要受到被服务的公司或客户的青睐，物流服务提供商必须能提供比客户自己运作更加有效的物流运作，也就是要在客户自己运作的基础上创造出新的价值。第三方物流创造价值的途径可以有以下四个方面：

一、比客户更高的物流活动运作效率

第三方物流公司创造价值的基本途径是达到比客户更高的运作效率，及提供更高的服务成本比。由于第三方物流公司专门从事物流服务，它们拥有完善的设施与设备、熟练的运作技能以及专业化的人才，因此在物流的单项活动（如运输、仓储等）方面具有较高的运作效率。另外，由于采用先进的信息系统，专业物流公司具有较强的协调和沟通能力，这样，就能使物流活动更流畅、更高效地进行。

二、整合客户的运作，取得规模效益

企业内部的物流系统往往只为自己服务，在很多情况下很难达到物尽其用而造成资源的浪费。第三方物流创造增值的另一个方法是引入多客户运作，或者说是在客户中分享资源。例如，整合多客户的仓储或运输网络，使规模效益增加。

三、物流服务资源的横向或纵向的整合

物流服务资源的横向与纵向整合也是创造价值的方法。第三方物流公司不一定亲自参与客户物流的实际运作，它们提供应链解决方案并组织物流作业，具体的单项物流运作则可以分包出去。这样，第三方物流公司和客户本身既能减少固定资产及资金的占用，又能享受规模经济效益带来的成本与服务方面的好处。这种自身无资产而主要以管理外部资源为主的第三方物流服务提供商，为客户创造价值的技能是强有力的信息技术（通信与协调能力）和作业技能。第三方物流公司依靠的是提供供应链解决方案并组织物流作业的能力，而不是亲自运作单项物流功能的能力。横向上，第三方物流服务供应商能够互相合作，扩大为客户提供服务的地域覆盖面；纵向上，可以发展与低层次的物流供应商的合作。

四、深入开发与重组客户的物流

为客户创造价值的最后一条途径，来自第三方物流公司在物流服务方面拥有高水平的运作技能（概念上的技能），它是指将客户业务与整个物流系统综合起来进行分析、设计等的能力。物流服务供应方的员工在物流系统、方案与相关信息系统的工程、开发、重组等方面具有较高水平的概念性知识，他们有能力整合客户的供应链，完成业务流程的重组，从而产生新的价值。第三方物流公司在此过程中所扮演的角色与传统的物流咨询公司有些相似，不同之处在于前者不仅要提出物流解决方案而且要负责方案的实施。供应链整合的实施范围可以

很小，也可以很大。比如，第三方物流公司可以在客户所属供应链的某个节点（例如生产地、组装地）或某个链接（如最后的配送）上对物流进行开发、运作和管理，也可以将范围扩展到几个节点或几个链接，它们甚至还可以对整条供应链的物流活动进行运作、控制与管理。总之，通过供应链整合重组客户的业务流程，使之更具柔性、能够快速响应最终用户的需求，这是第三方物流公司创造价值的又一途径。

第五节　我国“互联网+物流”的发展

一、“互联网+”驱动的“新经济”

1. “互联网+”概念

所谓“互联网+”是指以互联网为主的新一代信息技术（包括移动互联网、云计算、物联网、大数据等）在经济、社会生活各部门的扩散、应用与深度融合的过程。

十二届全国人大三次会上，李克强在政府工作报告中首次提出“互联网+”行动计划。2015年7月，《国务院关于积极推进“互联网+”行动的指导意见》（以下简称《指导意见》）提出“互联网+”行动要求和重点应用领域。《指导意见》中指出，“互联网+”是把互联网的创新成果与经济社会各领域深度融合，推动技术进步、效率提升和组织变革，提升实体经济创新力和生产力，形成更广泛的以互联网为基础设施和以创新要素为驱动的经济社会发展新形态。由此，“互联网+”以一种新的经济形态和国家战略为公众所知并引起国内学术界的广泛重视。

美国早在2003年就将网络安全提升至国家安全的战略高度而制定《国家网络安全战略》，这是世界上较早提出的关于互联网的国家战略。2013年提出的“大数据发展计划”，被视为美国政府继“信息高速公路计划”之后在信息科学领域的又一重大举措。另外英国的《信息经济战略2013》、德国的“工业4.0”等，都是旨在充分发挥信息技术领域的领先优势，利用互联网的先进技术，促进本国各个领域产业升级以及强化新优势。

有学者认为，所谓“互联网+”就是让互联网与传统产业结合，依托互联网将原本孤立的各传统产业相连，通过大数据完成行业间的信息交换，同时又以云计算作为大数据分析处理技术的核心原理，借助互联网思维的颠覆性创新，实现经济社会新的发展形态。

政府工作报告指出，“互联网+”行动计划中，移动互联网、云计算、大数据和物联网是关键性的技术推动要素，而在《互联网进化论》一书中提出“互联网的未来功能和结构将与人类大脑高度相似，也将具备互联网虚拟感觉、虚拟运动、虚拟中枢、虚拟记忆神经系统”。物联网作为新一代信息技术的重要组成部分，是互联网的感觉和神经系统，负责数据的采集和整理；大数据则代表了互联网庞大的数据海洋，是互联网意识来源的基础；而云计算则是互联网的中枢系统，通过对海量数据的处理，达到对外界条件的反应。物联网和移动互联网源源不断地接受各种数据，为大数据提供了充足的数据来源，而大数据又通过云计算的形式将海量数据进行分析处理，提炼有用信息，它们共同形成完整的互联网系统，在现在和未来社会中扮演着越来越无法替代的角色。

2. “新经济”的动力

2014 年博鳌亚洲论坛年会开幕式上，李克强指出要推动以绿色能源环保、互联网为重要内容的“新经济”发展。2016 年政府工作报告指出，经济发展必然会有新旧动能迭代更替的过程，当传统动能由强变弱时，需要新动能异军突起和传统动能转型，形成新的“双引擎”，才能推动经济持续增长、跃上新台阶。当前我国发展正处于这样一个关键时期，必须培育壮大新动能，加快发展新经济。由此，发展以新技术、新产业、新业态为主要内容的“新经济”已上升为国家战略。

李克强在解读“新经济”时表示，“新经济”的覆盖面很广泛、内涵很丰富，它涉及一、二、三产业，不仅仅是指互联网、物联网、云计算以及电子商务等新兴服务业和新业态，也包括工业当中的智能制造、大规模的定制化生产等，还涉及第一产业中有利于推进适度规模经营的家庭农场、股份合作社，农村一、二、三产融合发展等。从解读中不难看出，政府工作报告中所提出的“新经济”，是结合了我国当下的具体国情提出的具体概念，远远超出了“新经济”最初的定义范畴。

阿里研究院认为经济的动力主要体现为三大源泉：即新基础设施、新生产要素、新结构。其中新基础设施包括云、网、端；新生产要素主要是指大数据；新结构则指的是大规模协作。

（1）新基础设施。基础设施是一个时代经济发展的先行资本，随着社会经济形态从“工业经济”向“信息经济”的转变，基础设施的变化也日益彰显。在当下的数字技术时代，新的基础设施主要以云、网、端为主。“云”主要是指云计算、大数据等互联网技术的基础设施。这些基础设施可以帮助用户以较低的成本，便捷地使用计算资源。“网”主要包括“互联网”和“物联网”。“端”则主要是指移动终端，包括用户直接接触的个人电脑、移动设备、可穿戴设备、传感器等。新信息基础设施对于原有的农业基础设施和工业基础设施而言，并不是替代作用，而是叠加作用。新基础设施与原有基础设施的叠加，可以同时发挥两者的重要作用。

云计算+移动互联网+智能终端构成了新基础设施的最主要部分。“云、网、端”基础设施的建设有利于“互联网+”各项工程的顺利展开。目前，已基本形成云计算、大数据等基础设施强势突破，互联网、物联网基础设施快速渗透，智能终端、APP 软件应用异军突起的新局面。

（2）新生产要素。在当下的数字技术时代，大数据能够在特定的生产活动中创造价值（如业务驱动和未来预测），可以认为大数据已经成为一种像资本和劳动力一样的全新的生产要素。中国工程院院长周济曾表示，云计算和大数据正引领新一轮科技浪潮，大数据已成为与诸多物质资产同样重要的生产要素，为中国经济升级换代带来了机遇与挑战。随着“互联网+”行动计划的提出，大数据逐渐成为一种重要的生产要素，数据资产将成为各类企业的核心竞争力，更多数据将会长期在线存储。大数据蕴藏着丰富的信息和价值，对许多企业来说，如何运用好大数据，发挥数据资产的商业价值，是大数据时代最核心的挑战。

（3）新结构。社会经济的新结构主要体现为大规模协作。传统经济强调价值链上下游分工，新经济结构注重提倡价值网络上的交互与协同；传统经济注重内部研发，新经济强调众包力量；传统经济重视单一领域的精耕细作，新经济讲求跨界的组合创新。因此大规模协作实际上包含了网络协同、众包合作和组合创新这几个方面的内容。新经济体现出的新特征与新内涵与传统经济有着很多的不同之处，因此对传统经济的模式、规制等都形成了强有力的冲击。

二、互联网+物流的机遇与挑战

国家发展改革委2016年7月29日在《“互联网+”高效物流实施意见》中指出要发展：①“互联网+”车货匹配方面。发展公路港等物流信息平台，整合线下物流资源，打造线上线下联动公路港网络，促进车货高效匹配，拓展信用评价、交易结算、融资保险、全程监控等增值服务。组织开展道路货运无车承运人试点，完善相关管理政策，鼓励利用物联网等先进技术优化业务流程，提高物流流程标准化和物流过程可视化水平，促进公路货运的集约化、高效化、规范化发展。②“互联网+”运力优化方面。鼓励企业利用大数据、云计算技术，加强货物流量、流向的预测预警，推进货物智能分仓与库存前置，提高物流链条中不同企业间的协同运作水平，优化货物运输路径，实现对配送场站、运输车辆和人员的精准调度。③“互联网+”运输协同方面。制定出台多式联运发展推进办法，支持多式联运公共信息平台建设，加快不同业务系统之间的对接，推动多式联运信息交换共享。培育多式联运经营主体，在重点领域探索实行“一票到底”的联运服务，研究应用电子运单。探索完善海关多式联运监管模式。④“互联网+”仓储交易方面。鼓励企业依托互联网、物联网等先进信息技术建立全国性或区域性仓储资源网上交易平台，推动仓储资源在线开放和实时交易，整合现有仓储设施资源，提高仓储利用效率，降低企业使用成本。探索建立全国物流金融网上服务平台，完善仓单登记、公示及查询体系，有效防范仓单重复质押等金融风险。⑤“互联网+”物流企业联盟。支持以资源整合、利益共享为核心的物流企业联盟，依托互联网信息技术整合社会分散的运输、仓储、配送等物流业务资源，推动实现合同签订、车辆调度、运费结算等统筹管理，规范运营流程，提高货运组织化水平，提升物流服务能力和效率，带动广大中小企业集约发展。鼓励依托企业联盟的跨区域甩挂运输发展。⑥“互联网+”供应链管理方面。鼓励物流企业依托互联网向供应链上游提供延伸服务，推进物流与制造、商贸、金融等产业互动融合、协同发展。支持供应链管理综合服务商建设智慧供应链服务体系，发展适应“互联网+”大规模定制的智能集成式物流模式，面向小批量、多品种、快速生产、快速交货和连续补货等新需求，提供物流服务解决方案。

王先庆等在《互联网+物流：“互联网+”时代，下一个千亿级“风口”》（人民邮电出版社，2015）一书中，揭示了“互联网+物流”的十大新特征，认为“互联网+”对物流行业来说充满了新的机遇与挑战。一方面，“互联网+物流”为传统物流行业提供了突破式发展的新引擎和新模式；另一方面，如果不能够从发展定位、整合模式、运营体系、品牌塑造及社群整合等诸多层面进行自我重构，物流业就很难站立在“互联网+”的时代风口，借助新时代形势实现行业的跨越发展。王先庆等识别了以下主要特征。

1. 物流节点在线：线下节点全面线上化，线上节点指数级增长

网点（门店、营业部、收货点等）、中转点（分拨中心、园区、仓库、园区等）、车辆（厢式，高栏等多种形式）、人员（销售、收货员、送货员、驾驶员、中间商等）、线路（专线、支线、社区环线等）是传统线下物流的主要节点，也是推动物流转型的关键所在。

“互联网+”的到来以及电子商务的快速发展，必将对这些线下实体节点形成冲击，促使其逐渐向线上、透明化、去中介化、网络化等方向转型，最终实现基于“互联网+”的行业重构。

这一重构过程的最显著表现是，越来越多的线下节点通过多种方式转到线上，在推动线上物流节点趋向多元化的同时，也使得节点数量呈现出指数级增长。这一节点激增趋势主要表现在 4 个方面。

(1) Web 端。通过自建网上营业厅、信息平台、交易平台、运营平台、共享网络，或者依托于电商、营销、商业服务等其他大型平台，实现对物流节点的最大整合。

(2) 移动端。对微博、微信（群）、公众号、网络社区等多种新型媒体进行社会化、移动化、本地化、实时化操作，以整合更多的网络物流资源。

(3) 智能硬件端。将线下节点的操作过程、风险、数据、信息等全面接入手表、电视、跟踪设备等智能终端，以实现物流的智能化管理。

(4) 轻应用。通过整合各类 H5 的场景、应用、平台等内容，降低物流节点的接入门槛，开启更多物流可能，以随心随时融合线下物流体系。

2. 物流多网互联：单一物流网络路更窄，多元网络互通是未来

互联网多元、开放、共享的特征决定了“互联网+”下的物流必然转型多网互联的模式。

从对国内主流互联网网络和物流实体网络的发展状况和商业模式分析可以看出，无论物流整合者想要如何玩转该行业，如果不能实现物流多元网络互通的转向，就无法超越单一网络在资源、地域、人才、资本、信息、数据技术等方面的局限性，也就无法掌控“互联网+”下的物流行业的未来。特别是在国内市场空间广阔、需求多元、地域差异较大的情况下，通过多网互联整合物流大市场就更加必要。

当前越来越多的跨界合作、并购整合、战略合作、抱团合作、加盟共赢、联盟共生、平台共建等现象，正是物流行业借助“互联网+”的便利，向互联互动、共享共生、共谋共赢的综合物流产业网络转型的具体表现。

3. 物流资源众包：多维分享经济互联，进化生态人人众包

“互联网+”的高度开放性、共享性和整合性特征让以往的存量资源有了更多的创造价值的可能性。众包就是这种存量资源优化的最典型模式，也是互联网对传统行业进行改造的核心所在。

具体到物流行业，以往物流模式导致了车辆、人员、社会限制空间等很多存量资源的闲置化和隐性化。“互联网+”下对物流行业的重构必然会对这些存量资源优化利用，实现它们在空间和时间上的价值。这一过程的最典型模式就是“互联网+物流”生态之下的进化与众包。进化主要体现在物流进行的本地化调整策略，以实现适者生存。由于国内市场的地域差异很大，需求呈现多元化特点，使得任何单一的模式都无法完全实现对社会资源的最大整合，满足市场需求。

“互联网+”下的新物流将呈现出多维分享经济互联、进化生态人人众包的特点。具体体现于以下两种趋势。

一是“互联网+物流”将在城镇中显示出无与伦比的优势。众包模式使更多的存量资源（停车场、社会人员等）创造出物流价值，实现了在城镇物流细化情况下，对碎片化的空间、时间等资源的最大优化、整合和利用。

另一方面，广阔的农村地区将成为下一个“互联网+物流”整合的巨大资源库。众包物流模式将开启物流人下乡、乡下人物流的新局面，杂货店、村主任、个体户、创业者等物流领域中特殊的组织形式，则都有可能成为“互联网+物流”的众包者。

4. 物流管理去中心：控制与分布共存，自治文化将颠覆物流组织

互联网将从战略、策略、运营、组织、制度、流程、文化等各个方面变革物流管理，实现控制与分享共存，转向物流管理的去中心化。具体来看，“互联网+物流”对物流管理的重构主要表现以下七点：① 战略上，相比以往单一的长期战略规划，快速应变和灵活调整的持续战略布局，更能顺应“互联网+”下物流快速变革的趋势。② 策略上，由于物流市场的不断扩展和变化，固守原有市场已经无法在行业中获得竞争优势，必须不断拓展市场，树立独特的核心优势。利用互联网新平台整合更多的物流资源，创新更多物流产品。③ 运营上，相比以往物流运营体系，“互联网+”下的物流运营转向了标准化、系统化、动态自管理的弱控制方式。④ 在物流组织方式上，互联网具有的无中心性和无边界性特质，使传统物流层级分工组织不再具有竞争力。随着而来的是能够激发基层活力、快速反应、扁平决策的平台型网络组织方式。⑤ 在制度设计上，基于人们对多元化、个性化消费需求的追逐，“互联网+”下的物流想占有更多的市场和客户，个性化、人性化的制定设计就不可或缺。⑥ 流程上，“互联网+”将以系统化、透明化、协同化为核心准则重构物流流程。⑦ 文化上，自由、民主、个性、共赢、创新、温情等新的文化特征将取代传统的等级关系，从而重塑传统物流的认知模式，构建“互联网+”下物流新的价值取向。

5. 物流自平台涌现：平台经济混沌是常态，催生物流自平台海量来袭

互联网开放共享的平台化特征正在重构这传统行业的平台化转向。具体到物流行业，“互联网+”对传统物流的冲击使物流市场处于高度混沌状态中，每个物流企业都在积极行动和转变中摸索具有优势的物流新模式。

这个过程中，最具吸引力的一个变化是物流自平台的形成和大量涌现。这种自平台融入互联网基因，不依附于任何组织和团队，从小处做起，逐渐演变成一个服务于物流产业链的自平台生态系统，从而以一种全新的方式完成了对传统物流的重构。

借助于互联网思维和手段，利用微信、微博等社会媒介平台，以分享共赢为价值理念，发挥本地属性，自平台将物流融入其他行业之中，从而衍生出“互联网+”下的一种全新的物流商业模式，并使人才、技术、服务等传统物流资源创造出了更多新的市场价值。

同时，这一由自平台衍生出的物流商业模式具有无限的想象力和极大的可塑性。比如，向前可以演变为公司，向后可以演变为团体，向左可以通达多元产业，向右可以开启整合棋局，向上可以服务物流需求方，向下则可以积累终端客户。这些，都将开启国内物流市场的新格局。

6. 物流产品快速迭代：服务产品化常态，产品、速度、精度三剑制胜

“互联网+”对传统物流业的重构不仅体现在对信息流的改变上，更表现在对物流服务形式的变革上。

不论是快递、快运，还是跨界服务或者具体的海陆空实操服务，“互联网+”下新物流的创新，更多的是构建起围绕服务的具有品牌价值的产品，而非单一的服务。这种情况将成为“互联网+”下物流的常态，也促使着物流服务的不断创新与迭代。

因此，物流参与者必须顺应“互联网+”的新形势，将互联网的思维、个性、情怀与创造融入自我变革中，推进服务的产品化转向，塑造出具有品牌价值和竞争力的产品。其中，产品（具有品牌价值）、速度（产品迭代、推广和成长速度）、精度（客户定位、服务内容和对市场变化反应的准确度）是“互联网+”下新物流竞争优势的3个重要支点，也是保证其成功的核心要素。

7. 物流碎片变模块：碎片物流现契机，“互联网+”下的模块整合

电子商务的快速发展扩张满足了多元化、个性化的市场需求，但也使物流行业面临着小货化、碎片化需求的新局面，给诸多物流企业带来了极大困扰，甚至不得不放弃碎片化业务而追求更稳定的业务。

然而，长尾、碎片正是互联网时代市场的需求特征。因此，“互联网+”下的新物流，需要通过对大量长尾信息的整合、分类，进行区别服务。不同于传统物流B2B的服务模式，新的物流模式将是B到C，从店到家、从家到个性。并且，这种新服务模式还将反向倒逼物流在人力配置、流程设计、服务定位、管理规划等环节的重构。

总之，长尾化、碎片化的业务需求对传统物流来说既是一种挑战，更是一个进行自我变革重构的契机。利用互联网平台将碎片化和非计划的业务需求进行匹配、优化、组合，并通过模块整合，以满足市场个性化、多元化的需求。物流参与者只有顺应这种市场变化的趋势，才能创造出更多的利润空间，完成从传统物流向“互联网+物流”的重构和转型。

8. 物流响应全天候：场景物流催生全天候，物流开启永远在线

传统物流夜间服务和场景化服务很少，已越来越无法满足互联网时代市场的个性化、多元化需求。“互联网+”之下的新物流则能够优化整合传统物流的隐形资源，创造出更多的服务价值。

一方面，“互联网+物流”在物流常态化服务之外，还将围绕企业和个人生活进行假日物流、会议物流、旅游物流、礼物物流、到家物流等新的场景化物流服务，以应对市场的多元化、场景化需求对物流服务的新挑战。另一方面，借助于互联网和移动互联网，“互联网+”下的新物流将是一种7×24永远在线、随时随地、随叫随到的服务模式，并能因此产生更多的细分产品，创造更多的物流价值。就当前看，国内已有一些物流企业开始尝试响应全天候的布局模式，以满足越来越多的场景化服务和不间断服务需求。同时，这种趋势也是物流行业发展变革必然选择，是“互联网+”下拓展市场空间、创造更多物流价值的要求。

9. 物流多元无疆：互联网是糖也是毒，扛得住诱惑才赢得了未来

近几年，很多物流企业围绕自身的战略布局进行更多的衍生服务，甚至探索业主之外的二次产业。这种跨界潮流，实质上是物流企业在“互联网+”的推动下进行的一种多元化战略。

只不过，在这个风云变幻的“互联网+”时代下，不论是对于物流企业还是其他行业，跨界行业多元化战略布局未必就是唯一的发展选择。因为跨界布局在分散风险的同时，也分散了有限的精力，使得物流企业无法再将原有的任务产品做到极致，从而失去了更多的获利机会。

总之，互联网是“糖”也是“毒”，扛得住诱惑才赢得了未来。因此，对于“互联网+物流”来说，必须对跨界的利弊有着准确的认识和定位，不盲目跟风，慎重选择物流多元化战略。

10. 物流全程可视：互联网驱动可视化，可视程度仍需考虑物流实际

从初期的订单动态查询、车况查询，到如今的车辆位置、满载率以及交通信息等内容的查询，再到由物流平台变革带来的全流程、全天候、全视角的可视化转变。曾经仅仅作为理论设想的物流可视化，在电子商务和互联网科技的推动下，正在变成现实。

一方面，“互联网+”对物流的重构必将极大地推动物流全程可视化的进程，促进物流企业的快速成长。另一方面，对很多物流参与者特别是中小物流企业和跨物流组织来说，在信息接口的获取、数据的标准化以及物流流程的可视化的范围、内容、频率等方面，仍然任重道远。

诚然，云计算、大数据、移动互联网的发展应用，为“互联网+物流”的全程可视化提供了可能。不过，在操作过程中，物流的可视化程度必须考虑到实际物流参与在安全、利益和服务等方面的诉求。因为对于物流本身来说非透明可视的中间环节和信息往往正是物流的核心价值所在，也是物流服务过程利益交织的焦点。

因此，实现“互联网+”下的物流全程可视化，可取的方式是，因地制宜地从小环节、小范围开始探索，逐步衍生和扩张，可概括为：小起步、大格局、因地益、快迭代、速成长、求共生。

本章小结

本章首先对国内外物流产业的分类与统计作了介绍，目前还没有很完善的关于传统物流产业与高端物流产业的统计。本书给出了以社会物流成本数据代表的全球传统物流产业规模，以及第三方物流营收数据代表的高端物流产业规模的全球物流产业发展情况。全球各地区，包括北美、南美、欧洲、亚太、非洲等地区的传统物流、物流成本占 GDP 比重、高端物流、高端物流占传统物流的比例等发展情况进行了对比。全球第三方物流的发展趋势与第三方物流与货主的货主状态进行介绍。在我国物流产业分析与调研部分，首先介绍了以社会物流总额、社会物流总费用、物流产业增加值为数据的我国物流产业的总体发展状况，以及前 50 的物流企业构成及产业集中度。第三节介绍了国内外第三方物流行业，第四节介绍第三方物流创造价值的方法。第五节介绍我国“互联网+”物流的发展。

关键词

社会物流总成本（费用）(Logistics Cost)
物流绩效指数（Logistics Performance Index）
互联网+（Internet Plus）
快递及包裹（Express and parcel）
货运代理（freight forwarding）
牵头/第四方物流（LLP/4PLservices）
供应链咨询（supply chain consultancy）
直接转运（越库作业）(cross-docking)

复习思考题

1. 全球第三方物流发展有哪些趋势？
2. 讨论我国第三方物流发展的状态。
3. 什么是互联网+物流，我国互联网+物流的机遇与挑战有哪些？
4. 试述欧美等发达国家第三方物流的发展经验哪些方面值得我国借鉴。
5. 简述第三方物流创造价值的方法。

案例一

H家电制造企业采用第三方物流国内外比较

一、公司背景

H公司1911年建于纽约，总部设在密歇根州。该公司在全球120多个国家设有总共600多家分公司和58家制造厂，拥有员工近10万人，产品行销五大洲。在洗衣机和烘干机市场上，H公司分别占有52%和54%的份额；在电冰箱和空调器市场上则分别有27%和20%的份额，年营业额超过250亿美元（1997年4月出版的《美国电器制造商》杂志）。该公司已长期名列在世界500强之列。

H公司一贯注重开拓国际市场。1958年该公司就打入巴西家电市场。1969年通过收购股份的方式进入加拿大家电市场。1976年以同样的方式扩大其在巴西的投资。1986年收购了意大利压缩机制造公司的大部分股份。1988年小型洗衣机进入印度市场。1989年H公司荷兰飞利浦公司成立合资公司，从而打入欧洲市场，并于当年成立了北美家电小组（NAAG）。1990年创建了H公司海外有限公司，负责处理北美洲和欧洲以外地区的产品推销和生产任务。1993年海外有限公司分成两个地区性的组织——H公司亚洲公司和H公司美洲公司。其中H公司亚洲公司的总部设在东京，并在新加坡和中国香港设立分公司。1994年将H公司亚洲公司的总部由日本东京迁往新加坡，并在当年进入中国台湾市场。1995年H公司在俄罗斯开设办事处，在印度成立分公司。

对于中国家电这一庞大的市场，H公司自然不会放过。1995年3月与上海某家电企业合资，投资总额和注册资本为2 950万美元，后增至5 500万美元。经过多年的经营，H公司在中国市场的直接投资已经超过3亿美元，先后投放了洗衣机、冰箱和微波炉三大系列产品。其中洗衣机在上海等大城市成为畅销品牌，微波炉在高档产品市场中占有重要份额，广东某地的微波炉生产基地95%的产品供应海外市场，年出口微波炉达100万台，也使H公司成为中国最大的家电出口企业之一。

H公司在中国已经进入了98个城市，在中国内地15个地区设有办事处，分别是沈阳、北京、天津、济南、西安、南京、上海、武汉、杭州、重庆、成都、长沙、广州、深圳、昆明。

二、激烈的市场竞争提高了H公司与第三方物流合作的战略重要性

处在不同发展阶段企业所关注的问题是不同的。当处在产业高速成长的时期，企业所关注的问题唯有规模与速度；而当产业进入有节制平稳增长的成熟期，企业关注的问题开始转向成本与获利。中国白色电器产品（以大电器为主）产业已经进入成熟阶段。20世纪90年代中期以来，随着产业进入成熟期，产能过剩的竞争压力越来越强，产品的销售费用在不断升高，而有限的市场需求导致产品的价格日益下降。

在中国家电市场上，家电企业间的技术水平与服务水平日益接近，产品的性能质量差别越来越小，成本控制能力成为决定企业竞争力的最重要条件。在这种形势下努力去“发现和开发每一个成本优势的资源”都是值得的。当所有的企业都在为日益增长的成本支出和日益缩小的利润空间所困扰时，在成本构成中占据重要位置的物流开始被提升到战略的高度重新引起企业关注。

对H公司而言，尽快开始提高物流管理水平的工作势在必行。通过与3PL公司合作加强

物流管理只需要企业有限的管理投资，不需要投入大量的资金，是一种见效快、行之有效的节支措施。

三、H公司在中国市场的扩张要求与第三方物流合作更趋完善

作为全球最大的白色家电企业，H公司在中国的市场潜力还很巨大，在H公司产品覆盖的全球170多个国家和地区的市场中，中国是H公司唯一没有投放全系列产品的国家。收购中方股份表明H公司在中国的发展进入了一个新的成长期。H公司（中国）的业务范围无论是在产品种类上，还是在覆盖地域上，都将有很大的发展。相应地，与第三方物流合作的任务也愈发艰巨。

四、H公司在美国与第三方物流合作的经验①

H公司作为全球最大的白色家电制造企业始终在美国和南美市场上占据霸主地位。其庞大的物流配送体系的有效运作，很大程度上要归功于与第三方物流的成功互动合作。

在美国国内，H公司的运输和仓储业务被分为三大块，其中的两部分外包给了赖德公司（Ryder）进行运作，主要是将原材料和零部件运到组装工厂、将产成品运到地区配送中心以及直接将产成品运到大型贸易伙伴处；另一部分被称为“quality express”的业务则外包给了Penske物流公司。美国H公司物流外包方面的成功运作正是源于同以上两家物流公司的联盟关系的建立和彼此间的互动合作。

（一）H公司与赖德公司的物流联盟

H公司的供应商多达700多家，每年运输的原材料和制成品总重量超过25亿磅②，因此改进的余地很大。最重要的是，在制订进货计划时，H公司的11家工厂与在这些工厂之间穿梭往来的卡车没有很好合作。结果，在一天之内，可能就有两辆或更多H公司的卡车停下来装运供应商提供的货物，而其实这些货物可能只需一辆卡车就能满足。H公司在印第安纳州埃文斯尔冰箱厂的采购部经理Thomas Webster说：“简直混乱不堪……工会的各种繁文缛节规定哪些卡车可以向工厂送货，哪些不可以。”H公司认定，由外部第三方物流公司来提供公路运输服务是一个最好的选择。H公司的一位管理人员说：“我们对物流业务并不精通，我们是生产电器的。”H公司开始与计算机服务公司（Computer Services Corp.）的分部克利夫兰咨询公司（Cleverland Consulting Associates）合作，这家公司帮它列出大约15家第三方物流公司的名单，后来又删掉了3个，最后选择了赖德公司，与其签订了5年的合同。

H公司的一位管理人员说，给H公司留下深刻印象的是，赖德公司即使是在投标阶段也坚持要研究H公司的生产和物流活动。他回忆道：“赖德公司是唯一一家想考察不止一家工厂的公司，它也是唯一一家保证能为我们节省开支的公司。”赖德公司在合同中保证，H公司在1994年进货运输方面肯定可以达到一个节省开支的比例目标。如果做不到这一点，差额部分将由它来支付。如果超过了这个目标，并使H公司的赢利超过预定水平，节省的开支将由两家公司平分。

赖德公司很快就在克利夫兰建立了专为H公司服务的物流指挥中心。进行一些研究就会发现，H公司有必要进行重大改革的地方是：它必须打破各工厂间的隔阂。赖德公司的一个专家小组分解并且调整了运输路线，并尽可能地让回程的卡车满载。赖德公司还与H公司以及赖德公司下属的承运商管理系统联网。这一系统可以根据每日的情况将货物分配给一些卡

① lambert，Emmelhainz，Gardner. Building Successful Logistics Partnerships. Journal of Business Logistics，1999，1（20）。
② 1磅=0.453 59千克。

车运输公司中的任何公司承运。

对汽车运输的全面改革仅是开端。赖德公司现在还管理着H公司的仓储业务，克利夫兰物流指挥中心也在收集资料，用来分析供应商的经营情况和发现降低成本的新机会。例如，赖德公司的责任包括记录下它花费力气才能从供应商那里提货的次数。它还负责查清每次发生错误是谁的“过失”。如果一家供应商出现了经常不能准时交货的苗头，赖德公司就会提出警告，H公司将采取相应的行动。它可能把这笔额外的费用记在供应商的账上，或者与别的供应商合作。

赖德公司还在埃文斯尔冰箱厂旁建成了面积为11万平方英尺①的装配包装专用包装组件的“装箱”厂，专用包装组件是伸缩薄膜制成的箱子，有22种造型，用来存放H公司各式冰箱上的制冰格、抽屉、架子、门和其他附件。在赖德公司开始为装箱厂项目提供服务之前，H公司在厂内安装这些冰箱附件，结果使车间里杂乱不堪。

（二）H公司与Penske公司的物流联盟

被称为“quality express”的业务，主要是对8个地区配送中心和1个覆盖约全国60%交叉运输的网络进行管理。作为H公司品牌家电的主要配送渠道，quality express每天要处理2.5万到3万件产品，这占到公司在全美业务量的40%。最初，这些运输业务主要依靠一个指定运输商和一些公司承运人来完成。

后来，quality express的业务被分为两部分。ERX是Elston-Richards公司和Mark Ⅶ的合资企业，监管6个地区配送中心。剩下的2个地区配送中心位于亚特兰大和奥兰多，由Kencl物流服务公司（KLS）控制管理。而这8处地区配送中心以外的运输大多是由H公司自己的运输车队来完成的。

随着管理方法的不断改进，H公司在美国市场上的物流战略也在不断地发生着变化。作为整个配送战略的一部分，H公司宣布要解散自己的运输车队，相应运输作业则外包给外部企业。运输业务完全外包后，H公司不再承担运输设施设备的购置成本、融资费用、维护成本、驾驶员的工资和保险费等。而且在外包物流业务的招标书中，H公司也明确表达了这一意图，即不再为车队的管理问题费一丝考虑。而且外包物流的计划并不止于450辆货车和1 200辆拖车，H公司进一步发现了能够为其带来更大经济性的机会，那就是把quality express网络内的仓储作业集中起来让第三方物流公司来运作。

经过激烈的竞标，最终的赢家是Green Hills的Penske物流公司。H公司供应链运作总监Steve Whalen称，H公司是被Penske先进的信息系统、极具竞争力的价格及其在实现规模经济性方面的极大潜力所吸引的。而Penske中标的首要原因在于，H公司深信Penske可以为其提供相当水平的管理，而且更加具有灵活性，同时还能免除H公司以往对自有车队进行日常管理所产生的管理费用。

许多公司对外包存有疑虑，因为当运作业务由一方转移至另一方时，极有可能发生暂时性的混乱。Penske很好地解决了这一问题。他们使原有的网络绝大多数仍保持原状，把发生中断的可能性降到最低程度。Penske收购了原统领6大地区配送中心的ERX。而亚特兰大和奥兰多的作业则分包给了KLS，由KLS对这些地区的运作业务负责。这一系列措施的结果是各配送中心的工作人员和交叉运输的业务基本上保持原状，只有很小的一部分发生了变动。

① 1平方英尺=0.092 9平方米。

着实发生变化的是H公司的物流信息系统。在新的外包合同签订之前，H公司已经在利用相关软件处理数据，以获取运送业务的电子凭证和产品损坏的信息。这一技术连同H公司目前的仓库管理系统都已交给了Penske。而在Penske方面，它自己主要有4大信息系统：一套物流管理系统以实时跟踪每笔订单的运送情况；一套被称为Route Assist的运输线路优化系统；一套从Qualcomm那里购买的沟通软件；一套被许可应用的i2的ILLS的公共承运人最优化系统。所有这些被集成到了H公司新的ERP系统中，该套ERP系统就是在选定Penske管理quality express前不久从SAP手中购得的。

Penske在合同实施初期就以其灵活性让H公司受益匪浅。30%的运输业务调用的是临时汽车，服务用的汽车数量可以根据实际运量需求进行调整。

H公司的外包并不仅限于美国。下一步，H公司将在全球物流范围内引入外包的概念，吸引第三方物流供应商进行更加深层次的联盟合作，既有国与国间的进出口业务，也有一国之内的业务操作。Whalen称："尽可能地平衡彼此之间的合作关系是非常有意义的。"

五、H公司在中国与第三方物流合作的实践

H公司在考虑与第三方物流互动合作，提升物流能力之前，在中国的物流（主要是指产品物流）状况是分散外包给一些较小的运输、仓储服务公司，企业物流部有大量的运作与管理人员，整日忙于应付日常的运作，成本高、服务不到位。物流过程信息收集主要靠人工输入，各地区数据分散，缺乏物流服务绩效考核、标准运作流程等。

为了提升物流能力，降低物流成本与提高服务水平，H公司决定通过招标方法，寻找合适的第三方物流供应商，建立较紧密的互动合作关系。整个物流外包过程聘请了专业咨询顾问，成立项目小组，制定了时间与策略。整个过程大致可以分为以下六步。

（一）第一步：调查当前家电行业物流运作的方式

家电行业的物流调查主要由咨询顾问承担，基本情况如下：

过去中国家电一直是高利润的行业，家电产品又供不应求，家电企业并没有把物流当做一个重要的环节。

随着国际国内家电市场竞争的日益加剧，家电行业的利润空间正在逐渐紧缩。家电逐渐成为微利行业，制造环节本身所能提供的降低成本空间已经非常狭小，如果不能在物流环节上节省成本，家电企业更将面临亏损的危险。物流号称是制造企业最后的也是最有希望的降低成本、提高效益的环节。零库存、低损耗、及时准确送抵目的地，成了家电企业共同追求的目标。

当前家电行业物流运作的方式可以分为以下三类。

1. "小外包"

"小外包"是指企业成立自己的物流管理公司，将物流环节中运输与仓储环节外包给第三方，以海尔为代表。

2. "大外包"

"大外包"是指外协全部物流的运作给第三方物流公司，如伊莱克斯。一般欧美的公司采用这种方法的较多。

3. 剥离自己的物流，成立第三方物流公司

这种物流运作方式如美的、科龙、小天鹅、美菱、TCL都相继建立了家电物流企业，不仅为自己公司的物流提供服务，也提供社会物流的服务。日资的公司一般采用自己的物流公司的较多。

（二）第二步：调查家电行业当前的物流服务水平

家电行业物流服务的关键绩效指标包括以下方面：①运输，包括运输时间、货损率、成本控制；②仓储，包括存货记录准确率、仓库利用率、存货周转率；③客户服务，包括订单完成率、客户反馈时间；④其他，包括 DRP 准确率、销售预测准确率。

例如，伊莱克斯物流系统的服务标准如表 4-8 所示。

表 4-8　伊莱克斯物流系统服务标准①

服务内容	服务指标（详细指标）	标　准
运输	运输成本： ● 长途运输 ● 配送	 0.3% 0.6%
	运输时间	按距离而定
	货损率： ● 家电类 ● 日用品类	 0.2% 0.3%
仓库管理	存货记录准确率	99%
	存货周转率： ● 家电类 ● 日用品类	 8% 10%
	破损率： ● 家电类 ● 日用品类	 0.02% 0.03%
	服务时间	24 小时（80%以上）
客户服务	订单履行率	95%以上
其他	销售预测准确率	75%（按 SKU）
	DRP 准确率： ● DRP 准确率 ● 销售预测准确率	 80% 70%

（三）第三步：提出满足物流需求的战略

H 公司根据行业物流实际与公司的实际，确定采用什么战略满足自身的物流需求，也就是选择建立自己的物流公司还是进行物流外包。

考虑到 H 公司物流业务量不具备维持一个物流公司基本运营的货物量，以及不具有经营物流公司的人才以及经验，选择与第三方物流互动合作比较合适。但要考虑合作业务的范围与程度，包括运输外包、仓库管理外包、信息系统外包、项目管理与监控外包。

H 公司内部与第三方物流合作方面的初步想法是：H 公司（中国）的供应链部于 2002 年

① 陈向东. 伊莱克斯物流系统介绍. 第五届物流技术与管理发展高级研讨会，2001。

4月组建，该部门试图将公司的供应链进行整合。当前存在的最大的问题不在采购，而是在产品物流这一部分。H公司作为世界500强的白色家电制造商，同国内的其他家电制造企业一样，不得不面对中国家电市场巨大的竞争压力。目前，我国家电市场已是买方市场，大量的产品充斥市场，价格大战愈演愈烈。厂家的唯一竞争法宝就只剩下了降低成本。对产成品的成本进行分析后，公司发现物流是最有降低成本潜力的领域。H公司作为制造型企业，显然其核心竞争力不在物流服务而在生产制造。将物流业务外包出去，既利用了专业物流公司的业务经验和能力，又利用了它们的固定资产如仓库和车队，大大减少了H公司的资金占用。

（四）第四步：第三方物流服务供应商的选择

在物流服务招标时，H公司以价格作为了主要评选标准，同时兼顾行业与营运经验（及服务能力），见表4-9。

表4-9 H公司选择第三方物流时考虑的主要因素

考虑的主要因素	内　容
财务实力和稳定性	注册资金
	近年营业额、业务增长率
	近年赢利
管理深度	质量保证体系
	改进体系
	管理制度
	人员资质
业务经验	服务范围（运输、仓储）
	业务深度（物流管理）
运作质量	目前项目的运作质量
发展与合作潜力	企业的发展是否符合本公司的发展要求
运输车辆	数量
	适用性
仓库	安全性
	适用性
系统	硬件
	软件
	人员
总分	

进行评标时，考虑到今后双方合作关系有可能因某种原因中断，为避免因此而陷于被动局面，H公司最终选定了三家第三方物流供应商。这样就可以在其中某家第三方物流供应商中断其服务时，利用其他两家作出及时的补救措施，将合作关系中断造成的损失降至最低。为形成一种

制擎关系，在与合作方签订的物流服务合同中，H公司也明确指出："乙方（即指与之签合同的第三方物流供应商）并非是本合同约定地区货物运输配送线路唯一的甲方（即指H公司）的物流服务提供者，甲方有权对同一地区或运输配送线路的物流服务同时安排两个或两个以上的服务商，甲方的该项行为不视为违约，对此乙方明确无误。"

（五）第五步：合同的制定

H公司为防止采用第三方物流带来的风险，更好地管理与制约第三方物流公司，制定了物流服务合同，条款包括合同标的范围、合同的期限与终止、承诺和保证、费用与结算、质量保证和索赔、保险及理赔、分包方的使用、修改与改变、不可抗力、商业机密、审计、全部条款、抵消和冲账、弃权、适用法律和司法管辖、注意条款、特殊条款。

在H公司与其第三方物流供应商签订的物流服务合同中，用专门的附件形式对外包物流的服务项目做了明确而具体的规定。

（六）第六步：物流外包关系的管理

在管理外包关系的过程中，当初以价格作为最终考虑弊端渐露。只选择最低报价，成本上的任何节省都是不可靠的。价格毕竟只是总费用的一部分，在价格方面所获得的好处可能会在运营费用和性能方面重新失去。

第三方物流供应商的IT系统不够完善，无法满足H公司的一些要求。这是H公司的物流外包商存在的最大的先天不足。从根本上讲，各RDC与公司的实时数据传输是非常必要的，只有这样双方才能实现真正意义上的信息共享。但实际上，与H公司签订物流服务合同的各外包仓库的IT技术，无论是从硬件上讲还是从配备人员的操作能力上讲，都是无法满足需求的。

H公司供应链部要对整条供应链进行管理，实现信息化。但由于将物流外包给了第三方，对物流的控制能力相对于外包前大为降低。H公司目前能做的只能是对自身不断进行改进，而对外包商则只能提建议，不能强要求。有专业的咨询公司为H公司提出建议，为提高整条供应链的效率，可以由H公司承担成本，对物流外包商进行人员培训、优化IT系统。但这显然不会为H公司所接受，因为额外的成本负担违背了H公司外包物流的初衷。

一旦第三方物流供应商因某种原因突然中断与H公司的合作，停止向H公司提供合同上的物流服务，H公司会陷于被动。怎样能将这种情况下的损失降至最低，不会对物流服务失去控制，是H公司要着重考虑的问题。双方要达成长期的合作意向，避免短期行为。

监控第三方物流供应商的服务质量，可以在合同中制定KPI条款，但关键不是将KPI制定出来，而是如何应用这些KPI对第三方物流供应商进行测评，以使服务质量达到标准。自开始运营的头几个月，合同要求第三方物流供应商每月按时提交有关各项KPI的报表，但实际上第三方物流供应商很难按要求把各项数据提交上来。而且，这不单影响了对第三方物流供应商所提供的服务的监控测评，还大大影响了H公司应用第三方物流供应商所提交的有关库存、运输的数据进行管理分析的操作。

六、H公司在中国与美国与第三方物流互动合作的比较

通过对H公司在美国与第三方物流互动实践的分析，及其在中国与第三方物流互动实践的具体咨询与调查，得出第三方物流在H公司实施的异同，见表4-10。

表 4-10　H 公司在中国与美国与第三方物流合作状况比较

	状　况	异　同
美国	1. H 公司集中主业，委托物流运作与管理给第三方物流的战略 2. 具有较为明显的互动实践 3. 第三方物流的主动性：如第三方物流主动研究 H 公司的物流状况，提供个性化的专门物料搬运设备 4. H 公司重视第三方物流的作用，更多地委托管理（运输、仓储、信息系统）给第三方物流 5. 利益分享：可以与第三方物流分享利益	相同点： 1. 都是产品物流 2. 从分散物流环节到整合物流环节 3. 采用招标方法 不同点： 1. 美国第三方物流企业更主动：研究 H 公司 2. 美国第三方物流企业提供个性化服务：专门的物料搬运设备 3. 美国的第三方物流提供更多的管理（运输、仓储）与信息系统 4. 美国 H 公司与第三方物流分享利益 5. 中国 H 公司以价格为最终选择标准 6. 中国 H 公司单方面制定合同，公司强势，双方地位不太对称 7. 中国 H 公司发挥第三方物流主动性不够 8. 中国第三方物流企业能力不足（系统、管理等）
中国	1. 公司寻找第三方物流组织与准备工作较充分，聘请物流咨询顾问开展工作 2. 在寻找第三方物流之前，物流运作与管理效率低下 3. H 公司选择第三方物流时，虽然制定了较合理的评估体系，但是最后价格作为考虑的主要因素 4. H 公司制定合同，对第三方物流公司有较强的制约（单方面） 5. 第三方物流的 IT 系统能力不能完全满足 H 公司的要求 6. KPI 指标在实践中落实较困难	

H 公司（中国）采用第三方物流时，虽然选择的标准较合理，但是，迫于价格竞争的压力，最终以价格作为主要考虑因素。而且，在双方互动方面，只考虑自己。在合同设计签订时，双方间的关系有失公平。H 公司依仗其强大的实力，基本上是单方面制定物流合同的文本。H 公司为达到控制物流成本的目的，选择第三方物流供应商时，目标主要集中于对第三方物流供应商压低服务价格，缺乏从长远发展的角度培养与第三方物流供应商的战略合作关系，发展下去会使第三方物流供应商丧失不断发展的必要基础。

从第三方物流企业来说，物流信息不完备使得服务的质量得不到有效的保证。KPI 等管理执行能力不够。缺少有效的技巧与方法进行双方交流和沟通也是影响 H 公司采用第三方物流效率的重要因素。

案例讨论

1. 试总结H公司在美国与第三方物流合作的战略与运作特点。
2. 试述H公司在中国将物流外包给第三方的过程，并说出对你有何启发。

案例二

国内外基于快运的物流公司核心能力比较

一、UPS的业务优势分析

美国联合包裹服务公司（UPS）是一家拥有近百年历史的公司，也是美国经济的支柱企业之一。目前，UPS是全球最大的速递机构，全球最大的包裹递送公司，同时也是世界上一家主要的专业运输和物流服务提供商。

UPS包括UPS资本公司、UPS物流集团、UPS货运服务公司、UPS邮件业务创新公司、UPS咨询公司以及UPS金融中心。UPS公司的主要业务是在美国国内并遍及其他200多个国家和地区。其中物流集团的使命是提供经营全球商务所需的物流管理技术，即以自身丰富的物流管理经验帮助企业建立高效的全球供应链，而金融公司则负责向企业提供物流的增值金融服务，例如货到付款、代收代付、分配式融资、全球贸易融资等，所有这一切，只有一个目标：减少客户的物流环节和成本。

2005年UPS营业收入426亿美元，可使用的飞机577架，车辆91 700部，全球雇员人数为407 200，服务网络遍及全球200多个国家和地区，每日递送1 480万件包裹与文件。供应链和货运部门2005年净利润为6亿美元。2006年UPS第三次被《财富》杂志评选为"全球最受尊敬的企业"。UPS是2008年北京奥运会的赞助商之一。

UPS的业务优势包括以下几个方面。

（一）遍布全球的一体化的立体网络

在全球，UPS包裹业务的服务网点共有：商店3 400个；营业店1 100个（全球）；服务中心1 000个；授权服务点17 000个；投递箱45 000个；操作机构达1 748个。UPS拥有超过150 000辆的递送车辆，自有和租赁飞机577架。UPS供应链解决方案公司可以在全球120多个国家为客户提供高端的物流服务。

（二）与众不同的员工与企业文化以及所有者结构

企业员工是UPS最重要的财产，公司所有者深信公司应该属于它的管理者及其家庭成员。因此，公司经理可以紧密控制长期目标，严格限制向其他公司泄露信息，这样有助于对抗潜在的竞争。现在在职员工和退休员工拥有2/3以上的公司股份。员工持股制有效地激发了员工的主人公精神，增强了员工对UPS的向心力。董事会成员都具有25年以上的服务期。UPS奉行"开放"政策，不论何种级别的经理，除非特殊情况都要把办公室的门开着办公，下属可以随时进去与之沟通；UPS关注员工感受，开通了员工与公司的多重沟通渠道；UPS注重员工培养，无论是培训课程还是内部网络，都有丰富的资源供员工选择；UPS重视回馈社会，全球的UPS每年都要在各自所在的城市组织1至2次义工活动，将员工、企业、社会融为一体。

（三）综合、系统的一站式服务

UPS具有完整的产品线，可以为用户提供综合的、全方位的、具有服务承诺的服务。由于高效率的系统使其可以为用户提供低成本、高水平的服务。UPS物流可以为客户提供的服务包括：物流与配给、运输（包括空运、海运、路运、铁路运输）、货运代理、国际贸易管理和清关代理、服务零配件物流、技术维修和配置、全方位的增值服务、供应链咨询、设计和管理、退货管理和紧急零配件递送等物流服务、多式联运管理、IT系统开发集成、物流路线与行程计划软件、维修和退货管理、全面的电子商务解决方案、电子物流服务等。

（四）强大的技术能力

UPS一直以来都很重视新技术的投入。早在20世纪80年代，UPS就决定创立一个强有力的信息技术系统。在最近10年中，该公司在技术方面投入110亿美元，配置主机、PC机、手提电脑、无线调制解调器、蜂窝通信系统等，并网罗了4 000名程序工程师及技术人员。这种投入，不仅使UPS实现了与99%的美国公司和96%的美国居民之间的电子联系。同时，也实现了对每件货物运输即时状况的掌握。UPS建立起了强大的技术系统，现在每天接受950万个以上的数据包，每个工作日可处理1 000万次包裹追踪请求，超过了任何一个竞争对手，从而大大提高了竞争力、效率和价格优势。

（五）电子商务能力

UPS在电子商务领域处于领先地位，通过先进的信息技术促进和保证了电子商务的服务。UPS组织起100多个著名的电子商务行业的强者，为用户提供基于WEB的一体化解决方案。

（六）财务能力

UPS是当前很少几家可以为用户提供综合财务服务的物流公司，它是唯一一个3A信用等级的运输公司。强大的财务能力强化了UPS全球业务的发展，并且为它在技术领域的投资提供了强大的经济保证。UPS的金融服务包括广泛的财务服务系列：借贷、库存财务、库存购买、全球贸易财务、电子发票和支付等10个品种，可以帮助客户提高现金流动速度，并集中精力做好自己的核心业务。

二、DHL的业务优势分析

DHL 1969年成立于美国，最早开创了从弗朗西斯科到火奴鲁鲁的第一条空运快递运输路线。公司的成功源于一个创新的点子就是在货物运到以前帮客户运送相关的文件，从而加快了进口货物的流程。自成立以来，公司的网络扩展非常迅速，覆盖了从西海岸到夏威夷再到远东和环太平洋地区以及中东、非洲和欧洲地区。在短短的4年里，公司就拥有了300多名职员并为3 000多客户提供服务。

DHL从1977年开始开展递送包裹和文件的服务。1982年公司在30多个国家开通了此项业务。随后，公司又在东欧设立了办事处开始空运快递业务。DHL于1980年进入中国市场，并于1986年成功地与中外运集团建立合资公司，成为第一家进入中国的国外快递公司。

DHL的管理和组织结构在2003年作了调整。公司决定通过丹莎和德国邮政集团（Deutsche Post Euro Express）的合并，在全球范围内以一个品牌开展快递和物流业务。2002年年底，德国邮政集团完成持有100%DHL股份后，即以DHL品牌，整合DHL、丹莎及德国邮政集团，成为全世界最大的物流服务提供者。2005年9月，又以40亿欧元收购了连续两年排名世界第一的货运代理及第三方物流服务商——英国的 Exel 公司，巩固了其基于快运的物流服务的霸主地位。全新整合的 DHL 代表着公司为客户提供更全方位快递与整合物流的决心。整合后的 DHL 成功地结合了 DHL Danzas Air&Ocean 世界第一的空运能力与全球海运能力和 Exel 的物流及供应链解决方案能力、遍布全球的运输网络、优秀的电子商务能力，增强了客户定制化物流解决方案、全球货物递送、仓储与配送环环相扣的联结性，以快速、个性化的物流解决方案，协助客户进行规划运送、仓储、分装及全球物流安排，满足顾客一站式购物的物流需求，利用更优质的国际海运、空运、快递与物流服务为客户提供高品质的服务，成为快递与客户定制化物流解决方案的市场霸主。

DHL 的业务优势包括以下方面。

（一）快运服务

快运服务的内容包括时间明确的服务（第二天 9 点和 12 点送达）和网络覆盖 210 个国家的快运服务（环球文件快运、信件快递、环球包裹快递、欧洲快递、当天服务）。

（二）公路和铁路运输

通过广泛而可靠的公路网络为客户提供服务。DHL 以其品牌以及货运方面的丰富经验提供具有竞争力的价格并为整个网络提供强有力的支持；DHL 在欧洲是陆路运输的领导者，DHL 通过一个广泛的、横跨各大洲的网络以及标准化的服务，可以提供可靠的公路、铁路运输或者铁路和公路的整合运输。DHL 还为客户提供展会物流、化学品服务、医药品服务等特殊的物流服务。

（三）国际海运和空运

国际海运服务包括海运拼箱服务（每年处理超过 1 400 000 立方米的货物）和整箱服务（作为世界最大的集装箱整箱运输服务提供者之一，DHL 每年运输 80 多万标箱）。DHL 与承运人订立长期的合同以便实施 EDI 系统，简化信息和文件的传递。在一些主要地区，DHL 通过集中的网点提供集装箱的联合运输，保证集装箱得到充分的利用。所有的拼箱与整箱服务都有一流的信息技术支撑，如跟踪系统、订单跟踪系统以及其他用来监控货物流和信息流的工具。

国际空运服务方面：作为全球快运的领导者，DHL 的空运服务能力非常出色，服务种类繁多，不同需求的客户可以选择不同的空运方案。如 First 服务（能保证搬运和服务达到客户的交货时间要求。货物将用最近的航班起运，从机场到机场不超过 2 天）；Premier 服务（可靠的定期服务，提供基于时间和价格的门到门、机场到机场服务。货物将在 3 天之内运送到世界主要经济区的机场）；Value 服务（运用创新的运输路线，可为客户节约成本。运输时间比 Premier 要快 1 至 2 天）；还有包机运输、海空联运、World Freight 服务（为不紧急的又特别重的货物提供覆盖世界 220 个国家的经济区的运输方式）。

（四）行业物流解决方案

DHL 提供的行业物流解决方案涉及的行业包括汽车行业、高科技产业、快速消费品行业、服装业、生命科学、金融业、化工业、政府。

（五）物流方案

物流方案包括咨询（全球供应链的优化、定制的核心业务模块的应用、核心模块的实施、全球配送、全球库存）、研发（新市场的开发、新需求的开发、流程的改进）、项目管理（风险、进度、人力资源和质量管理、沟通）。

（六）供应链管理服务

供应链管理服务包括战略咨询、领先物流服务、路线规划、供应链设计、运输计划、组织设计、实施和项目管理、流程管理、外包。

（七）信息管理系统

DHL 建立了一个通信平台作为内部的信息中心，由为客户提供物流解决方案的全球性的团队为客户提供高质量的信息服务（货物发送时间和服务水平的有效查询功能；决定最佳的运输时间、方式和路线；为所有货物提供报价；网上预订；使用公司的跟踪系统跟踪在世界任何地方的货物；设计并撰写报告，传输数据）。

三、国际上基于快运的物流服务提供商的核心竞争能力分析

目前，世界上快运业主要有四大巨头：美国的 UPS、美国的 Fedex、德国的 DHL、荷兰的 TNT。以上述对 UPS 和 DHL 的阐述分析为例，对快运业的核心竞争能力进行总结，如表 4-11 所示。

表 4-11　国际上基于快运的物流服务供应商的核心竞争力分析

核心竞争能力	UPS、DHL
强大的网络覆盖能力	自有或租赁飞机达几百架、配送车辆逾十万，服务能力可覆盖全球 200 多个国家
强大的信息技术支持能力	专业技术团队；投资巨大；信息即时传送、实时跟踪；强大的处理能力；功能完善；系统升级换代迅速
优秀的基础物流服务和全方位的增值服务能力	覆盖世界网络的优秀的海运、空运、联合运输、多式联运、仓储、配送；全方位的增值服务
卓越的物流与供应链管理与运作能力	供应链咨询、设计和管理；丰富的多行业、多领域的物流与供应链管理的经验；丰富的项目管理经验；战略规划
高素质的专业人才	重视人才培养；以人为本的企业文化；经验丰富的专业人才汇聚；人才的职业发展空间巨大
卓越的电子商务能力	在先进的信息技术的支持下，电子商务能力世界领先

国内的基于快运的物流企业，与国际巨头相比，还存在差距，如表 4-12 所示。

表 4-12　国内外基于快运的高端物流服务提供商的核心竞争力比较

比较内容	国外（以 UPS、DHL 为代表）	国　　内
基础物流服务能力	综合、全面、优秀	优秀，但局限于国内
供应链与物流系统规划、设计及实施能力	客户化、多样化	能够做到客户化，但服务领域有限、经验不足
物流服务提供商资源的整合能力	良好	一般，很多情况下处于与国外高端物流企业合作的从属地位

续表

比较内容	国外（以 UPS、DHL 为代表）	国　内
高素质的物流和供应链管理专业人才	集聚，并且有完善的员工发展计划	集聚，但员工的国际沟通能力总体不足，员工的发展计划不够明确
物流与供应链管理与运作能力	优秀	偏重操作，营销、管理能力薄弱
服务网络覆盖能力和信息技术支持能力	全球网络 高端的信息技术	主要优势为强大的国内网络；信息技术处于应用的初级阶段，尚未有十分高端的系统；也有直接使用合作伙伴信息系统的情况

案例讨论

1. 总体上，我国的物流公司与国际物流巨头相比，你认为在哪些方面还有差距？
2. 试选定一家国际知名物流企业与一家国内知名的物流企业，收集它们的资料，进行比较分析。

即测即评

请扫描右侧二维码，进行即测即评。

第五章　第三方物流市场细分

引　　言

一般我们较笼统地把物流公司分为传统的物流公司与现代的物流公司。传统的物流公司一般是指提供单一物流环节服务的公司，如各种运输方式的运输公司，及计划经济体系下形成的物资、商业、外贸等部门的储运公司。现代物流公司是指具有现代物流理念，提供整合多个物流环节服务，并能提供个性化服务的公司。物流公司在制定战略时，需要对企业进行市场定位。市场定位是以市场细分为基础的。本章首先从供应商角度对现在市场上的物流服务供应商进行分类，接着介绍物流服务市场的七边形模型及其简化模型，最后，讨论第三方物流市场的发展动态。

第一节　第三方物流供应商分类

对第三方物流供应商可以从不同角度进行分类，一般可以分为传统的物流公司与现代的物流公司。所谓传统的物流公司一般是指提供单一物流环节服务的公司，如提供各种运输方式的运输公司，及计划经济体系下形成的物资、商业、外贸等各部门的储运公司。而现代物流公司是指具有现代物流理念，提供整合多个物流环节服务，并能提供个性化服务的公司。通常把第三方物流供应商视为现代的物流公司。

一、国际上的分类

市场存在多种多样的第三方物流供应商。因此，需要对市场参与者进行划分。一些行业研究人员将第三方物流供应商按其能力分为以下三种基本类型。

（一）资产型第三方物流供应商

资产型第三方物流供应商通过使用它们当前的或延伸的资产，包括运输工具与仓储设施等，提供物流服务。

（二）管理型第三方物流供应商

管理型第三方物流供应商主要将精力放在与提供物流服务有关的管理和技术服务上。在多数情况下，这些提供者主要是利用其他组织的资产和人力资源提供服务，它们本身没有运输或者仓储资产。

（三）整合型第三方物流供应商

整合型第三方物流供应商是采用合同或者雇佣的形式获得物流服务的资产。它将自己的服务与其他分供方服务整合。整合型第三方物流供应商可以是资产型的或者管理型的。

二、欧洲的分类

在欧洲，物流服务的提供商有更加详细的划分。例如，把物流公司划分为以下五种类型。

（一）以行政管理为基础的公司

以行政管理为基础的公司主要提供行政性的管理服务，比如运费的支付。

（二）运作型公司

运作型公司一般精于某项运作，在某些物流运作能力方面非常出色，如快运公司。DHL、TNT、UPS、Fedex 等公司是运作型公司的典型代表。

（三）行业性公司

行业性公司一般通过自己的能力来满足某一特定行业的需求。欧洲各国的法规有所不同，需要特别的安排。比如荷兰的 Pakhoed 公司，它为满足化工行业的需求，建立了相应的运作能力和基础设施。

（四）多元化公司

多元化公司开发出一系列相关又不相互竞争的服务，如在班轮运输中的相关服务：集装箱、码头、公路运输、仓储和水运。

（五）个性化服务公司

个性化服务公司面向一些有很高专业化需求的客户，它们之间的竞争主要在于服务而不是费用。例如 Frans Maas，公司与一家欧洲大公司有着密切的服务关系。Frans Maas 公司不仅为原材料的运入和产成品的运出安排运输，还提供最终产品装配和仓库设施为顾客做产品测试。

三、其他分类

还有两类第三方物流供应商，它们不属于上面提到的任何一种类型。

第一种是细分市场的承运人（niche carriers）。这些公司专门在一定地域（如东欧）内提供对特定货物（冷冻品、计算机、家具及危险品）的特定服务。一方面，这些专业公司活跃在对专业能力、技术、设施有特殊要求的较小市场范围中，因为这一领域内的竞争不如别处激烈。另一方面，这些专业公司也十分依赖于客户及市场，因为它们的运输能力与运输设备不容易转到其他领域，行业进出的壁垒较高。

第二种是物流咨询公司。越来越多的第三方物流公司从纵向扩大提供服务的内容，也就是要加深服务的深度，而非广度。由于内外两方面的需求推动，它们开始强调概念上的和战略上的物流计划能力。这样，新的部门或公司便建立起来，以便提供这些能力。

第二节　第三方物流市场细分的理论模型

一、第三方物流市场的七边形理论模型

随着对物流的重要性的认识，越来越多的传统运输、仓储与货运代理等企业开始制定发展现代第三方物流的战略。企业在制定战略时，需要进行物流服务的产品定位。第三方物流

服务的产品定位是以第三方物流的市场细分为基础的。

目前，我国理论界对第三方物流市场细分的认识还不够充分，市场划分比较笼统，许多新兴的第三方物流企业在实践中也没有找到切实可行的市场定位，因此，不少以物流公司命名的企业还没有摆脱传统的定位与模式。

国际上，英国著名物流学教授 Martin Christopher 提出了根据七个变量细分物流市场的理论模型，七个变量分别由七边形的七条边表示，如图 5-1 所示。

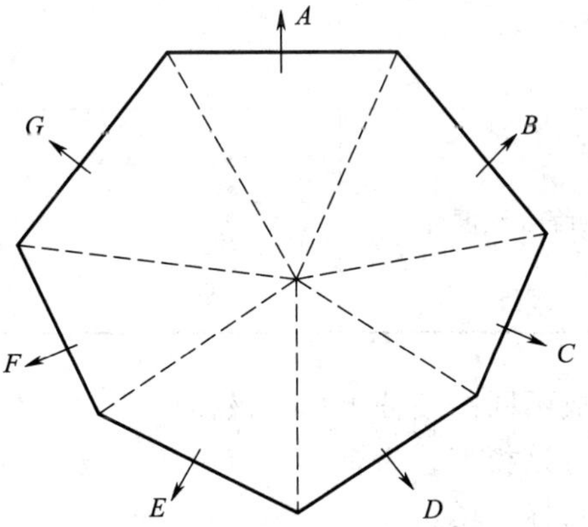

图 5-1 物流服务市场七边形

对于物流服务市场七边形模型的解释，如表 5-1 所示。

表 5-1 物流服务市场七边形模型的解释

变量	含 义	说 明
A 边	物流服务的地理范围	地方 地区 国际 全球
B 边	物流服务对象的范围	专一服务于一家 只服务于少数几家 公共
C 边	物流的管理	客户自己管理 第三方管理（外包） 物流专家（物流管理咨询）
D 边	提供物流活动的范围	运输为主 仓储为主 配送为主 综合物流

续表

变量	含　义	说　明
E 边	提供物流服务的水平	基本水平服务 高水平服务 标准水平服务
F 边	信息技术的采用	某些物流活动有独立的信息技术 有选择的物流信息技术协调 计算机全部整合
G 边	提供物流服务的综合程度	采购物流 生产物流 销售物流 全部供应链

七条边的变量可以组合成不同的细分市场。该模型的贡献在于将物流服务市场中的各种变量综合在一个模型中。通过该模型，为企业物流服务市场的细分提供了框架思路，有助于物流服务提供商分析与选择目标市场。

二、七边形理论模型的简化

七边形理论模型具有七个变量，比较全面地描述了可能的细分市场变量。但是，由于变量较多，在实践运用中比较复杂，有必要用一些简化的模型来进行概括与分类。下面的讨论是根据变量的重要性，对七边形理论模型进行简化，可为实践中物流企业的战略定位提供参考。

（一）按公司规模与提供个性化服务的程度细分市场

从物流公司的规模和提供个性化服务程度（customizing）简化七边形理论模型，其中个性化服务水平是七边形理论模型中的一个变量。这样就得到一个相对简单和综合的模型，如图 5-2 所示。

按此简化模型定位，可形成的物流服务供应商如下，这些服务供应商在市场上是常见的。

1. 快运（express）

大部分的快运服务是具有运输和配送中心的公共服务提供者的升级服务。提供快运服务的公司接受相对较小的货物，它们提供较高的服务水平，一般是隔天送到。货物的跟踪系统（tracking and tracing）可以提高客户服务的水平。

2. 大宗货运输（groupage）

大宗货运输与快运的主要区别在于其接受大的货批、交货较慢、客户服务水平没有快运高。

3. 一般运输（general haulage）

一般运输是另一种形式的公共运输服务，只提供运输作业，没有仓储服务。

4. 一般运输和仓储（general haulage and storage）

一般运输和仓储的承运人不仅为各种客户提供运输服务，也提供仓储设施与仓储服务。

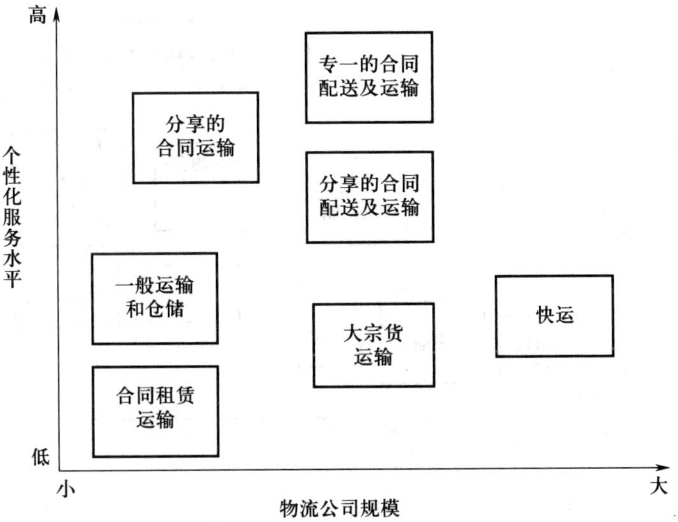

图 5-2　按公司规模与提供个性化服务的程度细分市场

5. **分享的合同配送** (shared contract distribution)

当几个客户的需求是相同的，比如说医院，客户能够将这些在运输和仓储上有相同服务需求的货物结合起来，从物流服务提供者那边得到规模效益等好处。

6. **分享的合同运输** (shared contract transport)

这种类型的服务和分享的合同配送类似，但仅包括运输。

7. **专一合同配送** (dedicated contract distribution)

这种类型的服务包括运输和仓储，但以客户来划分服务业务，每一个服务针对一个客户项目。某一客户的需求不会受到其他客户需求的影响。专一的合同配送实际上是由第三方来代替自营作业，是为客户定制的综合性服务。专一合同配送提供了采用创新的物流概念和先进的物流信息系统的机会。

8. **专一合同运输** (dedicated contract transport)

这类似于专一合同配送，但仅仅包括运输服务。

9. **合同租赁运输** (contract hire transport)

这种方式是由运输或配送提供者提供车辆和司机，由顾客自己负责司机和车辆的调度、货物的配载和运输线路的选择，由顾客来支付费用，但所有的维护和车辆的更新由运输商负责。

(二) 按个性化服务程度与提供整合及管理服务程度细分市场

另一种简化的细分物流服务市场方法，可以考虑如下两个变量：① 提供个性化服务的程度；② 提供整合与管理服务的程度。该细分市场模型可以看出传统服务向专一化管理服务发展的趋势，如图 5-3 所示。

(三) 按提供物流服务的地理范围与物流服务的种类细分市场

目前的物流服务提供者，大部分是从传统的“类物流”公司延伸与改造发展而来的。其发展战略选择之一是增加服务的范围，改变或延伸当前的服务内容。另一种选择是扩展服务的地理范围。物流服务提供者的战略选择，如图5-4所示。

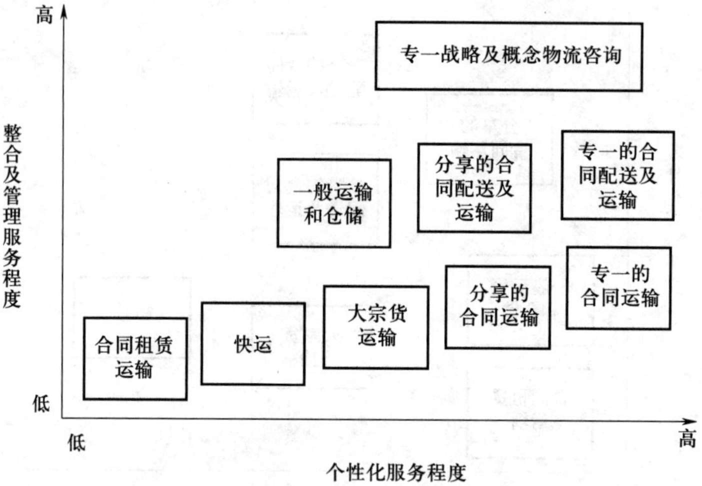

图 5-3　按个性化服务程度与提供整合及管理服务程度细分市场

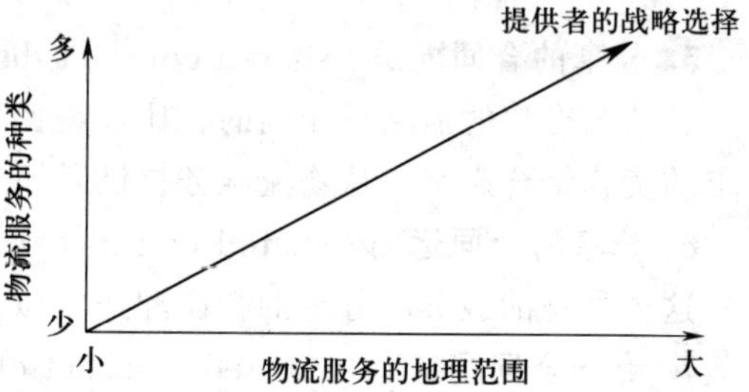

图 5-4　按提供物流服务的地理范围和物流服务的种类细分市场

例如，在欧洲，发展趋势是越来越多地集中使用一些大型的物流服务提供者，这意味着超级承运人（mega-carrier）时代的到来。跨国公司对一站式服务的需求越来越明显。第三方物流提供者通过兼并、合资、战略联盟、信息伙伴关系等来增强它们的地位。

兼并已经成为取得更大的市场份额和提供更宽服务种类的方法。两个公司合并和一个公司兼并另一个公司的潜在利益是巨大的，除了可以使潜在的作业合理化并消除重复活动以外，联合起来的公司可以减少相互间的竞争。合资是兼并以外的另一个重要选择，两个公司可以在同一法律环境下互享经验，同时子公司相对母公司又有一定的自由度。UPS 和 Federal Express 在东欧都建立了合资公司，因为这是它们在那里参与管理和进行控制的唯一方法。战略联盟可以提供一定市场进入的自由或作业的整合而不需要资金的投入或法律环境的许可。对许多承运人来说，信息技术是相当重要的。对超级承运人来说，找到战略信息技术伙伴是关键之一。物流合作者很大程度上依赖于信息分享的整合战略。

第三节　第三方物流市场的发展动态

第三方物流的发展，是由第三方物流服务的需求方及第三方物流供给方共同推动的，这在第二章中已经作了分析。总体来说，第三方物流是从传统的运输、仓储、代理等物流环节的服务供应商在物流与供应链整合的理念下，为满足使用方的一站式、个性化服务的需求，同时提升自身的竞争能力的共同作用下发展而来。

Gattoma 分析预测了第三方物流产业，把物流服务提供商分为一般的物流服务提供商

（LSP）及新业务模式两种类型。其中 LSP 又分为基本资产提供者（prime asset provider）、第三方物流及牵头物流提供者（LLP）；新业务模式又分为第四方物流（4PL）、联合服务公司（JSC）及虚拟式网络联盟（VNC）。各种物流服务提供商的特征，如表 5-2 所示。

表 5-2　各种物流服务提供商的特征

类　型		关键特征	模　式
物流服务提供者	基本资产提供者	1. 各种模式的运输资产提供者 2. 仓储，配送中心设施 3. 制造（外包） 4. 包装产品	单一型提供者
	第三方物流	1. 整合的仓储与配送服务 2. IT 基础设施的整合与支持 3. 当地数据跟踪 4. 资产的所有者和购买者 5. 仓库管理系统（WMS）	功能结合
	牵头物流提供者	1. 经验丰富的物流服务供应商 2. 结合和利用先进的能力优化物流和供应链活动 3. 管理多重的（下级的）第三方物流 4. 决策支持 5. 连续改进	一个超级第三方物流管理多个第三方物流
新业务模式	第四方物流	1. 供应链的构思者 2. 供应链设计和优化者 3. 合作促进者和制造者 4. 供应链重组者 5. 项目管理者 6. 服务、系统和信息的整合者 7. 连续革新者 8. 技术是其基本的能力	新业务模式
	联合服务公司	1. 联合拥有，联合管理 2. 少数的平等合作伙伴 3. 业绩导向，协议好的激励和报酬 4. 创新的文化氛围 5. 资金支持最初的启动以及后续的运作	新业务模式
	虚拟式网络联盟	1. 动态的能力网络 2. 实行类似 4PL 和 JSC 的嵌入模式，但是没有严格的平等安排 3. 利益方能随意加入和离开的宽松联盟 4. 在速度和规模上提供特别的供应链方案 5. 跨公司之间高度连接的过程 6. 激励分享和投资分享	新业务模式

物流服务供应商从追求优秀的运作表现与降低成本，上升到追求从供应链的整合与协作中提高效率，进一步的发展将是应用信息技术与发展新业务模式，创造更大的价值，如图 5-5 所示。

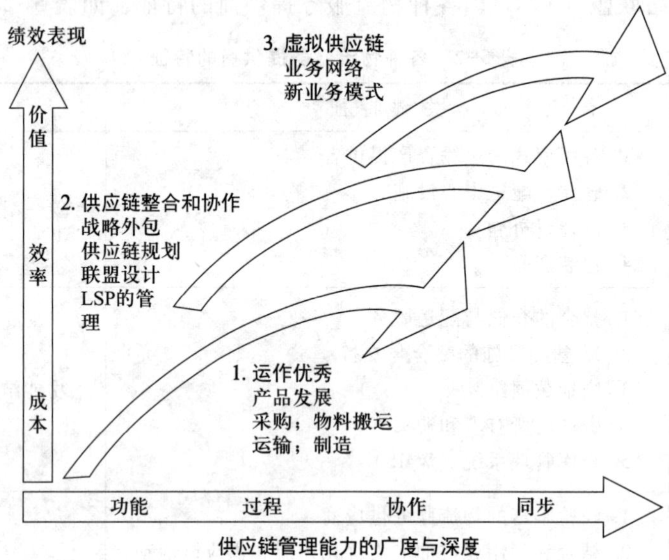

图 5-5　供应链管理能力与绩效表现的发展

不难看出，第三方物流行业从传统的单个物流环节提供商发展到综合物流服务提供商，目前还在不断地创新与发展。

本章小结

本章是主要介绍第三方物流市场细分。首先回顾了国际上有关第三方物流市场细分的模型及第三方物流行业的发展趋势与实质。第三方物流从供应商角度可以分为资产型、管理型及整合型等。第三方物流市场是一个多元多层次的市场，其变量可以用七边形来表示，也可以根据分析的目的，简化为两个变量。各种物流服务供应商有向提供更多的服务种类、扩大服务的地理范围及提供更整合的服务发展的趋势。新型的更高层次的物流服务提供商已经出现并会继续发展，如第四方物流、联合服务公司、虚拟式网络联盟等。其中信息系统技术的要求越来越高。

关键词

1. **个性化服务程度**（customizing）
2. **货物跟踪系统**（tracking and tracing）
3. **一般运输**（general haulage）
4. **超级承运人**（mega-carrier）
5. **基本资产提供者**（prime asset provider）

复习思考题

1. 请指出物流服务市场七边形理论模型中的七个变量。
2. 一般可以用哪些变量来区分市场上常见的物流服务提供商？
3. 物流公司发展的一般战略选择是在哪两个方面发展？
4. 试述第三方物流的发展动态。

案例

C公司物流基地市场定位与核心能力的建设

一、C公司的现状

C公司物流基地（仓库群）地处上海西南门户徐浦大桥之下1 000米，紧连外环线，与宝山、吴淞、外高桥国际集装箱码头以及未来上海深水港芦潮港相距近乎相等距离。又距铁路南站、新龙华站仅数千米，其中到新龙华站仅3 000米，与龙吴港内河与沿海集装箱码头仅5 000米。公路通过外环线可以很快进入沪宁、沪杭高速公路，北至北京、南通广州，通过龙吴路与老沪闵路等可直抵市中心，水陆交通十分便利，四通八达。C公司仓库的水陆交通条件如表5-3所示。

表5-3　C公司仓库的水陆交通条件

运输方式	交通条件
公路	C公司地处上海市西南地区徐汇区老沪闵路淀浦河畔，离外环线、徐浦大桥1 000米左右，车辆进出浦东、浦西和江、浙两省非常方便
铁路	距上海南站和新龙华站仅数千米之遥，其中新龙华站离C公司仅3 000米，通过南站/新龙华站可以连接全国各大、中城市，直达西南、西北地区，因此铁路也是比较方便的
水路	C公司自已有400米长的内河码头，可以停泊400吨左右的内河船，黄浦江上港十五区、上港六区离公司都比较近，其中上港十五区离公司仅有5 000米左右，大量进口物资到公司只有10分钟左右的车程，通过龙吴港可以连接全国沿海主要城市，北起大连，南至湛江，以及长江沿线城市，并可直达重庆

不可多得的优越地理位置与便利的交通，为C公司仓库改建成上海的现代物流基地之一创造了良好的条件。

C公司仓库总占地面积28.5万平方米，现拥有库房和货棚面积58 628平方米，其中大部分建于20世纪50年代，按苏式的小面积危险品储存要求建造，储罐容积7 450平方米，露天货场18 600平方米，还有长度达489米的内河码头一座，具有改造成现代物流基地的基础条件和可能性。

C公司目前的库房面积有限，仓储设施老化，无法满足现代物流建设的需要，缺乏竞争力。C公司仓库28.5万多平方米的土地只有6万多平方米的土地被利用，还有很大的发展空间，可以进一步加以开发利用。

现有的客户多为所在地附近的大型企业，如某大型电子有限公司。附近的大型企业还包括一家大型洗涤化工公司、一家玻璃有限公司等，大多为电子信息类等产品的生产企业，另外，C公司距离漕河泾新兴技术开发区也非常近，仅5 000米之遥，该开发区内有着为数众多的经营电子、信息类等业务的国际、国内知名高科技企业，如英特尔技术发展上海有限公司、上海瑞侃电缆附件有限公司、上海北电半导体有限公司、上海新芝电子有限公司、上海朗讯科技通信设备有限公司、通用电气上海传动系统有限公司等。这些企业未来对专业性物流服务的需求量会很大，有着较大的市场潜力。

二、C公司按七边形理论模型进行市场定位分析

（一）按物流服务的地理覆盖范围进行市场定位

从物流服务的地理范围来分，C公司的市场可以分为地方性（如上海市）、地区性（如华东地区）、全国性或国际性的市场。

C公司物流基地在国际物流相关的服务方面，定位为国际物流在国内延伸物流服务，包括进出口货运代理、报关代理、仓储、运输、金融、保险等，争取到一定的服务资质，如国际货运代理、集装箱运输、保税仓储等服务，以取得竞争优势。

随着我国加入WTO与经济全球化、我国外贸的增长、跨国公司在我国的发展，国际物流相关的延伸物流服务需求将进一步增加。

C公司物流基地要开展国际物流延伸的相关业务，应积极积累经验，尽量形成物流网络的运作与管理能力。从国际供应链的角度，C公司物流基地该寻找国外的战略联盟，形成国际供应链服务的能力，即在国外，依靠联盟方的网络，在国内，对方可以充分利用C公司物流基地网络的辐射能力。

在国际物流服务方面，各种类型的主要公司的优势与劣势分析如表5-4所示。

表5-4 国际物流服务各种类型公司的优势与劣势

类型	例子	主要实力	弱点
国外海运公司的物流公司	马士基物流、APL物流	全球网络，经营实力强，国际经验，特别物流项目的经验	国内网络弱，国内经验有限
国内海运公司的物流公司	中远物流、中海物流	国内网络强，但网络整合还较弱，有国内经验，但物流项目经验有限，有资产实力	国际网络的物流运作能力
国内货运代理	中外运、大通、大田、外代、中货运、其他中小货运代理	国内网络	网络的整体作用，物流项目缺乏经验，资产实力有限

续表

类　型	例　子	主要实力	弱　点
国际性包裹运输	UPS、Fedex、TNT、EMS	全球网络，优秀的IT经验，供应链管理经验	通常较注重包裹运输
我国加入WTO后，外资国际货运代理与物流公司可以进入	外资货运代理一年后可以控股，4年后可以独资	国际网络与经验	国内的网络与经验

C公司物流基地发展的重点是国内或华东地区的物流服务，特别是华东地区的地区性物流配送服务，即成为大中型企业华东地区的配送中心。

随着国内市场一体化、跨国公司及国内大公司的成长，产品的销售一般都覆盖地区或全国。大中型公司，特别是跨国公司的物流运作越来越重视集中的物流管理及全国或地区性的物流运作的整合。因此，对地区性或全国性的配送服务的需求较为明显。目前，具有地区或全国网络实力又能提供高层次物流服务的公司为数不多，但是，今后的竞争将是激烈的。现有的公司主要包括有外资背景的物流公司、国内传统物流公司、民营物流公司、既有国际物流能力也有国内物流能力的公司、其他新兴物流公司，它们的主要优势与劣势如表5-5所示。

表5-5　国内各种类型物流公司的优势与劣势

公司类型	例　子	主要实力	主要弱点
有外资背景的物流公司（主要为合资的物流公司，我国加入WTO后，外资可以控股与独资）	新科安达、招新物流、TNT物流、英之杰物流	国际背景，有物流项目的策划、管理、控制的经验	成本较高，国内经验有限
国内传统物流公司	原物资系统如中储运，原商业部系统如商业物流，原公路运输系统如交运物流	成本低，有资产实力	服务较差，物流经验有限，技术与人才有限
民营物流公司	宝供、深九物流、莲雄物流	有国内经验，在物流项目上已积累了成功的经验，成本较低	实力有限
既有国际物流能力也有国内物流能力的公司	中外运、中远、外代、大通等	有传统货运代理的经验，国内物流项目的经验有限	有网点，但网络整体运作能力较弱，体制与机制有待改进
其他新兴物流公司	大众物流、熙可物流、虹鑫物流、百岁物流、北芳物流	有发展的潜力，民营企业经营灵活	物流项目开展刚刚开始，物流项目的策划、管理、控制缺乏经验

（二）按物流服务的对象（客户）范围进行市场定位

按物流服务的对象范围，C物流公司可以提供公共的物流服务，如仓储业的公共仓储、运输业的公路零担快运（LTL）、航空包裹运输等物流服务；也可以服务于少数的或专一的对象，其服务内容一般是“量体定制”的，服务也较有深度，与被服务对象的关系较为紧密（成为物流企业的物流联盟），服务的内容由浅入深，如仓储业的合同仓储、运输业的合同运输及目前的第三方合同物流等。

对于专一性的“量体定做”的物流服务，其需求是很大的。许多企业，特别是外资公司，都抱怨在中国的物流服务得不到满足，有时不得不自己运作与管理所有的物流活动。而在发达国家，物流的外协已很普遍，工商企业的理念是集中力量于自己的主业，而把非主业外包，以增加灵活性与专业性。

从供给的角度，目前的基本情况是：外资合资物流企业一般具有这方面的专业知识与经验，但是成本、运作都还没有当地化。成本高是因为对中国的国情与特殊性缺乏了解。有些合资物流企业已经开始本地化，结合其在物流服务方面的经验，在国内已经取得成功，如新科安达物流有限公司、招新物流有限公司等。国内的物流公司，只有为数不多的能提供专业与高层次的物流服务，如宝供物流集团、深九物流有限公司等。

C公司物流基地物流服务的开发，在提供公共还是定制（个性化）服务上，应该仔细考虑。从提供仓储服务方面，至少可以选择提供公共型仓储服务及提供个性化仓储服务。

（三）在物流项目管理方面的定位

C公司物流基地应该定位在不仅是提供物流服务的操作层面，还必须提供更有价值的物流服务内容，即第三方管理与控制的物流服务，不仅仅是提供物流的操作，还包括对物流项目的监控与汇报。对于华东地区或国内的配送，C公司物流基地应该采用第三方管理的方法进行物流服务，即进一步提供整个物流项目的管理与监控。

从需求的情况看，不同的公司有不同的需求，有些公司担心物流的整体外包会导致控制力的丧失或商业机密的外泄，要求第三方物流公司有较可信的经验。

从供给的情况看，国内的物流公司从物流的知识与管理上大多还不能做到提供第三方管理的物流服务。

（四）按提供物流服务的层次进行市场定位

提供物流服务可以是多层次的，主要有三个层次：第一层是简单的单项物流环节的服务，如提供运输服务、仓储服务；第二层是增值服务；第三层次的服务包括管理控制与策划。越是上一层次的服务越能提供高附加值的服务，体现物流服务的价值。

对物流服务的需求一般依据行业而定。总体来说，对综合物流与供应链服务的需求呈上升趋势。从供给方来说，提供单项简单服务的供应商较多，运输与仓储能力过剩，导致价格竞争激烈。单项高水平服务，以及综合物流、供应链服务的供给不足，主要是因为新成立的物流公司大都不具备这种服务能力，缺乏技术手段、人才和管理经验。

对于C公司物流基地，三个层次的物流服务都要兼顾。第一层次的服务需求随着国内经济的快速发展，及我国加入WTO，会有较大的量。第二层次的物流服务需求也会增加。第三层次的物流服务的需求较大，其供应还不能满足客户的要求。

（五）按提供服务的水平进行市场定位

对于服务水平的定位，也要根据客户或是货物的实际情况。C公司物流基地可以基本定位在提供高水平的服务层次上，即尽量提供高价、时间敏感的货物物流配送服务，以区别于一般的物流公司。但是由于中国的国情，有时高水平的服务并非总是能被客户所接受。对于普通要求的货物，尽量以低的成本提供相对高水平的物流服务。

对于高水平的物流配送服务，其需求将呈上升趋势，特别对于具有较多库存单位（SKU）的物流配送，例如汽车零部件的供应物流、超市物流等，对物流公司的技术与管理要求很高。

（六）在信息技术采用方面的定位

C公司物流基地作为一个现代物流公司，必须建立基于网络的物流信息系统。对于地区性或全国性的配送，运输与配送中心的货物的实时监控与汇报能力是提供高水平物流服务所需要的。

物流信息系统开发，必须配合C公司物流基地的战略定位。与物流服务相关的基本信息系统包括：

（1）信息传递系统（基于网络的物流系统）。

（2）车队管理、货物跟踪系统。

（3）转运、配送、仓库管理、存货控制系统。

（4）费用计算与结算系统。

（七）按提供服务的综合程度进行市场定位

C公司物流基地提供物流服务的综合程度，应该定位在具有供应链服务的能力的层次。当然，具体客户的物流服务需求可能只是供应链的部分，如产品销售的配送、原材料的物流。C公司物流基地可以根据服务的行业、客户的要求等灵活掌握，也可以根据机会，先服务于供应链的部分，逐步过渡到提供整个供应链的物流服务。

另外，对物流市场的分析，也可以从行业来划分。不同的行业，物流运作与服务的需求会有很大的区别。

三、C公司物流基地市场定位的结论

根据以上分析，C公司物流基地提供物流服务在现有基础上需要大力拓宽，主要在两个层面进行：一是物流服务的深度；二是物流服务的地理覆盖面，如表5-6及图5-6所示。

表5-6　C公司物流基地物流服务的重点拓展内容

业务类型	业务描述
现有业务1	简单仓储服务与配送，在现有基础上扩大规模
现有业务2	部分增值服务已有展开，在现有基础上扩大种类与规模
重点拓展1	简单仓储与运输扩大地理覆盖面，争取更大客户群
重点拓展2	必须尽快形成提供第三方物流服务的核心能力，包括项目的管理与控制、项目策划
重点拓展3	在扩大地理覆盖面的基础上提供增值服务，也就是将增值服务的客户群扩大到华东地区的范围
重点拓展4	将第三方物流服务的核心能力（第三方管理项目与控制及项目策划）扩大到跨地区的范围

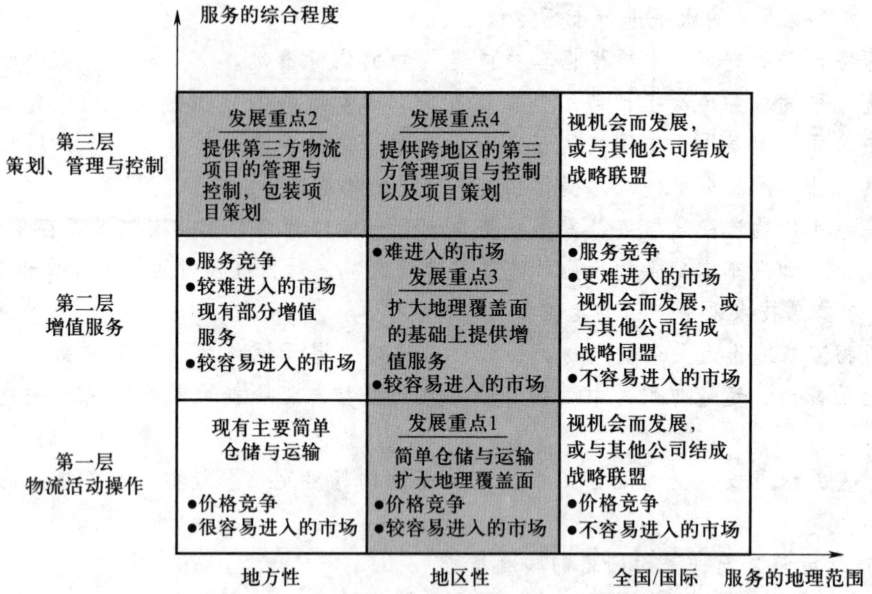

图 5-6　C 公司物流基地物流服务的市场定位

四、C 公司物流基地的 SWOT 分析

根据 C 公司物流基地发展的机会与威胁，以及 C 公司物流基地的优势与劣势，可以得出 C 公司物流基地的 SWOT 战略矩阵，如表 5-7 所示。

表 5-7　C 公司物流基地的 SWOT 战略矩阵

	内部因素	
外部因素	优势 strength（S） ● 有利的地理位置 ● 长期从事仓储业的基础 ● 较好的信誉 ● 第三方物流业务有所探索	劣势 weakness（W） ● 仓储设施老化不能满足当前的需求 ● 网络服务能力 ● 服务的层次或深度 ● 有关货代的资质 ● 管理体制与人才 ● 物流业的品牌
机会 opportunity（O） ● 物流列为支柱产业 ● 我国加入 WTO，外贸增长 ● 第三方物流需求大	SO 战略 ● 迅速形成物流服务核心能力 ● 进入有优势的细分市场	WO 战略 ● 仓库改建 ● 取得货代、保税等资质 ● 尽量加强网络性服务能力 ● 机制建立 ● 引进人才
威胁 threaten（T） ● 低层次服务过剩 ● 外资进入 ● 国内企业的观念落后	ST 战略 ● 发展高层次服务 ● 与外资战略联盟 ● 与货主企业合作	WT 战略 ● 避免进入低层次服务 ● 建立物流业的品牌

五、C 公司物流基地的能力建设

（一）区别于传统仓库的物流中心的硬件建设

C 公司物流基地的规划经过多家公司的设计，相互补充并逐步完善。当前的设计在总体功能上符合企业经营的基本要求，符合城市总体规划的方向，又能表现个性化的物流基地的竞争优势，布局合理、作业方便、交通流畅、功能实用有效。

在仓库与道路以及装卸停车之间的关系上，充分考虑现代集装箱和箱型车作业的基本要求，又适当顾及传统车辆作业的现实状况以及土地利用率因素，满足了大多数货物进出的需求。

在仓库功能上，同时考虑平地堆存与货架作业的要求，随着客户业务的发展与作业量增加，可以逐步安置货架，也可以将小仓库合并成为大仓间，不需很多投资。现场办公室设在仓库内，按需要可搭建二层（9 米），大小尺寸可按需而定。

主要仓库采取高平台作业，配有适当的活动跳板，可以升高与降低，便于集装箱卡车及厢式车作业，仓库按 9 米高设计，可以平地作业，也可以装货架。适当配置危险品仓库与多层仓库，多层仓库又可以留作保温仓库储存货物。堆场与停车场按照作业量配套，放在两个紧邻地方，适当放宽余量机动，以便今后根据业务量调整。

道路交通设计原则是“双向行驶、人货分离、多门出入”。全部交通道路为永久性混凝土路面，主要通道 15 米宽，四车道双向行驶（路边留绿化带，下设水电管道，同时设消防栓）。主要道路呈环状系统，可以提高营运效率。仓库之间是双向行驶 8 米宽的双车道通道，转弯半径 15 米。

（二）适应于现代物流服务理念的信息系统软件建设

第三方物流必须依靠现代信息系统来运作，才能满足企业运行和发展的基本要求。未来的物流不仅是运输，更重要的是通信，是物质和信息的空间位置的转移，所以信息网络化相当重要。信息技术是第三方物流发展的基础，物流离不开信息，信息技术的快速发展实现了信息的及时共享，也促进了物流的科学管理，最大限度地提高了物流的效率与效益。

现代物流已从原来的运送、综合物流发展到目前的供应链管理，而物流又是对供应链的控制监督和对货物流动全过程的管理，它是一个从生产厂商的原材料采购供应生产，通过多种形式的运送，配以流通加工，最终到消费者手中的整个流程。这是融合物质、信息、资金、文件流动的程序管理。经过发展，它目前已进入一个相对成熟期，具体表现在物流信息系统的先进性上，即可使得客户随时进行网上联系、沟通、订货、跟踪货物、进行盘存管理和物流调度。

现代物流技术的广泛采用，包括先进的信息技术、运输技术、配送技术、装卸技术、自动化仓储技术、库存控制技术、包装技术，使得国际物流今后的发展方向为信息化、智能化、集约化。

（三）核心物流服务能力：物流项目管理控制与策划能力的建设

生产企业依靠第三方物流可达到几乎“零库存”的管理，大大降低生产企业的成本。第三方物流的服务和功能要专业化，不同的物流消费者有不同的服务需求。第三方物流要根据不同客户的企业形象、产品特征、顾客需求、竞争需要等方面的不同要求，提供针对性强的专业化和较高专业水平的物流服务，这些物流服务包括物流设计、物流操作流程、物流技术工具、物流设施乃至物流管理。

（四）物流领域的品牌战略

作为物流服务企业，公司品牌就是公司的生命。从许多成功例子中，可看到它们从成立那天起，就非常注重对公司战略和策略、管理模式和制度以及活动方法等进行对外宣传，许多公司通过企业识别系统（corporate identity system，CIS）的创建，追求公司内在的统一理念，外在的统一形象，以增强企业竞争力。

（五）管理机制与人才

对C公司物流基地的经营来说，物流管理人才非常重要。中国物流业相比国外先进国家，起步晚并且成功的物流公司不多，致使物流高级管理人才奇缺。物流经理必须对每一个物流环节都有足够的了解，他不仅是运输专家，还必须是一个管理人才。另外，从物流服务市场来讲，物流公司要发展必须加强市场营销以争取用户。这种营销不是简单的报价和签约，而是为用户设计一整套最优化、最经济的产品物流方案，因此营销的成败往往取决于是否有一支既懂运输又精通生产、销售和财务管理的人才队伍，取决于他们创造性的应变和设计能力。就C公司物流基地而言，不仅仅是向用户宣传有多好的仓库、多少物流服务产品就能接到订单，而应该向为客户提供一整套物流解决方案，才能够赢得市场份额。因此，专业营销人才对C公司物流基地来讲，显得更加重要和迫切。

C公司物流基地决策者和经营者应具有高度的“自主权”，可以做到公司、部门效益与自身利益的真正结合。借鉴国外公司分配机制，应制定一系列有效的激励分配方案，新的分配方案可实行年薪制、年底利润提成制、公司股权奖励制等。通过合理有效的分配机制的实施，可以吸引更多更优秀的物流人才参与经营管理。

案例讨论

1. 你认为在对该公司进行市场细分的七个变量中，哪些变量更关键？并说明理由。
2. 该物流基地的SWOT矩阵得出了相应的战略，进一步举例分析这些战略的实施。

即测即评

请扫描右侧二维码，进行即测即评。

第六章　企业物流系统与配送网络计划

引　言

越来越多的现代第三方物流公司已经意识到具备物流系统计划与设计能力的重要性，许多物流服务项目是在物流系统的计划与设计的基础上进行的，因为物流公司的专业是物流。工商企业希望从物流公司中得到专业的咨询与知识。随着竞争对手、供应商与技术的变化，工商企业的物流环境也在不断地发生改变。为了适应变化的环境，优化企业的战略，工商企业必须有系统地计划和设计最有利的物流系统。在计划与设计物流系统时，有许多要考虑的因素，如配送中心的数量及位置、每个配送中心的最佳库存与服务水平、运输设备的类型与数量、运输路线、物流管理的技术等。这些问题所牵涉的数据以及相互之间的关系都非常复杂。通常情况下，备选方案也很多。本章首先讨论物流系统设计和分析的通用程序，接着阐述产品配送物流网络的计划与设计。

第一节　企业物流系统的优化与设计

第三方物流企业在物流服务或咨询中，需要为企业计划与设计物流系统。企业在采购物流服务时越来越趋向于要求物流服务公司更加紧密地参与物流系统的设计。第三方物流服务企业如果符合物流业的发展趋势，同时了解客户的物流运作，在物流系统的创新方面就会处于一个有利的地位。许多第三方物流解决方案就是在对企业的物流系统策划的基础上产生的。

随着竞争对手、供应商与技术的变化，工商企业的物流环境也在发生改变。为了适应变化的环境，优化企业的战略，其物流系统必须系统地进行计划和设计，以寻求最有利的物流系统。

在计划与设计物流系统时，有许多要考虑的因素，包括物流中心的数量及位置、物流中心的最佳库存与服务水平、运输设备的类型与数量、运输路线、物流管理的技术等。这些问题所牵涉的数据以及相互之间的关系都非常复杂。一般可以有多个备选方案。不同的企业需要不同的物流系统，没有一个物流系统可以适应所有的企业，因此，必须结合企业实际情况来设计物流系统。

物流系统设计和分析一般可以采用一定的程序。物流系统设计过程分为下面三个阶段，每一个阶段都有明确的目的，通常情况下都按照这三个阶段有序地进行分析和设计。

一、问题的定义与计划

这一阶段包括两个方面的工作，即可行性分析（feasibility study）与项目计划，它为整个计划提供了基础。

（一）可行性分析

1. 现状分析

现状分析包括内部、外部和技术的评估与分析。分析的目的是寻找改进的机会。

内部分析的内容如表 6-1 所示。内部分析要检查所有的物流环节，尤其是对现在的系统存在的缺陷作出评价。

表 6-1　内部分析

物流环节程序	如何决策	度量标准
客户服务		
● 当前的信息如何流动 ● 订单概况及改变 ● 订货程序	● 订单决策如何制定 ● 当库存不能满足订货需求时怎样	● 客户服务的关键量度
原材料管理		
● 工厂与配送中心的原材料 ● 每个制造点及配送中心程序	● 制造及配送中心能力决策如何制定 ● 生产计划如何制定	● 关键的制造和配送中心能力及原材料管理的关键量度，如何衡量 ● 当前的原材料管理水平
运输		
● 运输方式 ● 订货和运输量及区别 ● 与承运人申请、支付和信息交换的流程 ● 运输文件的信息流	● 运输方式与承运人的选择决策 ● 承运人评价	● 衡量运输绩效的量度，如何衡量当前的绩效 ● 各种运输方式和承运人的相对绩效
仓库		
● 使用的储存和装卸设施 ● 每个设施内生产线 ● 每个设施中完成的或能够完成的储存、装卸及其他增值功能	● 每个设施的集运决策 ● 物料搬运决策 ● 产品储存 ● 产品选择决策	● 每个设施的储存量与通过量 ● 关键的仓库绩效量度，如何衡量 ● 当前的绩效水平 ● 每个设施的相对经济绩效特征
库存		
● 当前库存物资储备的增值功能	● 库存管理决策 ● 谁作出这些决策 ● 使用什么信息来支持决策	● 企业的库存成本 ● 关键的库存绩效量度，如何衡量 ● 当前的绩效水平

外部评价与分析是对供应商、客户和消费者的外在关系进行分析。分析评价时应该考虑市场的趋势、企业现在的能力与竞争对手的能力，如表 6-2 所示。

表 6-2　外部分析

市场趋势	企业能力	竞争能力
供应商		
● 供应商提供的增值服务 ● 供应商的主要“瓶颈”	● 内部化与外协增值服务的机会 ● 如何改变程序以减少“瓶颈”	● 竞争对手采取什么行动来精制产品并与供应商交流信息 ● 就供应商的数量、成本而言，什么是竞争基准点
客户		
● 服务关键客户的主要约束条件，如何影响成本 ● 客户订货的形式，如何改变 ● 客户的主要标准	● 哪些功能或活动可转向客户以提高物流系统绩效 ● 客户是如何根据关键标准评价绩效的	● 竞争对手向客户提供什么服务 ● 竞争对手是如何完成客户确认的关键绩效指标的
消费者		
● 客户的购买形式是如何随着购买地点、时间与选择标准而变化的 ● 物流活动的趋向，如购买数量、包装、发送、产品质量、客户	● 如何随着客户购买形式和选择准则的变化而改变	● 竞争对手是如何随客户购买形式和选择准则的变化而变化的

技术的评估与分析是对物流各个环节的关键技术与能力的评价，需要考虑现行的技术与最先进的技术的差距，以及新技术应用的潜力，如表 6-3 所示。

表 6-3　技术分析

现行的技术	最先进的技术
预测	
● 现行的预测技术	● 顶级公司是如何预测的
订单下达	
● 现行的订单下达技术 ● 客户所要求的订单下达技术	● 顶级公司是如何完成订单下达的 ● 改进订单下达的有效与实用新技术
订单处理	
● 分配可用库存给客户订货的程序 ● 现行方法的局限性	● 顶级公司是如何完成订货程序的 ● 改进订货程序，使用新技术（软件与硬件）
需求计划	
● 使用什么程序决定生产和配送库存 ● 信息和辅助决策如何支持这些程序	● 顶级公司是如何作出生产和库存计划决策的 ● 改进需求计划的新技术是什么

续表

现行的技术	最先进的技术
开发票和 EDI	
● 开发票、查询、运输通知预告和支付目前是怎样传送的	● 顶级公司是如何使用 EDI 的 ● 改进开发票和其他形式与客户沟通的通信技术
仓库运作	
● 仓库人事与生产进度决策的制定 ● 仓库运作指示是如何下达的 ● 仓库是如何追踪活动和工作的	● 顶级公司在仓库里使用信息和物料装卸技术 ● 有效、实用的新信息和物料装卸技术
运输	
● 运输集运、规划路线和生产进度决策 ● 运输单证是怎样提供的，承运人和客户是如何沟通的 ● 运输成本是如何决定、评价和控制的 ● 包装与装卸技术	● 顶级公司是如何和承运人使用信息、包装及装卸和通信技术的 ● 改进运输运作有效的实用的新信息、包装、装卸和通信技术
决策支持	
● 物流策略和战略计划决策是如何制定的 ● 使用了什么信息，完成了什么分析	● 顶级公司是如何制定相似的策略或战略决策的 ● 增加决策有效性的实用信息和评价技术

2. 机会分析

通过前面的评估与分析，发现改进的机会。通过对当前的物流过程与实践进行评价，确定具有改进潜力的方面。

3. 成本-效益分析

效益包括服务的改进与成本的降低。服务改进包括货物的可得性、服务质量与服务能力的提高。改进服务有利于增加现有客户的忠诚度并吸引新客户。

（二）项目计划

物流系统设计的一般程序中的第一阶段的第二项工作是对项目进行计划。由于物流系统的复杂性，需要有一个完整的计划。项目计划包括以下五个方面：

1. 目标的确定

目标包括物流系统改进的成本与服务期望。目标必须是可以度量的。例如，货物的可得性：A 类产品 99%、B 类产品 95%、C 类产品 90%，收到订单后 98%的货物 48 小时内发运等。

另外，也可以用总成本作为约束条件，然后在物流总成本预算内设计达到客户服务水平最高的系统。

2. 约束条件

在潜在机会分析的基础上，对允许的修正范围作出限制。限制的性质取决于公司特定的环境。

3. 制定衡量标准

制定一定的衡量标准，用于评价项目的成功与否。

4. 分析方法

当确定了目标，明确了约束条件并制定了衡量标准后，就要选择分析的技术。对分析技术的选择必须考虑评估项目涉及的问题与所需的信息。

5. 项目计划

在以上工作的基础上，应当制定一个项目工作计划，并确认完成计划所需的时间和资源。

二、收集和分析数据

（一）假设与数据收集

1. 确定数据分析方法

只有在确定了要采用什么样的数据分析方法以后，才可以有效地组织整理数据，避免无序地收集之后才发现数据杂乱无章，加大了后期分析的难度。基本的数据分析工具有数学规划法、计算机仿真法、统计分析法等。每一种具体的方法对数据量的要求以及对数据组织的要求都不一样。实际应用中，有些方法还要求先建立模型。

2. 给出假设前提

任何物流系统的设计都必须考虑企业未来发展的需要，企业发展的需要可以通过一些有根据的假设给出。这些假设包括市场、产品的变化、企业产品的发展趋势、竞争对手的发展趋势、需购置的设备由于技术进步或其他原因被淘汰的可能性等。假设的内容如表 6-4 所示。

表 6-4　假设的内容

假　设	内　容
商业假设	范围：商业单位及所包括的产品线
	方案：所能考虑的选择范围
	市场趋势：市场的偏好
	产品趋势：产品包装形式
	竞争行为：物流竞争和战略
管理假设	市场：市场区域、产品运量的大小
	物流设施：位置、运作等
	运输：运输费率
	库存：库存水平和运作政策
分析假设	产品分类
	市场领域

3. **确定数据源**

确定数据源主要是指确定各类数据发生在什么地方，可以通过哪些途径收集，一些数据可能还要确定由哪些人去收集。对于企业自身的销售量、客户分布以及运输量之类的数据可以从企业的历史记录中获得；整个市场的分布、运输线路的分布、相关政策的技术要求之类的数据则要通过其他的途径去获得，有些情况下，可以通过专业咨询机构获得想要的数据；对于竞争对手的一些数据，有些可以在公布出来的材料中获得，有些则要通过交换的方式获得，还有一些可以通过购买或咨询的方式获得。

4. **收集数据**

前期准备工作就绪以后，可以开始收集数据了。这一步花费的时间可能较长，而且往往容易出错。在很多情况下，出错是因为忽略了某些次要因素对综合物流的影响，采用在非代表性的时间段内的数据同样是一项错误。因此，收集的数据应该注意其有效性、代表性和适用性。

收集完数据以后，或者与收集数据同步，可以开始数据的分析工作。如果同步进行，必须考虑到数据的更新问题，这要根据具体的数据量和收集数据持续的时间长短来定。分析数据应该密切结合第一步中确定的问题，给出解答或备选方案。

（二）分析

在分析数据阶段，主要任务包括以下四个方面：

1. **定义所分析的问题**

确定了一些问题的可接受范围以后，可以减少数据分析的复杂性，缩短数据分析时间。因此，需先估计出某项决策对综合物流影响的大小，然后再制定可以接受的范围。

2. **基本方案分析**

利用各种手段分析数据，然后将结果和过去的数据相比较。对那些有较大变化的数据要特别注意，检查是否存在错误。不准确的数据、输入过程中出错、分析手段不合理都有可能产生错误。发现错误后必须检查错误来源，对分析程序加以调整。

3. **方案比较**

对分析结果进行评价。其内容包括：检查第一步中的每一个问题是否得到了合理的解释，如果没有，是什么原因造成的？分析方法是否还有改进的余地？提出建议并对各方案作一些调整。

4. **灵敏度分析**

完成前面的分析以后，对提出的几个备选最佳方案进行灵敏度分析。即假设某些数据发生改变，最佳方案是否还是最佳？如果要作出调整，调整的幅度与这些发生了改变的数据之间的关系是怎样的？

三、建议与实施

在第二步结束以后，第三方物流公司可以向工商企业提交物流系统设计方案并提出相关建议。这包括：

(1) 在可行性最大的几个方案中向管理层推荐两到三个最佳方案。简要介绍这些方案优于其他方案的地方，对这几个方案也作出一些比较，说明各自侧重点的不同，以及优劣分别在什么地方。

（2）对推荐的几个方案进行成本评估，这时要考虑到企业中长期的发展。可能某方案要求的前期投资比较大，但是对企业的发展来说，该方案可以使企业的物流系统在同行中保持较长时间的技术优势，这一点对一个正在发展中的企业来说是十分重要的。

（3）进行风险分析，判断市场可能产生哪些变动，这些变动对所推荐的方案影响有多大。

第二节　配送网络的计划

产品配送系统的目的是连接产品的生产地点与消费地点以达到以下目的：① 在恰当的时间、把恰当的货物以恰当的数量送达恰当的地方；② 当需要的时候，通过存货控制协调生产与需求。

新建企业需要建立物流网络系统，老企业由于业务增长与变化，也需要不断地对原来的物流网络系统进行重新设计。

一、配送网络计划的类型

计划是为可预测的环境而制定的，有许多计划的方法可以帮助指导和确定公司在市场中的定位。没有计划，公司就不能有效地预见问题与解决问题，不能在要求的时间里实施解决问题的方案。配送网络计划的种类参见表 6-5。

表 6-5　配送网络计划类型

计划类型	计划原因	要　求
战略计划	决定总体目标与所需资源	政策制定
战术计划	细化物流中心的战略目标，成为行动计划	长期
操作计划	确保特定的任务由日常操作来完成的过程	短期
应急计划	对紧急情况的反应	不同情况的处理

公司必须具有确定公司目标的战略计划，即回答“我们的业务是什么?”。这个问题的答案决定了公司的总目标与方针，这是首先必须考虑的。战术计划确定实施目标的资源，操作计划确保执行的特定任务。战略、战术和操作计划都属于“进攻性”计划，而应急计划则属于“防御性”计划，用于对付未料及的事件。这四种计划相互补充。

（一）战略计划

战略计划（strategic plan）是对公司目标、公司目标更改、取得目标的资源、资源获取、利用和处理的政策等方面进行决策的过程。战略计划的目标是确定存货点、运输、存货管理、客户服务和信息系统及它们之间的联系方式，使投资的回报最大化。

战略计划是用来对付可预期的需求变化的进攻性工具。这种需求变化的时间是可以预测的。战略计划是以预测将来的需求为导向的，这种需求的实际出现常需一段时间，因此有充足的时间来有效地满足这种需求。

（二）战术计划

战术计划（tactic plan）的时间一般为 1～2 年。为实现企业的长期战略目标，选取行动的时机及其具体内容非常关键，而战术计划的基本目的就是为这些步骤作出预先计划并设立阶段性的目标。战术计划必须预估出物流中心的工作能力以防止在工作量高峰的时候其工作能力不胜负荷。战术计划的主要内容是为战略目标的成功实现安排资源。比如，某企业在战略计划中决定要兴建一处新的仓库以改进客户服务，那么在战术计划安排中就要为分配资源及特定的行动所采取的时机作出决定。以下是为一个仓库的重新定点所考虑的步骤：① 为新设施选址。② 签订租约。③ 设计新设施。④ 根据设计修改设施。⑤ 雇佣新职员。⑥ 训练新职员。⑦ 开始从销售商和现有工厂向新设施转运货物。⑧ 开始从新设施向外发货。

首先，战术计划为每一步骤定出大致的时间。其次，对一些主要项目进行考虑，比如为完成计划所需的特定技术以及该计划中每一步骤所持续的时间等。再次，对计划的每一步骤，需要明确具体的投资数目。最后，是外部服务的获得，主要指在仓库建造方面，意味着从雇佣一个顾问开始到实际请建筑公司来进行改造施工之间的所有事务。其他类型的战术计划包括库存计划、运输规划、压缩成本、提高生产率以及信息系统的改进等。

（三）操作计划

操作计划（operation plan）一般分为日计划、周计划或月度计划。其目标就是在物流系统的框架内实现所选择的战术计划、规则和程序，并满足企业的战略目标。操作计划的主要组成部分包括劳动力或资产等资源的管理，有关操作效率的提高及操作问题的解决等工作。操作计划是不同于日常操作的，它将战略目标的原则融入战术步骤选择的考虑之中以形成日常的工作。就这意义而言，操作计划是真正落到实处的计划。不过，由于日常活动照章办事，因此极易忽视原先计划的目标，从而使原定计划往往在具体操作计划中失败。操作计划包括物流中心的工作计划、运输计划、集合运输计划、降低成本和提高生产率计划以及操作费用预算等。

（四）救急计划

救急计划（contingency play）是对理想的物流管理具有重大应用意义的管理工具，但是，经常被忽视。救急计划常用来对付在物流需求中出现的战术计划未料到的事件，通常涉及诸如“如果……怎么办?”之类的问题。比如，“如果我们遇到退货怎么办?”一个未雨绸缪的经理在应付影响物流的许多紧急情况时会寻求使用救急计划。如果在环境或需求方面出现了一个预期到的意外变化，他或她会事先决定采取什么样的措施。救急计划不同于一般的意外或危急处理（如灭火），它是在需求和环境中的变化发生之后再设计一套新的计划。救急计划的宗旨是尽量减少为完成行动计划所需的时间。

二、配送网络的战略计划

配送网络设计是战略计划实际应用中的主要领域之一。一个战略性的配送网络是用于在给定的时间内满足一系列特定需求的工具。一个好的设计思路应该使该网络能够在适当的时间与地点为适当的客户提供适当数量的产品，并使整个过程的物流费用最少。随着仓库数量增加，运输费用减少而库存费用增加。反之，当仓库数量减少时，运输费用相应增加而库存费用减少。这如图 6-1 所示。因此，对于减少整体物流费用而言，知道仓储费用和运送费用的最佳平衡点是至关重要的。

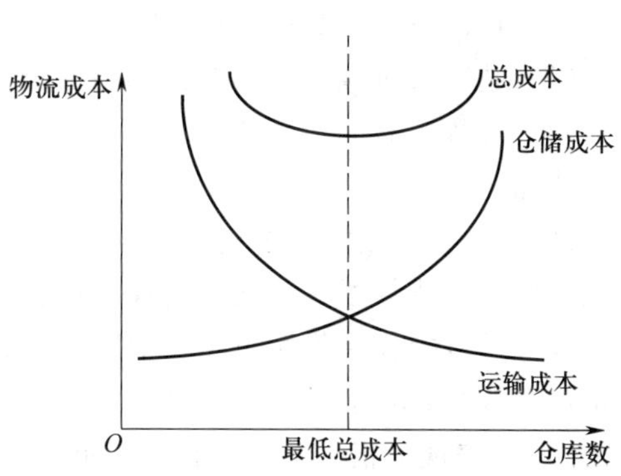

图 6-1　简化的物流成本模型

战略性物流网络计划的目标就是找到运送和接收产品最经济的途径并同时维持或提高客户服务的质量；简而言之，就是使利润最大化和使服务最优化的途径。战略物流网络设计通常回答了以下的问题：① 应该建立多少物流中心？② 物流中心应该落址于何处？③ 在每个物流中心应保有多少存货？④ 每个物流中心应为哪些客户服务？⑤ 客户怎样从物流中心订货？⑥ 物流中心如何从供应商处订货？⑦ 对每一客户应多久运送一次货物？⑧ 服务质量应为何种水平？⑨ 应利用何种运输方式？

三、战略性产品配送网络的设计

设计物流网络要经过下述七个步骤：① 物流网络的数据收集。② 明确送货要求。③ 建立数据库。④ 提出备选方案。⑤ 计算年运行成本。⑥ 比较相关方案。⑦ 方案细节的制定。

物流网络的设计是一个不时需要更新的连续过程。遗憾的是，一些企业在不经过最重要的步骤①和②的情况下直接开始实行步骤③到⑥。设计物流网络最好的方法莫过于对数据进行实际分析了。

（一）物流网络的数据收集

步骤①、②和③能同时进行。这些步骤的主要目的是为了更好地理解当前的系统并且界定未来系统的要求。为了了解当前的系统，必须从物流中心和运输系统收集信息。当从物流中心收集信息的时候，关键的一点是要收集有关的所有当前设施点的信息。因为这些信息决定了关、停，还是继续扩展这些设施。

1. 从每个设施点收集的信息

（1）空间利用情况。确定物流中心的利用程度。这有助于在分析结束后一旦该设施被停止使用能决定所需的存货能力。同时也能决定该设施中还能接受多少存货。

（2）布局和设备。列出每处的布局和设备情况。如果有可用设备的清单，那么对于启用新设施或扩展旧设施的投资需求就很容易确定了。

（3）仓库管理程序。了解订单挑拣（order picking）收集和运送程序。如果在一个设施点有两种产品，它们是否一起挑拣收集和运送。了解各仓库作业方式的不同，这能解释为什么某个仓库实现的人均效率高。了解物流中心的补货是怎样实现的（拉式或是推式）。

（4）职员层次。调查各层次职员情况。了解何种工作可能被合并，收集不同层次职员工资，包括福利等。

（5）接收量和运送量。了解进出卡车及装卸货区的数量，这对于提高设施通过能力非常重要。

（6）建筑物建造特征。收集面积、净高、柱围、照明程度等的情况，这和收集布局情况的理由一致，但牢记要考虑到扩展能力。

（7）进出交通情况。考察其与主要交通要道的连接情况以确定是否对运费有所影响。

（8）年度操作费用。收集租赁费用、税金、保险费、维护费、能源消费以及其他设施费用的情况。

（9）库存。收集有关库存周转量及周期的情况、补给率、安全存量水平和 ABC 分析法的信息。有了这些数据后，就能了解通过合并仓库所节约的费用额。同时也可以了解有多少库存品是低周转的或季节性的，以帮助决策是否将其集中或是否利用公共库存来存储，并据此制定出未来的库存目标。

（10）表现汇报。了解对服务需求、订单实现情况和运送准确率的测量方法。

2. 从运输系统收集的信息

（1）运费等级和折扣。收集所采用的运费等级和费率、按承运人或地区的不同可获得的折扣、折扣如何实行（如路线、最小重量等）等。

（2）运输操作程序。了解特定的运输方式和承运人是如何选择的。

（3）送货需求。包括客户的送货需求（要求送达的天数）、对承运人的表现如何评定优劣、订单完整度评价。

（4）补货重量与体积。了解拖车容积在多大的重量下会装不下，从每一个补货点收集典型信息并计算出一般货物的积载量。

在实地信息收集结束后，项目组应当举行一个会议，概括从每一个点收集到的数据并作出评估。该评估将使项目组对作业有更深入的了解，并很有可能使他们发现一些对方案有用的而管理者并不知道的信息。

3. 营销和销售人员应回答的问题

要具体了解未来的物流网络需求，对于营销战略和销售预测的了解是不可缺少的。下列各点是一些应当由营销和销售人员来回答的问题：① 是否有新产品出现？它们从何处采购？目标市场是哪里（地理上的）？② 现实的订单特征是什么？比如，最小的订单数量是多少？它们是否有改变订单的条款（或者说是否要求快速的服务）？③ 市场发展的方向，如包装上的变化，是否以批发为主，是否有大货主要求大批量商品。④ 每年销售量增长多少？⑤ 有重要的客户转移吗？是否有更少数的客户要更多的产品？⑥ 地理位置的转移是否会出现？销售额是否在一些地方增加？

（二）明确送货要求

对物流网络分析所需的重要数据之一便是交付时间要求，或者说从订购开始直到货物接收为止的这段时间。如果交付天数不能确定，那么必须做一个客户服务差距（gap）分析。差距分析包括一系列对内部职员和客户的直接询问。其目的是为了查明客户对服务预期与实际需求之间的差异。如图 6-2 所示，差距分析（gap analysis）是一种逼近与降低费用有关的客户服务价值的尝试。也就是说，是较快的速度还是较低的价格更为重要？图 6-3 表明了运送费用和运送天数之间的关系，并显示了其对利润的影响。该图表明，随着运送费用减低和运输时间的延长，开始时利润会随之增加，但在某一点销售额会急剧下降，最终产品费用和运输费用之和会超过销售收入，这是因为竞争对手在交货时间与成本上都优于你（假设产品质量相同）。关键是要找出实现利润最大化的最好的服务水平。

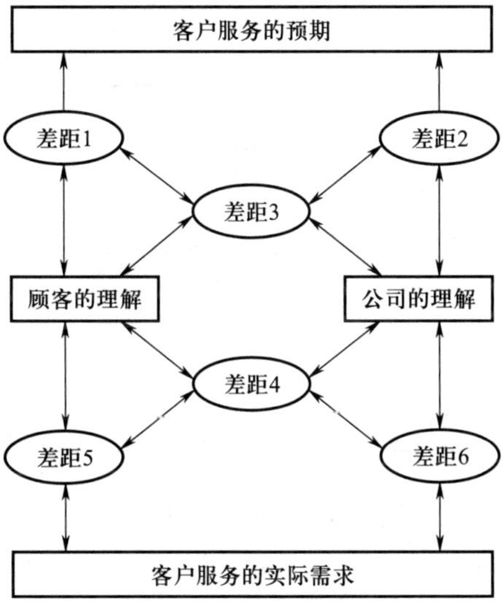

图 6-2　差异分析程序

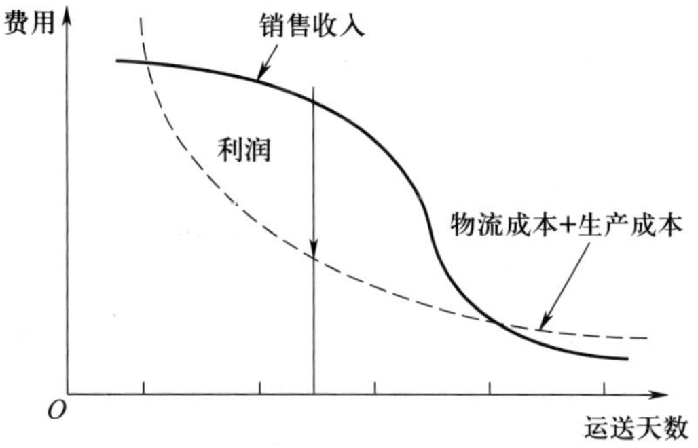

图 6-3　差异分析结果

通常一个物流网络是一系列节点和运输的联结。简单的可以是从货源地直接运送至仓库，也可以是复杂的多点网络。网络的设计取决于产品类型、产品数量、服务区域的地理覆盖面、所需的服务水平和客户的数量等因素。不过，由于物流处于一个动态的环境中，因而要受以下因素的影响：① 生产和消费的地理性转移、人口转移。② 市场分类、新市场和新客户服务需求。③ 在能源、工厂设施维护及劳动力支出方面费用增加。④ 政府规定的实行或取消。⑤ 产品品种增加和产品生命周期。⑥ 竞争。⑦ 经济形势。

企业内部组织诸如营销、生产和财务也影响物流网络的组成。要了解这些功能领域对物流的影响，重要的是要理解它们的目标。营销的目的是通过接近客户以扩大销售并有足够的库存以避免缺货。生产的目的是为了长期稳定地生产某一产品而减少费用并将其推销出去。因此，营销和生产都需要更多的库存和更多的地点来保持库存。而财务部门则需减少费用并保留尽可能多的资金，减少库存和存储的数量。针对这些矛盾的目标，物流网络的设计者必须找出成本最低的满足服务需求的设计方案。

（三）建立数据库

当前的网络被分析记录后，订单的数据库模型就可以建立了。该信息应当包括运送目的地、运送重量、所订购的产品和订购的数量。一旦数据确立，下一步就是数据的证实了。为了保证信息传输的正确性，可将发票上的一些记录与实际的信息相比较。准备一个总结报告（销售量、销售件数、所运重量）作为清理核对的依据，以保证文件中的所有数据已被正确传输。一旦数据被证明真实无误，就可以按不同的方法进行分析了，诸如根据地区销售量和各地区产量不同（地理区域）所做的 ABC 分析。这些报告应当被用来帮助提出备选方案。

（四）提出备选方案

数据收集之后，下一步就可以提出包括地址和各种操作方法的备选方案。各种用于取舍备选方案的数据来自实地调查、未来要求、数据库分析和客户服务调查。选择的方法随地址的不同而不同。影响选址的主要因素在表 6-6 中列出。

表 6-6　选址决策基本因素

基本因素	影响
供应者和市场	供应商到达你处的时间及你处到市场的时间（交货天数）
运输	与高速公路、水路、铁路的结合情况，天气限制情况、交通拥挤度和路况限制
政府公共事业	税收、吸收投资政策、能源费用
劳动力	节假日情况、工会、工资、劳动力技能

通常都以表 6-6 中所列出的因素为基础进行选址，但也有些是根据客户的量或距离产生备选方案，这些方法有的是根据经验，有的是根据公路里程，有的则是根据重力中心分析得出的。重力中心分析通过客户的量计算客户需求的加权中心，是最早用于选址的方法之一，但和现在的技术相比，由于假定运输成本与距离成比例关系、两点间的直线距离代表实际距离、在每一地点的货批大小是一定的与统一的，而且它也忽略了容积的限制、服务需求和设施操作费用的不同，所以显得不够精确。不过，对于提出备选方案与进一步建模型来说仍是一个有用的工具。

应该注意的是，并不是仅有地址应加以考虑，运作方法的选择也应在考虑之列。另外，如供应商货物的集运、集中周转率低的货物、保持企业分部的独立性和由供应商直接交货等评判标准也要考虑。一旦备选地址被决定以后，就必须马上收集有关运费费率、仓储成本和劳动力成本的数据，以备计算年运行成本之用。

（五）计算年运行成本

建模软件并不一定能保证正确的答案，只能作为决策过程中的一个辅助工具。有时还需对结果进行认真研究。物流计划的真正价值在于得到企业物流系统运作过程的知识、物流设计的知识以及以对物流网络真正有益的方式使用模型。会有很多备选的设施在成本方面很接近，因此使用一些其他标准来判断该模型就很重要。

1. 集中管理费用和订单处理费用

通常这些费用会随着仓库数目的增长而增加，而且协作与管理一个大型设施网络需付出更大的努力。

2. 周转和安全库存费用

更多的仓库意味着需要更多的系统库存。库存理论的观点是安全库存会随着设施数量的增加而增加。

3. 客户订单规模效应

离仓库近的客户较之于离得远的客户更倾向于小批量而多次数的订购。这表明当设施数目增加时，交货费用会递增。

4. 仓库间转移费用

物流中心设施数目越多，则协调难度越大，因此很可能因为库存能力的不均衡而在设施间进行更多的运输。

5. 有关仓储和交货成本减少的协商

设施数目越少则单独存量越大。因此，选择更令客户满意的仓储或运送方式的余地就大大地增加了。

在此讨论的主要内容是物流计划的整个过程，因此用于预估年度管理费用的各种技术将不被详述。不过，不管使用何种预估手段，整个设计过程都主要包括以下步骤：

（1）当前网络确认。用计算机模拟现在成本，并与实际成本比较。

（2）运行备选网络。一旦模型建立，那么相关的备选网络方案就要在现在的运输量与预计运输量的情况下运行。

（3）对运行结果进行总结并区分优劣。建立表格以记录各备选网络试运行的费用。该表格应将各物流中心费用单独列出。

（4）总结总年度费用和服务因素。建立表格列明所有费用和服务因素以备选择。

（5）进行敏感度分析。敏感度分析是以所建模型是由一些易波动数据组成的想法为基础的。这可能是一项不确定的费用或有可能要改变的费用。通过修改该参数，确定其对整个模型的影响。

（6）确定与每个备选方案有关的所有投资费用。比如，占用更少空间的新的仓库设备的费用、扩建的费用或诸如增加仓库的门等所需的改建费用等。

（六）比较相关方案

备选网络计划方案的经济分析是根据各方案实施费用比较进行的。分析时，需先确定有关备选方案的投资和节约，如添置新的仓库设备、建造费用、有关建筑物整改的费用。此外，必须得到下列信息：人员安置、生产停顿时间、存货重新安置、计算机系统重置、税收、设备重置和现有土地和建筑物的出售情况。

以上评估的结果应得到一个与基准投资收益率相比的投资收益率。完成以上步骤，通过变动各种成本，观察哪个备选方案最为稳定。之后，对有关客户服务因素及实施难易度等进行定性分析，以综合考虑备选方案。得出结论后，就要制定各主要步骤的时间进度表，包括从现在的系统向未来系统转换物流网络等的执行时间表。

（七）方案细节的制定

物流网络计划的最后步骤是将结果“推销”给最高管理层。其结果应使管理层理解该战略对于整个业务的影响。这不仅应该反映关于运输和仓储成本的财务情况，而且应该包括整个销售和客户服务的情况。

为了向最高管理层传递这些观点，应当备妥项目文件与演示材料。它们应当包括以下信息：

1. 目的

目的通常列在报告的介绍部分。

2. 建议

建议一般以计划的实施时间表形式列出，也包含整个的投资需求及所产生的效益，并绘出标明服务地域的地图。

3. 程序

程序详述了所采取的方法和进行研究的假设和数据。

4. 当前网络

当前网络阐述了当前网络的工作方式、存在的问题以及系统的限制。

5. 备选方案

备选方案应包括备选方案的评判标准并解释不同的备选方案，以及一些方案被淘汰的原因。

6. 模型计算结果

该部分的首要任务便是决定判别最佳网络所用的分析方法。然后，列出最好的 2～3 个网络。

7. 备选方案评估的结论

一旦最佳网络的方案被决定之后，就要评估在新的地方花费时间和资金重置网络是否在经济上和定性分析上是合理的。这个部分要列明投资额、年度现金流量以及每个方案相对于基准投资线的现值。并对备选方案作定性分析，告诉客户哪种战略最好及其原因。

8. 支撑数据

支撑数据包括一些备份的数据和计算等，将它们置于一个报告的附件中。

本章小结

对企业的物流系统提供设计与优化的解决方案，是高端第三方物流进入企业物流与供应链的切入点与前提。

对物流系统的设计与优化首先是对问题进行定义与计划，包括可行性分析与项目计划。可行性分析包括现状分析、机会分析及成本-效益分析。项目计划的工作包括确定目标（服务水平）、制定约束条件与衡量标准、选择分析方法（技术），然后制定项目工作计划。接下来是收集与分析数据、提出建议与实施。

配送网络计划可以分为战略计划、战术计划、操作计划与救急计划。战略性产品配送网络的设计包括七个步骤：① 物流网络的数据收集；② 明确送货要求；③ 建立数据库；④ 提出备选方案；⑤ 计算年运行成本；⑥ 比较相关方案；⑦ 方案细节的制定。

关键词

1. **可行性分析**（feasibility study）
2. **战略计划**（strategic plan）
3. **战术计划**（tactic plan）
4. **操作计划**（operation plan）
5. **救急计划**（contingency plan）
6. **差距分析**（gap analysis）

复习思考题

1. 试述一般物流系统设计的三个阶段。
2. 产品配送网络设计分为几种类型？各自的目的是什么？
3. 试述战略性产品配送网络计划的步骤。

案 例

某连锁超市的配送方案建议书

本案例是某一连锁超市的配送方案项目建议书，其中，L 为某一第三方物流服务公司，P 为某一连锁超市公司。

一、建议书概要

P 公司邀请 L 物流公司提供建议书，为其在某地的物流提供供应链解决方案。

本项目的目的是为 P 公司在顾客和供应商中树立一流的超市形象。作为 P 公司的主要物流服务提供者，L 公司期望降低总成本、提高顾客服务的水平。L 公司意识到 P 公司期望提高其运行效率，为顾客提供高质量的产品和服务，L 公司为此提供在有效成本水平内，能够满足甚至超出其期望的解决方案。

L 公司理解 P 公司的项目目标是：① 满足某地的业务增长计划和操作能力。② 供应链的灵活性和产生规模经济的能力（效益和效率），改善存货的控制和可见性。③ 集中管理时间与精力于核心事务，而不是物流方面。④ 在某地通过与有资质的公司缔结物流伙伴关系来运作仓储业务。

为了在开始时将运作影响降到最低限度，L 公司建议在开始实施阶段用影子管理的办法。在整个实施过程中，L 公司将用最适合的方法与 P 公司分析讨论，以便成功地接管物流业务，谋求作业利益最大化。

为支持 P 公司预计的销售增长、提供灵活的供应链、改进存货控制，L 公司将接管以下工作：① 关闭 x 地和 y 地的仓库，在 A 地增开一个新的仓库。② x 地的配送。

配送方案包括建立新的车队，该车队可以由 P 公司目前协议或子承包的配送车辆和 L 公司提供配送的车辆组成。

作为 P 公司的主要物流提供者，L 公司将负责：① 管理运作灵活、有效、透明的供应链。② 检查和实施改进生产效率的方法。③ 加强“最少存货”供应链原则的应用。④ 提供存货的最大透明度。⑤ 加强“标杆比较”技术（benchmarking techniques）。⑥ 使返还货、死存货、损坏和损失最小。⑦ 充分利用存货控制系统。⑧ 充分利用设备和空间。⑨ 必要时，协调或提供运输和配送功能。⑩ 和 P 公司紧密合作，以保证满足甚至超出 P 公司的满意水平。⑪ 进一步提出改进建议。

L 公司把合作关系看成一种特别安排（tailored）的商业关系，这种关系基于相互信任、坦诚相待、共担风险、共享利益。这样可以形成战略竞争优势，使得商业表现比单个公司更强。

L公司承诺和P公司不断合作，为其顾客提供高质量的服务。为达到这个目标，L公司承诺贡献必要的管理资源，来了解P公司所处的行业。

L公司相信下面的建议书已能够满足所有P公司的要求，根据提供的数据，能够预期建议书中指定的服务所需的成本为：

方案一：某地点仓储和配送操作　　××人民币元/年

方案二：某地点仓储和配送操作　　××人民币元/年

二、前言

本建议书根据P公司提供的数据，具体说明P公司在x地的配送中心和配送需求。

L公司安排了一名高级主管考察P公司在x和y地的仓库，发现有许多作业领域具有改进的潜力，包括：① 分散的配送中心。② 存储及分拣系统。③ 仓库管理系统。④ 其他。

L公司也派人员考察了设置于A地的P公司新建的购物配送中心。尽管这个配送中心选址比较恰当，但整个仓库地方太大，而且也不是专为P公司而建的。

当合作各方具有共同的目标时，伙伴关系就是以往存在的关系的自然延伸。对物流联盟的伙伴来说，一般应以供应链为基础，并尽力在成本和服务上做到领先。L公司把为P公司提供配送中心和配送服务看做是双方互惠关系的延伸，它能使双方都得益。

三、项目的目标

P公司正在寻求与有专业水准的物流服务提供者建立长期战略联盟关系，服务于P公司的供应链，包括：① A地仓库；② 配送服务的供应链。

P公司的具体要求包括：① 加强它在市场中的地位。② 与领先物流提供者合作。③ 提高操作能力与效益，满足业务增长的需要。④ 提高供应链的灵活性，增强规模经济性，扩大透明度。⑤ 改进长期全国增长目标的运作。⑥ 充分利用供应链信息技术。⑦ 提供可靠、一致的顾客服务。⑧ 改进仓库的使用，增强配送能力，提高生产率。⑨ 引进新的送货方式，增强装货能力，提高效率。

L公司的仓储和配送的作用包括：① 满足P公司的增长需要。② 节省管理时间，使P公司集中精力于主要业务，即管理、销售快速消费品和杂货商品。③ 提高当前的作业效率，提高商店服务水平。④ 在物流方面为P公司提供能在同行中保持领先的工具。⑤ P公司和L公司共同减少成本。⑥ 保持满足未来需求和全球变化的灵活性。⑦ 改进存货控制。⑧ 接受具体、及时和准确的管理信息。

其他方面的要求包括：① 帮助P公司协调短期和长期物流战略目标的能力，如降低物流总成本、增加业务过程的速度、改进资金管理。② 根据要求进行管理和汇报。③ 保证所有的运作符合“健康和安全”条例。④ 保持对顾客需要变化作出快速反应的灵活性。⑤ 汇报主要运作情况，参加每周的会议。⑥ 密切沟通、及时汇报，以便P公司以事实为基础作出管理决策。⑦ 不断改进运作，保证取得效率，使顾客服务水平达到甚至超过期望达到的或世界最好的服务水平。⑧ 在不影响客户服务水平的前提下，从当前的仓储和配送格局向新的操作方式转变。⑨ 对长期互惠的伙伴关系的承诺。

四、项目的主要建议（要求与任务）

L公司有许多有经验的物流专业人员，必要时可利用他们的专业知识来实施相关计划。根据提供的数据和L公司所得到的资料，项目的主要要求与任务是物流中心和仓库作业取得

“最佳实践”并提高生产率，下面的控制过程和程序是为实现项目的主要任务而设计的。L 公司将在这些关键的过程中安排和培训职员。

（一）过程

过程主要包括：① 接受来自各地的货物到仓库。② 把货物放在储存地区。③ 管理存货。④ 根据 P 公司指示，进行发货与订单通知、订单处理，包括分拣、检查和制作单证。⑤ 把货物放到 L 公司管理的运输工具上。⑥ 根据指示分拣单项商品。⑦ 必要时，把货物放到货盘上，将待送货物加固包装。⑧ 送货。⑨ 根据要求进行其他作业，如重新包装、重新堆放、加固捆扎等。⑩ 一年两次彻底盘点，日常盘点周期可按日、周、月进行。⑪ 处理从仓库到配送中心和配送中心到顾客的退货。

顾客服务水平做到：① 当地配送要隔天送达。② 准确配送率为 99%。

L 公司提供资源：① 提供运输、仓储、物料搬运设施和所需的劳动力。② 提供仓库安全保障。③ 提供完成指定工作所需的信息技术。

（二）人力资源

管理结构：L 公司将指定一位有经验的“合同经理”全面负责管理 P 公司的合同。该“合同经理”专门负责与 P 公司联系，负责合同实施的各个方面，并负责保证 P 公司对业务合作的满意。

人员转变：所有的转变费用，如 P 公司目前的人员从 P 公司转移到 L 公司下岗的补贴，将由 P 公司负责承担。

（三）合同汇报

仓储和配送经理向“合同经理”汇报，“合同经理”将与 P 公司的工作人员配合，有效地实施计划。我们建议合同中使用如下的“关键绩效指标”（KPI）：① 准时送货。② 特殊货物配送。③ 准确分拣。④ 通过能力。⑤ 能力利用率。

两家公司将进一步合作，共同开发合适的“关键绩效指标”，然后与该行业具体实践相对照。这些 KPI 在需要时提交，作为对比和改进作业的基础。

执行小组：L 公司执行小组的主要高级人员在运作实施、信息解释、人力资源管理、财务等方面都有自己的专长和经验。

（四）信息技术

所有的电子数据传送所需的计算机设备和通信设备的费用都由 P 公司支付。

（五）主要假设

起草这个建议时，仓储和配送操作是建立在下面假设（大部分已与 P 公司讨论过并取得认可）的基础上的。

总的假设：① 所有生产量均来源于 P 公司提供的数据。② L 公司将获得关于仓储和这一地区的配送车辆的操作与财务信息。③ 在调研阶段，P 公司将派 1~2 人做数据收集工作，为产品的运输和储存作总体的全面分析。④ 产品由 P 公司投保，仓库的保险由仓库所有人投保，L 公司对所有放在仓库的货物负有公共责任，并为公司拥有的资产投保。⑤ 货物属于干货类。⑥ P 公司将提供危险货物的详细说明，这可能导致仓库所有者对 P 公司的额外收费。⑦ P 公司将和 L 公司共同努力减少库存。

信息技术——存货控制系统的假设：① P 公司和 L 公司共同在当前的信息系统上开发存

货控制系统，在供应链中改进存货透明度。② 所有建立和正在运行的电子数据传递所需的计算机设备和通信的费用均由 P 公司支付。③ L 公司不承担 P 公司的计算机设备停工的责任。④ P 公司参加每周的 KPI 汇报工作会议。⑤ 可以提供有经验的人员和培训信息系统人员。

配送假设：① 所有的配送频率均根据 P 公司的数据作出。L 公司强调配送分析是根据每次配送的货托平均数和具体的配送频率来进行的。② P 公司的配送车队没有进入新的配送车队。③ 配送车队包括 2.5 吨~8 吨车，根据要求，额外的能力可以从 P 公司现有车队中或分包车队中获得。④ 所有的费用即保险费、注册费、路桥费、燃料费、汽油费、轮胎费和运输工具的清洗费和维修费都包括在内。⑤ 到广州和深圳市区的卡车可载 2 吨，其他的至少 5 吨。⑥ 卸货时，每辆车有一帮手，卸货时间：2 吨 1 小时，5 吨 1.5 小时，8 吨 1.5 小时。⑦ 所有的大城市，在“紧急订单”时，有些可在白天限定时间进入内环，或内环线仓库将接受夜间货早晨送货。⑧ P 公司的仓库必须开门，配备适当的人员接收和签发所有的白天和夜间的送货。

配送中心的假设：① P 公司将积极减少死存货与退货，以协助仓库空间的利用和生产率的提高。② 假定是标准仓库业务和操作业务，如不需特殊处理。③ 地点是 A 地。④ 所有的干货区域大约为×××平方米。⑤ 仓库将能适应标准托盘的五层堆放。⑥ 有足够的空间来进行有效的加工和临时储存。⑦ 封闭的仓库地层。

（六）存货数量、通过量和配送中心设施数量的显示

可用表 6-7 表明存货数量、通过量和配送中心设施的数量。

表 6-7　存货数量、通过量和配送中心设施的数量

数　据	数　量
某年 8 月份 预测交货量	
某年 9 月份 预测交货量	
某年 10 月份 预测交货量	
某年 11 月份 预测交货量	
平均通过量	
促销通过量	
春节通过量	
每天工作班次	
每周工作日	
仓库数	
仓库总面积（干货）	
空调面积（冷）	
托盘存储位置（托盘位）	
货架面积（平方米）	
安全货架	

续表

数　　据	数　　量
堆货分区	
摘果式订单挑拣	
库存单位数	
门店数	

（七）物流系统的定义

根据假定的产量、通过量和运送效率，设计了配送车队。核心配送车队以某年某月的量来设计。物流系统的定义如表 6-8 所示。

表 6-8　物流系统的定义

起　　点	目　的　地	城　　市	单程距离（km）	频率（次/周）
A 地	××	C1	20	4
A 地	××	C1	20	4
A 地	××	C2	35	3
A 地	××	C3	40	3
⋮	⋮	⋮	⋮	⋮

运送的规定：配送车队在夜间、在城市或内环线内部用两个轮班运送货物。在城市或内环线外部将在白天接受送货。

五、项目的措施与安排（实施）

通过引进新设备和配送车队，L 公司将提高生产率，使得 P 公司的物流成本最优。这可以通过以下措施达到：① 良好的管理实践。② 关闭目前低效率的仓库。③ 新的配送车队。

建议书不仅可用来管理增长的业务，而且是关于 P 公司集中整个配送中心作业的总体战略。这一战略将能更好地控制 P 公司的服务水平和存货成本。

假定计划中新门店开张，时间计划的改变对 P 公司是很重要的。因此，两家公司必须紧密合作，达到启动时间的一致。这个建议书是基于 A 地运作配送中心，配送开始日期某年某月某日为基础制作的。

本建议的提出需要具备丰富的行业知识，它能帮助 P 公司在供应链管理上作出战略性变化，使其在市场竞争中取得优势。这需要综合信息技术、物料搬运、电子商务、运输和人力资源等各方面的因素，需要有一个积极参与 P 公司在这些领域的组织，它能帮助 P 公司在所有这些领域进行决策。

过渡期的作业：L 公司在建成新配送中心之前，应公开地讨论租用设备从事操作的可能性。临时可采用的办法是先行运作，当新的配送中心建成，再将作业转向该配送中心。但是，如果 A 地配送中心的建设因不可控因素而延误，那么临时运作就应延期进行。

这样的运作，可使 P 公司获得的利益在于：① 新的门店可得到及早支持。② 可使供应商收到以规模经济采购的效益。③ 运输立即开始。

对于L公司来说，它也可以以严格的操作、有效的反应为基础，管理P公司的供给链。为此，L公司将热心于和P公司结为业务伙伴，共享物流机会。

A地物流中心：物流方案依赖于配送中心的设计和预期完成的时间计划。除此以外，扩容的灵活性也是另一个重要问题，道路、硬件设施、冷藏库、货架等都会与物流方案一起影响总成本和效率。下面的物流方案是以需求为依据的。

L公司同意维护好P公司在A地的配送中心设备，使其在任何时候都能保持清洁。只有经授权的人才可以进入仓储地，到访的驾驶员不准进入这一地区。

布局：堆放、货架和安全存货区。

存储：根据运载、需求、物理特征、存货水平、类型、重量、批量、先进先出（FIFO），引入影响效率机会的系统。

分拣：所有的分拣都是根据P公司的分拣单来进行的。现在正在做的作业研究将能决定分拣的最佳顺序。

任何缺货都将尽可能早地引起P公司的注意。

一旦完成订单，它们就移到待运地带，与单证工作结合并装到送货车辆上。

存货周转：除了P公司指出的特殊产品，存货周转将根据“先进先出”原则来进行。周转较慢的存货将定期检查，而到期产品将尽早通知P公司。

发送：为了保证装货的完整性，将对所有订单进行仔细全面检查。

冷库：P公司配送中心有一个冷库，供仓储易腐物品和糖果之用。L公司把这一部分成本计入总的作业成本中，然后，把它分为偶然与可变的部分。

资源水平：和P公司讨论并征得同意，目前的工作人员将从现在的地方转到新地方去。最终成员和核心业务能力成员将组成执行小组。

物料搬运设备(MHE)：目前各地方的物料搬运设备，期望能转到新的配送中心。但是，必须在关闭现在的仓库前对它们进行评估，而成本计算是以新设施为基础的。

配送概况：L公司认为门店运送次数通常由门店决定。我们设想配送方式将是直送门店、整车和循环取货的组合。这里的问题一般是门店劳动力协调的问题。L公司建议采用一个特定的沟通计划以便实现协调。L公司建议和P公司合作，尤其在优化送货时间、提高工具的利用率以及减少年度总费用等方面。

城市内部和内环线的门店夜间配送是必需的。L公司赞成对这些门店延伸其配送，这意味着能更好地利用L公司的运输工具，节省P公司的费用。

运输工具：通过子合同承包作为可变成本支持专一的L公司车队，提供运输工具，L公司将提供灵活的操作能力，满足运量变化的需要。在运量增加期间，L公司将增加子合同车队的比例，维持固定费用的最低比例，同时确保服务质量。

六、物流费用的计算

表6-9和表6-10分别列出了操作费用的固定和可变部分。表中有两种价格可供选择：一种是租用仓库的费用；另一种是没有仓库租用的费用。

9—10月固定费用的增加是由于P公司预测业务量的增加与资产和资源的增加所导致的。假设以12月作为年固定费用的基础月份，如果业务量超过预测量或者发生其他变化要求增加固定成本或资源，L公司在实现基础月份的固定费用后，将参与P公司的任何固定费用增加计划。这种费用收取建议是固定的，当对12个月的成本结构已较好地理解后，可根据单位价格计算可变费用。

表6-9 方 案 一

	9月份（5周）	10月份（4）	11月份（4）	12月份（5）
总固定成本				
仓库租赁成本				
可变成本				
仓库临时劳动力				
通信费用				
仓库消耗				
仓库营运成本				
运输营运成本				
子合同				
管理费				
税收				
总可变成本				
间接费用、管理费和税收				
总成本				

表6-10 方 案 二

	9月份（5周）	10月份（4）	11月份（4）	12月份（5）
总固定成本				
仓库租赁成本				
可变成本				
仓库临时劳动力				
通信费用				
仓库消耗				
仓库营运成本				
运输营运成本				
子合同				
管理费				
税收				
总可变成本				
间接费用、管理费和税收				
总成本				

实施：对起始实施费用应分开计算。表6-11和表6-12显示了在操作的头12个月起始实施费是怎样发生的，这些数字是以完成起始实施所需的资源为根据的。为了更好地反映运量的增长，费用总量可能发生变化。

灵敏性分析：表6-11和表6-12中包含以12月份为基础业务量的75%~125%的可变成本的灵敏度分析，但该表没有列出构成可变成本的具体项目。假设固定成本不变。根据我们现在的分析，理想的固定成本和可变成本分别大约占80%和20%。如果基础的量变化要求操作作出较大调整，那么，相对于任何长度的时间就会使固定成本的比例有所变动。于是，固定成本的资产和资源也就必须相应地调整。例如1、2、3月份以125%基础量运作，可能由增加固定成本组成，进而使固定成本有增加的必要。

表6-11　固定成本包括仓库租赁（选择1）

基础量	75%	90%	100%	110%	125%
新的12月份的量					
总固定成本					
总可变成本					
固定成本占总成本比率（%）					
总成本					

表6-12　固定成本不包括仓库租赁（选择2）

基础量	75%	90%	100%	110%	125%
新的12月份的量					
总固定成本					
总可变成本					
固定成本占总成本比率（%）					
总成本					

案例讨论

1. 试述项目建议书的特点。
2. 项目建议书包括哪几个部分？

即测即评

请扫描右侧二维码，进行即测即评。

第七章　第三方物流的绩效衡量与监控

引　　言

对提供第三方物流服务的公司来说，特别是提供物流管理服务的第三方物流服务提供商，物流项目的绩效衡量与监控能力已成为能否开拓与保持业务的关键之一。本章将讨论物流服务项目绩效衡量与监控的内容和方法，包括对客户服务绩效的衡量和监控，成本与生产率的衡量和监控，以及仓库、运输、存货的监控。

第一节　第三方物流绩效衡量与监控的概念

第三方物流服务的监控是以成本与效益的正确衡量为基础的。第三方物流服务提供者对物流系统有效地衡量与监控对被服务企业的物流管理非常重要。物流服务监控系统必须建立衡量客户服务满意度、存货可得性以及成本控制三方面的标准。物流服务项目的监控需要建立以下基本概念。

一、集中重要的数据与事实

现代企业管理中最主要的问题是由繁多的数据引起的。现代信息与通信设备（条码扫描器、自动收款机、电子数据交换系统、无线电射频系统等）为收集大量数据提供了捷径，而电子计算机则能快速准确地处理这些数据。然而，如果没有监控与管理系统把重要信息从大量的信息中提取出来，管理与监控人员就很难有效地进行管理。

因此，第三方物流系统管理的第一个概念是要把重点放在重要数据上，不要浪费时间整理那些琐碎无用的资料。监控的核心是集中，把精力集中于能说明系统是如何工作的以及问题源于何处的关键点。这样，有用的数据将有助于发现并纠正监控系统中尚未发现的问题。

例如在客户服务中，要衡量哪些是客户最易感受到的服务，比如订单完成率（order fill rate）、客户实际的订单周期时间（order cycle time）、完美订单完成率，电话不通的概率等。在仓储中，人们最关心的问题是人员和设备的配备及效率，如每工时的分拣量。

二、第三方物流系统监控要确定适当的报告周期

理想的情况是把时间间隔或报告周期建立在可控活动的基础上。如果系统要监控的是公用仓库的费用，合适的报告周期应当是一个月，因为周期再短的话，就难以核算出实际费用

支出。若第三方物流公司要监控物流配送中心劳动力的利用情况，就要以小时和天为单位时间报告结果。月度报告不能及时发现问题，因而不能及早提供提高整个系统效率的机会。

关于时间间隔和频率主要需注意以下四个方面。

（一）客户服务

对于客户满意度，可以月度为单位，每年做一次满意度调查。订单完成率，可以周为单位，月度作出报告。总的订单周转时间，可以月度为单位。电话接通率，以天为单位，月度作出报告。

（二）存货管理方面

库存单位数、批量和存放位置必须实时控制。对比预算情况的报告应按与补货系统同样的周期来编写，如按周或有时按日编写。

（三）劳动力利用情况

仓库监控可以作为计算机仓库管理系统的一部分实时进行。报告应以日、周或月按设施或部门总结其结果。

在人工控制仓库，记录频率起码应是每天的，每周应出一份管理报告。

（四）精确性

存货数量和准确的位置最好是连续循环地进行监控。货物的监控频率是由 ABC 分类来决定的，即对高价或快速周转的货物进行较高频率的监控。

订单准确性由采用扫描器与条形码的系统来把握。这样监控的频率是实时的，而报告则按日和周来作出，每月作一个总结。

很难用一个例子说明监控和报告的间隔频率，对每一个衡量要素的合适的报告间隔取决于要素本身和所使用的控制系统。

总之，建立第三方物流监控系统应遵循的基本原则，即集中于重要的事实或数据及确定合适的监控间隔或频率。

第二节　客户服务的监控

对提供整合与管理型的第三方物流服务公司来说，它们对企业各物流环节（运输、仓储等）的协调负有基本责任，即应使物流系统有效地运作，达到以精确的时间、精确的地点把产品送给客户的目标。物流服务的目标是使客户满意，因此，客户服务监控系统需要衡量两大类变量：

第一，产品交货过程中的客户满意度。这是一个“软”数据的领域，即并非很精确，且主观性较强的数据。然而，这个指标是非常重要的。

第二，内部统计数据。它们是对客户满意度最具影响的度量。这些数据的内容随时间与行业不同而有区别，客户最常关心的指标是产品的可得性、交货周期、信息和通信系统的反应速度等。这些方面的表现水平是可以衡量的。但必须注意，不同时间与不同行业对不同的指标有不同的重视程度。

因此，衡量客户服务水平的监控系统是相当复杂的。以下五个步骤可以保证指标设计与应用的合理性：

第一步，进行客户调查。客户调查可以确定客户的需要、竞争对手的能力和表现水平以及由于当前服务水平的改变而引起的经济上的得失。

第二步，内部的审计。审计有助于确定当前的服务水平、取得当前服务水平的成本、需要改进的服务方面的问题及较好的（或较差的）服务的成本影响。

第三，确定服务目标。每一个服务变量的目标都必须以客户需求、竞争对手的服务水平以及公司内部的能力和经济性为基础。

第四，设计监控系统以衡量每一个服务变量。量度常以实时方式进行，它以交易行为过程系统中的统计数据积累为手段。在某些情况下，必须从分包方那里取得必要的信息，它可能是公路运输公司的送货时间和公共仓库的订单处理时间等。

第五，设计报告系统。每一服务要素以定期的管理报告给出。通常报告按月制作并递交，而负责的部门应以天与周来检查详细的数据。

为确定客户对服务水平的满意度，必须进行客户服务的调查。调查中要考虑三个关键的问题：① 用什么方式与客户联系；② 哪些客户服务要素需要调查；③ 需要调查多少客户。

关于联系方式。客户满意度调查是从市场研究的方法中派生出来的，对客户的调查有多种方法，但在第三方物流系统中，常用的方法有以下四种：

（1）小组会议。从公司各个部门选出 4~5 人组成代表小组，代表相应的部门，亲自到大客户的对应部门登门造访。一般只选 4~5 个大客户。调查前，需要做大量的准备，包括相应的演示材料、会议设施，小组组长准备一份书面的报告，接下来的议程是为保证能对客户需求有最快速的反应。

（2）个人采访。经过培训的采访人员可以从许多客户中选择其中的几个代表进行采访，就事先准备好的一些问题提问，部分目的是为了获得有关数据，但主要的目的是为了获知客户对主要服务方面的感受和关心之处。采访的一个重要副产品是对竞争对手能力与表现的认识。

（3）电话采访。许多顾客不愿接受个人采访（太浪费时间），电话采访正好弥补了这一点。电话采访获得的结果一般是定量的，背景信息却少之又少。但这种采访方式成本较低。

（4）问卷调查。这种方式都随函附上回寄的邮票和信封，然后寄到顾客手中。这种方法能获取的信息一般是定量的，顾客意见和想法的信息非常有限，比较竞争对手的资料也能找到，但是很难得到细节性资料。

调查表设计通常以概括性地提出要解决的问题展开。设计中要考虑两个主要问题：① 服务的重要性；② 影响顾客对供应商评定等级的因素。

问卷一般有 1~5 个由被调查者自由发挥的问题，诸如服务重要性、是否完全满意以及需要改进的地方，但问卷主体会包括一系列服务要素（订货周期时间、货损等）。调查问卷的一个例子如表 7-1 所示。

接下来，需要提出三个方面的问题：① 服务质量的重要性；② 对服务的满意程度；③ 与同行竞争对手的比较。

表 7-1　问卷调查的一个例子

（请根据服务质量重要性、服务水平和与竞争对手比较打分）

服务要素	服务质量的重要性			目前服务水平			竞争对手的表现		
	无关	中等重要	重要	不能满足要求	基本满足要求	完全满足要求	不如	相同	强
1. 订单周期（送货速度）									
2. 产品可得性									
3. 按时送货									
4. 存货、开单、送货时间等的信息									
5. 订单下达的程序									
6. 纠错程序									
7. 处理投诉的程序									
8. 现场人员									
9. 客户服务代表的态度									
10. 发票准确度									
11. 运输准确度									
12. 应急反应能力									
13. 退货程序									
14. 产品包装（当收货时状态）									
15. 标志方面									
16. 仓库远近									

要求完成采访的顾客数或完成的问卷调查数（样本量）可以通过统计方法确定。根据采购量的大小，客户可以分为三大类（例如大客户、前 100 名或前 200 名的客户、其他）。大客户一般通过小组会议调查。前 100 名的客户通过个人或电话调查，只要有 50% 的样本或更多一点就可以了。值得注意的是，问卷回收率不高的话，必须运用一定的技巧以提高回收率。

关于顾客服务监控间隔问题。对顾客满意程度进行连续调查与监控是十分重要的，可以通过两种不同的方式来完成：① 每隔一年或两年重复一次客户服务调查，精炼样本和调查问卷并保留一些关键性及长期性的调查因子，以获取连续的调查记录。② 遵循一些公司的做法，每一季度以信函或电话的方式对前 100 名顾客中的 25 名进行抽样调查。这样就为管理系统提供了一种每季度和内部统计衡量数据相比较的方法。

第三节　成本和生产效率的监控

对物流配送系统成本的监控是第三方物流公司可以为客户进行的一项重要活动。对成本监控的讨论从两个方面展开：① 按设备成本来划分的总成本；② 生产效率，即描述一次作业、一个人或一台机器效率的投入产出比。

一、物流配送成本的监控

公司的成本管理体系一般是建立在每一成本发生的分类账户基础之上的。成本一般与产品、计算时期有关。一般情况下，劳动力或材料成本可分别计入一个特定的订单中，而有些成本，如租金或折旧，是与时间有关的，它们可计入同期所生产的产品中。

在成本计算系统中，这两大类费用被计入功能活动和设备之中，并在部门会计时期（一般为月度）中报告。

因此，物流配送系统的成本可以从每一设施的月度要素成本中得到。物流配送部门将知道以活动、设施和成本中心计算的物流配送成本。发生的每项成本通常在月末、年末进行分析，并与年度执行计划或预算及前一执行年度相比较。

物流配送中心的成本一般细分为：管理费用、劳动力成本、补贴、租金（建筑物折旧）、电、热、动力、电话、税、设备租金或折旧及其他。

成本可以计入下列项目之一：① 进货物流费用；② 出货物流费用；③ 内部设施之间的物流费用。

由其他公司支付的运费可以减去，每一公司都有如何计入运输成本的不同习惯，然而，总成本是一致的。

虽然成本的细分可以给出一些供监控用的信息，但为了监控成本还需作进一步的分析。因为每日、每周和每季节的量是不同的，绝对值很难说明问题，所以一般物流项目经理对设备的控制要用一些成本的相对数。经常使用的两个成本比率是：

（1）成本占收入的比例。大部分公司预算是按销售额作出的，这样，仓库功能将根据历年货运成本与销售额的比例来分配费用。仓库费用额是很大的，可能占销售额的2%。

（2）成本占重量的比例。这一比例常用于由第三方或公共仓库来进行存储与发运的货物。类似地，比例也可以根据订单处理数、处理箱数等来确定。

其他方面，如订单的下达、客户服务和配送网络管理等也可用类似的方法。

运输成本是会计期间的累积成本除以运输的重量或周期销售收入。

这些有用的比率数字形成了最基本的物流配送成本监控系统，一般需要有关软件来处理大量的数据。

二、物流配送系统生产率的监控

以上介绍的成本监控方法已采用多年。这些技术具有灵活性，它可以监控许多设施和产品流。然而成本监控需要更详细的比率，并且更接近于成本发生时间。利用这些比率与成本发生时间的比率进行监控，就称为生产率监控。从技术上说，任何生产率的监控都需要计算出一个比率，用以表明在给定的时间或给定的投入所产生的产出量。例如，在监控仓库时，成本对收益的比率，或成本与所发送货物重量的比率。生产率主要用来与历史的表现或竞争对手的表现作对比。在评估生产成本时，需要更详细的信息，以便能对每一个具体操作作出评估。

在仓储中常用的产出单位是订单、货物种类、箱、千克、单位容器、托盘等。

投入的单位是工时或时间（分钟）、工时费用等。

对比的对象可以通过换算来规范，以便使它们之间具有可比性。例如，在家具仓库，假设以 1 把椅子为单位，而 1 张沙发可换算成 3 把椅子。那么，2 把椅子加上 1 张沙发就应换算成 5 个单位的产出。

同样，劳动力的投入可以换算成工时费用，以便计算出不同的工资水平和加班费或不同班次的差别。

用以上的方法，我们来看一个例子。假定仓库本月发运 2 000 个订单，每一订单平均有 5 种产品。因此，仓库发运总共 10 000 个单位，这就是产出。

投入以工时来表示，假如仓库有 16 个雇员，如果都以正常月来衡量（即 168 小时），总共投入 2 688 小时。则本月的生产率可以用几种方式来表示，如：0. 74 订单/工时、3. 72 单位/工时、1. 34 小时/订单、0. 26 小时/单位。

三、生产率的衡量

通过应用以上方法，对顾客服务可以计算出类似的数据。所有仓储设施，也可以对生产率进行衡量，以便进行纵向或横向的比较。然而，作为一个有实际用处的工具，衡量系统对每一个人和各个不同的工作组（如分拣、打包、装货）应分别报告其生产率。许多公司采用这种方法，如以个人、功能、总计的生产率分别测算，用于监控物流配送系统的效率。

类似的建立生产率衡量系统程序如下：

（一）列出所有需在仓库中进行的工作

需要列出的工作可以在管理人员会议上讨论确定，或通过研究决定。开始的工作类别可包括下列项目：接收、存储、补货、订单分拣、订单组合和打包、运输与装货、退货处理。

需要注意的是，因为每一类别下应有足够的工作，以提供一定时间或人员之间的平均统计数据，所以所列项目不可以太长或太详细。

（二）工作分析

分析每一项工作，确定基本工作内容，对其表现建立一个衡量方法。这类分析可以通过一个详细的工程方法研究，也可以通过简单的管理人员讨论会对每一工作确立一系列的关键的、必须完成的事项以及最佳表现的衡量。例如，下列工作内容可以用于订单分拣。

工作内容：分拣订单、取托盘、取出贮货箱、挑拣在订单中规定的货物、在分拣区放置完整的订单。

衡量：挑拣货物的种类数、挑拣的订单数，加上货物种类数。

（三）按总时间、每日或每周计算的生产率

生产率控制人员应完成计算工作表格中的本周所有工作。采用计算机工作表软件可以计算出每个人的生产率和所有劳动力的平均生产率。

（四）确定工作标准

最后，需要说明一下有关工作标准的问题。这是在生产率量度以外的一个工作步骤，但这是控制人员成本的重要步骤。可以有很多方法制定标准，在此只作简单的讨论。

1. 积累一段时间的数据，比较过去与当前的表现水平

计算进货卸货所用的时间，计算收货的数量，然后对收货小组的个人和平均表现进行计算。一般情况下，标准是按照去掉所有的平均表现差的数据，然后计算平均数，这就是历史标准。

2. 在不同设施间进行生产率比较

例如，每工时卸货的单位数，可以与所有设施的平均数相比较，它可以作为标准，这个标准称为比较标准。

3. 进行时间研究，以便对每一个活动分配合理的表现水平

例如，用秒表记录最好的叉车司机的时间，用这个时间作为卸货标准，这就是工程标准。

时间研究方法现在为许多配送部门所采用。采用这种方法时，分析人员需要做以下工作：①对作为一项标准所需的任务进行细分，使其成为在内容上有一定通用性的一系列活动。②在标准时间的数据库中，找出每一项基本活动的时间。③求出整个操作中的每一个要素或活动累积的时间。④增加缓冲因素以考虑个人方便的时间、疲劳和无法预测的中断和延期时间（PF&D）。

基于简单叉车的例子如表 7-2 所示，表中得到的工作标准可以用来评估叉车操作员在一天中的表现。

表 7-2　工作标准的例子

组成部分	所需时间（分钟）
开至托盘	0.10
叉入托盘	0.05
提开叉子	0.10
开至 100 英尺①的堆放区	0.40
放下托盘	0.15
开至起始位置	0.40
小计	1.20
PF&D	0.18
总计	1.38

监控报告可以比较操作者的表现水平，确定每个人的效率和小组的总体表现。

① 1 英尺 = 0.3048 米

现实中，对大部分仓储活动建立一套生产标准是可行的，它可以确定总的表现水平和工人的效率。如果计算出这些标准，它们可以被用于：① 确定对每一业务量水平设施的合理人员水平。② 把设施每天的效率和预定的目标进行比较，而不是与其他那些不同的设施相比。③ 通过对每一操作人员提供足量的任务以改进生产率。

第四节 仓库、运输和存货的监控

一、仓库的监控

通过外包合同运作的第三方物流公司的监控与以资产为基础的公司自己运作设施是非常相似的，它们以收入和通过量为基础监控合同方的成本，即销售量的成本百分比或重量的成本百分比。

总数可以扩展至包括合同中规定的基本处理单位，通常以箱、件、订单等表示，因此，第三方物流对仓库的监控系统包括：① 每时期的成本。包括装卸、储存、附加服务、特殊服务、总计等。② 以订单、箱或重量表示的产出。包括进货、出货、存储等。③ 投入产出比率。

通常，第三方合同也规定服务水平和生产率目标，这与公司自己运作类似。显然，日常和每时每刻的控制由第三方负责，对被服务的公司来说，不需进行短期成本控制。公司物流部的长期控制是通过合同条款和竞争性招标来进行的。

二、运输的监控

从生产地到消费者之间的运输成本一般是很高的，发达国家典型的物流配送系统中运输成本平均占销售收入的4%。因此，尽量减少运输开支并提供与费用相对应的服务水平是很重要的。

一般物流配送监控系统对运输的监控有两个以上的层次：

第一，整车或大批量的原材料供应给大客户。这些货物可以是包装或托盘化的，也可以是干散货或液体散货。运输方式可以是铁路、公路、水运或航空。

第二，从物流配送系统中心向客户的小批量配送。可以采用所有的运输方式。物流监控系统应记录所有发运的货物、客户服务水平、发生的成本等。监控是在两个相关但分开的系统中进行的（货物流与资金流）。

（1）货物跟踪。现代的服务敏感性物流配送系统必须提供货物的实时信息，包括提供货物的位置与状态。这些信息提供给服务与销售人员和客户以确保有效率的运作。现代货物跟踪系统较为昂贵，但由于服务的改进，提供的竞争优势是显著的。

（2）运费账单审计与以合同运价方式支付公共承运人的运费。运价考虑到了起始点的位置、货物类别、货物体积和重量、运输距离、包装形式和地域。运费账单必须审计后支付。运输账单处理系统通常接受审计、支付账单和提供控制系统详细数据。

系统可以用手工操作，也可以计算机化。现在发达的系统由条码、电子标签和其他扫描系统及高级处理软件组成。

发达国家典型的物流配送部门把这些服务分包给一个或多个第三方，由它们负责运作。许多公司有三个独立的第三方公司运作：

（1）一个或多个网络运输公司，在配送中心提货并发送产品给收货人。承运人制作运费账单，并送到运费支付服务公司。

（2）由一个运输服务公司通过比较托送人的发货通知和商定的运价，审计运费账单。然后由服务公司代表托送人支付正确的账单，或把审计过的账单交给另一个应支付的公司。

（3）货物运输和交付的跟踪系统。即以电子数据交换（EDI）为特点的网络，它可以由供应链中包括货主、收货人、承运人、配送中心运作者或外部网络提供者的任何一方来运作。

三、存货的监控

存储和保持产品存货的成本是物流配送系统设计的一个重要的需要考虑的方面。

（1）存货在一个公司资本投资中占很大的比例。例如，在美国的制造业，货物平均每年周转 4 次，而存货成本通常占销售额的 50%。因此，每 100 单位的销售中，有 12.5 单位是投资于存货。

（2）保持存货的成本可以是很大的。它不但包括利率成本，还包括产品老化、损坏、保险等成本。

大部分的存货存在于物流配送系统中，通常，配送订单是根据制造厂和基于对销售量和配送要求而产生的。监控投资和保证货物的安全是配送系统的主要功能。

从功能上说，对物流配送监控系统的要求是容易获得有关存货的数据。因此，必须能精确地知道有多少库存单位存在和目前存放在何处。

在较小的和老式仓库中，汇总的存货记录一般集中在存货文件中，而在仓库中的有效位置的记录则在另一个文件中。现在的做法是使用较为复杂的仓库管理系统，把两者（数量和位置）结合起来。

存货信息是以实时形式（即与交易同时发生）或根据批量每小时或每天更新。最新的方法是通过条码或电子标签和扫描系统准确地记录存货的产品和位置。

然而，出错也是难免。为了尽量减少错误，最好的方法是定期盘点。这种监控方法，需要一个人或一个小组对产品及位置进行盘点，然后把结果输入计算机终端，计算机系统可以显示被盘点到的货物。在另外的系统中，存货盘点人员可以周期地对所有地点的货物进行盘点。

通常都把每月汇报存货的准确性，视为物流配送系统质量保证计划的一部分。典型的无条码化仓库的准确性是 95%~98%，即每次盘点有两个可能的错误（数量和位置），总的货物盘点正确率不应低于 95%。在条码系统中，准确性大于 99% 是常事。如发生错误，一般是系统相关的错误而非仓库的错误，除非遭窃或货物损坏。

第五节　关键绩效指标的制定与管理

对第三方物流的服务绩效衡量，需要制定一系列的关键绩效指标。关键绩效指标需要根据项目标具体情况来开发与制定。在制定 KPI 时，第三方物流企业与客户的共同投入是最好的。因为第三方物流对外部物流市场与绩效的可能性比较了解，而客户对自己行业的实践及客户的要求比较清楚。双方应合作开发合理的关键绩效指标。

表 7-3 与表 7-4 是为某第三方物流项目制定的 KPI，其中表 7-3 是关于运输服务的 KPI，内容包括：准时交货考核指标、货运单签收及回单完成指标、货物安全性、运输损害报告反馈指标。在开发与制定 KPI 时，首先要对相关指标进行明确定义，然后确定达标的标准，最后是不达标的处罚措施。在确定达标的标准时，要注意不能定得太高，也不能定得太低。太高了脱离实际，达不到、起不到应有的作用。太低了，到不了应有的服务水平，客户的满意度下降。对处罚措施，也要制定得当，处罚太重，第三方物流公司会放弃业务，处罚太轻了，又不利于促进第三方物流保持一定的服务标准。在需要的时候，对超出标准的表现可以适当给予奖励。表 7-4 是关于仓库管理的 KPI，包括到货、出库信息反馈、存货记录准确率、报表准确性、报表准确性考核指标、盘点差错率、仓库操作货损比率、事故证明反馈时间等。

表 7-3　运输管理 KPI 的种类、定义及考核标准与处罚措施

类别	KPI	定　义	考核标准	处 罚 措 施
运输	准时交货考核指标	在合同规定时间内送达客户的订单总数占可统计订单总数的百分比（合同规定时间是指运输报价单上的时间）	95%	每 1% 的差距，扣 1% 的总运费
	货运单签收及回单完成指标	在限定时间内将正确签收的货运单返回给该公司 考核标准：按该时间要求送达	90%	每 1% 的差距扣 0.5% 的运费；当差距超过 3%，按 2% 运费扣除
	货物安全性	安全送达次数比率	97%	每 1% 差距，扣 0.5% 的运费；当差距超过 3%，按 1% 运费扣除
		纸箱破损比率	0.3%	
		货物货损比率	0.05%	
	运输损害报告反馈	在限定时间内以书面形式将运输中发生的破损反馈给该公司	24 小时	
		货差事故或交通事故反馈给该公司	7 天	

表 7-4 仓库管理 KPI 的种类、定义及考核标准与处罚措施

类别	KPI	定　义	考核标准	处罚措施
仓库与存货管理	到货、出库信息反馈	在限定时间内将到货/出库信息反馈给该公司	到货签收、装车发运后的 1 小时	
	存货记录准确率		99.9%	每 1‰的差距，扣仓储费用的 5%；当差距超过 3‰，按 10%仓储费扣除
	报表准确性	提供给该公司关于仓库运作的报表的准确性	99.9%	
	报表准确性考核指标	每日库存报表、收发货变动表准确度	99.99%	每 1‰的差距，扣仓储费用的 5%
	盘点差错率	库存货物同账面库存的符合程度	0.01%	每 0.1‰的差距，扣仓储费用的 5%；当差距超过 0.3%，按 10%仓储费扣除
	仓库操作货损比率	考核仓库操作的安全性	0.02%	每 0.1‰的差距，扣仓储费用的 5%；当差距超过 0.3‰，按 10%仓储费扣除
	事故证明反馈时间	在限定时间内将仓库储存事故或第三者责任事故的合法证明文件或报告提交给该公司	7 天内	

KPI 一旦确定，第三方物流公司必须做到。否则，要有相应的规定，例如：① 1 个月达不到，限期整改。② 连续 3 个月达不到，可以取消合同。③ 达不到有关 KPI，将扣去一定的服务费，具体规定见表 7-3 和表 7-4。④ 第三方物流承包方的服务将定期进行评估。

下面的一个例子是某配送中心对第三方物流服务的 KPI 进行的统计与打分，见表 7-5。

表 7-5 2006 年关键绩效指标的履行情况

序号	类别	项目	计算公式（1）/（2）	（1）	（2）	KPI	新标准	旧标准	满分分值	实际分值	得分
1	收货	预约准时率	准时预约订单总数/订单总数	2 194	2 194	100.00%	100%	100%	2	2	2
2		收货及时率	准时收货订单总数/到货订单总数	2 185	2 185	100.00%	100%	100%	2	2	2
3		收货效率（箱/（人·小时））	收货总箱数/总收货小时	265 201	221	1 200	620	550	4	4	4
4		系统确认率	确认订单总数/订单总数	2 185	2 185	100.00%	100%	100%	2	2	2
5		收货差错率	收货差错额/总收货额	11 400	46 409 278	0.02%	0.06%	0.10%	5	5	5
6	拣货	店铺订单不满足率（按订单）	未满足订单数/总订单数	187	15 593	1.20%	1.00%	1.50%	6	6	4.80
7		店铺订单满足率（按价值）	到货商品价值/总订单价值	40 598 861	40 606 982	99.98%	99.98%	99.98%	6	6	6
8		拣货效率（箱/（人·小时））	拣货总箱数/总拣货小时	328 933	4 588	71.7	57	57	12	12	12
9	送货	配送及时率	准时次数/总送货次数	2 024	2 024	100.00%	100%	100%	15	15	15.00

续表

序号	类别	项目	计算公式（1）/（2）	（1）	（2）	KPI	新标准	旧标准	满分分值	实际分值	得分
10	申偿	申偿率（价值）	申偿总额（元）/总送货额（元）	5 576	40 598 861	0.014%	0.03%	0.05%	6	6	6
11	申偿	申偿率（单数）	申偿次数/总送货次数	78	2 024	3.9%	3%	5%	6	6	4.29
12	申偿	申偿处理及时率	及时处理品数/申偿总品数	78	78	100.00%	100%	100%	4	4	4
13	退货	退货准时率	按时拉回退货店铺数/退货店铺数	无退货	无退货	无退货	100%	100%	2	2	2
14	退货	店铺退货处理及时率	按时签回退货店铺数/退货店铺数	无退货	无退货	无退货	100%	100%	3	3	3
15	盘点	库存差异率	总差异价值/总配送额	6 865	59 081 948	0.012%	0.03%	0.04%	5	5	5
16	成本	平均每箱运输成本（元）	总送货成本（元）/配送总箱数	99 078	328 933	0.30	0.34	0.34	5	5	5
17	成本	平均每箱劳动成本（元）	总劳动成本（元）/配送总箱数	171 239	328 933	0.52	0.53	0.53	5	5	5
18	成本	平均每箱总成本（元）	总运作成本（元）/配送总箱数	450 435	328 933	1.37	1.39	1.39	10	10	10
总分									100	100	97.10

本章小结

第三方物流服务项目的监控第一要集中于重要的数据，第二要确定恰当的报告周期。客户服务水平的监控系统需要按照一定的步骤以保证指标的设计与应用的合理性，包括客户调查、内部审计、服务目标的确定、设计与衡量相关指标及设计报告系统。第三方物流可以为客户的物流配送系统进行成本与生产率的监控。成本监控是按运输、仓储等设备成本来划分的总成本，生产率监控是关于一次作业、一个劳动力、一台机器的效率或投入与产出的比。按第三方物流公司管理的环节，监控可以分为仓库的监控、运输的监控与存货的监控。对仓库的监控包括每期的成本，以订单、箱或重量表示的产出，投入产出的比率。运输的监控包括货物流与资金流。货物流的监控就是对货物的跟踪，可以采用现代信息与通信系统进行。存货的监控必须能知道有多少存货单位以及在什么地方，最新的方法是通过条形码或电子标签和扫描系统准确地记录存货的品种与位置。

关键词

1. **订单完成率**（order fill rate）
2. **订单周转时间**（order cycle time）

复习思考题

1. 第三方物流服务监控的重点应该放在哪两方面？举例说明客户服务监控的具体指标与报告时间间隔。

2. 客户服务水平的监控系统指标需要经过哪些步骤才能保证指标设计与应用的合理性？

3. 一般物流配送监控系统中，对运输的监控可以分为哪两个具体的层次？

4. 关键绩效指标制定中，制定没有达到标准的处罚措施时要考虑什么因素？

案例一

某第三方物流服务项目指标体系建立与考核方法

某第三方物流公司对某电子产品第三方物流投标，有关服务指标体系、考核方法等如下：

一、物流服务要达到的目标

物流服务包括仓库管理与运输管理。

（一）仓库管理目标

减少货物差错；缩短入库和出库时间；合理利用仓库容积；有效周转，降低存货水平；持续降低仓库运行费用。

（二）运输管理目标

规范运输作业；强化运输安全管理；降低货损；提高运输服务的客户满意度；降低运输费用，并使其保持在一个稳定的水平。

二、物流服务指标体系

（一）仓库服务指标

（1）货物差错率（按最小包装件数计算）。

（2）仓库平均管理成本（月仓库总费用/月货物周转立方米数）。

（3）装车和卸车时间。

（4）平均收发货时间。

（二）运输服务指标

（1）送货准时率。

（2）货损货差率。

（3）签单及时返回率。

（4）客户投诉率。

（5）满载率（可根据客户货物装载要求制定标准，分产品）。

以上评估指标只是根据本公司的管理经验和行业内普遍关心的服务要素所制定的指标，客户可根据产品特点和实际运行模式设置指标，并设置各指标的考核权重。

三、物流服务指标体系（KPI）制定

服务指标评估办法分为仓库与运输管理体系两个部分，即仓库管理指标评估和运输管理指标评估。

（一）仓库管理指标评估

1. 货物差错率

货物差错率分为每个仓库的差错率和客户项目总差错率，计算公式如下：

货物差错率=每月货物差错数/每月货物总入库数

货物差错率评估表见表7-6。

表7-6　货物差错率评估

等级	A	B	C	D
表现	0%	0.01%~0.02%	0.02%~0.03%	0.03%以上
分值	10分	8分	6分	0分

2. 仓库平均管理成本

需要根据客户的要求设置管理成本标杆，并根据项目的实际运行情况按照纵向类比的方法进行评估（历史成本对比），计算公式如下：

仓库平均管理成本=月仓库总费用/月货物周转立方米数

仓库平均管理成本核算指标=仓库平均管理成本/项目成本目标

仓库平均管理成本评估表见表 7-7。

表 7-7 仓库平均管理成本评估

等级	A	B	C	D
表现	100%以下	100%~110%	110%~120%	120%以上
分值	10分	8分	6分	0分

3. 装车和卸车时间

装车和卸车时间主要是考核各个发货中心和各 RDC 仓库之间的整车货物装卸的效率，客户可根据自己的要求设置装车和卸车的标杆，本公司可根据项目的实际运行情况对比历史数据，并提供报表统计每次超出的时间长短，以便分析。计算公式如下：

装车评估指标=∑装车时间超过标杆指标的次数（每月）

卸车评估指标=∑卸车时间超过标杆指标的次数（每月）

装、卸车时间评估表见表 7-8。

表 7-8 装、卸车时间评估

等级	A	B	C	D
表现	2次以下	2~5次	5~8次	8次以上
分值	10分	8分	6分	0分

4. 平均收发货时间

平均收货时间是指各个仓库从货物卸车完毕到进入仓库库位并在系统中更新仓库信息的时间。平均发货时间是指各个仓库接到发货指令后，备齐货物并等待装运的时间（不包括简单加工和条码扫描的时间）。客户可根据自己的要求和产品的复杂程度和项目实际运行情况设置收发货时间的标杆，本公司按月统计平均收发货时间并形成报表，以便客户分析本公司的仓库工作效率。计算公式如下：

平均收货时间=每月仓库收货时间/每月仓库总入库立方米数

平均发货时间=每月仓库发货时间/每月仓库总出库立方米数

平均收发货评估指标=平均收发货时间/客户收发货标杆时间

平均收发货时间评估表见表 7-9。

表 7-9 平均收发货时间评估

等级	A	B	C	D
表现	100%以下	100%~110%	110%~120%	120%以上
分值	10分	8分	6分	0分

（二）运输管理指标评估

1. 送货准时率

送货准时率主要是考核各运输车队的运输时效，是影响客户满意度最重要的指标，在本方案中本公司在报价表中会设置各区段运输的时效，并以此作为考核该指标的依据。计算公式如下：

$$送货准时率=\sum 准时送货次数/\sum 运输次数$$

送货准时率评估表见表7-10。

表7-10　送货准时率评估

等级	A	B	C	D
表现	99.7%以上	99.5%~99.7%	99.0%~99.5%	99.0%以下
分值	10分	8分	6分	0分

2. 货损货差率

货损货差率主要是考核各运输车队的运输质量，货物损坏包括外包装损坏，主要是针对长途零担货物。由于客户货物有严格的托盘化运输要求，因此应将货损货差率控制在最低限度。计算公式如下：

$$货损货差率=每月货损货差件数/每月总发运件数$$

货损货差率评估表见表7-11。

表7-11　货损货差率评估

等级	A	B	C	D
表现	0.03%以下	0.03%~0.05%	0.05%~0.08%	0.08%以上
分值	10分	8分	6分	0分

3. 签单及时返回率

签单返回时间标准为，市内12：00前运输当天，12：00以后运输隔天；长途为运输时间加1天；空运为2天。计算公式如下：

$$签单及时返回率=按时返回的签单票数/签单总返回票数（每月）$$

签单及时返回率评估表见表7-12。

表7-12　签单及时返回率评估

等级	A	B	C	D
表现	100%	90%~100%	80%~90%，且跟催一次以上才取得	出现丢失签单
分值	10分	8分	6分	0分

4. 客户投诉率

客户投诉包括对运输时效、服务态度、货物情况等多方面的投诉。客户投诉评估直接以每月客户投诉次数来评估。

客户投诉评估表见表 7-13。

表 7-13　客户投诉率评估

等级	A	B	C	D
表现	0 次	1~2 次	3~5 次	5 次以上
分值	10 分	8 分	6 分	0 分

5. 满载率

满载率主要是指整车运输中实际装载货物立方米数和目标装载立方米数的比率，可根据客户的货物装载要求制定标准，并根据不同的产品线实际装载经验数据设立不同的满载率标杆。不同车型的目标装载立方米数见表 7-14。

表 7-14　不同车型的目标装载立方米数

产品线分类	不同车型的目标装载立方米数				
	5 吨厢车	8 吨厢车	10 吨厢车	20 英尺柜	40 英尺柜
整机类					
耗材类					

满载率计算公式如下：

每次发运满载率 = 每次整车装运立方米数/目标装运立方米数

月平均满载率 = ∑每次发运满载率/当月发运次数

满载率评估表见表 7-15。

表 7-15　满载率评估

等级	A	B	C	D
表现	98%以上	95%~98%	90%~95%	90%以下
分值	10 分	8 分	6 分	0 分

四、指标的考核

各个指标的评分依据建立之后，需要根据客户的具体需求分析各个指标的重要性并分配权重，根据管理经验现分配各指标权重如表 7-16 所示。

表 7-16　评估指标评分表

评估指标		指标分值	权　重	加权得分
仓库管理指标	货物差错率	10	4	40
	仓库平均管理成本	10	3	30
	装卸车时间	10	1	10
	平均收发货时间	10	2	20
小计		—	10	100

续表

评估指标		指标分值	权　重	加权得分
运输管理指标	送货准时率	10	2	20
	货损货差率	10	3	30
	签单及时返回率	10	1	10
	客户投诉率	10	3	30
	满载率	10	1	10
小计		—	10	100

(1) 建立定期的评估机制，给每个仓库和运输车队评分。指标评估和评分统计应每月进行一次，并由各仓库和运输车队反馈数据，本公司客户服务小组评分统计。每月的评分应统一备案并上报客户，以便客户量化考察本公司的整体服务质量。

(2) 各个服务指标的收集做到及时准确，并根据项目运行的情况调整服务指标，做到数据易于收集整理。

(3) 建立各个指标的数据收集和计算规范（包括报表）。

(4) 在服务费用中，提取20%作为各个仓库和运输车队的服务考核基金，并根据各个仓库和运输车队的评分情况发放奖金或服务费用。

(5) 连续两个月评分低于60分的仓库应限期整改，并分析未达标的原因。连续两个月评分低于60分的运输车队，本公司应立即停止与其合作，使用其他合格的公司。

案例讨论

1. 讨论该第三方物流项目指标体系设置与管理方法的优点，以及在实践中需要注意的事项。

2. “以上评估指标只是根据本公司的管理经验和行业内普遍关心的服务要素所制定的指标，客户可根据产品特点和实际运行模式设置指标，并设置各指标的考核权重。”这段话表达了什么意思？

案例二

某企业确定KPI的原则与指标体系的确定

关键绩效指标是通过对组织内部流程的输入端、输出端的关键参数进行设置、取样、计算、分析，衡量流程绩效的一种目标式量化管理指标，是把企业的战略目标分解为可操作的工作目标的工具，是企业绩效管理的基础。KPI可以使部门主管明确部门的主要责任，并以此为基础，明确部门人员的绩效衡量指标。KPI同样可以用于项目的管理，用于衡量整体的运行状况。建立明确的切实可行的KPI体系，是做好绩效管理的关键。当企业完成了第三方物流的选择并签订合同之后，外包关系即告成立，企业与第三方物流的合作也就正式开始了。虽然在招标书的制定和合同的编制环节中已经对可能出现的风险进行了有针对性的防范，但是在实际的物流外包合作操作过程中，如果没有一种有效的方法来对物流外包活动的运行绩效进行科学、全面地分析和评价，企业仍然会失去对外包业务的控制。

某企业在制定KPI时，提出了以下三个要点：① 以满足客户的需要为出发点来制定标杆；② 不能只看到当前竞争者的优势，而应向整个行业，乃至跨行业的优秀供应链学习；③ 要从不同的角度看待KPI的制定。

该企业确定KPI指标系统采用的是SMART原则。SMART是五个英文单词首字母的缩写：S代表具体（specific），指绩效考核要切中特定的工作指标，不能笼统；M代表可度量（measurable），指绩效指标是数量化或者行为化的，验证这些绩效指标的数据或者信息是可以获得的；A代表可实现（attainable），指绩效指标在付出努力的情况下可以实现，避免设立过高或过低的目标；R代表实现性（realistic），指绩效指标是实实在在的，可以证明和观察；T代表有时限（time bound），注重完成绩效指标的特定期限。

该企业将物流外包活动中与第三方物流企业相关的KPI分为五大块：运输计划、运输过程、库存过程、客户服务、财务指标。各大部分下面又分几个小块，如图7-1所示。

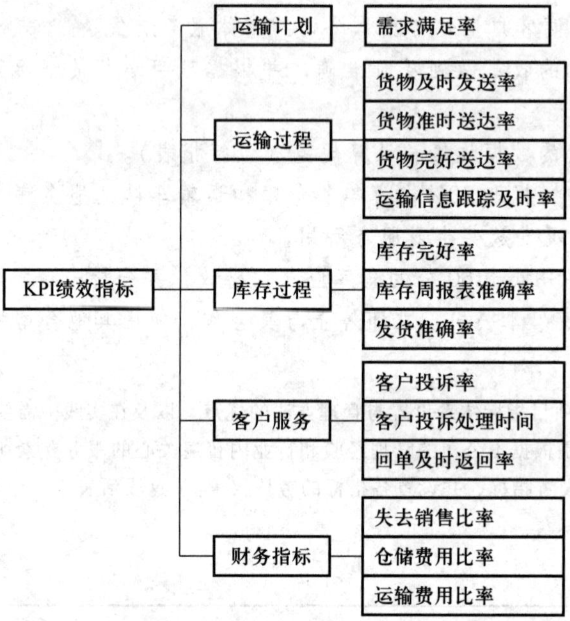

图7-1 关键绩效指标体系

一、运输计划

衡量运输计划的指标是需求满足率，它是指企业的物流需求（包括一些额外的物流需求）能够及时满足的比率，计算公式如下：

需求满足率=需求得到满足的次数/总的需求的次数

二、运输过程

（一）货物及时发送率

货物及时发送率可用一定时期内第三方物流企业接到客户订单后，及时将货物发送出去的次数与总订单次数的百分比来表示。设时段 T 内，及时发货次数为 N_i，总的订单次数为 N_t，则及时发货率为：

$$P_i = N_i / N_t$$

（二）货物准时送达率

货物准时送达率可用一定时期内准时送达次数与总送货次数的百分比来表示，所谓准时送达是指按照客户的要求在规定的时间内将客户订购的产品安全准确地送达客户手上。假设在时段 T 内，准时送达次数为 N_d，总的订单次数为 N_t，则准时送达率为：

$$P_d = N_d / N_t$$

（三）货物完好送达率

货物完好送达率可用一定时期内货物无损坏的送到次数与总送货次数的百分比来表示，所谓完好送达是指按照客户的要求在规定的时间内将客户订购的产品无损坏地送达客户手上。假设在时段 T 内，完好送达的次数为 N_w，总的订单次数为 N_t，则完好送达率为：

$$P_w = N_w / N_t$$

对这个指标的要求应该是很高的，应该达到100%。

（四）运输信息及时跟踪率

运输信息及时跟踪率是指每一笔货物运输出去以后，第三方物流企业向核心企业反馈运输信息的比率。在物流外包活动中对信息的跟踪以及反馈是很重要的，核心企业将物流业务交给了第三方物流企业，它对供应链中物流信息的掌握很大程度上就是依靠第三方物流企业来提供的。这样，该企业对运输信息反馈与跟踪的要求就高了。这个数据的计算可以根据在时段 T 内，跟踪运输信息的次数为 N_n，总的订单次数为 N_t，则运输信息及时跟踪率为：

$$P_n = N_n / N_t$$

这个指标要求也比较高，应该是100%。

三、库存过程

（一）库存完好率

库存完好率是指某段时间内仓库货物保存完好的比率。具体计算为 T 时间内，完好库存为 n，总库存数为 N，则库存完好率计算公式为：

$$库存完好率 = n / N \times 100\%。$$

对库存完好率，供应链核心企业要求是比较高的，一般为100%。

（二）库存周报表准确率

每周的库存周报表的准确率也是供应链绩效的KPI之一。对这个指标的具体计算为：在 T 时间段内，库存报告的准确次数除以总的库存报告次数就是库存周报表准确率。

（三）发货准确率

发货准确率也是库存过程的一个重要指标，指仓管人员根据订单准确发货的百分比。具体计算为：

$$发货准确率 = 1 - 在\ T\ 时间段内错误的发货次数/在\ T\ 时间段内的发货总次数$$

四、客户服务

（一）客户投诉率

客户投诉率是指在 T 时间段内，没有收到货物的客户向核心企业投诉第三方物流企业的比率。这是体现供应链中客户服务的重要KPI，体现了第三方物流企业在物流外包活动中服务质量的好坏。该指标的具体计算为：

$$客户投诉率=客户投诉次数/总的送货次数$$

（二）客户投诉处理时间

客户投诉处理时间是指每一次客户投诉后，第三方物流企业所能作出的及时反应时间，以处理客户的投诉，并且保证以后此类问题不再出现。该投诉时间一般为2小时。可以根据行业情形，适当调节。但如果客户重复投诉，则此权重应该加大。

（三）回单返回及时率

回单返回及时率是指运输单据在完成每笔业务后，运输单据返回供应链核心企业的比率。一般核心企业每月要收回一次运输单据以备查。

五、财务指标

（一）失去销售比率

该指标反映了供应链未满足既定需求的情况。如果是由于第三方企业的原因导致核心企业的某些销售业务无法进行，就损害了核心企业的利益。这里用失去销售比率来表示。该指标可用失去销售额占总销售额的百分比来表示。

（二）运输费用率

运输费用率是指在 T 时间段内核心企业支付的运输费用占所运输销售收入的比率。

具体计算公式为：

$$运输费用率=运输费用/销售收入$$

（三）仓库费用率

仓库费用率是指在 T 时间段内核心企业支付的仓储费用占所销售收入的比率。具体计算公式为：

$$仓库费用率=仓储费用/销售收入$$

案例讨论

1. 该企业制定关键绩效指标的原则是什么？为什么在制定KPI时需要确定一定的原则？
2. 请分析该企业制定的关键绩效指标的指标体系。在执行的时候需要注意什么问题？

即测即评

请扫描右侧二维码，进行即测即评。

第八章　第三方物流服务的采购与招标

引　　言

作为物流服务的使用方，获得适当的第三方物流服务，就是一个对第三方物流服务的采购过程。本章首先介绍物流服务采购的特点与一般过程，然后介绍物流服务需求的表达，接下来介绍物流招标书的撰写，最后介绍招标组织与供应商的评估。

第一节　第三方物流采购的特点与一般过程

物流服务的使用方（工商货主企业）把物流交由第三方物流企业运作与管理，从物流服务使用方的角度，需要对物流服务的采购过程进行管理。物流采购的过程与一般的采购过程有共同点，也有其自身的一些特点。

一、物流服务采购的特点

对物流的采购，是服务采购。服务的采购过程与实物的采购是有区别的，企业在选择第三方物流服务供应商过程中必须认识到这一点。第三方物流服务的采购与实物采购的不同之处主要有以下四点。

（一）不确定性

服务最重要的特性是不确定性，在购买之前用户无法看到结果，这与实物的采购显然不同。所以在购买之前，用户只能对服务的提供者进行评估。对采购对象作出评价较难。企业采购第三方物流服务时，无法事先了解其服务的水平和质量，只能通过对第三方物流服务的提供者进行考察以评估其服务的能力。这就要求企业在选择第三方物流时必须通过完善的评估体系对其进行考察。

（二）无法存储性

服务的另一个特征就是它的无法存储性。因为服务只是一种过程，用户不可能储存服务以防不时之需，供应商也不能储存服务以随时满足用户要求。这意味着供应商必须在需要的时候恰到好处地提供服务。同时，服务的提供者必须具有足够的能力来满足用户各式各样的要求。企业在选择第三方物流时，也应该重点从自身的物流需求方面来考察第三方物流在该方面的能力，在评价指标的权重方面有所侧重。

（三）理解的差异性

对同一服务项目，采购方与提供方可能在其中的某些环节上或者服务完成的程度方面有不同的理解。在物流服务的采购过程中，对服务项目理解的差异是造成第三方物流外包合作失败的重要原因之一。因此，作为服务购买方的工商企业必须清楚明确地表达出其物流需求。

（四）非标准性

用户采购有形商品时，要求的是商品的标准化和一致性，而在服务的提供方面，完全的一致性几乎是不可能的。

第三方物流服务采购与一般实物采购的区别，如表 8-1 所示。

表 8-1　第三方物流服务采购与实物采购的区别

区　　别	第三方物流服务	实 物 采 购
产品质量	不确定性，事先无法得知	直接可见
产品可得性	无法储存	可以储存备用
产品要求	理解差异性，双方对产品的要求容易出现差异	描述直接简单
产品标准化	不完全一致，非标准	标准化

二、第三方物流服务采购的一般过程

物流服务使用方在采购物流服务时的一般过程如图 8-1 所示。

（一）需求的表达

这一步包括物流服务使用方完全意识到对第三方物流服务的需求，并把这些需求明确表达出来。物流服务的需求必须被表示成对潜在第三方物流服务供应商的服务需求。由于大多数第三方物流决策关系重大，决策的过程复杂，开始时需要花较长时间把需求理清楚并表达出来。

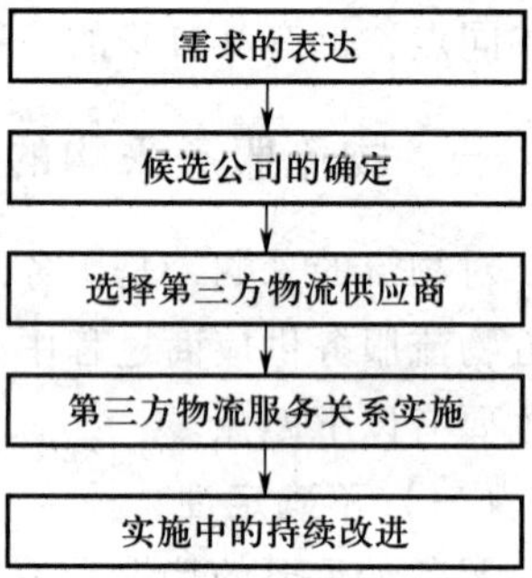

图 8-1　第三方物流的采购过程

（二）候选公司的确定

该步骤的一半时间用来确定第三方物流供应商的选择标准，应使候选公司的数量在可管理的范围。

很明显，物流服务使用方的物流经理参与对第三方物流服务商选择的决策，其他部门的经理也需要参与其中，包括财务、制造、营销、信息系统、人力资源部等部门的经理。另外，公司总经理参与第三方物流的选择决策也是常见的。

确定选择对象的过程包括要求感兴趣的第三方物流提供建议书（request for proposal，RFP）。

（三）选择第三方物流供应商

这一步是物流采购过程中关键的一步。第三方物流供应商的选择决策只有对可能的候选公司的信誉作非常详细的考虑后才能作出。必须对最终的候选公司进行专业性的接触与了解。

如第二步讨论的，在公司里，有好几个相关的经理在决定第三方物流购买过程中起着至关重要的作用。在最终选择的决策中，应鼓励在他们之间进行一定程度的协调。由于使用第三方物流供应商的战略重要性，必须保证经理们对作出的决策有一致的理解，并了解对被选的第三方物流公司的期望。

（四）第三方物流服务关系实施

在作出选择第三方物流供应商的决策后，需要认识到与该第三方物流公司的相互理解是非常重要的。合作的开始阶段，运作配合难度较大，需要一定的磨合期。

根据第三方物流服务关系的复杂程度，整个实施过程可以是相对较短的，也可以延续一段时间。例如，如果需要对顾客物流系统网络进行较大的改变或重构，则实施花费的时间较长；当第三方物流的作用较为直接与简单时，则实施过程可以较快。

（五）实施中的持续改进

传统的购买过程从实施阶段开始就已经结束，而在第三方物流服务购买中，双方要知道可以持续改进的类型与可以突破的改进。第三方物流供应商应对这种类型的改进负责。同时突破性的改进也是必需的，它可以增加公司的竞争优势。要达到此目标，需要鼓励第三方物流打破传统的思维方式，创造性地进行思维。但这也包含风险，必须冒险才能获得物流过程显著改进的益处。

第二节　第三方物流服务需求表达

物流服务需求表达或称业务范围确定，就是第三方物流服务的使用方完全意识到对第三方物流服务的需求，并把这些需求明确表达出来。

第三方物流的使用方与供应方互动合作不成功的原因之一是物流服务的业务范围表达不明确。使用方在寻找第三方物流企业时，要将期望传达给对方，就应该明确定义业务的范围，深入分析将要与第三方物流供应方合作的领域。

需求表达的形式可以按照物流服务的环节，也可以按照货物类别。例如，表 8-2 是按环节表达的物流服务需求，包括市内配送、仓库管理。

表 8-2　按环节表达的物流服务需求

环节	项目概况	作业量
市内配送	ABC 食品公司上海市内配送项目将涉及上海市内几百家客户货物直送业务和中转运输项目：松江工厂及浦东合庆工厂、上海分销中心之间的成品转运和原料转运，包括从接单、整理单证、配车、提货、送货到回执返回等一系列工作	• 依据 ABC 食品公司的具体月配送量、日配送量、日配送车次 • 松江工厂和上海分销中心的成品转运 • 浦东合庆工厂和上海分销中心的成品转运 • 两个厂之间的部分原料中转运输 • 上海分销中心至客户的成品配送
仓库管理	ABC 食品公司第三方仓库管理项目涉及上海分销仓库的收货、分拣、发货、交接、盘点等一系列仓库管理工作	• 上海市内配送量的库存控制 • 松江工厂至上海分销中心成品或原料的进出库控制 • 浦东合庆工厂至上海分销中心成品或原料的进出库控制 • 上海分销中心至全国各地的运送量库存控制 • 顺应市场销售各种情况的经济库存控制 • 各种促销或广告宣传品的库存管理 • 退货和过期产品的库存管理等

表 8-3 对将要外包的第三方物流产品的性质、规格、用途等作出了描述。该表对所要运作的产品的情况介绍得非常详细，包括了产品的性质、规格、分类、用途、危险等级。这样介绍产品，是因为该产品在堆放储存等方面有些特殊的要求，必须使第三方物流公司清楚地了解关于产品的具体情况，以便在运作过程中加以特别注意。

表 8-3　按照货类表达的物流服务需求

<table>
<tr><th colspan="2">项目</th><th>基本情况</th></tr>
<tr><td rowspan="4">用途分类</td><td>TU</td><td>水性乳胶漆（建筑墙面乳胶漆、木器漆、地板漆）</td></tr>
<tr><td>PC</td><td>重防腐漆（机械工业涂料、水泥地坪漆、路标漆）</td></tr>
<tr><td>IU</td><td>工业涂料（机械工业涂料、卷钢、船工、摩托车漆、汽车漆、地坪漆等）</td></tr>
<tr><td>AR</td><td>汽车修补漆</td></tr>
<tr><td rowspan="2">产品性质分类</td><td>水性涂料</td><td>水性乳胶漆（面漆、底漆）</td></tr>
<tr><td>油性漆料</td><td>重防腐漆、机械工业漆、地坪漆、汽车漆、摩托车漆、木器漆、地板漆、卷钢、船工等</td></tr>
<tr><td rowspan="2">涂料危险等级</td><td>甲类危险品</td><td>油性产品中的固化剂、稀释剂，系易燃助燃产品</td></tr>
<tr><td>乙类危险品</td><td>油性产品中的底漆、中途漆、面漆，系易燃助燃产品</td></tr>
<tr><td colspan="2">成品储存的基本条件</td><td>● 必须是防日晒、雨淋、通风性能良好、消防器材齐全的室内库房
● 所有的成品必须堆放在垫仓板上（不可直接放置在地面上）</td></tr>
<tr><td colspan="2">水性涂料的储存要求</td><td>为确保产品的使用性能，水性涂料库房要做好温度控制，必须控制在 0~35 ℃之间；每天做好两次库内温度记录；如库内温度超过规定值时，必须采取相应措施，并对措施效果进行跟踪记录</td></tr>
<tr><td colspan="2">油性涂料的储存要求</td><td>● 库内湿度控制：油性库房的湿度必须控制在 55%~90%之间，必须每天做好两次库内的湿度记录；如库内湿度超出此规定值时，必须采取相应措施，并对措施效果进行跟踪记录
● 库内防静电控制：使用防爆类工具、防爆排气扇，严禁使用手机、传呼机等通信工具，工作人员着防静电工作服、鞋
● 油性产品仓库的储存条件必须经当地消防安全主管部门审核认可，必须具有消防许可证
● 仓库操作员必须经劳动部门专业培训，持危险品上岗证操作</td></tr>
<tr><td colspan="2">产品的规格</td><td>● 产品包装可分为：200 L（大铁桶）、18 L 系列产品用铁桶包装
● 5 L 系列产品用小铁桶灌装后用纸箱包装
● 小包装：2 L、1 L、0.35 L、1 kg、0.5 kg 等（包装与 5 L 产品相同）
● 木器漆套装：6.5 L、5.5 L（三件套装：主漆、固化漆、稀释剂）</td></tr>
</table>

续表

项目	基本情况
产品的重量	● 重量因不同产品的不同比重而不同 ● 18 L 包装（18~27 kg）　2 L 包装（1~1.5 kg） ● 5 L 包装（4.5~7.5 kg）　1 L 包装（0.5~0.8 kg）
产品的堆放	● 库房的垫仓板规定为 $1.2\ m^2 \times 1.2\ m^2$，每块垫仓板重量因不同产品（水性、油性）装载重量在 0.8~1.4 吨之间 ● 产品在垫仓板上必须堆放平稳、整齐、上下垂直、排列成线、产品标签统一向外
堆高标准	● 18 L 包装桶：每个仓位堆高 6 层，即上、下仓板各 4 层或上、中、下垫仓板各 2 层，最高层用保险带捆扎 ● 5 L 包装桶：每个仓位堆高 8 层，即上下仓板各 4 层，最上层用保险带捆扎 ● 2 L、1 L 包装桶：每个仓位堆高 10 层，即上下仓板各 5 层，最上层用保险带捆扎 ● 木器漆套装产品：每个仓位堆高为 8 层，即上下垫仓板各 4 层，最上层用保险带捆扎

在确定业务范围的内容与要求时，一般需要从当前的相关业务人员中抽调人员组成一个工作小组。该小组还应该有一个熟悉第三方物流的外部咨询人员。这样组成的小组对合理决策非常重要，其原因有如下五个方面：① 当前的相关业务人员对业务的各个方面最清楚。② 外部咨询人员与当前业务人员结合能够更好地定性衡量目前业务过程中的优势和劣势。③ 物流业务外包给第三方物流可能对部分当前业务人员会有影响，物流外包给第三方物流可能会让他们担心。这些业务人员可能成为潜在的破坏者。④ 两部分人员构成的小组能够更好地估计成本，并降低互动合作起始阶段问题发生的可能性。⑤ 外部顾问作为第三方能对投标进行公正的评估，并在作出选择的过程中提供专业咨询。

第三节　第三方物流服务的招标

一、第三方物流项目招标的方式与特点

（一）公开招标

公开招标又叫竞争性招标，是指招标人以招标公告的方式邀请不特定的法人或者其他组织投标，即由招标人在报刊、电子网络或其他媒体上刊登招标公告，吸引众多投标人参加投标竞争，招标人从中择优选择中标人的招标方式。按照地理范围，公开招标可分为国际竞争性招标和国内竞争性招标。

1. 国际竞争性招标

这是在世界范围内进行招标，国内外合格的投标商均可以投标。采用国际竞争性招标应采用完整的英文标书，在国际上通过各种宣传媒介刊登招标公告。

2. 国内竞争性招标

这是在国内范围内进行招标，在国内的各种媒体上登出招标公告，可用本国语言编写标书，公开出售标书，公开开标。在国内竞争性招标中应允许外国公司按照国内竞争性招标标准参加投标，不应人为设置障碍，妨碍其公平参加竞争。

（二）邀请招标

邀请招标也称有限竞争性招标或选择性招标，是指招标人以投标邀请书的方式邀请特定的法人或者其他组织投标，即由招标单位选择一定数目的第三方物流服务提供者，向其发出投标邀请书，邀请它们参加招标竞争。一般以选择 3~10 个投标人参加较为适宜，当然要视具体的招标项目的规模大小而定。虽然邀请招标的组织工作比公开招标简单一些，但采用这种形式的前提是对投标人有充分的了解，而且，由于邀请招标限制了充分的竞争，因此招标投标法规一般都规定，招标人应尽量采用公开招标。

邀请招标的特点是：① 招标不使用公开的公告形式；② 接受邀请的单位才是合格投标人；③ 投标人的数量有限。

与公开招标相比，邀请招标具有的优点是：① 缩短了招标有效期。由于不用在媒体上刊登公告，招标文件只送几家，减少了工作量。② 节约了招标费用。例如减少了刊登公告的费用、招标文件的制作费用、投入的人力等。③ 提高了投标人的中标机会。其缺点是：① 由于接受邀请的单位才是合格的投标人，所以有可能排除了许多更有竞争实力的单位。② 中标价格可能高于公开招标的价格。

二、第三方物流项目招标的一般程序

第三方物流项目招标的一般程序包括：发布招标公告、招标文件的编制和发放、投标、开标、评标、定标、签订合同。

（一）发布招标公告

公开招标应当发布招标公告。招标公告应当通过报刊或者其他媒介发布。招标公告应当载明下列事项：① 招标人的名称和地址；② 招标项目的性质、数量；③ 招标项目的地点和时间要求；④ 获取招标文件的办法、地点和时间；⑤ 对招标文件收取的费用；⑥ 需要公告的其他事项。对于公开的竞争性招标，一般要在投标开始前至少 45 天发布招标公告，即在国内外有影响的报刊上刊登招标广告或发布招标公告，邀请第三方物流服务提供者申请投标资格预审，或对不需资格预审的招标项目购买招标文件。

（二）资格预审

招标人或招标投标中介机构可以对有兴趣投标的法人或者其组织进行资格审查，此时应当通过报刊或者其他媒介发布资格预审通告。资格预审通告应当载明下列事项：① 招标人的名称和地址；② 招标项目的性质、数量；③ 招标项目的地点和时间要求；④ 获取资格预审文件的办法、地点和时间；⑤ 对资格预审文件收取的费用；⑥ 提交资格预审申请书的地点和截止日期；⑦ 资格预审的日程安排；⑧ 需要通告的其他事项。

资格预审的主要内容有：① 投标人的基本情况，例如企业的性质、组织机构、法人地位、公司章程、主要领导成员等，若为联合投标，对合伙人也要审查。② 项目经验及业绩，主要考核投标人是否承担过类似标的项目的经验，投标人以往取得的成绩、获得的荣誉等。③ 财务状况，一般要求投标人提交近几年经审计过的财务报表，例如资产负债表、损益表、过去5年的营业额、往来银行以及由银行提供的信用状况资料、保险公司提供的保险证明信、上一财政年度的平均营运资金、向银行抵押贷款的能力、对未来两年财务情况的预测等。④ 人员及设备能力，包括企业技术人员、高级专家和管理人员及其他人员，以及拟投入本项目的人员的基本情况，拥有的主要设备的类型、数量、能力等。⑤ 企业的信誉，主要审查已经履行及正在履行的合同情况和所完成项目的质量评定、企业的资质等级等。⑥ 其他方面，如招标人要求提供的其他方面的资料。

（三）编制和发放招标文件

招标人或者招标投标中介机构根据招标项目的要求编制招标文件。招标文件一般应当包括下列内容：① 投标人须知；② 招标项目的性质、数量；③ 技术规格；④ 投标价格的要求及其计算方式；⑤ 评标的标准和方法；⑥ 提供服务的时间；⑦ 投标人应当提供的有关资格和资信证明文件；⑧ 投标保证金的数额或其他形式的担保；⑨ 投标文件的编制要求；⑩ 提供投标文件的方式、地点和截止日期；⑪ 开标、评标、定标的日程安排；⑫ 合同格式及主要合同条款；⑬ 需要载明的其他事项。

下面对其中三个较重要的项目进行详细介绍。

1. 投标人须知

投标人须知（instruction to bidders）的目的是使投标者了解在投标活动中应遵循的规定和注意事项，内容包括：

（1）承包方式。指明是总价承包合同方式还是单价承包合同方式等，以及对联合承包、采购的有关要求等。

（2）投标的要求条件。指明投标所必需的手续和证明，包括保函、支付方式、投标所发生的费用等。

（3）有关投标程序方面的说明。例如，现场勘察的组织，情况介绍或答疑的安排，投递标书和报价单，开标、评标与授标的日程及要求，撤换和修改投标文件的期限等。

（4）投标者应遵循的规则及报价要求。包括投标者填写投标书的要求、投标书递送的要求、合同条款的补充与建议的规定、废标的处理以及其他方面的规定等。

（5）附加说明。主要包括投标书编制依据、各种文件（文件说明、设计方案说明、合同条款及报价表等）的相互关系及矛盾处理、招标单位的答询方式、文件解释权及期限等。

2. 技术规格

招标文件规定的技术规格应当采用国际或者国内公认的法定标准。招标文件中规定的各项技术规格，不得要求或者标明某一特定的专利、商标、名称、设计、型号、原产地或生产厂家，不得有倾向于或排斥某一有兴趣投标的法人或者其他组织的内容。

3. 提供招标文件的方式、地点和截止日期

招标人或者招标投标中介机构应当按照招标公告或者投标邀请书规定的时间、地点出售招标文件。招标文件售出后不予退还。除不可抗力原因外，招标人或者招标投标中介机构在发布招标公告或者发出投标邀请书后不得终止招标。

招标人或者招标投标中介机构需要对已售出的招标文件进行澄清或者非实质性修改的，一般应当在提交投标文件截止日期15天前以书面形式通知所有招标文件的购买者，该澄清或修改内容为招标文件的组成部分。

（四）接受投标文件

招标文件要明确规定投标文件的递送地点和期限，如从招标公告或投标邀请书发布之日到提交投标文件截止之日，一般不得少于30天。投标人送达投标文件的，招标单位应检验文件是否密封和送达时是否符合要求，合格者发给回执，否则拒绝或作为废标。投标书递交后，在投标截止期限前，仍允许投标者通过正式函件调整报价及作补充说明。

（五）开标

开标应当按照招标文件规定的时间、地点和程序以公开方式进行。开标由招标人或者招标投标中介机构主持，邀请评标委员会成员、投标人代表和有关单位代表参加。

投标人检查投标文件的密封情况，确认无误后，由有关工作人员当众拆封、验证投标资格，并宣读投标人名称、投标价格以及其他主要内容。

投标人可以对唱标作必要的解释，但所作的解释不得超过投标文件所记载的范围或改变投标文件的实质性内容。开标应作记录，存档备查。

（六）评标与定标

评标（evaluation）应当按照招标文件的规定进行。

招标人或者招标投标中介机构负责组建评标委员会。评标委员会由招标人的代表及其聘请的技术、经济、法律等方面的专家组成，总人数一般为5人以上的单数，其中受聘的专家不得少于2/3。与投标人有利害关系的人员不得进入评标委员会。评标委员会负责评标。评标委员会对所有投标文件进行审查，对与招标文件规定有实质性不符的投标文件，应当决定其无效。

评标委员会可以要求投标人对投标文件中含义不明确的地方进行必要的澄清，但澄清部分不得超过投标文件记载的范围或改变投标文件的实质性内容。

评标委员会应当按照招标文件的规定对投标文件进行评审和比较，并向招标人推荐1~3个中标候选人。

招标人应当从评标委员会推荐的中标候选人中确定中标人。中选的投标者应当符合下列条件之一：① 能够最大限度地满足招标文件中规定的各项综合评价标准；② 能够最大限度地满足招标文件的实质要求，并且经评审的投标价格最低（但是投标价格低于成本的除外）。

对投标的评估，需要根据投标项目的情况与要求制定，其评价标准一般包括：投标公司的财务实力和稳定性、管理深度、业务经验、运作质量、发展与合作潜力、运输与仓储硬件及系统。表8-4是一个第三方物流项目评标的具体例子。

表8-4　第三方物流项目评价标准

评价项目	权重	内容
财务实力和稳定性	10	注册资金 近3年平均营业额 近年是否赢利

续表

评价项目	权　重	内　容
管理深度	15	质量保证体系 改进体系 管理制度 人员资质
业务经验	5	服务范围（运输、仓储）
	5	业务深度（物流管理）
运作质量	7.5	目前项目的运作质量
发展与合作潜力	7.5	是否符合发展要求
运输车辆	10	数量
	10	适用性
仓库	10	安全性
	10	适用性
系统	2.5	硬件
	2.5	软件
	5	人员

（七）签订合同

招标人或者招标投标中介机构应当将中标结果书面通知所有投标人。招标人与中标人应当按照招标文件的规定和中标结果经谈判后签订书面合同。

以上是物流项目招标的一般程序。正规的招标方法一般采用二阶段法。所谓二阶段法是把技术标与商务标分开，先对技术标（物流项目的解决方案）进行评估，合格后，才考虑商务报价。这样可避免报价低但服务质量达不到要求的第三方物流供应商加入。

第四节　第三方物流招标文件的编写

一、第三方物流招标文件的重要性

招标文件是提供给第三方物流的投标依据。在第三方物流招标文件中应该明白无误地向第三方物流界定物流服务的详细内容，以便第三方物流据此投标。

第三方物流招标文件也是签订合同的基础。第三方物流招标书大部分的内容将成为合同的内容，尽管在招标过程中物流服务使用方可能会对第三方物流招标文件的内容和要求作出一定的补充和修改，在投标和谈判过程中第三方物流一方也会对招标文件提出一些修改要求和建议。但是无论如何，招标文件是物流服务使用方对物流服务的基本要求，一般不会作出大的变动，而合同则是整个物流服务项目实施和完成过程中的最重要文件。

因此，编制招标文件对物流服务使用方来说是非常重要的。目前，许多物流服务使用方在寻找第三方物流供应商时，招标文件的编制还不够规范与完整，导致第三方物流企业的投标书不一致，难以作出进一步的评价。

二、第三方物流招标文件的编制原则

第三方物流招标文件的编制必须做到系统、完整、准确、明了，使投标者一目了然，编制招标文件的依据和原则是：

（1）应遵守国家的法律和法规，如合同法、经济法、招标投标法等多项有关的法律、法规。如招标文件的规定不符合国家的法律、法规，则有可能导致招标无效，有时企业一方还要赔偿损失。

（2）应注意公正地处理企业与第三方物流的利益关系，使第三方物流获得合理的利润是一个重要的原则。另外，如果不恰当地将过多的风险转移给第三方物流供应商，势必会迫使第三方物流供应商提高投标报价或者降低服务质量，不利于双方的合作。

（3）招标文件应该正确地、详尽地反映客观情况，以使投标者的投标能建立在可靠的基础上，这样也可减少履约过程中的争议。

（4）招标文件包括很多内容，在编制招标文件时这些内容应该力求统一，尽量减少和避免各份文件之间的矛盾。招标文件用语应该力求严谨、明确，以便在产生争端时判断和解决。

（5）招标文件必须设计好投标文件的统一格式。只有通过统一的格式（最好是表格化），由物流服务使用方作出详细的规定，以统一填写的内容和方式比较，才能避免因投标人的文字表达上的模糊，造成评标中的误解，有效地避免中标以后，招、投标双方对合同文件出现不同解释，导致出现合同签订或合同履行上的纠纷。

三、物流外包招标文件的主要内容

第三方物流招标文件一般由招标书（tender）、合同条款和附件三部分组成。由于合同标的的不同特点，不同招标项目的招标文件会有差异。

（一）第一部分：招标书

在招标书中应写明招标人对投标人的所有实质性要求和条件。包括以下五个方面：

1. 项目概况

项目概况主要包括：物流项目招标目的、物流项目实施的地区、物流项目主要运作的产品情况、物流项目运作的内容、物流项目运作的范围。

2. 投标人资质要求

投标人资质要求主要包括：第三方物流注册资金要求、第三方物流质量体系认证要求、第三方物流业绩要求、因项目运作对第三方物流的其他要求，如危险品运输资质等。

3. 投标文件的要求

投标文件的要求主要包括：对投标文件的组成、投标文件的编制格式和内容范围、投标报价、投标文件的递交、无效投标进行明确的说明，使投标人投标时能有所遵循。

4. 评标原则和方法

评标原则和方法是招标书中重要项目之一，主要包括：评标对象和依据、评标因素、评标程序以及评审的方法。招标投标法规定，评标的方法只能根据招标文件的规定进行，所以对于这一项应该认真编制。

5. 招标程序

招标程序主要是对整个物流项目招标过程所涉及的时间和地点作出规定。

（二）第二部分：合同条款

合同条款的拟订要尽可能详细、准确。物流外包合同通常应包括以下方面的条款：定义、合同标的、服务范围、合同价格、付款、交货和运输、保证与索赔、保险、税费、分包、合同的变更、中止和终止、不可抗力、合同争议的解决、合同生效等。

（三）第三部分：附件

附件既是招标文件的组成部分，也是未来合同的重要组成部分。附件的内容有一部分是招标人实施本合同对承包人的要求，另一部分需要由投标人填写作为承诺文件。一般包括以下方面的内容：

（1）产品情况。包括产品的名称、性质、用途、规格、分类等，目的是使第三方物流充分了解所要操作的产品的特性，以使其在运输和储存等操作环节中注意到产品的这些特性。

（2）仓储管理要求。主要包括成品的出入库操作要求、不良品和保质期管理要求、库存产品准确率规定、仓库单据的管理要求以及成品的退货操作管理要求等。

（3）运输（配送）管理要求。包括物流运输（转储服务）操作要求、配送服务操作管理要求等。

（4）货物的装卸要求。

（5）物流运作费用报价单。

（6）保密协议。

招标书、合同条款和附件这三部分内容构成一个整体，缺少任一方面，都会影响招标人真实意图的表达。如果表述不明或者过于简单，将使投标人方向不明确，出现太多的变数，增加了评标的难度，也可能导致评标结果的不客观，甚至外包合作的失败。

四、第三方物流招标文件撰写注意事项

（一）编制人员组成

编制招标文件并不只是企业物流部门的责任，选择第三方物流合作作为企业的一项战略，应该组成一个团队来共同完成这个项目。团队成员应该包括物流、采购、生产、财务、营销、法律等部门的工作人员，只有这样才能在招标书的编制过程中清楚地表达企业对第三方物流服务要求，减少相关风险。

（二）招标书文字表达

在编制招标文件的过程中，尽量不要使用模糊的表达方式，如“合适的”“必要时”等词语，容易使双方产生分歧。

（三）报价

招标文件应该对报价有详细要求并应附有报价表格，该表格除要求报总价以外，还应要求报分项价格，分项价格中哪些项目要在招标文件中写清楚。如运输费用中是否包括装卸费用、保险费用等；此外，在报价时，按照不同的计费单位报价，所产生的费用是不同的，如仓储费用的报价，按照每日实际库存量计费和按照规定租赁库房面积来计费，所产生的费用明显是不同的。因此，招标文件中应该分列出不同的计费单位供投标方报价，以避免争端。

（四）产品的概况

招标文件中必须要对所要运作的产品的性质、分类、用途等进行说明，还应该包括一些对产品的运输、储存等操作有影响的产品特性，如适合储存的温度、储存时堆放的高度等。这样才能使投标方对所要运作的产品有清楚的了解，从而采取相应的措施进行操作。

（五）仓储管理要求

仓储管理要求是物流外包项目中重要的内容，招标文件中也必须体现出这一点。在撰写这部分内容的时候，招标方应该严格量化仓储管理相关的要求，如库存物资的准确率、各类单据的处理时间等，都应该有明确的规定。招标文件中对仓储管理的要求应该包括以下八个方面：① 库存产品的批号管理。② 库存不良品控制和库存产品保质期管理要求。③ 库存物资准确率规定。④ 库存的备货和补货计划的实施要求。⑤ 仓库单据操作的管理要求。⑥ 成品的入库操作要求。⑦ 成品的出库操作要求。⑧ 产品的退货操作要求。

（六）运输管理要求

物流项目中运输管理方面要求的重点是安全性、准确性和及时性，在编制招标文件时也必须在这三个方面作出明确的规定。

1. 安全方面

安全方面主要包括运输资质的要求、运输工具要求、服务质量要求、操作规范化要求。

2. 准确性方面

准确性方面包括装卸货的操作规范要求、运输货物的外包装质量和数量保证等。

3. 及时性方面

及时性方面主要包括响应时间和运送时间的要求。

第五节　招标组织与第三方物流服务供应商的评估

招标组织工作非常重要，表 8-5 是某物流招标项目的组织过程。

表 8-5　某物流招标项目的组织过程

工作目标	具体工作
项目确定 投标邀请	召开招标碰头会
	用标杆法对各公司进行调查
	准备初步邀请名单

续表

工 作 目 标	具 体 工 作
项目确定 投标邀请	起草招标文件初稿，包括给投标方的邀请函
	预审评价标准制定，评标小组讨论通过
	发出邀请函
预审	投标候选人递交以下各类证明： ● 营业执照、税务登记证、专业证书、委托代理证书 ● 其他能证明合同履行能力的材料
	预审潜在投标方，筛选竞标者：法人资格、经验、技术竞争力、合同履行能力
发标书	发出招标书与合同文本
交标书	递交投标书（技术标）
评标过程控制	评标标准： ● 所有的投标将由招标小组进行公开评估 ● 评标要符合招标要求，如法人资格、合同履行能力等 ● 评标要在公开、公平、公正、可信赖的原则下进行 ● 评标要审慎地进行
技术标评审	专业化评审、评审小结
现场考察	分别对 8 家公司进行现场考察
	评分及小结
候选人陈述	投标方对投标书的澄清及交纳押金
定标	招标小组决定中标方
合同的签订	通知、商洽并与中标方签订合同
业务交接准备	检查仓库设施、系统、人员培训、机械，流程制度就绪
	安排培训：门对门、商家送货、仓库运作等
业务交接	

在对第三方物流考察前，需要详细制定考察项目，表 8-6 是一张针对第三方物流供应商的考察表。

表 8-6　第三方物流供应商考察表

物流操作系统（仓储运输）	□MRP　□ERP　□SAP　□DRP　□其他______
操作系统是否可以与 SAP 系统对接	□可以　□不可以　□定时　□即时
物流费用计算方式	□系统计算　□人工计算　□其他
公司专职的 IT 人员数目	□1~3 人　□3~5 人　□5~10 人　□10 人以上

续表

是否具有自己的网站服务器	□已具有　□没有
是否已具有网上即时查询/下单功能	□可以　□不可以
目前仓储管理、运输管理系统功能	
具有危险品上岗证操作人员	□3人以下　□3~10人　□10~20人　□20人以上
危险品管理运作时间	□1年　□1~3年　□3年以上
产品出入库拣配管理	□库位管理　□货架管理　□过渡区管理　□其他
不同客户出库产品识别办法	□条形码扫描　□喷码　□人工记录　□其他
仓库是否做到“先进先出”操作要求	□已做到　□没有做到
仓库的单据、报表统计方法	□系统生成　□人工统计
库存物资盘点方法	□盲盘　□明盘　□按批号盘点　□按位置盘点　□全盘　□抽盘
出库产品追溯方法	□货卡记录　□出库记录　□扫描记录　□其他
目前出入库操作准确率	□90%以下　□90%~95%　□95%~98%　□98%~100%
在投标三个地区是否有运作仓库	□有　□没有
仓库安全防护措施与库存物资差异处理方法	
具有危险品运输上岗证操作人员	□3人以下　□3~10人　□10~20人　□20人以上
危险品运输许可的车辆	□10辆以下　□10~20辆　□20~50辆　□50辆以上
实际业务操作使用社会车辆比率	□20%以下　□20%~30%　□30%~50%　□50%以上
利用社会车辆的控制方法	□临时协议　□固定协议　□合同
运输分包商运输等级	□三级　□四级　□五级　□暂无级别
运输分包商是否具有危险品运输许可证	□有　□没有
运输业务的跟踪方法	□GPS　□网络　□手机　□其他
目前运输到达及时率	□90%以下　□90%~95%　□95%~98%　□98%以上
跨省送货单据返回时间	□3天以内　□3~7天　□7~14天　□14~30天
处理货损货差的索赔时间	□当场赔偿　□2天内　□1周内　□1月内
异常情况处理响应速度	□半小时　□1小时　□1小时以上
目前招标的三个地区是否已有配送业务操作	□有　□没有
对于分包运输商的具体控制办法	

对第三方物流供应商的评估在前面已有一定描述，对这些评价项目需要进一步细化以对企业进行考察，表8-7是一个对表8-4评分标准细化的例子。

表 8-7　某第三方物流项目的考察与评分的细化

<table>
<tr><th rowspan="2">考察项目</th><th colspan="3">考察前评价内容与评分</th><th colspan="3">现场考察内容与评分</th></tr>
<tr><th>内　容</th><th>权重</th><th>平均得分</th><th>要点与拟提出的有关问题</th><th>权重（%）</th><th>评分（1~5 分）</th></tr>
<tr><td rowspan="3">财务实力和稳定性</td><td>注册资金</td><td>3</td><td></td><td rowspan="3">● 资产净值是多少
● 近年业务的增长率
● 赢利能力
● 注册资金
● 其他表明财务实力与稳定性的证据</td><td rowspan="3">10</td><td rowspan="3"></td></tr>
<tr><td>近 3 年营业额、业务增长率</td><td>4</td><td></td></tr>
<tr><td>近年是否赢利</td><td>3</td><td></td></tr>
<tr><td rowspan="4">管理深度</td><td>质量保证体系</td><td>5</td><td></td><td rowspan="4">● ISO9000 证书的校对，实际运作
● 是否有运输、仓储服务质量的监控与改进措施
● 运输、仓库管理制度是否健全，执行情况如何
● 管理人员的专业经验、学历</td><td rowspan="4">10</td><td rowspan="4"></td></tr>
<tr><td>改进体系</td><td>5</td><td></td></tr>
<tr><td>管理制度</td><td>2.5</td><td></td></tr>
<tr><td>人员资质</td><td>2.5</td><td></td></tr>
<tr><td rowspan="2">业务经验</td><td>服务范围（运输、仓储）</td><td>5</td><td></td><td rowspan="2">● 是否有运输、仓储及第三方物流的能力与经验
● 业务的层次：对业务仅仅是操作性的，还是具备良好的管理与监控能力</td><td rowspan="2">10</td><td rowspan="2"></td></tr>
<tr><td>业务深度（物流管理）</td><td>5</td><td></td></tr>
<tr><td>运作质量</td><td>目前项目的运作质量</td><td>7.5</td><td></td><td>目前运作项目质量与同行业的比较，是否有表明本企业运输、仓储等相关服务与运作质量的证据</td><td rowspan="2">15</td><td rowspan="2"></td></tr>
<tr><td>发展与合作潜力</td><td>企业的发展是否符合该公司的发展要求</td><td>7.5</td><td></td><td>公司的物流联盟的理念；公司发展是否充分考虑物流服务需求方的要求，如网点、管理能力、战略联盟等</td></tr>
<tr><td rowspan="2">运输车辆</td><td>数量</td><td>10</td><td></td><td rowspan="2">● 自有车辆有多少（出示有关资料，如司机名单、保险单）
● 这些车辆是否适合
● 外协车辆多少，外协的管理（供应商选择与管理）</td><td rowspan="2">20</td><td rowspan="2"></td></tr>
<tr><td>适用性</td><td>10</td><td></td></tr>
</table>

续表

<table>
<tr><td rowspan="2">考察项目</td><td colspan="3">考察前评价内容与评分</td><td colspan="3">现场考察内容与评分</td></tr>
<tr><td>内　容</td><td>权重</td><td>平均得分</td><td>要点与拟提出的有关问题</td><td>权重（%）</td><td>评分（1~5分）</td></tr>
<tr><td rowspan="2">仓库</td><td>安全性</td><td>10</td><td></td><td rowspan="2">● 产权、中心仓库地理位置
● 仓库面积大小与可扩展性
● 进出交通情况、仓库结构、库房高度等
● 机械设备
● 仓库管理系统
● 防水、防火、防盗
● 全国各地的网络分布</td><td rowspan="2">20</td><td rowspan="2"></td></tr>
<tr><td>适用性</td><td>10</td><td></td></tr>
<tr><td rowspan="3">系统</td><td>硬件</td><td>2.5</td><td></td><td rowspan="3">● 计算机数量、通信系统（是否是宽带网）、服务器
● 是否有仓库管理系统（WMS）和运输调度系统
● 公司 IT 人员的资质</td><td rowspan="3">10</td><td rowspan="3"></td></tr>
<tr><td>软件</td><td>2.5</td><td></td></tr>
<tr><td>人员</td><td>5</td><td></td></tr>
<tr><td>总分</td><td></td><td></td><td></td><td></td><td>100%</td><td></td></tr>
</table>

要求：1. 重点考察本项目可提供的仓库和运输车辆。

2. 考察该公司目前运作的仓库和运输车辆。

3. 拜访该公司总部或上海分公司。

4. 对标书中有疑问处进行检查。

1——很不满意　　2——不满意　　3——基本满意

4——满意　　5——很满意

本章小结

物流服务的采购具有不确定性、无法储存、不易理解及非标准等特性。物流服务需求的表达是物流服务采购的关键一步，根据情况可以按照物流服务的环节或货物类型来描述。在确定物流服务范围与要求时，需要组织相关人员参与。招标是一种公开透明的采购过程，包括公开招标、邀请招标等组织方式。招标组织需要按一定的程序进行，编制招标文件及评标等环节要按照国家有关招投标的法律规定进行。

关键词

1. **提供建议书**（request for proposal，RFP）
2. **公开招标**（public bidding）
3. **邀请招标**（invited bidding）
4. **评标**（evaluation）

复习思考题

1. 试述物流服务采购的特点与一般过程。

2. 试举例说明根据不同情况采用不同的物流服务需求表达方式。

3. 第三方物流招标文件一般包括哪些部分？在编写招标文件时要注意哪些方面？

4. 第三方物流供应商评估与考察的项目一般有哪些？如何进行供应商评价？

案例一

A 公司国内第三方物流项目的招标

A 公司现在邀请有资质的第三方物流公司对 A 公司家电产品（洗衣机、微波炉、冰箱）的“外协物流解决方案”投标。物流服务的内容包括 A 公司的上海中央仓库（CDC）的管理；上海中央仓库到上海市内、华东地区的配送；上海中央仓库到各地地区配送中心的长途运输；各地地区配送中心到周边地区的配送。

一、概况

A 公司是全球最大的白色家电制造商，总部设于美国，具有百年发展历史，连续被《福布斯》评为在亚洲投资最成功者。A 公司目前在中国投资了 5 家工厂，分别生产冰箱、空调、洗衣机、微波炉、压缩机等。A 公司家用电器是 A 公司全资公司，从事洗衣机生产及空调、冰箱、微波炉等。A 公司系列品牌产品的销售，网点遍布中国 29 个省市。随着这两年公司业务的快速增长，急需更大规模的物流服务，为此 A 公司决定通过公开招标，挑选具有一流服务、价格合理的物流服务供应商。

二、A 公司物流的基本情况

（1）当前在上海金桥有一个中央配送中心，面积 20 000 平方米。

（2）当前洗衣机以及电冰箱产品在下列地区设有仓库：沈阳、北京、西安、上海、济南、成都、重庆、昆明、武汉、广州。

（3）微波炉产品在下列地区设有仓库：北京、上海、成都、昆明、广州。

（4）当前各地区使用的仓库面积为 400~2 000 平方米。

（5）采用的运输方式主要是公路运输。

三、招标程序

（一）递交实施计划书

投标人应于 2002 年 2 月 28 日下午 4：00 前递交实施计划书。

（二）评估实施计划书及现场考察

A 公司物流项目招标委员会于 2 月 28 日至 3 月 12 日期间对物流公司的实施计划书进行评估及现场考察。

（三）递交商务标

A公司物流项目招标委员会于3月13日发出正式通知，投标人在接到通知后于3月14日递交商务标。

（四）定标

A公司物流项目招标委员会于3月20日决定中标供应商，并于3月22日前发出。

（五）合同的实施

为使A公司物流运作平稳进行，减少物流外协运作的风险，A公司物流项目的合同实施将分为两个阶段：① 第一阶段（3月30日）签订上海中心仓库管理及上海与华东地区的配送合同。② 第二阶段（6月30日）签订第一阶段外的中国其他配送中心的管理与周边地区的配送。

1. 第一阶段：上海中心仓库管理及上海市与华东地区的配送

中标的物流公司将于3月30日前与A公司签订物流服务合同，开始执行上海中心仓库的管理及上海市与华东地区的配送。

2. 第二阶段：中国上海中心仓库外的其他配送中心的管理与配送

中标的物流公司将于6月30日与A公司签订物流服务合同，开始执行第一阶段之外的中国其他地区配送中心的管理与周边地区的配送。

投标方的建议书必须对A公司的整个物流项目（包括第一阶段与第二阶段的物流服务）作出详细建议与计划。具体合同根据中标的区域来签订。

四、标书包括的内容

为了便于评价，比较投标方的物流项目的建议书，投标方的投标书至少应包括以下内容：

（一）投标人的情况介绍

（1）投标人的资质。

（2）投标人的业务业绩。

（3）投标人拟派本项目人员的资质。

（二）实施计划

物流项目的实施计划应根据物流服务的范围与要求来编写，分为以下两部分：

1. 运作计划

列明设立所需的RDC（包括上海中央仓库）和运输网络的过程中所有的活动及时间进度表，如寻找合适地理位置、签订租赁合同、征得当地许可、业务操作人员上岗、建立通信和IT网络、运作系统到位（含操作规程和操作手册副本）、签订运输合同等。目前，A公司物流外协项目承包方需提供详细的移库计划书，以表明如何将现有的作业运作移交至A公司物流外协项目的新承包方手中。

除上述各项外，所有投标者应提供其现有操作规程，其中至少应包括以下内容：

（1）订单操作流程。

（2）各RDC人员联系表。

（3）RDC进货、发货规章。

（4）各备选RDC的详细信息。

(5) 卡车装卸操作程序。

(6) 运输操作与跟踪流程。

(7) 事故报告程序。

(8) 紧急反应程序。

(9) 其他。

2. 移库计划

移库是根据需要将现有的货物从原来仓库移到新的配送中心。移库计划应详细列出移库的步骤与时间计划，包括详细的移库的操作计划。

(三) 商务标（报价）

投标者提供的报价以附件（费率表）规定的形式提供。

说明：这一部分待A公司正式发出通知后递交。

五、其他注意事项

(一) 投标押金

参加正式投标的单位，应按规定在交实施计划书的之前，交纳投标押金人民币300万元，押金将于3月22日退回未中标单位。

(二) 递交方式

投标单位请按以下时间将所要求文件密封挂号或面交A公司。① 在2月28日前递交实施计划书；② 在3月13日接到A公司的正式通知后，于3月14日递交商务标。

A公司地址与联系人如下：

上海市浦东新区×××路×××号

邮编：

电话：

传真：

联系人：

(三) 投标费用

无论招标的结果如何，投标方自行承担参加投标活动的一切费用。

(四) 其他

本文件未尽事宜经双方协商同意，作为合同的补充条款。

本次招标活动的最终解释权归本公司所有。

附件一　报价表（略）

附件二　物流服务范围与要求

附件三　物流服务合同（略）

附件：物流服务的范围与要求

本附件的目的是对本物流服务合同的标的，即物流服务包含的范围及各服务内容（环节）需要达到的要求与标准，以及相关责任进行界定，以便甲乙双方在物流运作中遵照执行。

一、物流服务的范围

本合同下物流服务的范围主要包括甲方家电产品（洗衣机、冰箱与微波炉）的运输、仓储及增值服务，以及精确提供上述服务过程中的有关信息。根据业务发展，甲方的物流服务范围可能调整，甲乙双方协商一致后，可以对服务范围做补充规定。

二、仓储服务的范围要求

（一）地理范围

本合同下的仓储服务地理范围是全国主要城市点，根据甲方业务需要，城市点的范围可以增减。当前甲方需要建立仓储点的城市是：沈阳、北京、西安、上海、成都、重庆、昆明、武汉、广州。

（二）服务内容（环节）

仓储服务的内容包括但不限于：货物的装车与卸车、进出库、堆垛与保管、盘点、提供信息及与甲方配合、货票同行、信息系统连接、退货管理、检修配合、移库、建立仓储配送能力、提供服务质量保证与管理体系。

（三）要求与考核

仓储服务的要求与考核见表 8-8，其中 KPI 定义、考核标准与责任见表 8-10（运输）和表 8-11（仓储）。

（四）责任范围

乙方提供仓储服务的责任范围：货物卸下车开始，货物进出库及储存过程，一直到货物铲上车为止。

三、运输服务的范围与要求

（一）地理范围

甲方提供乙方运输（配送）服务包括，但不仅限于下列范围：

(1) 国内长途运输。

(2) 上海市内配送（包括上门送货）。

(3) 华东地区配送。

(4) 国内其他仓库配送（包括上门送货）。

当前运输方式是公路运输，不排除今后采用其他运输方式及多式联运的可能。

（二）服务内容（环节）

运输（配送）服务的内容包括但不限于：运输准备、货物接收、货物承运、货物到达交接、提供信息及与甲方配合、信息系统连接、提供服务质量保证与管理体系。

（三）要求与考核

运输（配送）服务的要求与考核见表 8-9。

（四）责任范围

对提供服务的责任：接收甲方指令（订单）开始，就负责按规定时间进行运输准备，直到货运回单送到甲方为止。

对货物的安全责任：货物上车开始，运输过程中，一直到货物到达指定地点，并卸下车为止。

四、服务绩效指标（KPI）定义、考核标准与违约责任

KPI的定义、标准与违约处罚措施见表8-10（运输）与表8-11（仓储），KPI指标经甲乙双方开发将不断完善。

五、报表种类、发送时间与交接要求

作为物流服务提供商，乙方在提供仓储及运输（配送）服务的同时，必须提供相关的信息管理、汇报及服务绩效监控，以实现双方降低成本、提高服务水平的目标。乙方对物流运作绩效的监控与汇报要求见表8-12（运输）与表8-13（仓储）。物流服务中的表现与汇报可以根据双方需要进一步开发。

六、增值服务

乙方应根据甲方的需要，提供甲方要求的有关增值服务，包括但不仅限于：改换包装、标记，贴条形码等。乙方提供增值服务的劳务费用应是得到甲方认可的市场的合理价格。

乙方作为物流服务专业公司，在为甲方提供物流服务时有责任对甲方的物流网络系统与运作过程中的不合理与低效方面提出改进措施与建议。

七、人事与培训

（一）人事

（1）乙方必须随时提供足够数量的能胜任工作的合格职员或分包商以服务于本合同，并自负成本，包括在节假日、病休或其他原因导致人员无法上岗采取替换措施。

（2）乙方必须有能力对服务于本协议的合格人力资源加以示范。

（3）乙方和乙方分包商的所有职员对甲方客户要保持协助、积极的态度，要求同甲方客户有直接接触的职员态度谦和有礼，举止大方得体。

（二）培训

（1）乙方必须保存对职员进行指导、培训的相关记录，甲方有权对这些记录进行核查。

（2）乙方有责任确保每位职员具备指定标准的工作胜任能力。乙方要制定和更新人员培训计划。

（3）若乙方人员达不到有关提供甲方物流服务要求，或者必须由甲方进行培训后才能胜任有关工作，甲方可以提供培训，乙方必须支付合理的培训费用。

（三）协作与配合

（1）乙方必须安排与配合甲方对乙方及乙方分包方的有关物流服务现场的检查。

（2）乙方应使其职员在甲方指导下与甲方员工和在业务区域内其他公司员工协作与配合工作。

（3）乙方的全体职员要按制定的运作标准进行操作，在职员与乙方达成共识的工作条件下工作。

（四）劳资关系

（1）乙方对职员的劳资关系政策单独负责，确保完全符合法律与法规要求。

（2）职员的薪资为乙方和职员间的事务。

（3）乙方和职员间的其他方面均由乙方所负责。

表 8-8　仓储服务要求与考核

服务范围	要求				
	KPI	服务标准（要求）	设备	信息系统	仓库保证
货物卸车、货物装车	KW3	◇ 不许横放、倒放与斜放 ◇ 装车时应贴紧，不能留出间隙 ◇ 装卸时应使用装卸工具，如叉车、推车等 ◇ 装卸时不能倾斜和倒伏、禁止滚动 ◇ 装卸时不能跌落 ◇ 堆码层数不超过纸箱上的堆码标记 ◇ 装车高度符合公路运输对高度的限制规定 ◇ 装车后应捆扎牢固以免危险	◇ 使用叉车 ◇ 托盘 ◇ 双层仓库要求有货梯	◇ 仓库管理系统 ◇ 所有数据进入计算机 ◇ 必要的计算机硬件、软件、通信设施、人力资源	◇ 在本合同有效期内始终有效 ◇ 不违反法律及相关政府规定 ◇ 随时都在乙方的控制与管理之下 ◇ 24 小时安全保卫服务，以确保产品的安全性（严格的防火、防盗措施） ◇ 适于储存甲方产品（防风雨性能，照明充足、清洁、地面平整、高度超过 5.5 米） ◇ 提供合格的搬运设备、信息系统及相关人力资源 ◇ 对由于仓库原因导致甲方产品损坏负责 ◇ 任何成本、费用和责任，均由乙方单独承担
货物进出库	KW3	◇ 先进先出或按甲方指令发货 ◇ 堆码层数不超过纸箱上的堆码标记 ◇ 不许横放、倒放与斜放 ◇ 具备足够的防雨措施和工具 ◇ 不能倾斜和倒伏，禁止滚动			
货物堆垛与保管		◇ 根据货物不同规格分开堆垛 ◇ 堆放整齐 ◇ 通风良好，相对湿度不大于 85% ◇ 堆码层数不超过纸箱上的堆码标记			
货物盘点	KW2	每月一次			

续表

服务范围	要求				
	KPI	服务标准（要求）	设备	信息系统	仓库保证
货票同行	KO1	◇ 货物发票随货物一起送达客户		◇仓库管理系统 ◇ 所有数据进入计算机 ◇ 必要的计算机硬件、软件、通信设施、人力资源	◇ 在本合同有效期内始终有效 ◇ 不违反法律及相关政府规定 ◇ 随时都在乙方的控制与管理之下 ◇ 24 小时安全保卫服务，以确保产品的安全性（严格的防火、防盗措施） ◇ 适于储存甲方产品（防风雨性能，照明充足、清洁、地面平整、高度超过 5.5 米） ◇ 提供合格的搬运设备、信息系统及相关人力资源 ◇ 对由于仓库原因导致甲方产品损坏负责 ◇ 任何成本、费用和责任，均由乙方单独承担
退货管理		◇ 分开单独存放 ◇ 统计			
检修配合		◇ 提供水、电供应设施 ◇ 免费提供检修场地 ◇ 提供需检修的产品，配合甲方检修			
移库		◇ 按甲方要求时间完成 ◇ 不影响正常出库	使用叉车、托盘		
建立仓储配送能力		◇ 在甲方销售的战略性地理位置为产品提供仓储与配送服务 ◇ 仓库设立的最终地理位置由甲方决定，乙方应该对甲方仓库设置与调整提供建议 ◇ 乙方同意自合同生效日起在甲方确定的地理位置建立仓储能力 ◇ 乙方还同意在本合同有效期内，在甲方提出要求后的 30 天内在甲方产品销售地区追加设立仓库 ◇ 甲方提前 30 天作出预测，乙方随时满足甲方能力要求			

续表

服务范围	要求				
	KPI	服务标准（要求）	设备	信息系统	仓库保证
提供信息及与甲方配合	KW1 KW4	◇ 专人负责相关报表与甲方专人联系 ◇ BW1 至 BW10 及 BKW，见表 8-13 ◇ 常驻甲方 1 人（自负费用） ◇ 货物进出仓库、存货跟踪 ◇ 协调仓库安排 ◇ 事故协调处理 ◇ 运作质量监控与报告		◇ 仓库管理系统 ◇ 所有数据进入计算机 ◇ 必要的计算机硬件、软件、通信设施、人力资源	同上
电子数据传递与系统连接		◇ 网上查询 ◇ 与甲方系统连接	总部服务器，基于 web 的仓库管理系统		
质量保证与管理体系	保证具备满足以上服务范围各项活动及它们之间协调运作的质量体系，保证提供的服务绩效衡量指标（KPI）真实可靠。甲方将对乙方质量保证体系、KPI 指标汇报的真实与可靠性进行检查，将对乙方的服务定期进行评估，有关改进意见将及时反馈乙方				

表 8-9　运输服务要求与考核

服务范围	KPI	服务要求	车辆要求
运输准备	KO1	◇ 收到甲方指令后，24 小时内达到发运状态（包括安排车辆、运输单据准备、仓库所在地完成装车、捆扎等运输准备工作） ◇ 如遇意外情况应立即征得甲方同意后方可变动计划安排	◇ 车辆数目：乙方应随时提供足够的车辆及司机以满足甲方货物运送至甲方指定地点的要求 ◇ 维护标准： ◇ 服务于本合同的所有车辆必须符合法律法规的有关规定，妥善保养，内外保持合理的清洁度；乙方全权负责确保所有车辆、设备安全可靠，保证符合所有法律法规要求 ◇ 甲方对将货物装运到不符标准的车辆上保留拒绝权，乙方负责甲方产品的保护，保证货物在运送过程中不受恶劣天气的损坏 ◇ 经营许可证、检验证书和其他法律法规要求：乙方或分包商负责获得从事甲方物流服务所需的所有许可证、注册证书和检验证书，包括但不限于无限制车辆登记和执照，支付必需的费用以符合法律法规要求；乙方要确保满足所有法律要求，确保车辆不在公路上超载与超高运行，服务于本合同的所有车辆
货物接收	KT3	◇ 依据甲方提供的货运通知交接清点收货，并向仓库提供签收单上如实签收所收货品的数量、品种、包装及质量状况、收货日期（该日期将作为付运日期）、收货人，签署全名加盖章 ◇ 对于货品质量存疑的货物，除甲方有特别书面说明外，乙方有权拒收	
货物承运	KT4	◇ 在天气状况欠佳及长途运输时，承运车辆必须做好防雨防尘措施后方可承运 ◇ 因乙方错运到货地点或错交收货人，乙方必须负担一切损失及由此所发生的其他费用 ◇ 负责在运输过程中对货物的保护，采取一切措施防止货物受损	
货物到达与交接	KT1 KT2	◇ 乙方按甲方要求运货抵达收货地点时，必须要求收货方在签收单上如实签收收货的数量、品种、日期（该日期作为收货日期），收货人必须签署全名加盖收货单位公章；乙方必须在送货后的第二天将回单传真到甲方总部物流部，回单原件必须在送达货物后 2 周之内提交给甲方	

续表

服务范围	KPI	服务要求	车辆要求
货物到达与交接	KT1 KT2	◇ 乙方装卸人员在作业过程中必须做到服从客户要求，不得无故推诿甚至刁难货主和客户，如发生此类情况，乙方对此负责，并立即采取措施，确保今后不发生类似情况；由此产生的损失，甲方有权对乙方提出索赔 ◇ 合同双方每半年审核货物的运输时间，在坚持安全第一的前提下，采取有效措施保证服务质量，缩短运输时间，不断提高服务水平	由乙方或分包商按法律法规与安全要求进行投保，乙方全权独自对确保其分包商遵守本条款内容负责 ◇ 客户信息的反馈与汇报，乙方要确保对甲方客户提出的问题及要求等有关信息进行收集，并及时反馈给甲方
提供信息与甲方配合		◇ 专人负责相关报表与甲方专人联系 BT1/BT2/BT3/BT4/BKT，见表 8-12 ◇ 常驻甲方 1 人（自付费用） ◇ 货物跟踪 ◇ 协调运力安排 ◇ 事故协调处理 ◇ 运作质量监控与报告	
信息系统连接		◇ 网上查询功能，及每天 E-mail 发送运输动态 ◇ 与甲方系统连接	
其他要求		◇ 每周 7 天，每天 24 小时运作 ◇ 每月开单	
质量保证与管理体系		保证具备满足以上服务范围各项活动及它们之间协调运作的质量体系，保证提供的服务绩效衡量指标（KPI）真实可靠。甲方将对乙方质量保证体系、KPI 指标汇报的真实性与可靠性进行检查，将对乙方的服务定期进行评估，有关改进意见将及时反馈给乙方	

表 8-10　KPI 定义、考核标准及违约处罚（运输）

类别	KPI	符　　号	定　　义	考核标准	违约处罚措施
运输	运输准备时间	KT1	安排车辆，以及车辆在仓库内所在地完成装车、捆扎等运输准备工作，达到可以发运的状态	<24 小时	每次 100 元
	准时交货考核指标	KT2	在合同规定时间内送达客户的订单总数占当月承运订单总数的百分比 （合同规定时间是指运输报价单上的时间）	>96%	每 1%的差距，扣 1%的总运费
	货运单签收及回单完成指标	KT3	在限定时间内将正确签收的货运单返回给甲方的订单总数占当月承运订单总数的百分比	>95%	每 1%的差距扣 0.5%的运费；当差距超过 3%，按 2%运费扣除
	货物安全性	KT4	安全送达次数比率	>97%	每 1%差距，扣 0.5%的运费；当差距超过 3%，按 1%运费扣除
		KT5	纸箱破损比率	<0.3%	累计破损数量在运输总量 0.3%以内的，按货值赔偿，超过部分将按货值两倍赔偿
		KT6	货物货损比率	<0.05%	累计破损数量在运输总量 0.05%以内的，按货值赔偿，超过部分将按货值两倍赔偿
	运输损害报告反馈	KT7	在限定时间内以书面形式将运输中发生的破损反馈给甲方	<24 小时	每次 500 元
		KT8	货差事故或交通事故反馈给甲方	<7 天	每次 500 元

表 8-11　KPI 定义、考核标准及违约处罚（仓储）

类别	KPI	符号	定义	考核标准	违约处罚措施
仓库与存货管理	报表准确率	KW1	正确报表的数量/总共提供报表的数量	95%	当<95%，报表每出现一次错误，罚款 50 元
	报表及时率	KW2	在规定时间内将报表及时地反馈给甲方	95%	当<95%，报表每出现一次错误，罚款 50 元
	操作规范率	KW3	按照甲方的要求操作、控制、跟踪货物	100%	每发现一次违规操作，罚款 500 元，并赔偿因此产生的其他费用
	盘点差错率	KW4	盘点差异数/月平均库存数	<0.01%	当<0.1‰时，按原价赔偿；当超过 0.1‰时，除按原价赔偿外，将扣仓储费用的 5%作为罚款
	仓库操作货损比率	KW5	当月仓库进出库货损台数/当月仓库进出库总台数	<0.02%	当超过 0.2‰时，除按原价赔偿外，将扣仓储费用的 5%作为罚款
	事故证明反馈时间	KW6	在限定时间内将仓库储存事故或第三者责任事故的合法证明文件或报告提交给甲方	<7 天	当>7 天时，赔偿因延误提供证明，给甲方造成的损失
其他	货票同行完成率	KO1	签收甲方寄来仓库的发票，并将发票与货物从仓库出发，同时交给客户，收到客户签收后传真甲方	100%	发票遗失按照发票的税率金额赔偿，每遗失一次，罚款 100 元

表 8-12　报表种类、发送时间与交接要求（运输）

报表名称	代号	报表内容	发送时间	形式与发送方式	交接
运输（日报表）	BT1	运输日报表主要反映每一订单的货物当天的运输状况，以便进行货物的跟踪	日报表当天发送，或次日上午 10 点前发送	◇ 报表形式由甲方规定，乙方可以提出合理化建议，乙方应该发送及时、数据准确 ◇ 必须利用计算机网络技术，直接将报表以电子文档的方式发送到甲方终端；同时，利用传真等手段，将纸面上的报表，经过乙方签字盖章后发送给甲方 ◇ 乙方要将所有运输单据按规定时间交给甲方	双方指定专人负责
运输汇总报告（月度报告）	BT2	运输报告主要反映货物体积（重量）、实际抵达时间和标准时间等运输信息，主要用于核算运输费用和评价运输服务水平	每月第 2 个工作日发送上月月报表		
月度运输分析（月度报告）	BT3	反映各城市运输量变动情况、订单数量变动情况			
KPI 指标分析（月度报告）	BKT	对各项 KPI 指标的月度统计			
客户投诉/偶发事件	BT4	◇ 客户投诉/偶发事件的情况报告 ◇ 原因分析、整改措施	对客户投诉及偶发事件立即发送，原因分析及整改报告一周之内发送		

表 8-13　报表种类、发送时间与交接要求（仓储）

报表名称	代号	报表内容	发送时间	形式与发送方式	交接
入库收货情况报告	BW1	入库收货情况报告是对入库货物进行确认的文件，主要记录货物入库数量和货损情况	在货物入库 24 小时内	◇ 报表形式由甲方规定，乙方可以提出合理化建议，乙方应该发送及时、准确的数据 ◇ 必须利用计算机网络技术，直接将报表以电子文档的方式发送到甲方终端；同时，利用传真等手段，将纸面上的报表，经过乙方签字盖章后发送给甲方	双方指定专人负责
日报表	BW2	日报表主要反映货物当天的进出，和当天货物的结存	当天发送，或次日上午 10 点前发送		
订单发货异常情况	BW3	订单发货延迟，取消，缺货的情况统计	◇ 每天10：00 ◇ 每月汇总		
借机汇总周报	BW4	反映仓库借还机情况的每周汇总	每周二提供		
月报表	BW5	业务月报表主要反映货物一月的累计进出，和月末的结存，一般以件数为统计单位	当月月底16：00		
费用统计分析表	BW6	每月的费用审核和相关的费用分析报表	每月月底前 2 天		
盘点报告	BW7	每月仓库的实际盘点报告	当月月底16：00		
仓库异常情况与库损报告	BW8	反映仓库中货物损坏情况和仓库中发生的货物异常情况或突发事件反馈表	即刻发送		
非好品入库分析表	BW9	反映待验机、折价机、损机、报废机的来源和进出库月平衡表	每月第 2 个工作日发送上月报告		
滞销品报告	BW10	低速周转存货			
KPI 指标的月度报告	BKW	反映仓库当月的操作指标情况			

案例讨论

1. 案例中第三方物流服务项目的服务范围及要求是什么？
2. 案例中第三方物流项目采用了二阶段招标方法，二阶段招标有什么好处？
3. 案例中项目对第三方物流的要求与考核比较详细，请分析其利弊。

案例二

某啤酒销售公司第三方物流项目招标文件

一、概述

（一）目的

此文件的目的是帮助某啤酒销售公司在其物流推进计划进程中，建立筛选第三方物流公司的评判标准，以使第三方物流公司凭借其实体分销体系及服务、实际操作经验与能力为啤酒销售公司提供全国范围内的服务。

啤酒销售公司希望能与合格的第三方物流公司建立起长期的合作关系，该公司需有能力向啤酒销售公司提供建立在合理成本基础上的全国及地域性的分销运作服务，并为啤酒销售公司与其客户提供优质的服务。

预见的合作将会成为啤酒销售公司物流推进计划的有机组成部分并且与啤酒销售公司长远的战略方案相一致。

此意向书是啤酒销售公司评估第三方物流公司服务能力与成本资料的首要方法。在对意向书的回复进行第一轮评估后，进一步的详细招标书将会发送给有合作意向且初步评估合乎啤酒销售公司要求的物流公司，据此，会对应标的公司进行深度评估与实地调研，从而展开正式的评标工作。啤酒销售公司保留撤回对任何物流公司继续评定的权利（如果该公司在提供总体服务水平上不能达到要求）。

（二）标书的评定

在整个评标过程当中，啤酒销售公司将邀请相关行业专家作为物流推进小组的成员，将在相关的环节协助啤酒销售公司进行标书的评估、相关谈判以及最后方案的选定。

啤酒销售公司物流项目推进小组将根据对中国物流和分销行业的理解以及对啤酒销售公司行业和本公司业务的了解，严格遵循公正性及独立性的原则，完成整个项目的招标评标过程。

二、项目背景

（一）背景简介

某啤酒销售公司是世界知名企业，1993 年同时在沪、港两地上市。产品拥有近百年历史，远销 40 多个国家和地区。2000 年其品牌价值已达 46 多亿元。但优秀的产品品质和一度供不应求的市场状况让企业长期停留在计划经济时代的产销模式。直到 1996 年，迫于激烈的市场竞争，啤酒销售公司才开始着手建立自己的营销队伍和营销模式，在短短的几年时间里迅速建立起遍布全国的营销网络，并在实战中逐步摸索出一套行之有效的销售模式——直销模式。与此同时，啤酒销售公司逐渐认识到建立现代物流系统对企业进一步发展壮大的重要性，并在1998年根据集团提出的“全面实施新鲜度管理”的发展战略，正式进行物流改革。

本项目属于物流改革长期规划中的一部分。目前，由公司物流项目推进小组来负责项目的招标工作。

（二）项目目标

啤酒销售公司的物流改革在于着手建立现代物流系统，凭借强大的技术平台实现企业物流、资金流、信息流的三流统一，以供应链管理为指导思想，重组企业业务流程，最终实现：

(1) 全国范围内的市场快速响应能力，通过进一步提升产品的新鲜度，来强化在消费者心目中啤酒销售公司的优秀品质。

(2) 企业的核心竞争力得到进一步强化，高层决策更加规范、准确、有效。

(3) 在市场反应速度得到持续提升的前提下，成本得到有效的控制和节省。

三、产品类别要述

（一）产品种类

啤酒销售公司的产品品种主要有125种。其中规格主要有640×12、640×10、500×12、355×24、640×24、330×24、500×24等，另外还有桶装的啤酒（30 L和20 L）。

包装物主要有纸箱装、周转箱装、捆装及桶装。

（二）产品销售情况

啤酒销售公司在全国以及山东境内的产品销售情况（略）。

（三）产品的季节性

产品销售的旺季主要集中在春夏秋，特别是节假日期间。一般来说，淡季（即冬季）的销售量为旺季的85%左右。

四、服务要求

（一）仓储设施以及处理设备

为了满足当前分销标准与特殊的客户要求，所需的分销设施需装备操作流程及规范的成功运作系统，提供以下服务：

(1) 位置。各应标物流公司需在啤酒销售公司地区性销售公司所在点设有分销设施与运作支持点。

(2) 安全措施。啤酒销售公司对其产品在转运过程中特别是在投标方的停泊点或仓库操作过程中的安全性非常关注。投标方需提供其设施的安全说明。

(3) 系统。投标方在全国或地区性配送中心需装备仓储管理系统，以便能够高效率地处理啤酒销售公司的高需求。在各分销设施也需装备现代化处理设备以提供高效专业的服务。

(4) 装备。投标方在其仓库里应装备有相关的处理设施与工具，如货架、叉车、拣货车等。

投标方需有足够的能力与设施、设备完成支持啤酒销售公司在全国范围内各销售点销售的仓储及配送操作业务，并同时满足啤酒销售公司在服务上以及安全上的要求。啤酒销售公司鼓励各物流公司以其独创性提供配送中心以及分销设施的实施方案。同时，物流公司在某些城市、地区设施及人力资源的匮乏并不意味着它的方案一定不会被啤酒销售公司考虑。

（二）运输服务

1. 订单配送（外向）运输服务

这一款设定了对啤酒销售公司客户的配送要求的标准。合约的首要目标是要保证啤酒销售公司产品能准时、准量、准质地按客户订单要求处理，并最大可能地降低转运之间的破损率。

成功的第三方物流公司应有能力在提升服务品质的同时，达成成本的优化。根据初步预测，在运输及其安排协调方面存在着很大的潜在机会。

潜在的中标方应能为啤酒销售公司客户提供低成本、实用、度身定制的配送服务，并需说明其运作如何能同时与啤酒销售公司本身的运作协调并与其建议的分销体系协调匹配。啤酒销售公司在运输方面需达到的目标为：

（1）向客户提供在同行业内具有竞争性的系列配送服务。

（2）提供的配送服务应该符合在成本、质量、安全系数上的既定标准。

（3）需有一个灵活应变的运作系统能对市场与客户的要求与变化作出迅速反应。

（4）服务提供商需有货物追踪系统，以便啤酒销售公司能向客户随时提供即时准确的送货信息。

2. 配送（内向）运输服务

第三方物流公司需提供以下服务：从酿造厂到啤酒销售公司全国或区域性分销中心的整车或零担运输。

（三）分销设施以及服务

合格的第三方物流公司在解决方案中的分销中心以及分销设施所应提供的主要服务功能包括：货物的快速、高效操作，随时在线追查跟踪货物品种、数量及其状态，存储空间的有效管理，集运管理，对特殊订单的快速及特殊处理，通过周期性的盘点以达到常规的库存状况及时更新，为客户提供增值服务，运作绩效的监控与跟踪，反向物流的运作与管理（包括空瓶的回收与周转箱的回收），运输的规划与安排，整箱订单的处理，散箱订单的处理。

（四）设施以及其他要求

为能达到当前的分销要求和客户的需求，理想的分销设施应总体上达到高效、准确、可靠、安全、符合环境要求，具备以下装备及功能：

（1）对货物数据的录入与转换能通过条形码技术以及无线射频技术来实现。

（2）能够用不同的标码技术打印出条形码，打印单位价格标签，具备通过应用一系列装备达到出色的高效拣货及日常运作的能力，提供高密度的拣货区域，并且最大可能地减少纸用凭证的应用。

除此以外，还有以下功能也是非常重要的：高水准的设施内部保持系统，控制灰尘、防火、控制室温等，以及24小时的安全监控。

在最后选择时，啤酒销售公司会以综合功能性为原则。

（五）库存管理的准确性

啤酒销售公司希望成功的投标方对库存的流动和持有水平的控制准确率能达到98%。啤酒销售公司的审计人员会在财政年度里实施定期和不定期的库存审计。第三方物流公司应能提供所有相关库存历史记录，并能提供库存差异的原因报告。

（六）信息技术

1. 分销设施的系统要求

投标商应就此招标项目拟采用的信息技术系统方法提交方案，包括能力、优势及预测的方案实施时间框架及所需资源。成功的投标商也可选择通过使用合适的仓储管理系统与当前啤酒销售公司自有的ERP系统进行短期或长期的合作，所选用的仓储管理系统需有收货管理、库存管理、订单处理、发货管理等功能。与当前既有系统接口，为客户提供实时的运单信息也是啤酒销售公司客户增值服务的重要组成部分。因此，各系统间的沟通集成也将是支持与保证运作水平的稳定及提高的前提。

2. 总的系统要求概论

潜在的第三方物流公司可就以下有关系统要求的要点进行概要性的描述：

(1) 描述当前公司拟订的方法论，就如何发展、集成运作以及支持啤酒销售公司所要求的系统进行描述。

(2) 描述当前公司在财务上如何支持信息系统，包括最近的信息系统软件购置及客户化发展的预算。

(3) 描述建议支持该项目的信息系统运作结构。

建议啤酒销售公司采用何种仓储管理系统及原因，对所建议系统的功能作以下主要描述：绩效控制、库存盘点、库存管理工作量的规划、自动化操作系统、商标操作、与EDI系统的接口。

啤酒销售公司需要潜在的第三方物流公司指出为此项目将要应用的信息技术系统，包括能力、优势与可能的解决方案的框架性描述。

潜在的第三方物流公司也同时可以选择短期或长期地与啤酒销售公司的ERP系统合作，选用合适的仓储管理系统、订单管理系统、运输管理系统，从而有效地对收货、库存控制、订单处理、运输等环节实施管理。

五、意向书回复格式

为了确保有效的评估，对意向书的回复需要强调几个主要特殊的要素。所有投标方均需按以下内容格式来进行回复。

（一）基础设施

基础设施主要指仓储设施与设备。这一款里需对提供的仓储设施作简要描述，如地点面积、层高、容量等，以及设施里的温度控制情况、地点的安全措施、物料处理设备、货架、装卸道口、月台等。

（二）技术

技术主要指应用的商业管理系统或仓储管理系统。描述内容包括系统名称、所采用的系统的应用时间、系统供应商对系统的维护及支持、提供的主要功能、与其他客户系统的接口实例。

（三）公司简介

(1) 财务的稳定性。提供公司营业执照复印件以及最近3年的财务状况表。

(2) 职业技能与资历。提供公司或组织与项目相关主要管理人员的简历。同时，啤酒销售公司希望在将服务外包之后，第三方物流公司能保留啤酒销售公司的部分员工。

(3) 已有的相关类似任务的操作经验或成功案例。提供客户名称、案例情况介绍。

(4) 提供成为行业领袖的机会。投标方应能根据公司自有的能力与行业优势，同时作为物流业的领袖来帮助客户在其行业当中通过改善供应链而取得竞争力。

(四) 项目总的标准

(1) 滚动式运作计划。投标方对项目的实施提供两个初步的可行性实施计划。

(2) 关系结构描述。对以后潜在的服务关系作一个综合性描述，对投标方与啤酒销售公司之间的关系的性质也应有一个初步的确认。

(3) 合同条款的确定。

(4) 服务水平的提高。啤酒销售公司以客户为中心，本着长期稳定以及不断提高服务水平的原则对客户提供服务。这包括：按时准确地送货、正确无误地结账、对紧急订单或要求能迅速地作出反应、完好无损地送达货物。

投标方需对此作出必要的描述，表示如何在服务期间达到这个目标。

(5) 成本的降低。啤酒销售公司是本着在服务水平保持不变的情况下，达到成本的持续降低的。投标方需提供必要的描述，即如何在服务期达到持续成本改善的目标。

六、项目时间表

(一) 评标要求综述

啤酒销售公司为招标工作的进行拟订了一个时间进程表。投标方在投标书中应就以上问题纲要作出充分的回答并提出可行性解决方案建议书纲要。

啤酒销售公司在全国范围内已经建立起庞大的分销体系，产品直接发往各终端客户，如超市、酒店等，更多的是遍布各地的经销商。75%的产品在出厂后进入了经销商自有的仓库，再等待发往下级客户。建议的解决方案同时也应描述出在方案实施过程当中可能出现的情况，也就是现有库存与物流处理设备的物理位置的转移，以及对这个流程的安排与计划。同时，描述出如何在转移管理的过程当中使客户的需求得到满足，也使啤酒销售公司的产品流动得到最大限度的保障。

评标标准将主要关注于问题的解决程度、与企业长期发展规划的适应性、可持续发展性及投标人的综合实力、业绩信誉等方面。

(二) 评标时间表及重要日程

以下是招标项目的几个重要日程：

(1) 某个时间前发送给第三方物流公司。

(2) 意向书回复，筛选出有意向的初步合格投标商，发出正式招标书，收到应标书，评标分析，实地考察，有选择地挑选投标商作演示，与有意向的投标商谈判，达成协议，最后决策。

(三) 答复的递交

投标方需在规定日期前将对此意向书的答复以书面形式递交给啤酒销售公司。意向书答复文本须以中文写成。答复可以以电子邮件形式发给相关人员，也务必同时发出信函文本确认。

案例来源：田宇. 第三方物流项目管理. 广州：中山大学出版社，2006.

案例讨论

请根据此招标书，起草一份投标书。

即测即评

请扫描右侧二维码，进行即测即评。

第九章 第三方物流项目的投标

引 言

随着第三方物流服务使用方（货主企业）越来越多地采用招标方式确定第三方物流服务的提供商，第三方物流项目投标已经成为第三方物流公司获取物流服务项目的必要方法之一。本章首先介绍我国招标投标法中有关投标方面的规定，然后介绍第三方物流公司参与投标的一般过程，最后以实际的例子说明投标书的构成与内容。

第一节 第三方物流项目投标概述

第三方物流投标是近年来随着我国物流外包需求的产生与发展，以及物流服务使用方采购物流服务方法的改进与规范渐渐发展起来的。一些有实力的第三方物流公司，对一些复杂的第三方物流项目，已经有能力根据招标书与客户的要求，自己组织或者通过聘请代理或顾问进行合理的投标，编制完备的物流项目投标书。但是，还有许多第三方物流公司对投标过程的管理与投标书的撰写还比较陌生。

对于运作较简单、个性化服务要求不高的物流服务项目，比如一些国内运输、国际货运等项目，一般以价格竞争为主。

投标人在购买了标书之后，立即做标，即按标书中所列项目，填上分项价格和总价，一般称为报价。

报价是投标工作的中心环节，也是投标人中标的关键。无论哪一种项目的招标，报价时应共同注意的事项包括下列四点：

（1）熟悉标书的内容。对各项具体规定都要弄清楚，对于不清楚、不理解的部分可以向招标单位询问，千万不要对招标文件感到烦琐、冗长而不认真研究，甚至违反规定自行其是。

（2）标书的编制须严格按照文件规定进行，要建立在科学的分析和可靠计算的基础上，要能比较准确地反映项目的标的，力争做到恰如其分。

（3）标书的编制是一项政策性、技术性、专业性很强的工作，除了投标要及时、计算要准确之外，还要注意大多数项目的投标程序和背景。在办理各项烦琐的手续的同时，还要研究该项目的复杂性，要视具体情况制定竞争策略（包括适当调整报价）。

（4）组成一个投标报价的业务班子。在班子成员中，既要有驾驭全局的负责人，又要有懂技术、财务管理、商务以及法律的各方面人才。因为投标从资格预审直到签订合同是一个全过程。在这个过程中，保持各个阶段的连续性，全面周到地考虑各种问题，对维护投标人的切身利益具有相当重要的作用。对于第三方物流项目的投标，这个班子也就是中标后的项目管理班子。

第二节　第三方物流项目投标的一般过程

第三方物流项目投标的一般过程如图 9-1 所示。第三方物流投标方的工作包括：收集招标信息、参加资格预审、编制投标文件、参加开标、签订合同等环节。下面对其中主要环节进行简要介绍。

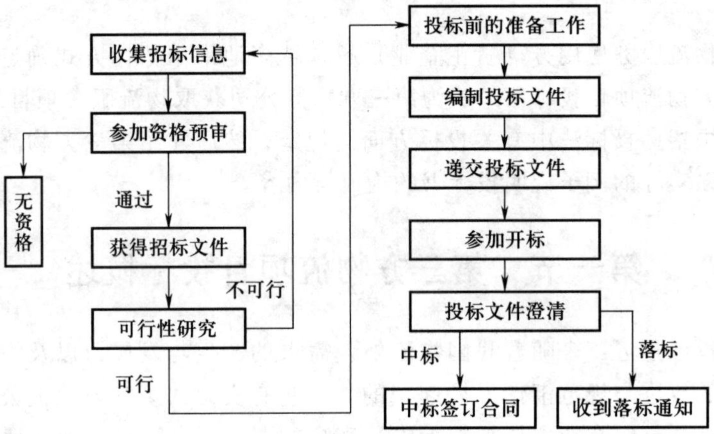

图 9-1　第三方物流项目投标的一般过程

一、收集招标信息

第三方物流企业的投标工作从收集第三方物流招标信息开始。物流项目招标的信息来源包括：

（1）货主企业（客户）的邀请。对于客户以邀请招标的方式进行招标的项目，客户会向有能力并比较合适的第三方物流公司发出邀请。

（2）营销人员获得的信息。第三方物流公司的营销人员不断收集客户的需求信息，拜访潜在的客户，并进行初步的项目商谈。一旦项目需求明确，有些客户便会按照公开招标的方式进行招标。

（3）物流招标与投标网。近来，国内出现了不少招标与投标服务的网站，它们有：中国物流招投标网、中国物流招标采购网、中国物流招标网、中国物流联合网等。

（4）其他渠道。公司其他成员的渠道等得到的信息。

二、参加资格预审

根据物流服务使用方的要求，参加资格预审。我国《招标投标法》第十八条规定，招标人可以根据招标项目本身的要求，在招标公告或者投标邀请书中，要求潜在投标人提供有关资质证明文件和业绩情况，并对潜在投标人进行资格审查。资格审查程序是为了在招标投标过程中剔除资格条件不适合承担或履行合同的潜在投标人或投标人。这种程序，对复杂的或高价值的招标项目特别有用，甚至对于价值较低但技术复杂或高度专业化的招标项目，是非常有帮助的。如果越过这道程序，而直接对投标人的投标文件进行审查和比较，不仅费用要高得多，而且也更加耗费时间。采用资格审查程序，可以缩减招标人评审和比较投标文件的数量。另外，有的资信较好、能力较高的供应商或承包商，往往不愿意与不合格或名声不好的供应承包商进行竞争，以免失去他们的“面子”。因此，资格审查程序，可能是这些资信较好、能力较高的潜在投标人决定是否参加投标的一个重要条件。

资格预审主要审查潜在投标人或投标人是否符合下列条件：① 具有独立订立合同的权利；② 具有圆满履行合同的能力，包括专业、技术资格和能力，资金、设备和其他物质设施状况，管理能力，经验、信誉和相应的工作人员；③（3年内）没有与骗取合同有关的犯罪或严重违法行为。是否进行资格审查及资格审查的要求和标准，招标人应在招标公告或投标邀请书中载明。这些要求和标准应平等地适用于所有的潜在投标人或投标人。招标人不得规定任何并非客观上合理的标准、要求或程序，限制或排斥投标人，后者会给投标人以不公平的待遇，最终也会限制竞争。

目前，在招标过程中，招标人经常采用的是资格预审程序，并且专门发布资格预审公告。资格预审公告一般应包括以下内容：① 招标人的名称和地址；② 招标项目的性质和数量；③ 招标项目的地点和时间要求；④ 获取资格预审文件的办法、地点和时间；⑤ 对资格预审文件收取的费用；⑥ 提交资格预审申请书的地点和截止时间；⑦ 资格预审的日程安排。

例如，一个比较简单的运输项目招标项目中的规定可以是：

投标人报名时必须携带《公司营业执照》《税务登记证》《组织机构代码证》相关运输资质证明复印件及公司简介，以上文件需加盖公章。

（1）投标单位注册资本在300万元以上且资信良好。

（2）运输供应商须是专业的物流企业，具有两年以上物流营运经验，并具有铁路或公路运输经营的相关资质证明。

（3）自有车辆不低于10辆（需提供车辆行驶证复印件）。

三、投标前的准备工作

投标前的准备工作是对相关资料进行研究，包括投标项目资料和竞争对手资料。在选定物流招标项目之后，第三方物流公司针对具体投标项目，要收集全面、详细的情况和信息，其中包括该物流项目的具体资料和可能会参与竞标的竞争对手的相关资料。第三方物流公司只有充分地掌握相关资料才能为作出正确的投标决策打下基础。

有关物流招标项目的资料包括招标企业对采购的物流服务的要求，如下面是某化工物流项目分两阶段进行的第三方物流招标。其评估标准如下：

1. 第一阶段

（1）能力：创新、企业愿景与战略、多式联运能力、环境保护、健康与安全及质量保证与质量标准、信息技术及与客户的兼容性、物流管理与控制能力、与客户的客户合作的能力、对通过的方案负责到底的能力、处理危险品货物的能力与经验。

（2）质量：投标书的总体质量、类似项目的表现记录。

2. 第二阶段

(1) 价格：总的成本水平、成本的透明度。

(2) 服务：关注客户程度、满足客户的服务要求的能力、对客户的客户的服务按要求进行调整的灵活性、关键绩效指标和持续改进的表现记录。

(3) 战略兼容性：公司政策、管理架构与人力资源实践、对建立良好关系的承诺、理解公司客户的需求、理解公司业务要求、财务健康。

掌握投标竞争对手情况是投标策略的一个重要环节，是企业对外投标能否获胜的重要因素。准备参加投标的企业要着重掌握以下三方面的情况：① 历次招标中本行业企业投标人数目；② 每个企业，尤其是曾经中标企业的投标经历；③ 竞争对手的经营情况、物流运作能力、流程与信息系统的水平、服务质量、知名程度以及本企业相对竞争对手而言的优势和劣势等。

由于这些资料关系到企业投标的成败，所以数据要保持高度的精确性。作为参加投标的企业，必须花费一定的人力和较长的时间才能建立完整的资料档案。因此，投标人对投标有关资料的调查和分析是一项长期、持久的工作。

此外，物流公司要仔细研究和掌握与招投标及本行业有关的法规和政策。研究招投标的法律规定以及各种与招投标有关的政策法规，是投标人在投标准备工作中的一项重要内容。通过认真学习和掌握有关的法律、法规，以便规范自己在投标活动中的行为，准确地掌握投标、开标、评标和中标各个环节的程序，确保行为不违反法律、法规，确保投标活动的正常进行。同时，通过对有关法律政策的学习，学会用法律的手段维护企业的正当权益。

四、编制投标文件

在各种准备之后，正式开始编制投标文件。一般正规的招投标项目是按两阶段进行的，一般分为技术标（解决方案）(techniqual part of the bidding) 与商务标（报价）(commercial part of the bidding) 两大部分。标书编制与注意的问题在下一节详细讨论。关于撰写标书的时间，我国《招标投标法》第二十四条规定，招标人应当确定投标人编制投标文件所需要的合理时间；但是，依法必须进行招标的项目，自招标文件开始发出之日起至招标人提交投标文件截止之日止，最短不得少于二十日。促进参与竞争的一个重要因素是给供应商和承包商有充分的时间来编写他们的投标文件。这一时间的长短因项目的不同而不同，取决于各种因素，如需要采购的物流服务的复杂性、所预计的分包程度，以及提交投标所需的时间。因此，必须由招标人根据有关采购的具体情况确定提交投标书的截止日期。

编制好投标文件后便要按照招标文件的要求递交投标文件，然后参加开标，并进行投标文件澄清，如果中标便要与招标人签订合同。

第三节　第三方物流项目投标书的构成

第三方物流项目的投标书一般包括基本文件、技术文件以及商务报价三部分。

基本文件是对公司的基本介绍，包括公司概况、资质证书、业务运作模式、业务范围、主要客户。

技术文件是第三方物流企业对物流项目的建议书，包括技术方案及相关操作流程与报表管理。例如，技术部分按照业务模块来建议，可包括市内配送项目、全国各地运输项目、第三方仓库管理项目等。操作流程与报表管理包括操作程序、操作流程图、操作流程、岗位职责、操作规范、报表、附件等。表9-1是某化工产品物流项目的投标书。

表 9-1　某化工产品物流项目投标书

1. ABC 物流介绍
1.1　基本信息
1.2　财务信息
1.3　主要客户情况
1.4　公司各细分业务量占总业务比例
1.5　公司去年平均绩效指标
1.6　信息技术
2. 物流服务实施建议
2.1　散装货物运输
2.1.1　业务量
2.1.2　总体运输服务方案
2.1.3　运作流程图
2.1.4　分环节运作流程（进入提货现场/现场装货作业/运输途中/进入客户现场/现场卸货作业）
2.1.5　应急处理流程
2.1.6　执行计划（组织结构、主要人员资质）
2.1.7　信息流程
2.1.8　质量保证
2.1.9　培训
2.2　包装货物运输
2.3　多式联运货物
3. 绩效衡量与持续改进
3.1　绩效指标与标准
3.2　绩效报告
3.3　投诉处理
3.4　持续改进措施
3.5　信息技术与通信
4. 开票与保险
4.1　成本控制与透明
4.2　开票与发票样本

表 9-1 所示投标书的第一部分是 ABC 物流介绍，包括公司的基本信息、财务信息、主要客户情况、公司各细分业务量占总业务比例、公司去年平均绩效指标、信息技术。

第二部分是第三方物流服务项目实施建议。

以下均以表 9-1 某化工产品物流项目为例子进行介绍。其中我司或公司指的是第三方物流企业，即投标人；贵司指的是第三方物流服务使用方，即招标人。

一、对业务的理解

该部分首先是对客户业务的理解，分为散装货运输、包装货运输与多式联运。以散装货为例，产品信息与运输服务范围分别如下：

（一）装货地点和产品

装货地点：漕泾、外高桥、闵行。产品：粗 MDI、纯 MDI、改性 MDI、聚醚。

（二）散装产品运输的服务范围

（1）从漕泾（H 公司）的大型储存罐中，将产品转移到散装设备中。

（2）从闵行将散装产品运送至客户。

（3）将散装 MDI 发运至欧洲或亚洲。

（4）运输散装 MDI 至欧洲或亚洲。

（三）特征和能力要求

通过分析，认为表 9-2 中的能力是实施某化工产品物流项目所必须具备的。

表 9-2　物流服务的特征与能力要求

服务特征	能力要求
产品物流服务	理解客户需求，提供周到服务
公路运输为主	广泛的公路运输经验
危险品运输	危险品运输资质，与管理部门良好的关系
对设备及过程控制能力要求高	资产型公司，具有运输设备；集装罐运输经验；管理能力，包括 SOP 实施、IT 应用能力
HSE 实施能力	对 HSE 的理解与经验
合理的价格	对成本的控制能力

二、项目组织

物流方案实施建议中，包括项目组织。

成立由客户服务、运营与 HSE 及质量部门组成的专门项目团队。本项目中公司将根据需要为客户投资相关设备，除了客户服务主管，专门的车辆与集装罐管理人员及 HSE 专员也将配备到位。其组织结构如图 9-2 所示，项目组成员将从公司内部与外部挑选。

三、运输设备的选择

接下来是运输设备的选择，主要是集装罐（ISO tank）。

（一）纯 MDI

建议装载量 22MT，装载比例（filling grade）85%~88%，顶部装/卸料，装货前氮气置换，T11 型，配备电加热系统；加厚保温层 150 毫米（电加热集装罐经国际相关组织认证），第一次装货前提供第三方公证机构出具的清洁证书、5 年或 2.5 年检验证书，热水加热系统，纯 MDI 专用集装罐。

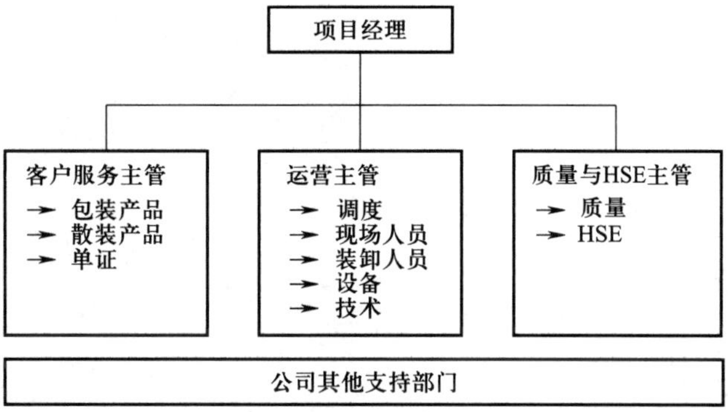

图 9-2 项目的组织结构

电加热集装罐在签署物流服务合同后采购，整个交货期需 3 个月左右。

温度控制：根据招标书中所指名信息，为了确保产品质量，纯 MDI 在运输过程中温度需严格控制在 42～46 ℃。我们认为此类产品的运输中，设备是个非常重要的因素。我们建议用特制的电加热集装罐来装运纯 MDI，挂车上安装发电机，运输过程中电压保持在 380～440 伏，运输过程中，通过温度跟踪流程随时记录罐内温度，所有的工作由押运员完成。

（二）粗 MDI

T11 型，加厚保温层至 150 毫米，容量 21 千升①，建议装载量 22 000 千克，装载比例 85%～88%，顶部装/卸料，装货前氮气置换，第一次装货前提供第三方公证机构出具的清洁证书，5 年或 2.5 年检验证书，蒸气加热系统，粗 MDI 专用集装罐。

提前期 3 个月。

温度控制：由于运输过程中产品温度须保持为 20～30 ℃，我们建议使用超厚保温层集装罐来确保运输过程中产品质量。如客户要求，我们可以提供热漏测算曲线。

（三）改性 MDI

T11 型，加厚保温层至 150 毫米，容量 21 千升，建议装载量 22 000 千克，装载比例 85%～88%，顶部装/卸料，装货前氮气置换，第一次装货前提供第三方公证机构出具的清洁证书，5 年或 2.5 年检验证书，电加热集装罐经国际相关组织认证，改性 MDI 专用集装罐。

前置期 3 个月。

温度控制：由于运输过程中产品温度须保持为 25～45 ℃，我们建议使用超厚保温层集装罐来确保运输过程中产品质量。如客户要求，我们可以提供热漏测算曲线。

（四）聚醚

T11 型，装货前氮气置换，顶部装，底部卸料，第一次装货前提供第三方公证机构出具的清洁证书，提供中化自备新造罐、5 年或 2.5 年检验证书，蒸汽加热系统，聚醚专用罐。

四、运作流程

初步确定的运作流程图见图 9-3。

① 1 千升 = 1 立方米

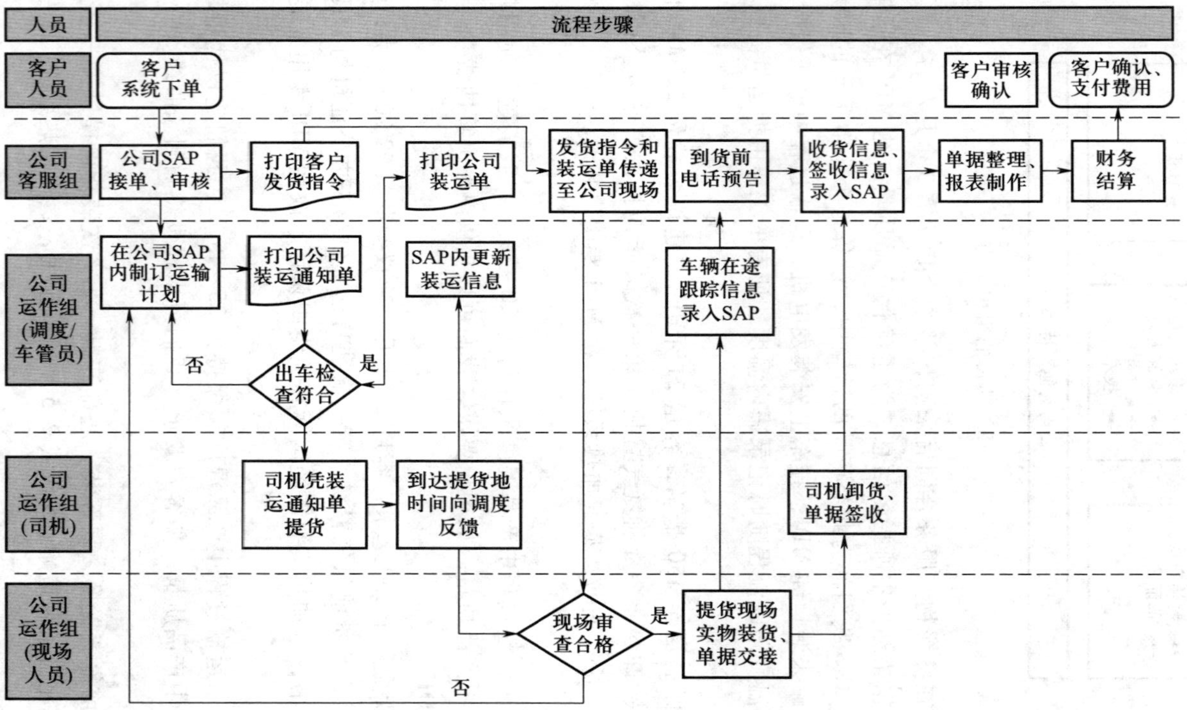

图 9-3　项目的运作流程图

标准作业流程将与贵公司一起确定。流程中将结合最佳实践和贵公司的要求，标准作业流程是提供贵公司服务的标准，在此基础上，公司将对绩效进行衡量与考核。公司已经成功地为多家跨国公司在中国的运输与物流提供服务，并不断地进行优化以保证客户在不断变化的市场上具有竞争优势。例如，公司现行的某物流项目的标准作业流程如表 9-3 所示。

表 9-3　某项目标准作业流程

业务流程	工作内容	责任人
客户下达发运指令	1. 客户物流部向公司客户项目部下达发运指令 2. 发运指令包括：货物名称、数量、重量、品种、订单号、客户、车型要求、装货到位时间、目的地、送达时间、是否加急等要求	客户物流部
公司接单	接收指令的形式： ◇ 首要方式：客户物流部通过公司物流信息管理系统进行，即直接通过网络下单，客户项目客服人员同样通过网络进行订单确认 在网络出现故障的情况下，启用以下方式： ◇ E-mail 形式：必须在收到邮件后 20 分钟内回复确认 ◇ 传真形式：在传真上签字确认后回传客户物流部 ◇ 将上述指令内容按性质分类后转给公司运作部相关调度员 ◇ 口头通知：直接回复，要求将上述信息确认无误	公司客户项目部客服人员
制定运输计划	1. 根据发运货物的特性调派合适的车辆：厢车或栏板车、车龄 5 年内，车容车况良好；根据货物重量，安排足够容积和吨位的车辆，不得超载 2. 设计最佳的运输路线并确保符合 HSE 要求 3. 将上述运输方案按指定反馈格式及时反馈给客户物流部（通过网络）	客户项目部调度员
运输计划审核	1. 客户物流部评估公司运输计划的可行性和安全性 2. 运输计划有缺陷或不妥部分需及时与公司调度沟通，进行调整并获得认可；将确认的运输计划通报发货仓库，要求仓库进行监督	客户物流部
人员安排	1. 通知现场人员车辆的信息（车牌号、司机电话、车辆状况）、提货信息（提货量、产品和送达地点）、预计到达仓库时间 2. 在特殊或指明加急、重要的运输业务时安排押车人员 3. 与送货驾驶员（或专职押运人）交代和确认车辆安全运输注意事项和送货途中的信息反馈要求及客户的特殊需求情况	公司运作部调度员

续表

业务流程	工作内容	责任人
装车与交接	1. 现场人员检查车况： ◇ 车龄、是否有相关资质、驾驶员数量、车底板是否平整、备胎数量、防雨设备、车辆外观、灭火器配备等 ◇ 厢车：车体是否清洁、干燥，厢体是否密封，有无渗水，厢体是否平整光滑、无尖锐物，厢门处于完好状态 2. 现场人员根据发货仓库指令，引导车辆到指定提货地点 3. 现场人员和承运司机进行送货产品的清点（产品名称、规格、数量），若发现数量上的差异或包装桶质量问题必须当场与仓库操作员进行协调交换，确保产品的数量和包装质量的完好 4. 现场核对清点数量与出库单数量一致、收货人信息完整（包括：送货地址、收货人姓名、电话、收货单位全称等信息）后，与发货仓库人员办理提货出库交接手续 5. 双方在出库单上签字确认，分别留取相应的单证 6. 现场与司机办理运输交接手续，检查防雨措施及货物堆放加固情况，合格以后司机在运输交接单上签字确认，并一同将《运输业务跟踪调查表》交由驾驶员，叮嘱必须取得客户意见后和回单一同返回 7. 车辆放行	公司现场监装人员、发货仓库人员、承运司机
发运报告	客户项目部客服人员在车辆出运以后，立即电话告知收货人送货车辆已出运及预计到达时间	客服人员
运输途中控制	1. 在途信息跟踪：每日上午 10：00 点前汇总当天所有在途车辆的在途信息并录入物流系统 2. 异常信息反馈：任何在途停车超过 30 分钟（上海）或 1 小时（非上海地区）、货物破损的状况，承运司机必须立即告知调度/客服，并立即启动紧急情况处理程序 3. 途中货物安全控制：运输途中停车时应对货物进行检查，厢车司机配备手电筒，发现货物包装破损应及时补救，发现异常及时通知公司客服人员，以便客户及时补发产品，减少收货客户的损失 4. 车辆安全检查：途中停车应例行车辆安全检查，包括车胎气压、车灯、发动机工作情况、水箱等	客服人员

续表

业务流程	工作内容	责任人
到货提前通知	到货前的 2 小时内，通知收货人预计到货时间	承运司机
卸货交接	1. 按照收货人的要求进行卸货，办理签收手续 2. 签收以收货人盖章、指定收货人签字和签署日期为准 3. 在与收货人进行收货交接时，发生货损、货差或不能及时卸货的情形，首先与收货人协商解决；不能解决的，必须立即通知调度或客服人员，由运作部与客户协调解决 4. 礼貌地请求收货方将意见和建议填写在《运输业务服务质量跟踪调查表》上并带回	承运司机
完成任务报告	与收货人完成货物单证交接后，必须立即通过 GPS 通知客户服务运输任务已顺利完成，以便客服人员将信息录入计算机	承运司机、客服人员
回单审核、整理、交接	1. 收货人盖章、签名及收货日期是否签署完整，否则退还司机重新签收 2. 将《运输业务质量跟踪调查表》提交质量安全部作统计分析 3. 客户服务人员必须在指定时间内将整理好的回单、单证交接清单递交给客户指定人员 4. 双方核对无误后，在单证交接清单上签字确认	客服人员

五、信息系统

客户通过公司开放的 SAP 信息系统端口可实时浏览整个运输服务环节的所有动态信息，包括：

（1）订单接收状态。

（2）承运车辆信息、车牌号、驾驶员姓名、联系方式。

（3）订单装运状态（装运时间，离开提货地时间）。

（4）车辆在途位置、时间。

（5）卸货时间、状况。

（6）回单是否已返回，返回时间。

公司 ERP 系统将通过接口工具实现与贵司信息系统的对接，从而实现数据交换和数据共享。

六、应急事件预案

公司有义务预见和分析随时可能存在的风险，并制定相应的处理措施，以规避或减少各种风险带来的各种损失和危害。

目前，公司已经对火灾和事故发生制定了公司应急预案。公司应急组织如图9-4所示，职责与联系方式见

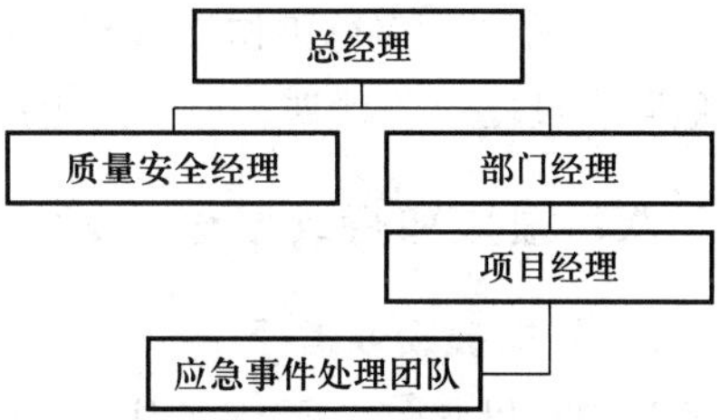

图 9-4　应急组织

表9-4。

表 9-4　职责与联系方式

职　务	职　责	联系方式
总经理	公司应急事件方案的总负责人	
质量安全部经理	公司应急事件方案的总指挥、总协调	
部门经理	负责部门应急事件的指挥和协调	
项目经理	负责项目应急事件的指挥和协调	
应急事件处理团队	负责整个应急事件的联络报告和处理	

所有应急小组联络人手机必须365天、24小时开机，以上信息仅供发生紧急事件下使用。

项目应急措施如下：

（1）项目规定发生以下所有风险（略）或其他未预见的风险，除进行必要的自救外，需在第一时间联系项目应急联络人，听候公司人员安排和指导意见。

（2）项目应急联络人除紧急汇报项目应急联络小组，实施应急计划外，还应在事后作一定的记录，并同时报告给客户相关人员。

（3）应急事件发生后，整个项目小组和相关质量安全条线人员应对整个事件进行评估，发现问题和提出改进措施，并将事故报告反馈给客户相关人员。

（4）通过定期检查、未遂事故报告、全员培训，积极将风险控制在最小范围内。

七、HSE政策实施

健康、安全与环境保护（HSE）政策实施：

（1）目标。不发生事故，不损害人身健康，不破坏环境。

（2）组织架构。每个重要的项目上设立HSE专员，负责客户HSE政策执行和改进。

（3）公司强调全体员工都有义务执行HSE政策，反馈不安全因素和风险。

（4）严格按照操作规程操作、配备个人防护用品。

（5）硬件设备。使用安全评估合格和符合国家行业标准的车辆；车辆配备GPS和VDR，监控驾驶员行车安全；配备完备的防护用品。

（6）人员。人员上岗前必须接受HSE培训，司机进行驾驶培训和防疲劳驾驶培训后才能上岗。所有司机都必须持有与其驾驶车辆类别相应的有效驾驶证件。所有司机合理安排工作量，不疲劳驾驶。

（7）管理。实行工作许可制度；提货区设置安全须知；制定道路安全驾驶规定；识别潜在危险，设立应急计划；项目内定期安全宣传和检查制度。

八、绩效和持续改进

（一）关键绩效指标

采用订单履行完成率FCD。FCD是衡量物流承运商订单完成率的一个综合指标，具体内容包括：按时交货、足量交货，无任何损坏、无客户投诉。其计算公式如下：

FCD = 完成订单数/所有发货单订单数（月度）

（二）绩效报告

公司每月会对项目的运行状态提供不同的绩效报告，这类报告也视作关键绩效指标统计的参考依据，同时也将成为公司提高物流服务质量的参考资料。

供参考的报告有：HSE 报告、客户投诉报告（月度）、事故报告（月度）、项目月度业绩报告（月度）。

（三）持续改进

公司通过以下措施来进行项目的持续改进：

（1）建立双方定期沟通机制。公司项目部和质量安全部门、公司高级管理层代表、分包商代表组成工作小组定期负责项目的服务改进工作，确定季度例会制度，回顾项目运行状况，寻找内部或分包商可以改进服务的机会，商定和履行改进行动计划等。

（2）质量安全部的活动。

（3）公司/部门稽查活动。

（4）内审活动。

（5）公司管理评审。

（6）客户服务征集。

本章小结

近年来随着我国物流外包需求的产生与发展，以及物流服务使用方采购物流服务方法的改进与规范化，第三方物流项目通过招标与投标方式来确定第三方物流服务的供应商已经越来越普遍。我国在招标投标方面已经制定了专门的招标投标法，第三方物流服务的招标投标必须在招标投标法的框架下进行，以便物流服务市场在规范的法律环境下有序发展。

作为第三方物流服务的候选公司，投标的一般过程与工作包括：收集招标信息、参加资格预审、编制投标文件、参加开标、签订合同等环节。

对于运作较简单、个性化服务要求不高的物流服务项目，比如一些国内运输、国际货运等项目，一般以价格比较为主。但是，对于具有个性化服务要求及较复杂的项目，一般需要经过两阶段的评审。第一阶段是技术标，需要第三方物流公司提供相关的资质、项目建议与相关经验。这主要是考察第三方物流供应商的能力，在项目建议上是否有创新，相关的硬件与管理及信息系统是否可以满足该项目的个性化需求。在第一阶段的考察通过后，第三方物流候选公司才有机会进入第二阶段竞争，即递交商务标。商务标的内容主要是价格、总的成本水平和成本的透明度等。两阶段的方法，可以避免第三方物流公司总是在价格上进行竞争。

一些有实力的第三方物流公司，对一些复杂的第三方物流项目，已经有能力根据招标书与客户的要求，自己组织或者通过聘请代理或顾问进行合理的投标、编制完备的物流项目投标文件。但是，还有许多第三方物流公司对投标过程的管理与投标文件的撰写还比较陌生。

关键词

1. 投标书（tender）
2. 技术标（techniqual part of the bidding）
3. 商务标（commercial part of the bidding）

复习思考题

1. 第三方物流招标信息的来源有哪些？
2. 资格预审的作用是什么？
3. 投标书一般包括哪些文件？

案　例

某食品项目第三方物流投标书

一、总经理致辞

××有限公司：

感谢贵方对我公司的信任，邀请我公司参加××有限公司物流项目的投标。我公司保证按照贵方招标要求及国际惯例的要求履行我公司必须履行的义务，向贵方提交完整、有效、合法的投标文件，并随时提供贵方认为需要提供的其他文件和资料。

投标者（盖章）：××物流有限公司

法定代表人（盖章）：

日期：

二、投标承诺

感谢贵方对我公司的信任，邀请我公司参加××有限公司××项目的投标，我公司将无保留、无差异地接受贵方提出的各项规定和要求，并积极履行我公司的责任和义务，以创建精品项目为目标，特作出如下承诺：

如果中标，我公司保证将按照最高的质量标准完成各标段的物流服务。各标段质量技术指标达到下述标准：

A. 上海市内配送

投送准确率：

回单签收准确率：

回单回收率：

质量投诉率：

B. 中转运输

货物整盘率：

投送准确率：

回单回收率：

应急反应率：

C. 华东地区成品运输

准确率：

回单签收准确率：

回单回收率：

D. 第三方仓库管理

准确率：

E. 全国配送

投送准确率：

回单签收准确率：

回单回收率：

质量投诉率：

根据招标要求，我公司保证提供一流的第三方物流服务，合理布置仓位，配备足够的装卸设备。不仅如此，我公司将保证以“零目标”管理为实现目标，力争使整体服务水平达到同行业最优水平。

如果中标，为确保上述各方面物流服务，我公司将组成具有丰富物流现场（包括运输、仓储、单证管理等）指挥经验的，高效、精干的项目管理机构，组织管理上述各标段的作业，抽调最优秀的货运和仓储管理人员，充分运用我公司的整体管理、技术和人才优势，优化资源配置，全面运用计算机网络技术、×××仓储管理软件、积极开发和应用车辆追踪系统等现代化的管理方法，克服作业中的随意性和粗放性，精心管理、精心组织、精心协调，做到“凡事有人负责，凡事有章可循，凡事有据可查，凡事有人监督”，真正站在业主的立场上，使上述各标段的服务质量、进度、安全、文明作业让业主满意，保证业主的经济利益免受一切可能发生的损失。

如果中标，我公司保证严格按照标书中有关安全和文明作业的各项条款以及上海市和国家关于安全生产和文明作业的管理规定，对上述各标段安全作业实行“全口径零目标管理”。杜绝任何货物缺损事故、人身伤亡事故、重大火灾、交通事故。切实加强文明作业管理，确保作业过程文明有序，否则，我公司愿承担由此带来的一切后果和损失。

如果中标，我公司将保证全面接受业主制定的各项合同条款和工作指导、建议，全面接受业主方的管理、协调和指导，并不遗余力地、无偿地提供合理化建议，确保上述各方面的物流服务顺利进行。

如果中标，我公司将在作业过程中严格按照国家有关环保法规和合同规定的环保要求，采取一切积极、合理、有效的措施，保护库区及其周围的环境，使业主产品避免一切可能发生的环境危害；同时我公司保证对因我公司的原因而造成的环境污染和污染物负责，承担由此所造成的损失。

如果中标，我公司将在作业全过程采取护、包、盖、封等措施，加强对业主方货物的保护，使其免受损坏、丢失及污染，确保业主方的货物完整无缺地移交给客户。

三、公司简介及项目的运作

第一部分　基本文件

（一）公司概况

（二）资质证书

（三）业务运作模式

（四）业务范围

（五）主要客户

第二部分　技术部分

（一）上海市内配送项目

1. 项目概况及作业量

1.1　项目概况

1.2　工作量

2. 项目组织结构业务操作流程

2.1　物流流程

2.2　信息流程

3. 主要运输工具及其他配备

（二）全国各地成品运输项目

1. 项目概况及作业量

1.1　项目概况

1.2　工作量

2. 项目组织机构

3. 业务操作流程

3.1　物流流程

3.2　信息流程

4. 主要运输工具及其他配备

（三）第三方仓库管理项目

1. 项目概况及作业量

2. 项目组织结构

3. 主要仓储设备

四、附件

（一）操作程序细则

（二）岗位职责

（三）操作规范

（四）报表管理

附件（一）　操作程序细则

1. 货物入库流程

1.1　货物入库过程概念

货物入库过程是指接到××公司货物入库书面预约，将抵达仓库的运载车辆上的货物从车辆搬运到仓库特定库位的过程。整个过程包括入库预约、入库作业规划、入库单据确认、车辆卸货、分唛、运送入库、堆垛、立卡登记和输入计算机系统生成入库报表九部分。货物入库必须做到“提前安排、库位优化、作业安全、记录准确”。

1.2 入库操作流程

1.2.1 ××公司发出进货预约（进货通知书）

××公司在进货前须以书面形式通知××物流公司，便于××物流公司组织作业和安排库位。进货预约必须有××公司公章或授权经手人的签字，否则将视为无效。××公司进货预约须详细体现以下信息：

（1）运输信息。运载工具、车辆抵达时间。

（2）货物的物理属性。货物的种类、规格、编码、包装、数量、体积等。

1.2.2 货物入库作业规划

（1）××物流公司在收到××公司书面预约后，根据入库通知书提供的信息，并结合仓库现有货物堆存情况，合理安排入库货物的库位并规划入库作业。

（2）库位规划主要考虑在满足××公司提出要求的情况下，尽量降低仓库的使用面积，以提高仓库的利用率。

（3）入库作业规划主要根据货物的特性及数量，合理安排作业人员及机械，如有必要，在入库作业之前，还要进行仓库库位的归整。在入库货量比较大的情况下，仓库作业规划还包括送货车辆抵达时间的制定，从而为××公司送货提供参考。

1.2.3 入库单据的确认

××公司货物运抵物流仓库后，仓库管理人员必须首先核查入库单据，确认无误后方可组织作业。单据核查内容包括入库单号、入库货物的种类及数量、××公司公章或授权经手人的签字。在核查过程中如果发现入库单证同入库预约矛盾的地方，应当立即同××公司取得联系，共同协商问题的解决；如果没有发现问题，就可以组织卸车作业。

1.2.4 车辆卸货

车辆卸货是指将运载车辆上的货物，卸到仓库指定场地的过程。在车辆卸货过程中，必须注意将外包装破损（不管内部是否损坏）和内部有损坏的货物分拣出来，同时要给损坏的货物拍照。在卸货过程中需要将货物翻到托盘再进行搬运的，托盘最上一层货物必须绑扎安全绳，以避免事故的发生。其他安全措施按照具体情况制定执行。

1.2.5 分唛

货物卸在指定场地后，仓库管理员对货物品名、规格、数量进行登记，此过程为分唛。此过程的记录将作为同运输公司或货主进行交接的依据。如果入库的货量不大，可以直接将货物搬运到指定的库位，这时，货物的点算可以在卸车过程中进行，不需要专门的分唛过程。

1.2.6 运送入库

商品分唛后，仓库管理员根据预先规划的库位，指导货物搬运人员将货物运送到指定的库位。

1.2.7 堆垛

堆垛时必须考虑货物的种类、特性、规格、包装、体积、重量及仓库的有效高度、设备条件、地面负荷等因素。特别提出的是，堆垛高度不得超过××公司规定的堆高限制。同时，仓库堆垛人员还必须根据货物规格和铲板大小选择合适的堆码形式。

1.2.8 立卡登记

货物交接完毕后，仓库管理人员立即对入库货物进行盘点，并做货卡，货卡必须直接反应该垛货物的品名、型号、规格、数量、单位、进出动态及结存数等信息。

1.2.9 数据录入计算机，签发入库确认书

在货物入库并盘点无误后，将数据录入仓库管理系统，录入的数据除包含货物入库日期、生产日期、单号、品名、型号、编码等数据外，还要录入库位信息，便于系统对仓库进行全面的管理。数据录入计算机，须在货物入库24小时内向××公司提供入库确认书及入库货损报告。

1.3 货物接收过程中发现问题的责任划分及处理

1.3.1 破损

破损有两种情况，一是货物本身的破损，另一种是包装的破损。造成破损的原因主要是接运前和接运中的责任。在接收过程中应如实记录货物的破损情况，并于收货24小时内向××公司提供货损报告。

1.3.2 短少

如果在入库时发现货物短少，应当在给××公司的入库确认书中明确说明，便于××公司及时追查责任。如果货物的运输由××物流承担，××物流将负责调查货物出现短少的原因并追究相关人员的责任。

1.3.3 其他问题的处理

除破损和短少外，接收过程中还会出现货物变质、遭雨淋等问题，此时，仓库管理员要详细记录货物的变质或雨淋的程度，并于收货24小时内向××公司呈报详细的报告。

2. 货物出库流程

2.1 货物出库过程概念

货物出库过程是指××物流接到××公司货物出库书面通知或××公司指定运输商的有效提货单，按书面通知或提货单所列的货物编号、名称、规格、型号、数量等项目，将货物运出仓库的一系列工作。出库作业要遵循“出库预约、核查严格、作业高效、记录准确”的原则。

2.2 货物出库的要求

针对××公司货物的特殊性，出库要求做到“先进先出，三不，三核，五检查”。

（1）先进先出。××公司的货物为食品，具有一定的保质期，出库必须遵循“先进先出”的原则。

（2）三不。未接单据不翻账，未经审核不备货，未经复核不出库。

（3）三核。在发货时，核实凭证，核对账卡，核对实物。

（4）五检查。即对单据和实物要进行品名检查、规格检查、包装检查、件数检查、重量（或体积）检查。

2.3 货物出库流程

2.3.1 出库预约

××公司在出货之前必须事先书面通知××物流公司，便于××物流公司安排作业，提高出货

的效率和准确性。××公司出库通知必须标明出库的货物的品名、规格、数量，需要××物流公司送货的，还需要详细标明收货人姓名、地址、联系方法及出库时间。出库通知必须有××公司公章或授权经手人的签字，否则将视为无效。出库通知书可以采用传真形式发到××物流公司。

2.3.2　核对出库通知单

××物流公司在收到××公司的出库通知单后，必须认真核对出库通知单。出库通知单的核对包括凭证有效性核对和出库货物的核对。所谓核对出库凭证有效性就是核对出库凭证的签字是否有效、是否有单位盖章。有效性检查主要是为了保证××公司货物的安全。对于不符合出库要求的通知单，应及时联系××公司对出货进行确认并要求补发符合要求的出库通知单。核对出库货物主要是核对出库货物的品名、规格、数量等，检查库存是否满足出库要求。如果发现库存不足的货物，应当及时通知××公司修正出库通知单。

2.3.3　出库准备

出库准备对于保证出库工作的准确、及时、安全具有重要意义，必须认真执行。出库准备工作主要有：选择出库垛位；安排好出库商品的理货待发场地；安排好需要的作业工具和机械及作业人员；应××公司要求进行的增值服务。

2.3.4　备货

备货是指将待出库的商品在××公司提货或××物流发货之前，由仓库搬移到理货货场的过程。在将货物搬移到理货货场以后，需要核对数目，并做好刷贴唛头的工作。在备货过程中，除非××公司特别指示，货物包装破损和货物本身损坏的不能出库。

2.3.5　复核

货物的复核形式有仓库管理员互核和专职人员复核两种。仓库可以根据实际情况灵活选用。复核的内容包括：品名、型号、规格、数量、产品的先进先出日期等。商品经过复核后，复核人员需要在内部工作单上签字，以示负责。

2.3.6　提货单有效性核对

对于××公司自提货物的，需要对提货人员的身份及单据进行认真核对，确认无误后方可组织装车作业。核对项目主要包括提货单有效性检查和货物信息准确性检查。提货单必须是盖有××公司公章的正本提货单，如果××公司委托其他单位代为提货，提货单上必须有××公司和委托单位共同盖章，委托单位的盖章必须是正本的，××公司盖章可以是传真件。如果出库通知单上有提货司机证件号和车牌号，则必须同时核对司机有效证件（身份证或驾驶证）及车牌号。货物信息准确性检查主要核对提货单上货物品名、数量等信息和出库预约相应信息是否吻合。

2.3.7　点交装车

在装车之前，提货人（或送货人）必须点收货物，确认无误后方可组织装车作业。装车后，提货人（或送货人）必须在货物交接单上签字才可以离开仓库。

2.3.8　清理

清理主要包括作业现场的清理和档案的清理两部分。现场清理主要包括清理库存商品、库房、场地、设备和工具等。重点做好货位的归整，保证货物堆放整齐和货物进出的便利。档案清理主要根据货物出库情况，修改货卡，并对出货过程中发生的情况做相应的记录。同时，发货情况要录入仓库管理系统，并及时向××公司提供出货报表。

2.4 货物出库发生问题的处理

2.4.1 出库凭证问题的处理

(1) 出库凭证发现有假冒、复制、涂改的，应及时与仓库保卫部门联系，并尽快通知××公司。

(2) 凡发现出库凭证有疑点，应及时与××公司取得联系，进行核对和确认。

(3) 没有出库凭证的仓库不能发货，若因此引起××公司不满的，需要向××公司作出耐心的解释。

2.4.2 出库后问题的处理

(1) 货物发出后，收货人发现规格混串、数量不符等问题时，如果确属仓库发货错误所致，应予纠正，如不属仓库责任的，应耐心向××公司解释清楚并协助××公司妥善处理问题。

(2) 如果因为产品本身的质量原因引起退货入库的，仓库必须在得到××公司的退货通知书后才可予以入库。入库过程同普通货物的入库，但退货一般要分开堆放。

(3) 货物发出后发现发货错误的，是多发或错发的要派专人追回。是少发的，应该尽快同××公司和收货人取得联系，讨论补发货物的方案。如收货人急需货物，要尽快组织车辆将少发的货物补发给收货人。如果收货人不急需货物，经协商后也可以在下次送货时补发。

附件(二) 岗位职责

1. 项目经理

(1) 负责××项目的日常管理工作，包括人员、仓储、车队、运输、报表、机器、安全等各项管理，确保××项目在任何状况下处于良好的运作状态。

(2) 作为××公司的重要联络人，积极与××公司相关负责人对××项目的业务运作状况进行多方面沟通，不断完善××项目业务运作流程。

(3) 处理突发事件，解决现场问题。

2. 项目主管

(1) 执行项目经理的指令。

(2) 负责运输组、仓管组、安全组的现场管理工作。

(3) 监督和协调现场的各项操作，处理突发事件及客户投诉。

(4) 监督各种报表的制作，审核及发送各种报表。

3. 运输组

3.1 运输调度

(1) 执行项目经理的指令，服从项目主管的现场指挥。

(2) 负责运输业务的运作，协调仓库与车队的货物交接，确保运输作业正常及货物交接通畅。

(3) 根据货物的品名、数量、属性、体积、重量、送货地点等信息，合理地运用运力，以确保货物能安全及时地交给收货方。

3.2 运输车队

(1) 执行运输调度的指令，服从项目主管的现场指挥。

(2) 负责车辆按时到位和日常的养护工作，确保货物能安全及时地交给收货方。

（3）积极配合与仓库的货物及单证交接，确保运输作业正常及货物交接通畅。

（4）负责与客户的货物交接、单证签收。

（5）及时反馈信息。

（6）运输完毕后，将完成的单证交至单证员手中。

3.3 单证员

（1）执行运输调度的指令，服从项目主管的现场指挥。

（2）完成各种运输单证的手工处理和与运输车队的现场交接。

（3）完成各项数据的计算机录入工作及各种报表的制作。

（4）追踪运输途中车辆及货物状况，取得车辆运行及货物流向等信息。

（5）了解车队与收货方的货物交接情况，对突发事件应及时取得尽可能翔实的信息，并直接向项目主管或项目经理汇报。

（6）按时完成各种追踪报告，并交给项目主管审核。

（7）处理突发事件，完成日常办公工作。

4. 仓储组

4.1 仓储主管

（1）执行项目经理的指令，服从项目主管的现场指挥。

（2）负责指挥装卸班组在库区内的作业及日常管理工作。

（3）负责协调仓库与车队的货物交接，确保运输作业正常及货物交接通畅。

（4）负责货物的合理堆存及安全，库区的合理划分及使用。

（5）处理突发事件及现场问题。

4.2 装卸班组

（1）执行仓储主管的指令，服从项目主管的现场指挥。

（2）确保按单证要求，准确、及时地备货、出货。

（3）积极配合与车队的货物及单证交接，确保运输作业正常及货物交接通畅。

（4）负责作业设备的日常养护工作，及仓库内的卫生和安全工作。

5. 安全组

5.1 现场安全

（1）执行项目经理的指令，服从项目主管的现场指挥。

（2）日夜巡视，确保货物、办公设备及作业设备等在库区的安全。

（3）负责进出库区人员、车辆的登记、查验，对有安全隐患的人员、车辆禁止通行。

（4）协助消防安全员的工作。

（5）处理突发事件及现场问题。

5.2 消防安全

（1）执行项目经理的指令，服从项目主管的现场指挥。

（2）确保消防通道、排水通道的畅通，负责消防用具的配备及摆放、消防标志的张贴。

（3）负责组织人员进行防洪、灭火等工作。

（4）负责库区内定期进行的防虫、灭鼠工作。

（5）协助现场安全员的工作。

附件(三) 操作规范

1. 司机操作规范

1.1　司机基本素质要求

1.2　司机操作规范

2. 装卸工的操作规范

2.1　装卸工的基本素质要求

2.2　装卸前的准备工作

2.3　装车条件

2.4　装车和卸车的操作方法及要求

2.5　装卸质量要求

2.6　严格执行车辆装载的有关规定

附件1　如何确保节假日及高峰时运输作业（略）

附件2　意外事件处理方案（略）

1. 运输意外及事故

(1) 如果公司运输人员遇到任何情况，致使货物不能按时与收货人交接，需及时与托运方联络，共同解决问题。

(2) 运输人员担任着货物安全与质量完好的重要责任，每当运输事故发生造成货损、货差，公司将迅速处理事故。

(3) 如因人力不可抗拒因素或天灾、水灾、翻车、撞车等重大事故突然发生，不论谁的责任，首先要抢救人员和货物，挽回损失，及时通知公司主管领导与发货单位，共同检查分析原因，请求当地保险与公安、交通部门协助处理，做好记录，并抄送收发货单位，作为今后处理依据。

(4) 发生交通事故后，一经查明原委，货损理赔经保险公司或公司核准确认后，确保将赔款汇至受损方账户内。

2. 客户拒收货物

调查客户拒收货物的原因。

(1) 如因××物流公司的原因，造成客户拒收，送货员将情况汇报给当天值班主管，由值班主管决定处理方案，如值班主管不能制定可行方案，将直接汇报项目经理，如有必要项目经理将与××公司负责人联络，共同解决问题。

(2) 如因××公司的原因，将情况反映给××公司相关负责人，由××公司直接与客户协商解决。

3. 损货差货窜货

(1) 货物发出后，收货人发现规格混串、数量不符等问题时，如果确属仓库发货错误所致，应予纠正；如不属仓库责任的，调查发生此类事故的原因，并耐心向客户解释清楚并协助××公司妥善处理问题。

(2) 货物发出后，收货人发现错发货，是多发或错发的要派专人追回；是少发的，应该尽快同收货人取得联系，讨论补发货物的方案。如收货人急需货物，要尽快组织车辆将少发的货物补发给收货人。

附件 3　货物保险及理赔（略）

附件 4　如何确保节假日及高峰时进出仓管理（略）

附件 5　应急情况处理（略）

附件 6　仓库安全措施（略）

1. 门卫管理制度

2. 仓库的防盗

3. 仓库防火措施

4. 仓库的防雨防汛

5. 仓库虫鼠害的防治

6. 仓库的温湿度控制

附件 7　货物的退货管理（略）

附件(四)　报表管理

1. 报表的作用

报表作为业务数据的载体，既作为××物流公司的业务档案留存，又可为××公司提供作业和库存情况的汇报，必须充分重视其重要性。

2. 报表的要求

报表必须设计规范、信息完整、发送及时、数据准确。应××公司要求，可以对某些报表做部分改动，或为××公司提供特殊报表。

3. 报表的发送方式

报表发送方式主要分为两种：一种是利用计算机网络技术，直接将报表发送到××公司终端，或由××公司直接在网络上访问报表，这种方式称为电子报表。这是××物流公司最终采用的报表发送形式。另一种是利用传真等手段，将纸面上的报表发送给××公司，这是传统的报表发送方式，在××公司终端的网络化还没有完全实现以前，这种发送形式还会存在。

4. 报表的种类及发送时间规定

××物流公司提供的标准业务报表种类及发送时间如下（电子报表为实时发送，因而不存在发送时间）：

（1）日报表。主要反映货物当天的进出，以及当天货物的结存。日报表当天发送，或次日上午发送。

（2）周报表。主要反映货物一周的累计进出，以及周末货物的结存。每周一发送上一周的周报表。

（3）业务月报表。主要反映货物一月的累计进出，和月末的结存，一般以件数为统计单位。每月 2 日发送上一个月月报表。

（4）财务月报表。主要反映货物一月的累计进出，和月末的结存，一般以重量或体积作为统计单位。每月 2 日发送上一个月月报表。

（5）入库确认书。是对××公司入库货物进行确认的文件，主要记录货物入库数量和货损情况，在货物入库 24 小时内，要向××公司发入库确认书。

（6）库损报告。主要反映仓库中货物损坏情况，一般在每月盘点后填写当月库损报告。

每月2日发送上一月的库损报告。

(7) 运输报告。主要反映货物体积（重量）、实际抵达时间和标准时间等运输信息，主要用于核算运输费用和评价运输服务水平。运输报告每月发送一次。

即测即评

请扫描右侧二维码，进行即测即评。

第十章　第三方物流企业战略与核心能力

引　　言

随着现代物流在我国的发展，越来越多的以提供单一物流环节服务的传统物流企业开始发展现代第三方物流服务。传统物流企业向第三方物流企业转变，需要先进行战略定位，在此基础上建立起公司的核心竞争力。本章首先对第三方物流企业战略问题进行概述，包括战略的核心问题和战略的基本类型。然后，讨论第三方物流企业战略的制定，包括战略的制定过程、战略分析方法、战略目标的确定等。最后，讨论物流企业的价值与核心能力的定位，包括基本物流服务提供商的能力定位，及增值物流服务提供商、牵头物流服务提供商和高端物流服务提供商的能力定位。

第一节　第三方物流企业战略概述

一、第三方物流企业战略的核心问题

第三方物流企业战略就是对第三方物流的产业竞争环境进行审慎研究后，作出的对企业的物流服务产品的定位、物流市场定位及价值与核心能力定位的总体决策与完整的实施计划，目的是为公司赢得超常的投资收益。

第三方物流企业与其他任何在市场中竞争的企业一样，在制定企业战略时，必须回答三个核心问题：① 企业提供什么物流服务产品，即产品定位。② 谁是本企业的客户，即市场定位。③ 客户认知的价值是什么，即价值定位（功能与成本优势，或核心能力）。

二、第三方物流企业战略的基本类型

企业在产业竞争中，为了生存、发展、获得超常的投资收益，应该根据企业各自的具体情况与产业环境，采用不同的发展战略。对于每个特定的公司，其最佳战略必然能反映公司所处的独特态势。从总体上看，可以归纳出三种具有内部一致性的基本战略（既可以分别使用也可以结合使用），为公司长期发展创造有利形势，从而在产业中胜过竞争对手。这三种基本战略是：① 成本领先战略；② 标新立异战略；③ 目标集聚战略。

（一）成本领先战略

成本领先战略的核心是通过采用一系列针对本战略的具体政策在产业中赢得总成本领先的优势。成本领先战略要求建立起达到经济规模的生产设施，在经验积累的基础上全力以赴

降低成本，抓紧成本与管理费用的控制，以及最大限度地减少研究开发、服务、推销、广告等方面的成本费用。尽管质量、服务以及其他方面也不容忽视，但贯穿于整个战略中的主体是使成本低于竞争对手。

处于低成本地位的公司可以获得高于产业平均水平的收益。其成本优势可以使公司在与竞争对手的争斗中受到保护，因为它的低成本意味着当别的公司在竞争过程中已失去利润时，这个公司仍然可以获得利润。低成本地位有利于公司在强大的买方威胁中保卫自己，因为买方公司的压力最多只能将价格压到效率居于其次的竞争对手的水平。低成本也构成对强大供方威胁的防卫，因为低成本在对付卖方产品（服务）涨价中具有较强的灵活性。导致低成本地位的诸因素通常也以规模经济或成本优势的形式建立起进入壁垒。最后，低成本地位通常使公司与替代品竞争时所处的地位比产业中其他竞争者有利。

赢得总成本最低的地位通常要求具备较高的相对市场份额或其他优势，诸如良好的分供方或原材料供应等。对第三方物流而言，要求一个覆盖面较宽、效率较高、弹性较大的公共服务平台，保持一个较宽的相关产品系列以分散成本，以及为形成规模效应而对所有主要客户群进行服务。因此，实行低成本战略可能要有很高的前期投资，如激进的定价和承受初始亏损，以取得高的市场份额。而高市场份额又可进而获得采购的经济性而使成本进一步降低。一旦赢得了成本领先地位，所获得的较高的利润又可对新设备、新设施和现代化信息系统进行再投资以维护成本上的领先地位。这种再投资往往是保持低成本地位的先决条件。实行这种战略的企业必须努力处理好这个良性循环，而不能落入被动状态。

（二）标新立异战略

标新立异战略是将公司提供的产品或服务标新立异，形成一些在产业范围中具有独特性的东西。实现标新立异战略可以有许多方式，包括品牌形象、网络、信息技术及其他方面的独特性。最理想的情况是使公司在几个方面都标新立异。应当强调，这个战略并不意味着公司可以忽略成本，但此时成本不是公司的首要战略目标。

如果标新立异战略可以实现，它就成为在产业中赢得超常收益的可行战略。标新立异战略利用客户对品牌的忠诚以及由此产生对价格的敏感性下降使公司得以避开竞争。它也可使利润增加却不必追求低成本。客户的忠诚以及某一竞争对手要战胜这种“独特性”需付出的努力就构成了进入壁垒。

实施这个战略有时会与争取获得更大的市场份额相矛盾。它往往要求公司对于这一战略的排他性有思想准备，即这一战略与提高市场份额两者往往不可兼顾。较为普遍的情况是，提供标新立异的服务往往成本高昂，如信息系统可以为客户提供全程物流的透明服务等，因实现了服务产品差异化将意味着以成本为代价。但是，即便产业范围内的顾客都了解公司的独特优点，也并不是所有顾客都愿意或有能力支付公司所要求的较高价格。

（三）目标集聚战略

这一类战略是主攻某个特定的顾客群、某产品系列的一个细分区段或某一个地区市场。目标集聚战略的核心是围绕着很好地为某一特定目标服务这一中心建立的。这一战略的前提是公司能够以更高的效率、更好的效果为某一狭窄的战略对象服务，从而超过在更广阔范围内的竞争对手。结果是公司或者通过较好地满足特定对象的需要实现了标新立异，或者在为这一对象服务时实现了低成本，或者两者兼得。尽管从整个市场的角度看，目标集聚战略未能取得低成本或歧异优势，但它的确在其狭窄的市场目标中获得了一种或两种优势地位。

三种基本战略之间的区别如图 10-1 所示。

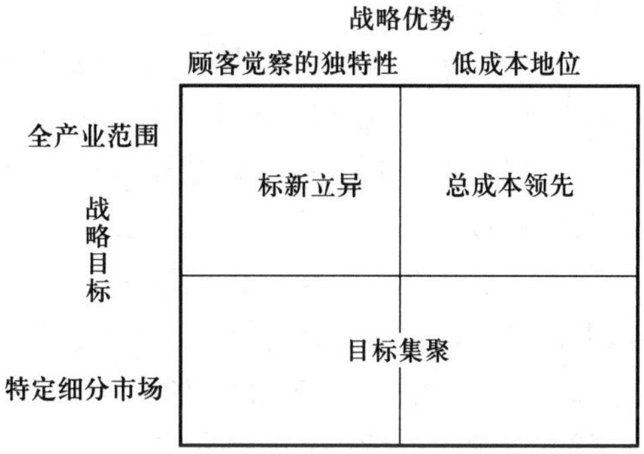

图 10-1　三种基本战略之间的区别

基本战略意味着企业在组织安排、控制程序和创新体制上的差异。在第三方物流市场，实施上述三种基本战略需要不同的资源和技能（见表10-1）。

表 10-1　第三方物流企业在实施三种战略时的要求

要求 战略	重点技能与资源	组织要求
总成本领先	● 为取得规模效益需要持续的资本投资和融资能力 ● 单项业务的技能 ● 对员工严格的管理能力 ● 服务产品易于运作 ● 低成本的营销系统	● 清晰的组织架构与绩效体系 ● 以满足定量指标为基础的激励制度 ● 严格的成本控制
标新立异	● 较强的营销能力 ● 对创造性活动的激励能力 ● 具有基础研究能力 ● 在质量或技术上具有声誉 ● 得到销售渠道的高度合作	● 在研发、开发和市场营销部门之间的密切合作 ● 重视主观评价和激励 ● 有轻松的气氛以吸引创造性人才
目标集聚	针对具体战略目标，由上述各项组合构成	针对具体战略目标，由上述各项组合构成

在确定战略时，要避免夹在中间。夹在中间的公司有低利润的威胁。公司或者要失去要求低价格的大批量客户，或者必须为从低成本公司手中争夺业务而在竞争中丧失利润，而公司在高利润业务领域中又无法战胜对手。因此，公司应力求明确自己的基本战略，而不要在含糊不清的战略中，使自己实际上处于“夹在中间”的危险状态。

第二节　第三方物流企业战略的制定

一、第三方物流企业战略制定的过程

一般来说，企业战略从产生到实施是一个过程。首先是战略思想的产生，然后进一步理性化，形成战略目标，接下来确定战略重点，最后是战略部署。

（一）战略思想

战略思想是整个企业战略与企业管理的指导思想与准则。要形成一个正确的战略思想，首先要有敏感的、超前的意识，或者说战略性的设想。但单有这个意识或设想是不够的，还必须进行周密的分析，以验证战略设想，并使之系统化和科学化。

为此要进行下述三个阶段的工作：

(1) 态势分析。态势分析包括宏观分析（经济环境分析、技术趋势预测等）、微观分析（市场需求状况、竞争对手状况等）、自身分析（本企业的优势与劣势分析）。

(2) 方针确定。确定总体方针是进攻战略、防御战略、撤退战略，还是有进有退战略。

(3) 战略方向确定。战略本质上是主动，即使是全线撤退也必然是为了在今后某一时间在某一方向上的进攻，因此必须确定当前或今后“进攻”的主导方向。

（二）战略目标

单纯有一个正确的战略思想是不足以具体指导整个企业的经营活动的，为此，必须把战略思想演化为具体的可操作的战略目标。在战略目标中必须十分明确地阐述三个问题：

(1) 企业定位。企业定位，即做什么。

(2) 发展目标。发展目标，即达到什么目标。

(3) 时间进程。时间进程，即什么时间完成。

战略目标不仅要正确，更重要的是明确。大量的调研表明，企业在战略上的失误，20%在于战略的不正确，80%在于战略的不明确。

（三）战略重点

有了战略思想，并有了正确且明确的战略目标，下一步就是要确定关键的、全局性的“进攻策略”与“重点战役”。具体来说就是要确定：

(1) 正确的产品组合战略。正确的产品组合战略，即用什么产品去竞争。对物流公司来说，是用空运货代、海运货代、陆上运输、仓储这样单个的服务，还是用空海联运、海陆空联运或者集约化物流，作为主要产品进入市场。

(2) 市场竞争战略。市场竞争战略，即战线拉多长。

(3) 技术创新策略。技术创新策略，即进攻方式。这里又有四种策略可供选择：① 抢先策略，达到第一名；② 紧随战略，紧跟国际、紧跟国内；③ 模仿策略，再慢一步；④ 市场服务策略，产品不新但用加强售中、售后服务来取胜。

（四）战略部署

任何战略行动都是要有周密的、现实可行的资源配置与思想动员来保证的。为此在完成了上述三步后就要进入一个仔细计算、全面筹划与协调平衡的战略部署阶段，即：① 战略资源配置，资金、设备、人力资源的支撑体系与计划；② 战略文本编制；③ 战略动员。

二、战略分析的方法

（一）SWOT 分析

S 代表优势（strength），主要分析企业自身在设备、设施、信息技术、市场占有率与营销网络、资金、人力资源、分供方关系等方面的优势，而且必须指出这种分析应该是一个详尽的比较分析，即要与各个主要竞争对手作比较，可能的话，应该是定量比较。

W 代表弱点（weakness），同样的也要在上述各个方面与竞争对手作详尽比较，要分析弱势点对竞争能力的危害以及可能的补救措施。

O 代表机会（opportunities），要与上述宏观与微观分析相衔接，着重分析需求与供应之间的缺口。因为，正是这种现实的或者潜在的缺口才是企业生存与发展的机会。这种缺口的分析应该分门别类，在量与质上面都进行，从而为企业的市场定位打下基础。

T 代表威胁（threaten），主要是分析现实竞争者、潜在竞争者的竞争能力与主攻方向，从物流行业看，既要看到现在物流企业的竞争，更要看到承运人以至大客户从企业物流而转化出新的独立的物流企业的可能性。当然，也还要分析市场总体需求在质上的变化对企业所产生的新的要求及企业不适应所可能产生的后果。

（二）产业结构分析

波特认为形成竞争战略的实质就是将一个公司与其环境建立联系。尽管相关环境的范围广阔，包含着社会的，也包含着经济的因素，但公司的环境最关键部分就是公司投入竞争的一个或几个产业。产业结构强烈地影响着竞争规则的确立以及潜在的可供公司选择的战略。产业外部力量主要在相对意义上有显著作用，因为外部作用力通常影响着产业内部的所有企业。为此，他提出了著名的五要素产业结构分析理论。

一个产业内部竞争激烈，这既不是偶然的巧合，也不应归咎于“坏运气”。相反，产业内部的竞争根植于其基础经济结构，并且远远超越了现有竞争者的行为范围。一个产业内部的竞争状态取决于五种基本竞争作用力，如图 10-2 所示。作用力汇集起来决定着该产业的最终利润潜力。因此，企业在进行战略分析时，应把重点放在产业结构分析上。

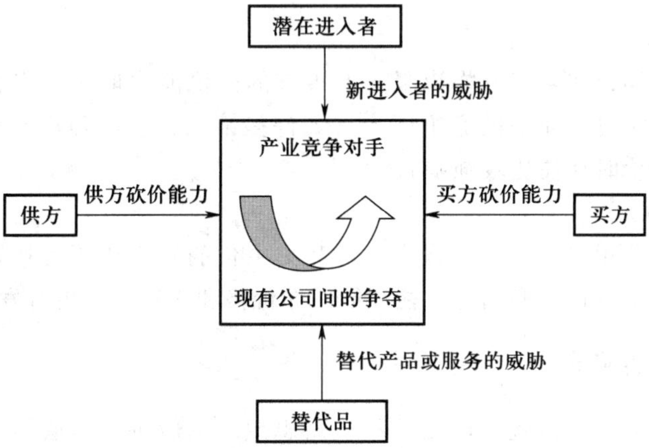

图 10-2　竞争力模型

一个企业的竞争战略目标在于使公司在产业内部处于最佳定位，保卫自己，抗击五种竞争作用力，或根据自己的意愿来影响这五种竞争作用力。

五种竞争作用力，即潜在进入者的威胁、替代产品或服务的威胁、买方砍价能力、供方砍价能力、现有竞争对手的竞争，说明了一个产品的竞争大大超越了现有参与者的范围。顾客、供应商、替代品、潜在的进入者均为企业的竞争对手，并且依具体情况会或多或少地显露出其重要性。下面对五种竞争力进行简要分析。

1. **潜在进入者的威胁**

加入一个产业的新对手将引进新的业务能力，带有获取市场份额的欲望，同时也常常带来可观的资源。结果，价格可能被压低或导致防守者的成本上升与利润率下降。对一个产业来讲，潜在进入者的威胁的大小很大程度上取决于进入壁垒。主要的六种壁垒源包括：规模经济、产品差异化、资本需求、转换成本、分销渠道的获得、与规模无关的成本劣势。

2. **现有竞争对手间竞争的激烈程度**

现有竞争对手以人们熟悉的方式争夺地位，战术应用通常是价格竞争、服务竞争、广告战等。

一方面，价格竞争等竞争形势是极不稳定的，并且从利润率的角度看，很可能导致整个产业受损。竞争很容易并很快就导致价格的下降，这种情况一旦发生，所有公司的收入都减少。另一方面，广告战却可能很好地扩大需求或提高产品差异水平从而使产业中所有公司受益。从总体看，激烈的竞争往往导致利润率的下降。因此，特别是在决定进入或退出、扩张或缩减战略时，对产业的竞争激烈程度要有一个正确的分析与预测。

3. **替代产品或服务的威胁**

一个产业的所有公司都与生产替代产品或服务的产业竞争。替代品设置了产业中公司可谋取利润的定价上限，从而限制了一个产业的潜在受益。替代品所提供的价格与性能选择机会越有吸引力，产业利润的上限压得就越紧。

第三方物流服务的替代产品就是客户企业由外包而转为自营。由此，设立了物流服务价格的上限，物流企业要取得高利润，就必须通过集约化而提高效率，降低成本，以显示专业化服务企业的优势。

4. **买方砍价能力**

与上面提到的相同，在第三方物流服务上买方的砍价能力取决于自营的可能性、该产业竞争的激烈程度以及它自身面临的竞争压力（如许多第三方物流客户自身面临着降低价格的巨大压力，因此在砍价时往往比较强硬）。

5. **供方砍价能力**

供方产业由几个公司组成，实力强大，且其集中化的程度比买方产业集中化程度高。供应商在向较为零散的买方销售商品时，往往能够在价格和交货期上更有发言权。

三、战略目标的确定

在进行上述种种分析后，就会形成一种战略思想。一般讲，高层经理在没有作上述分析前，自己脑海中也一般会有一个初步的想法。因此，上述分析与其说是形成战略思想，还不如说是对几种可能的战略思想进行评估与筛选，最后形成一个明确的战略思想。因此，在确定战略思想时，比较现实的方法是集思广益，先形成一批可能的设想，然后通过讨论初步筛选，再通过上述步骤形成一个明确的战略思想。

确定战略目标是要将经过考虑的战略思想具体化为可以指导全体员工行动的切合实际的、可考核、可付诸实施的核心指标体系。战略目标当然还需进一步细化为计划，但要点必须是已经明明白白地表述在战略目标上。

战略目标应该具有的特征包括：

（1）正确且明确。实践表明，管理上的失误往往是由于目标不明确而引起的，因为一个正确但不很明确的目标是不足以引导公司有效地前进的。因此，公司目标不仅要正确而且必须十分明确，即明确表达在什么时间阶段内，重点做什么，达到什么目的。

（2）主动。因为任何公司都不可能有完全充足的资源，一般全线进攻的战略是不可取的。但反之，更不可能有全线撤退的战略，制定战略本质是主动的、进攻的。任何暂时的、局部的收缩必定是为了在某一领域、某一时刻发动进攻。所以，一个战略目标必须主动地表达其进攻方向与时间，否则就不足以动员员工。

（3）要有创新。一个好战略目标应该有新意，有超前意识，如果不能有出其不意、攻其不备的效果，那至少也要有领先一步的优势。

（4）简洁。即容易动员全体员工。

（5）实事求是，现实可行。公司的战略日标是管理层对全体员工的动员，也是管理层对全体员工作出的承诺，管理层承诺将带领全体员工达到这一目标。一般讲目标应该有七分以上把握可以完成。

战略目标有三个要素：

（1）时间区间。一般都是中长期，即3~5年。当然也有更长期的战略规划，但公司一般较重视的是中长期战略即3~5年的战略，追求的经济效益目标也是中长期利润最大化。因为，时间过长较难预测，也较难考核评估，对实际工作的指导意义也不大。

（2）主要进攻领域。这必须十分明确地界定。

（3）具体目标。即主要做些什么工作，达到什么目的。为了在确定的时间区间内，在某一确定领域发动“攻势”，那么，企业必须明确要进行哪些主要工作，创造哪些条件，在此基础上企业希望攻占哪些“高地”。

在进行了上述工作后，就要求形成一个简洁、明确的战略目标。下面是一个战略目标的表述：

在5年内，建立国内物流网络，重点发展在化工、电子与汽车零部件行业的高端物流服务，与5~10家生产企业建立起战略合作关系。高端综合物流业务占公司业务的主导地位，高附加值与高服务要求的物流业务水平在本地区物流公司中居第一位。

在上述工作的基础上，还需要就下面三个问题进行深入一步的研讨，即：① 产品组合战略，例如重点是货运代理、仓储，还是物流；是化工、电子，还是其他行业；是提供以一般客户为组合的标准服务，还是形成与客户的战略伙伴关系，以提供个性化的服务为重点。这需要分析自身优势与竞争者的优势。② 市场竞争战略，是采用成本领先战略，在提供货运货代、仓储、物流等领域全面地开展基于成本的价格竞争，还是采用差异化战略，在同样的物流业务中，可以在服务内容、质量上与对手有明显差异，通过这些差异来赢得客户。还有，是否可以采用专门化战略，集中一点战略，集中力量在某一领域取得优势，例如专门从事液体化工品的物流服务。③ 技术创新战略，是实行抢先战略，争取在国内、国际处于第一名，还是采用跟随战略，紧随国际国内第一，或者采用模仿战略。

在进行了上述分析后，就可以对企业的战略重点作出判断。例如，形成以下的重点判断与措施：① 产品组合战略，考虑提供几个物流环节的服务，同时，这些环节又能整合成一个服务产品，提供高附加值与高要求的物流服务。② 竞争战略，量力而行，扬长避短，集中一点，先行突破。③ 采用创新战略与紧跟战略。

第三节 物流企业价值与核心能力定位

广义的第三方物流，包括提供传统的运输、仓储等基本物流服务环节的企业，也包括现代的高端第三方物流服务企业。各类第三方物流企业都有其特定的市场空间，因此它们与客户（第三方物流服务的使用方）的关系及成功的关键因素与自身核心竞争能力是不同的，如图 10-3 所示。

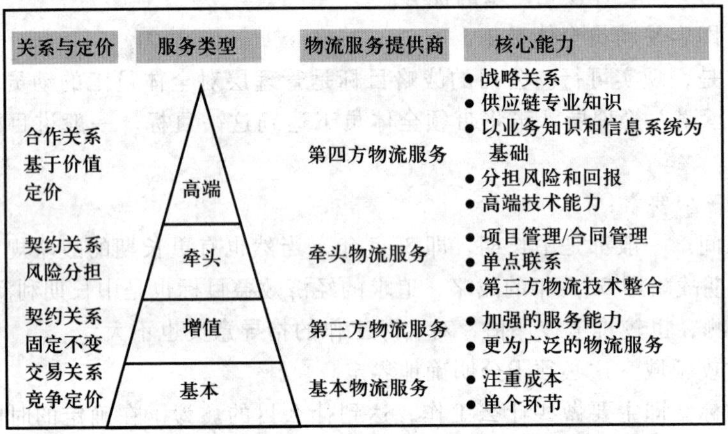

图 10-3　各类物流服务的特点与成功的关键因素及企业的核心能力

从提供服务的类型分，第三方物流服务可以分为基本物流服务、增值物流服务、牵头物流服务与高端物流服务。下面分别讨论提供各类物流服务提供商的价值与核心能力。

一、基本物流服务

基本物流服务是指为客户提供供应链中某一特定环节中某一项或某几项物流服务，如运输、仓储、配送、装卸等。这一层次的服务是物流业中的基本业务，仅作为一项单一的活动来满足客户的需求。

由于提供的服务相对较为单一，基本物流服务提供商相对技术和管理水平不高，行业平均利润也较低。由于进入市场门槛不高，导致基本型物流提供商之间竞争激烈；竞争的表现以价格竞争为主，因此低价是此种类型企业的竞争优势，但这容易造成市场无序状态；对信息技术的应用要求不高；由于服务涉及的环节单一，因此基本物流服务提供商多以低成本、完成服务任务为目标，与客户的关系是以交易型关系为主。

基本物流服务提供商为增强自身竞争优势，主要竞争手段是降低成本。它可以通过拥有大规模的物流资产和熟练的专业操作水平获得规模效益。由于规模效益的存在，企业的成本将随着企业规模的不断增加而逐渐下降；专业化的操作也将降低操作成本并能够吸引更多的客户。

二、增值物流服务

增值物流服务由第三方物流提供商提供，它们提供更广泛的物流环节服务及其整合的服务，还能提供诸多增值物流服务，如为制造业提供贴标签和产品的组装服务、供应商管理、货运付费、支持零库存制造等。这一层次的服务的特点是最大限度地满足客户的个性化需求，提供客户化服务和增值服务。增值物流服务提供商能够提供各项增值服务。

目前，物流市场上的增值物流企业大多是从基础型物流企业通过拓展、提升业务发展而来的，多数第三方物流企业能承担比传统物流企业更广泛的物流环节的服务，提供综合物流服务。综合物流服务可以集中在销售物流领域，或者涉及生产物流和原材料供应物流领域。增值物流服务是对基础功能性物流服务的整合，因此基础功能型物流服务是增值物流服务的基础。

增值物流服务提供商以提高物流服务需求方与自身的效益为目标，追求“双赢”的局面，与客户建立长期的合同关系，重视共担风险、共享利益。

增值物流服务是在发达的物流服务市场上专门为物流服务需求方提供物流服务的供应商，在日益显著的物流外包的趋势之下，它的存在及发展是市场经济发展的必然，也是物流市场发展的必然。增值物流服务提供商通过对专业化的物流服务进行整合提高了物流服务的专业效率以及技术效率。

由于行业经验丰富、重视信息技术、资金实力强大，因此能为供应链中的一部分环节（如供应物流、生产物流）提供物流服务，而不仅仅局限于销售物流。从这个角度可以看出，增值物流服务的市场壁垒较高。表 10-2 是对增值物流服务提供商的能力要求。

表 10-2　对增值物流服务提供商的能力要求

能力要求	增值（第三方）物流服务提供商
资产能力 （部分第三方物流资产能力）	资产运作能力 物流基础设施
物流网络能力	网点支持 物流网点间整合运作能力 先进的信息技术能力
非资产能力	基础物流环节服务能力 丰富的物流行业运作经验 增值服务能力 具备一定的咨询服务能力

三、牵头物流与高端物流服务

牵头物流服务（lead logistics providers），与前面的增值服务（第三方物流）类似，以个性化与整合服务为特征，但更强调提供与客户的单点联系与加强的项目管理能力。

高端物流服务是指自身资金实力雄厚、全球物流服务网络健全、经验丰富、整合能力强的提供商，能为物流服务需求方在整体供应链甚至供应链网络中提供基础物流服务、综合物流服务之外，还能为需求方提供诸如物流管理咨询服务，供应链解决方案的设计、实施与改进，大型物流项目的管理，一体化的信息服务，甚至提供供应链的管理、集成与规划方面的服务。第四方物流服务是典型的高端物流服务。

对于高端物流服务提供商而言，五种能力非常重要，包括物流实施运作能力、对多个供应商的关系管理及协调组织能力、信息技术能力、管理咨询能力和物流培训能力。

物流实施运作能力包括：业务流程管理能力、业务流程具体运作能力、物流运作行业经验、全球化网络和网络支持能力。需要说明的是：即使高端物流企业拥有极其强大的资源和能力，也不大可能满足客户的所有需求。原因主要有：① 供应链管理的需求比较复杂，涉及面广，一家物流企业的资源和能力很难满足全部的需求；② 即使一家物流企业能够利用自身的资源满足全部的需求，也并不能够做到高效率及低成本两个标准。因此，高端服务提供商也必须与其他综合物流企业进行合作。因此，对多个不同供应商的关系管理及协调组织能力变得非常重要。

信息技术能力包括信息系统的设计、开发、集成与实施，供应链系统集成及 IT 培训。供应链集成方案的目标是增强供应链各环节速度的持续性以及采购到分销环节运输的透明度，同时向客户和合作伙伴提供高效率、低成本、有竞争优势的客户服务和物流过程管理以及数据采集等信息服务，实现运作的规模化和迅速进入市场。因此，与信息技术相关的能力对高端物流服务企业十分重要。供应链解决方案的全面实施同样需要物流实施能力、管理咨询能力、管理多个中小物流服务提供商的能力。

具备规划、咨询能力的高端物流服务提供商能够对多家中小综合物流服务提供商的资源、能力和技术进行综合管理，并且能够作为客户与所有综合物流服务提供商联系的中心，所以并不需要进行大规模的物流资产投入和具备全面的物流实施运作能力。规划、咨询能力包括业务流程再造、组织创新以及物流管理网络、物流信息系统和营销队伍的建设能力。因此，管理理念创新、供应链流程再造、组织变革管理等能力非常重要。

影响高端物流服务提供商核心竞争能力的因素表现在：基础设施、服务内容、行业经验、营销能力、技术能力、网络服务能力、人力资源管理、行业定位、创新能力、企业机制等。而高端物流服务提供商的核心竞争能力就是对这些因素的设计、应用、管理与整合的能力。

本章小结

本章首先介绍了第三方物流企业战略的核心问题，以及第三方物流企业战略的基本类型，包括成本领先战略、标新立异战略及目标集聚战略，并介绍了这三种战略在实施时的要求，包括重点技能与资源及组织要求。接下来在第二节中介绍了第三方物流企业战略制定的过程与战略分析方法，包括 SWOT 分析与竞争力模型，以及战略目标的确定。第三节讨论了不同物流服务企业的核心价值与能力定位。物流服务的类型有基本物流服务、增值物流服务、牵头物流服务与高端物流服务。对它们各自的价值与核心能力也进行了初步讨论，包括高端物流服务提供商的物流实施运作能力、对多个供应商的关系管理及协调组织能力、信息技术能力、管理咨询能力和物流培训能力等。

关键词

1. **成本领先战略**（cost leadship strategy）
2. **标新立异战略**（differentiate strategy）
3. **目标集聚战略**（niche market strategy）

复习思考题

1. 第三方物流企业的基本战略类型有哪几种？
2. 简述战略分析方法。
3. 比较分析基本物流服务、增值物流服务、牵头物流服务与高端物流服务的区别，并举例说明。
4. 高端物流企业拥有强大的资源和能力，却不大可能满足客户的所有需求，试分析其原因。

案例一

H 公司向第三方物流转型的战略

H 公司是常熟市的一家新兴的综合性的物流公司，地处经济技术开发区，投资 1 200 万元人民币。目前有：① 仓储业务：公司业已建成 4 000 平方米的仓库，还有正在建设的一座 3 000平方米的仓库，另外有 1.5 万平方米的堆场以及必要的装卸设备。② 运输业务：自有标准平板车辆 22 辆，总吨位 600 多吨，整合的社会车辆 50 多辆。③ 进出口代理业务：去年共代理了 1 万多标箱的进出口业务。公司的客户也主要在常熟地区。

根据现有的各种资源和本地区域经济的发展情况等实际，公司初步的考虑是根据国家对物流业发展的政策方针，搭建一个围绕该区域经济发展的基础物流平台，包括仓储、车辆运输以及与客户、码头和船公司的信息通道，充分利用各类社会资源，2 年内逐步建立起与长江三角洲各大中城市之间的辐射网络，通过合作或合资的方式设立网点，并在未来 5 年内逐步向全国推广。公司选择某高校物流研究中心第三方物流研究所就以下方面进行了咨询：① 公司发展的战略定位，发展高端第三方物流的规划。② 根据公司目前状况，提出发展高端第三方物流在组织、营销、人力资源、信息系统、投标技术等主要方面的具体计划。

一、物流服务市场的调研与分析

（一） 物流服务需求

近年来，常熟市经济的快速发展，带来了物流业的需求大量增加。从 2005 年情况看，该市有三资企业 2 051 家，完成进出口总额达 50 亿美元，常熟港货物吞吐量突破 2 000 万吨。民营企业 11 250 家，注册资本突破 300 亿元，销售收入达 1 450 亿元。销售收入超过 50 亿元的企业 3 家，超过 20 亿元的 10 家，超过 10 亿元的 19 家，仅此一项就是 500 多亿元的销售额，近百万吨的集装箱货物生成量。强劲的商流带动了物流业的发展。以常熟招商城、建材市场、汽车交易市场为代表的各类商品市场达 136 家，去年市场成交总额达 376.34 亿元，年货运量 1 390 万吨。同时，发达的交通通信系统为其物流业的发展提供了便利，随着国家一类口岸常熟港、苏通大桥、苏嘉杭高速、沿江高速公路的建成投用，加上即将启动建设的沿江铁路，将成为华东地区又一重要交通枢纽。邮电通信网已经覆盖全市所有乡镇，至 2005 年年底，全市电信光缆线路总长度 10.6 万多纤芯千米，城乡固定电话交换机总容量 78.8 万门，城区的宽带光缆工程全面展开，建成了 55 个宽带信息化小区，宽带用户 7.4 万户，已基本具备了发展现代物流业所需要的通信能力。常熟市各区域物流需求的特点如表 10-3 所示。

表 10-3　常熟市各区域物流需求的特点

地区		核心产业	分析
常熟经济开发区	沿江开发区	钢铁、化工、造纸	H 公司具有一定的地理优势，已占有一定的业务优势，但是大宗货物较多、集装箱少、仓储需求低下（简单堆存、仓储保管）、高附加值物流服务少、运作管理要求低
	化工园区	化工品、危险品	货种特殊，市场上存在具有危险品运输资证的竞争对手。宏海资金雄厚，信誉好，同时又具备一定的运输能力
	虞山高新技术产业园	汽车仪表、IT、机械、纺织、化工	区内物流企业发展还不成熟，打入市场的比率大，区内高附加值的货种多，高端物流需求企业比较多
招商城		织造、服装	目前服装制造业有自己的物流，各运输公司通过长途配载有较强的专线能力，其他公司难以进入，但是它们仍然处于传统的物流业务，在高端物流领域仍有开发的空间
市区		零售	常熟经济近几年发展相当迅速，全市 130 万的人口，带来零售业的发展，出现了常客隆、大润发、沃尔玛、欧尚等大型超市，现阶段常熟超市物流尚没有公司进入
东南开发区		汽车零部件、标准件、电子	进出口物流为主，发展国际物流的潜力非常大但也存在较强的竞争对手，如安达洲、华坤、金狮、科盈等物流公司

（二）物流服务供给

通过调查，常熟地区的主要物流公司有四家（包括 H 公司本身），在本市的不同区域，业务上有所侧重。H 公司在这四家中算较大的，T 公司以危险品运输为主。四家公司在第三方物流服务方面都刚起步。主要物流公司及其比较见表 10-4。

表 10-4　常熟地区主要物流公司及其比较

	H 物流公司	A 物流公司	T 物流公司	J 物流公司
业务经营范围	物流服务、货运代办、配载、普通货运、集装箱运输、零担货物运输、货物配送、仓储服务、普通货物装卸、货物中转、货物联运等	物流服务、货运代办、信息配载、普通货运、集装箱运输、零担货物运输、货物配送、仓储服务、货物中转、货物联运、停车场经营等	普货运输、集装箱运输、危险品运输、工程运输和大件运输、工业搬场	物流服务，货运代办，集装箱运输、装卸，货物加工、包装，内外航空航海陆路运输，普通、危险品运输

续表

	H 物流公司	A 物流公司	T 物流公司	J 物流公司
地理位置	沿江开发区	东南开发区	青墩塘路	虞山开发区
注册资金	1 200 万元	1 018 万元	688 万元	—
ISO 认证	否	—	通过	通过
自有仓库（平方米）	15 000	28 000，其中 12 600 为保税仓	—	1 400
车队（辆）	自有：21 合作：200	自有：55 合作：300	自有：30	—

（三）结论

通过调查与分析，常熟地区潜在的高端物流需求尚未开发，得不到满足。本地物流企业已经各有优势，但还不具备高端第三方物流服务的能力。外地物流巨头尚未进入，但也有一些外地低端物流企业进入瓜分市场。部分制造业已有物流伙伴，特别是日资的制作企业，一般有自己的物流公司。

二、SWOT 分析

（一）H 公司的物流机会

（1）常熟市经济发展前景见好。

（2）外向型程度高（60%~70%）。

（3）潜在高端物流需求尚未开发，得不到满足。

（4）各开发区发展势头好，产业各有特色。

（5）招商城发展服装面料市场有规模。

（6）市区零售业增长，业态发生改变。

（7）本地物流公司还不具备提供高端物流服务的能力。

（8）外地物流巨头尚未进入。

（二）H 公司的物流威胁

（1）常熟市国内高端物流需求规模有限。

（2）常熟市本地物流企业已经各有优势。

（3）外地物流企业可以进入瓜分市场。

（4）部分制造业已有物流伙伴（日资）。

（5）许多制造企业以成本为主要衡量标准。

（三）H 公司的物流优势

（1）有母公司背景及支持。

（2）具有资产实力，良好信誉。

（3）具有多种物流环节业务运作能力。

（4）高层理念先进，积极进取。

（5）员工有一定层次、年轻、学习能力强。

（四）H 公司的物流劣势（高端物流服务）

(1) 战略定位不明确。
(2) 缺乏核心竞争力。
(3) 缺乏高端物流策划能力。
(4) 缺乏物流运作整合与管理能力。
(5) 营销能力不足，缺乏系统的营销能力。
(6) 缺乏重要物流资质：保税仓库、化工品运输。
(7) 缺乏 ISO 资质。
(8) 缺乏 SOP、KPI、质量控制体系。
(9) 缺乏持续改进能力。
(10) 公司所在地理位置物流增值空间较小。
(11) 外地物流拓展没有网点支持。

三、发展战略的制定

根据 SWOT 的分析结果，H 公司制定的发展战略如表 10-5 所示。

表 10-5 H 公司的发展战略

外部因素		内部因素：优势	内部因素：劣势
		1. 有母公司背景及支持 2. 具有资产实力，良好信誉 3. 具有多种物流环节业务能力 4. 高层理念先进，积极进取 5. 员工大多较年轻、学习能力强	1. 战略定位不明确 2. 缺乏核心竞争力 3. 缺乏高端物流策划能力 4. 缺乏物流运作整合与管理能力 5. 营销能力不足，缺乏系统的营销能力 6. 缺乏重要物流资质：保税仓库、化工品运输 7. 缺乏 ISO 资质 8. 缺乏 SOP、KPI、质量控制体系 9. 缺乏持续改进能力 10. 公司所在地理位置物流增值空间较小 11. 外地物流拓展，没有网点支持
机会	1. 常熟市经济发展前景见好 2. 外向型程度高（60%~70%） 3. 潜在高端物流需求尚未开发，得不到满足 4. 各开发区发展势头好，产业各有特色 5. 招商城发展服装面料市场有规模 6. 市区零售业增长，业态发生改变 7. 本地物流公司还不具备提供高端物流服务的能力 8. 外地物流巨头尚未进入	SO 战略： 1. 采取扩张战略 2. 重视国际物流的发展 3. 进入开发区相应物流的拓展 4. 积极开拓招商城服装面料物流 5. 积极开拓市内超市物流配送市场 6. 进入领先地位、开拓高端物流市场	WO 战略： 1. 明确定位 2. 发展核心竞争力 3. 发展高端物流策划 4. 加强营销，特别是高端物流营销能力 5. 尽快获取相关资质：物流环节及 ISO 6. 发展高端客户运作与管理能力（SOP、KPI）、持续改进 7. 进一步改进信息系统（B/S 架构） 8. 加强与政府的合作，争取相关支持

续表

		内部因素	
		优　势	劣　势
外部因素		1. 有母公司背景及支持 2. 具有资产实力，良好信誉 3. 具有多种物流环节业务能力 4. 高层理念先进，积极进取 5. 员工大多较年轻、学习能力强	1. 战略定位不明确 2. 缺乏核心竞争力 3. 缺乏高端物流策划能力 4. 缺乏物流运作整合与管理能力 5. 营销能力不足，缺乏系统的营销能力 6. 缺乏重要物流资质：保税仓库、化工品运输 7. 缺乏 ISO 资质 8. 缺乏 SOP、KPI、质量控制体系 9. 缺乏持续改进能力 10. 公司所在地理位置物流增值空间较小 11. 外地物流拓展，没有网点支持
威胁	1. 常熟市国内高端物流需求规模有限 2. 常熟市本地物流企业已经各有优势 3. 外地物流企业可以进入瓜分市场 4. 部分制造业已有物流伙伴（日资） 5. 许多制造企业以成本为主要衡量标准	ST 战略： 1. 发展周边：如无锡、苏州、上海等地的客户 2. 采取各种方式合作：如合资等 3. 采取与外地物流企业建立战略联盟	WT 战略： 1. 建立物流业品牌 2. 拓展外地网点

四、H 公司愿景目标的构成

根据相关的分析，H 公司的愿景目标定位如下：该市周边以多个物流环节运作能力为基础的领先的第三方物流企业，具有高端物流项目开发与运作能力，逐渐发展国内网点，成为国内知名的综合物流服务公司。

根据以上愿景目标，H 公司的核心价值与业务构成如图 10-4 所示。

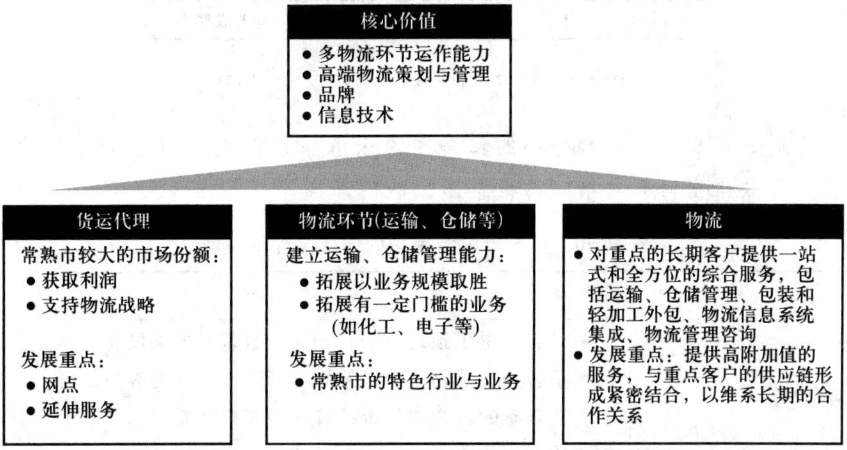

图 10-4　H 公司的核心价值与业务构成

五、分步实施计划

H 公司从传统的物流企业向第三方物流企业转变，大致分为两个阶段进行。第一阶段为发展期，第二阶段为巩固期，如图 10-5 所示。

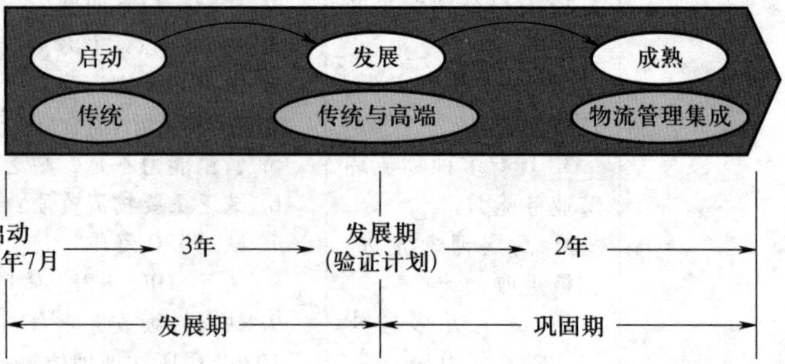

图 10-5　H 公司战略的两阶段实施计划

在发展期，H 公司将对核心业务的可行性进行全面的考察，以便在发展期提供更深入的服务。H 公司各阶段的目标与业务构成如图 10-6 所示。

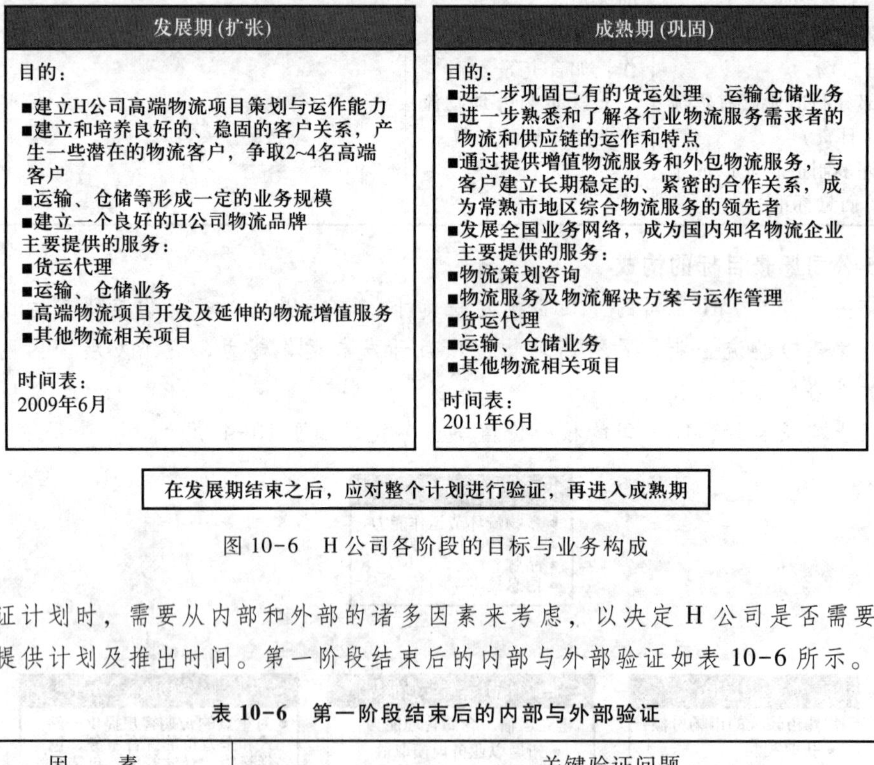

图 10-6　H 公司各阶段的目标与业务构成

在验证计划时，需要从内部和外部的诸多因素来考虑，以决定 H 公司是否需要修改发展期的服务提供计划及推出时间。第一阶段结束后的内部与外部验证如表 10-6 所示。

表 10-6　第一阶段结束后的内部与外部验证

因素		关键验证问题
内部	物流客户	● 是否获得了预期中的长期客户数量，如果没有，其根本原因是什么 ● 是否建立了物流项目策划与管理能力并为客户认可 ● 在现有的客户中是否已有一些客户需要 H 公司提供一定程度的高端物流服务

续表

	因　素	关键验证问题
内部	产品、服务、信息技术和人员技能	● 是否已对客户的物流运作已有了一定的了解 ● 客户是否满意 H 公司提供的服务和产品 ● 是否能有效监控已提供的物流服务的所有环节
外部	目标客户的接受程度	● 在市场上，是否已有一定数量的企业接受物流外包的观念
	外包物流市场的形成	● 是否已有一定数量的外包物流服务提供商在市场上运作

案例讨论

H 公司是从传统运输与仓储企业向现代第三方物流企业转型的典型案例，以 H 公司为例，结合我国的实际情况，从供需双方谈谈转型的关键因素有哪些？

案例二

向第三方物流转型的成功典范

作为业内领先的专业的第三方物流企业，五粮液安吉物流集团公司在数年的发展壮大过程中，成功实现了三次飞跃：1996 年 4 月，从一个汽车队发展成为五粮液汽车运输公司，公司由一支服务于五粮液酒厂的货运车队第一次获得了独立的法人地位，成功实现了第一次飞跃；2002 年 12 月，从五粮液汽车运输公司发展成为五粮液安吉物流公司，公司踏上了由传统道路运输企业向现代物流企业转变的征程；2005 年 8 月，公司组建成立宜宾安吉物流集团有限公司，公司按照组织结构扁平化的原则对原有机构进行调整，形成一支精干高效的队伍，增强了对市场的快速反应能力，成功完成了第三次飞跃。

那么，宜宾安吉物流集团有限公司是如何从一个普通的汽车队发展为业内闻名的第三方物流公司的？它的三次成功飞跃给正在向第三方转型的国内企业物流提供了哪些经验？

一、良好的物流业务基础

宜宾安吉物流集团有限公司已从事道路货物运输 26 年，公司的货物运输范围已覆盖全国各省、市、自治区，共 500 多个站、点。公司以服务五粮液集团生产为立足点，以抓住西部大开发带来的新机遇为发展重点，形成了汽车货物运输、汽车修理、长江航运、港口码头作业、汽车销售、机械制造等综合物流体系。

宜宾安吉物流集团有限公司现有员工 1 300 人，固定资产 2.8 亿元。公司拥有各型运输车辆，起重、装载及工程作业等机械 1 000 余台，各型标准车用集装箱 350 个，货物仓储面积 5 万平方米。2005 年公司实现产值 5.6 亿元，2006 年公司预计实现产值 9.2 亿元。宜宾安吉物流集团有限公司下设 14 个子/分公司，根据不同的业务范围分别设有 6 个汽车货物运输公司，另设有安吉物流仓储部、安吉物流神舟运业有限公司、安吉机械制造工程公司、安吉物流港务公司、安吉物流航运公司、安吉物流商贸公司、安吉畅安驾驶学校等。从而呈现了一业为主、多元经营的良好格局。

除设立不同类型的分公司外，为了给客户提供一站式、整体优化的物流服务，公司正加速规划物流园区的建设。公司的道路交通运输、集装箱码头装卸作业、长江航运、仓储、报关、报检、国际货代将产生协同效应，让客户充分体验高效、贴心的服务。

随着业务的不断拓展，宜宾安吉物流集团有限公司面临的国内外竞争也不断加剧。为了占据市场先机，公司全面导入国际管理标准，加快融入经济全球化的步伐。

宜宾安吉物流集团有限公司早在2002年6月就通过了质量管理体系认证。经过近几年的运行，充分利用PDCA循环法持续改进生产和服务质量，质量管理体系和公司生产经营逐步吻合，规范了公司的内部管理，使生产经营的每个重要环节都处于受控状态，顾客满意度和公司美誉度逐年攀升。在质量管理体系成熟运行的基础上，宜宾安吉物流集团有限公司又于2004年3月份决定全面导入国际管理标准，进行环境管理体系和职业健康安全管理体系建设，加强对各项硬件设施投入和软件设施的改善。公司在2005年3月取得环境管理体系和职业健康安全管理体系认证证书和授牌，成为中国物流行业首家通过中国质量认证中心三个国际化管理标准认证的企业。

二、诚信经营是企业生存壮大之本

基于此，公司长期注重信用制度建设，切实将“诚信守法”提高到企业的战略发展层面。自2004年就把“诚信守法”纳入公司一体化管理方针的内涵并不断付诸实践，得到社会各界的认可。宜宾安吉物流集团有限公司先后被宜宾市地税局评为“2004—2005年A级纳税信誉单位”、被四川省现代物流协会和四川省宏观经济学会信用评价专业委员会联合授予“2005年度信用等级AAA级企业”、被中国守法诚信评价中心和四川省法人代表权益保护中心联合授予“守法诚信先进单位”等称号。公司之所以在诚信经营上取得如此大的成绩，主要取决于以下三项措施的严格执行：

一是提高合同规范化管理水平。宜宾安吉物流集团有限公司结合业务范围不断拓展的情况，制定了本公司的《合同管理办法》，明确了合同管理机构、人员和相应职责，根据合同金额的大小确定了不同人员签订合同的权限。

二是重点抓好合同的全过程管理。在合同签订前，公司经营部组织公司办、财务部、技安部、质环部、具体的合同签约单位等对合同进行评审，在合同的立项、洽谈、签订、履行及资金等重要环节上严格把关。同时认真了解合同主体的资格、经营范围、资信情况等，按照自己的生产经营能力认真签订每一份合同，合同签订后，严格按照合同约定履行。

三是严格按照国家会计法等相关法律法规规定，制定并落实各项会计内控制度。公司高度重视提高财务运作水平，在控制资金成本和确保稳定的现金流量之间取得了很好的平衡。并不断提高资金周转速度和存货周转率，仓储物资实现零库存周转流动，提高资金流动比例和速动比例，为企业按时履约提供了坚实的财务保障。

三、企业的信息化水平决定了宜宾安吉物流集团有限公司的现代化水平

对于运输型企业来说，精确掌握车辆位置、车行速度，实现对车辆的科学调度、全程跟踪，对加强管理，有效促进安全生产至关重要。于是，早在2004年，宜宾安吉物流集团有限公司就投入上百万元引进GPS先进技术。目前，其软硬件系统已基本安装完毕，一期工程300辆车已投入正式运行。公司的10艘船舶的航运GPS系统也正在实施之中。

此外，从2005年6月起，宜宾安吉物流集团有限公司还将企业ERP物流信息平台纳入了企业信息化进程。这标志着宜宾安吉物流集团有限公司的信息化建设进入了一个全新时期。

宜宾安吉物流集团有限公司在对企业自身资源的整合进程中，解决了重组业务运作模式和流程优化的问题。2006年6月，经过多方考察，公司选择了继承了美国物流巨头UPS公司物流信息技术的天舟软件公司，从实际出发，以第三方、第四方物流信息跟踪、票据管理集成、订单与经销商管理、仓储、合同、商贸进销存、客户电子商务门户系统等模块为主体，集成GPS系统、手机定位模块、条码系统，对公司物流业务进行了基于物流信息管理平台的定制开发。开发完成后，客户可在网络上直接派发订单，并能步步跟踪订单的处理过程，客户能够自动查询到自身在宜宾安吉物流集团有限公司中的业务统计情况，公司内各部门也充分达到信息共享，并能对公司派驻在全国各地的业务点进行远程财务和业务管理。

案例来源：柴凤伟. 国际货运物流. 现代物流报，2006-8-16.

案例讨论

宜宾安吉物流集团有限公司属于哪一层次的第三方物流服务提供商？试对其核心能力进行分析。

即测即评

请扫描右侧二维码，进行即测即评。

第十一章　第三方物流企业的组织创新

引　　言

第三方物流业务的复杂性和多样化趋势促使物流服务企业必须作出新的战略决策，而战略的变化往往要求组织结构发生相应的变化。一个合适的组织结构是第三方物流企业可持续发展的有力保障，是企业运营的支撑架构。本章首先介绍第三方物流企业组织的基本形式，然后讨论第三方物流企业组织创新的原理、内容与方向，接下来讨论了第三方物流组织创新的策略，最后讨论了第三方物流企业的并购战略。

第一节　第三方物流企业组织的基本形式

第三方物流业务的复杂性和多样化趋势促使物流服务企业必须作出新的战略决策，而战略的变化往往要求组织结构发生相应的变化。一个合适的组织结构是第三方物流企业可持续发展的有力保障，是企业运营的支撑架构。

在形态各异、规模不同的第三方物流企业中，并不存在着一种唯一正确或普遍适用的组织设计，每一个第三方物流企业必须围绕着它的使命和战略的主要活动来进行结构设计。因而，有机的组织结构对于每一个第三方物流企业都应该是独一无二的。

一、职能型组织（functional structure）

职能型组织是一种层次型的，主要适用于运营性企业或组织。这种组织是按照专业化分工和部门划分构建的。职能型组织结构的特点是组织内除直线主管外还相应地设立一些组织机构，分担某些职能管理的业务。这些职能机构有权在自己的业务范围内，向下级单位下达命令和指示，因此下级直线主管除了接受上级直线主管的领导外，还必须接受上级各职能机构的领导和指示。其结构如图 11-1 所示。职能型组织的优点是没有重复活动，职能优异。其缺点是狭隘、不全面，反应缓慢，不注重客户。

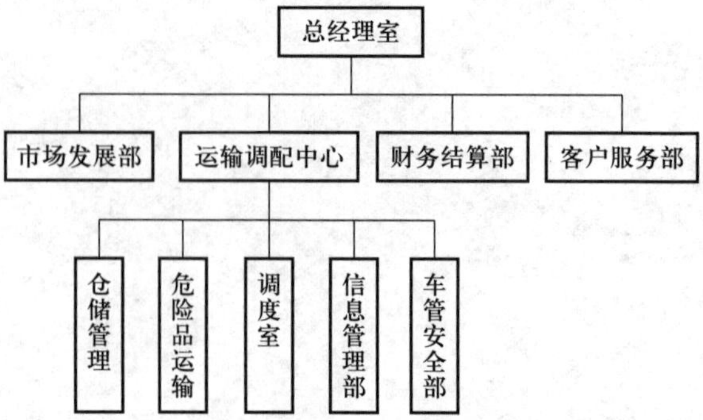

图 11-1　职能型组织结构

二、事业部型组织（organization of corporation and business unit）

事业部型组织结构如图 11-2 所示，它有职能型组织结构不可比拟的优势。由于其各事业部按物流服务类别划分，有利于充分发挥第三方物流企业的专业优势，提高物流服务质量。而且，各事业部由于采取独立核算制，使各部门经营情况一目了然，便于互相比较，互相促进。同时，各部门因权力下放，分工明确，形成一种责任经营制，有利于锻炼和培养出精通物流经营的人才，有利于发挥个人的才能和创造性。

当然，事业部型组织结构同样也存在缺点，即由于事业部之间的竞争，为事业部之间的人员交换、技术交流等带来困难，进而影响到整个公司资源的有效利用。

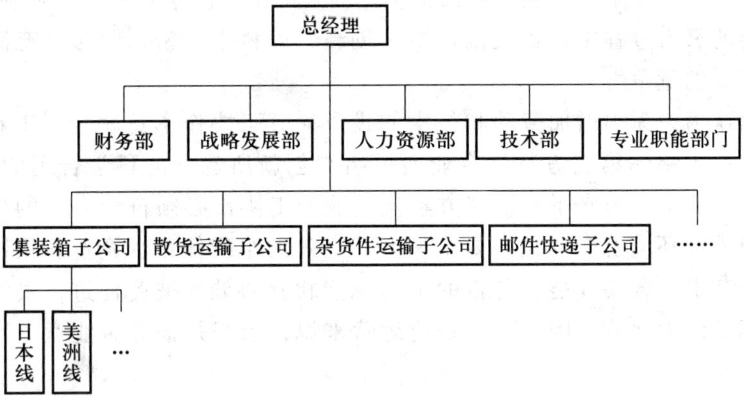

图 11-2　事业部型组织结构

三、矩阵型组织（matrix organization）

矩阵型组织结构是一种学习型的组织结构，是扁平化的，如图 11-3 所示。在该结构下，不再层层下达信息和命令，而是通过网络状的结构进行运作，权力更为分散，甚至出现员工共同决策的情况。一般只适应于规模较大、业务多，且结构也不太稳定的大中型企业，需要

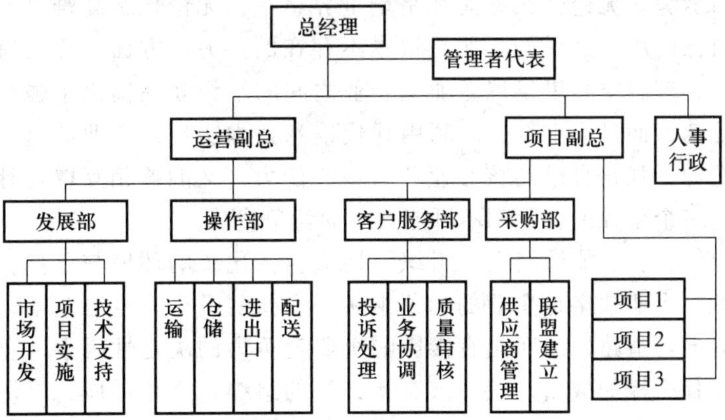

图 11-3　矩阵型组织结构

发挥职能机构的专业管理优势时才用。若用在小公司，不但无法体现职能机构专业管理的优势，反而会因为多头领导而损失业务部门应有的管理效率。

第二节　第三方物流企业的组织创新

一、第三方物流企业组织创新的原理

企业组织归根到底就是人们为了实现一定目标而结成的分工协作体系。企业在实施发展战略、提升企业竞争力的系统工程中，组织作为企业管理的一个子系统，是一个不可忽视的重要组成部分，企业的竞争力必须依赖其精干、高效的组织。这就要求企业在实施发展战略、提升企业竞争力的努力过程中，积极推进组织创新，以科学严密，同时又充满活力的组织来支持企业获得强大的竞争力。

古典经济学认为，无须增加劳动和技术的投入，分工协作本身就会产生新的生产力，显著提高劳动生产率水平。第三方物流企业通过组织创新所建立的科学合理的分工协作体系，能够大幅度提高企业生产力水平。第三方物流企业分工协作必须符合企业的生产技术特点与人员状况，适应外部环境发展变化的要求。有了高效的组织体系，企业各层次、各部门直至每个人才能各负其责、各展其能，各自的努力就能相互协调、彼此促进，最终汇聚成一股指向企业共同目标的巨大力量。因此，对企业运营来说，组织是提升企业竞争力的重要内容和基本手段。

第三方物流企业通过组织创新去发展和完善企业间的组织联系，能够实现资源整合、优势互补，创造新的、强大的竞争力。组织创新的理论与实践发展到今天，其范围已不仅仅局限于企业内部的管理体制和组织机构，它突破了企业边界，扩展到了企业与企业之间的组织联系。例如，前面第六章中介绍的第四方物流、与使用方建立战略联盟关系等新的组织形式。组织创新之所以由企业内部扩展到企业之间，一方面是由于经济全球化、信息化和高新技术迅猛发展提出了客观要求，只有通过企业之间多种形式的联合与协作，包括那些规模巨大、实力雄厚的跨国公司在内，企业才有可能克服自己在技术、经济、经营管理等方面不可避免地存在的某些相对劣势。无论什么方面都是全世界第一，无论什么高难度的技术、经济和经营管理问题都能自己解决，这样的企业是根本不存在的。另一方面，现代信息技术为企业在全国乃至全球这样的广阔空间里发展企业与企业之间的组织联系提供了强有力的工具，使之变得极其方便、迅速，而且成本低廉。利用现代信息技术实现跨企业的组织联系的创新，既可以使企业集中资源，强化自己的核心业务与核心能力，又能够相互取长补短，在联合与协作之中，产生任何一个单独的企业都不可能具有的竞争优势。

通过适时的组织创新，能够使企业组织结构适应变化了的环境与条件，为企业战略提供强有力的组织保证。企业战略是企业的竞争纲领，它指明了企业进行竞争、谋求持续发展和稳步前进的根本方向与道路，因而是直接影响企业竞争力的决定性因素。企业根据外部环境和内部条件制定了什么样的战略，就要求有什么样的组织与之相适应，以便为战略任务和目标的实现提供保证。这就是组织变革与创新所必须遵循的一条基本原理：战略决定结构，结构为战略服务。需要注意的是，组织结构对战略的这种服务关系，不仅表现为依据战略而确

定相应的体制与机构，即战略在先，组织在后，还体现在组织根据企业的环境、技术、人员、规模、文化以及成长阶段等其他影响因素的状况和变化进行改革，提高组织整体效能，从而为企业构思和设计新的战略创造前提条件，即组织在先、战略在后。组织与战略之间的这种辩证关系说明，组织创新对提升企业竞争力具有积极主动的、全局性的重要影响。

二、第三方物流企业组织创新的内容和方向

第三方物流组织创新的主要内容，就是要全面系统地解决第三方物流企业组织结构与运行以及企业间组织联系方面所存在的问题，使之适应企业发展的需要。具体内容包括：企业组织的职能结构、管理体制（组织体制）、机构设置、横向协调、以流程为中心的管理规范、运行机制和跨企业联系等方面的变革与创新。

由于各个企业的具体条件不同，其组织变革与创新的内容也各不相同。

（一）职能结构的变革与创新

因为组织设计的一个基本原理就是“战略决定结构”。但是，人们无法从战略直接推导出具体的组织结构，只有经过分析企业及其管理组织实现战略目标所必须具备的基本职能，并从这些基本职能中寻找确定对实现战略目标起着决定作用的关键职能，然后再进一步设计执行这些职能的机构，战略才能切实落实到组织中去。

就第三方物流企业而言，建立科学合理的职能结构所要解决的主要问题是：

（1）专业化。专业化即分离辅助及附属机构等企业的非生产主体，发展专业化社会协作体系，精干企业生产经营主体，集中资源强化企业核心业务与核心能力。

（2）适应市场经济的需要，优化基本职能结构。其重点一是加强生产过程之前的市场研究、技术开发、产品开发和生产过程之后的市场营销、用户服务等过去长期薄弱的环节；二是加强对信息、人力资源、资金与资本等重要生产要素的管理，不断壮大企业实力。

（3）突出关键职能，建立富有企业特色的职能结构。关键职能应配置在组织结构的中心位置，其他职能予以配合，不能大家都争当主角。只有解决好了上述几个重要问题，企业才能真正实现精干、高效，具有强大竞争力。

（二）管理体制（组织体制）的变革与创新

所谓管理体制，就是指以集权和分权为中心的、全面处理企业纵向各层次特别是企业与二级单位之间的责权利关系的体系，亦称为企业组织体制。管理体制关系到企业能否既保持必要的统一性，又具有高度的灵活性，因而是企业纵向结构设计的重大问题。

我国企业过去的主要倾向是不问企业具体条件如何，一律实行高度集权，这同高度集中的计划经济体制是一致的。现在，随着经济转型，不少企业又出现了过度分权、联合企业变成了企业联合的问题。这两种倾向其实都违背了现代组织设计的权变理论，没有从企业实际出发，根据企业的不同条件去正确处理集权与分权的关系。

管理体制的变革与创新有四个问题需要明确：

（1）在企业的不同层次，正确设置不同的经济责任中心，包括投资责任中心、利润责任中心、成本责任中心，消除因经济责任中心设置不当而造成管理过死或管理失控的问题。

（2）根据企业的具体条件，正确规定企业管理体制。适合集权程度高的企业，可以采用集权的职能制体制，统一经营、统负盈亏；适合分权程度高的企业，可以采用事业部制体制，

统一政策、分散经营、自计盈亏，还可以采用母子公司体制，统一战略、自主经营、自负盈亏。不同的企业、同一企业的不同时期、同一企业的不同部分，管理体制应该有所不同。

(3) 突出生产经营部门（一线）的地位和作用，管理职能部门（二线）要面向一线，对一线实行既有管理，又有服务，根本改变管理职能部门高高在上，对下管理、指挥、监督多而服务少的传统结构。

(4) 作业层（基层）实行管理重心下移。作业层承担着作业管理的任务。我国企业的传统做法是管理重心偏上，上层掌握着较大的权力，而全面完成生产任务的责任却在下面，生产现场发生的问题，层层上报，再层层下达，效率很低。应借鉴国外先进经验，调整基层的责权结构，将管理重心下移，使生产现场发生的问题，由最了解现场的人员在现场迅速解决，从组织上保证管理质量和效率的提高。

（三）组织机构的变革与创新

组织变革不仅要正确解决上述管理体制等企业纵向组织结构问题，还要同时考虑横向上每个层次应设置哪些部门，部门内部应设置哪些职务和岗位，怎样处理好它们之间的关系，以保证彼此间的协调配合，这些都属于企业横向组织结构范畴。我国企业横向结构普遍存在分工过细、过死，机构过多，人浮于事，矛盾多、扯皮多、效率低、效益差的现象，问题十分突出。

对于机构设置，改革的方向之一是贯彻“一贯管理”原则，推行机构综合化，即针对分工过细、分段管理的问题，适当简化专业分工，力求在管理方式上实现每个部门对其管理的业务流，能够做到从头到尾、连续一贯的管理，达到物流畅通、管理过程连续。具体做法就是把相关性强的职能科室归并到一起，做到一个基本职能设一个部门、一个完整流程设一个部门。我国一些企业学习国外经验，采取以上原则和办法设置机构，并形象地将其称为“大部制”，实践证明，这种做法是科学的，效果很好。

改革的方向之二是推行领导单职制，即企业高层领导尽量少设副职，中层和基层领导基本不设副职。这是国外企业的通常做法，我国也有越来越多的企业在朝着这个方向努力。副职人员过多，必然引起机构臃肿、人浮于事，容易出现多头领导、多头指挥，下级无所适从，发生问题互相推诿，难以建立社会化大生产所要求的严格的责任制，协调工作量很大，决策拖延，企业常常因此在竞争激烈的市场上贻误良机。

（四）横向协调的变革与创新

组织变革除了要解决包括纵向结构和横向结构在内的组织结构问题以外，还要解决如何保证这一结构顺畅、高效运行的问题。

横向协调所要解决的问题是采取适当的组织形式和办法，使各个部门之间既有分工、又能密切配合。

现代组织设计提供了三大类的多种协调方式，这就是制度性协调方式、结构性协调方式和人际关系协调方式。

针对企业横向协调存在的突出问题，应在以下三个方面有所突破，并采取行之有效的具体方式：

(1) 突破单纯依靠上级协调、权力服从，实行自我协调、工序服从制度。这就是在各项业务活动中，根据工序的地位与作用，实行相关工序之间的指挥和服从，即上道工序要服从并服务于下道工序，一般工序要服从并服务于核心工序，辅助作业要服从并服务于基本作业。

（2）突破传统的责任制单纯强调划清责任的僵化倾向，实行主动协作、工作渗透的专业搭接制度。这一制度并不否定责任制，而是在设计各职能部门的责任制时，对专业管理的接合部和边界处，有意识地安排一些必要的重叠与交叉，有关科室分别享有决定、确认、协助、协商等不同责权，以保证同一业务流程中的各个部门能够彼此衔接和协作。

（3）突破单纯凭个人经验办事、“一个将军一个令”的不统一、不协调的落后管理状态，对大量常规性管理业务，在总结先进经验的基础上制定标准，大力推行规范化管理制度。这些标准包括管理过程标准、管理成果标准和管理技能标准。实行规范化管理制度，对于巩固和发展成功的管理经验、提高队伍素质以及提高组织效能，具有极为显著的作用。

（五）管理流程的变革与创新

管理流程是企业管理制度的核心部分，它是把各个管理业务环节，按照管理工作的程序联结起来而形成的管理工作网络。对管理流程进行设计与优化，实际上就是要建立健全以业务流程为中心的一整套管理制度，广义地说，就是管理规范。

业务流程的概念早已有之，但是，通过业务流程再造而实现组织变革，大幅度提高效率、缩短周期、降低成本，这种理论与方法却是20世纪90年代初才兴起的。近些年来，国外许多大企业进行了业务流程再造，尽管成功率不高，但确有明显效果，并且也符合21世纪经济向着信息化、网络化方向发展而对管理提出的要求。因此，从市场需要出发，以用户为中心，充分运用现代化信息、通信技术，积极探索业务流程再造的成功之路，并且使这一西方传来的先进理论与方法本土化，是当代我国企业组织创新的重要内容之一，应给予高度重视。

在流程再造过程中，需要着力解决的问题是：

（1）针对企业内部主要依靠纵向的“行政指挥链”来运转，各个部门只对上级负责，割裂了市场与用户信息的传递这一问题，建立横向的“市场链”，确保市场与用户的需求等信息，顺畅地传递到每一个管理部门和环节，让以用户为中心的经营思想和市场导向的原则真正获得组织保证。

（2）针对规章制度一般只规定了本部门、本岗位的工作要求，忽视部门之间的协作要求与信息传递要求，造成一个个“管理孤岛”，使流程受阻、扯皮增多的问题，要明确规定各部门、各岗位之间的相互协作要求和信息传递关系，使“管理孤岛”变成上下左右相互衔接、流程畅通的管理网络，实现管理的高效率。

（3）针对原有流程环节太多、程序复杂、周期过长、成本高、效益差的问题，真正从用户需求出发，运用取消、合并、简化、调序、一体化、自动化等方法与手段，对其进行彻底的改造，给用户带来更多的方便与利益，使企业赢得更多的商机和效益。

（六）运行机制的变革与创新

无论是组织结构，还是横向协调或业务流程，都是人在其中起决定性作用，因此，组织变革与创新还必须建立同市场经济相适应的、有利于充分发挥各个环节和全体员工积极性的、具有企业特色的动力机制与约束机制。

第一，同前述加强部门间横向协调以及市场信息传递的各项措施相结合，建立企业内部的“价值链”，不仅能传递市场和用户的信息与要求，而且使上下工序之间、服务与被服务的环节之间，用一定的价值形式联结起来，从而相互制约，降低成本、节约费用，最终提高企业整体效益，克服那种对部门与岗位只有实物量或工作量标准，而没有同经济效益挂钩的缺陷。

第二，改革旧的劳动、人事、分配制度，引入竞争机制，实行按劳分配和按生产要素分配相结合，真正做到经营者能上能下、员工能进能出、收入能升能降，激发每一个人的积极性、主动性和创造性，留住人才、用好人才、促进人才成长，彻底解决干多干少、干好干坏一个样的问题。

第三，改革只有自上而下进行考核的旧制度，按照“市场链”和“价值链”的联系，实行上道工序干得好坏由下道工序评价、辅助部门干得好坏由主体部门评价、厂部科室干得好坏由基层单位评价的新体系，使之同企业经济效益取决于为用户服务好坏的市场经济规律相一致，从制度化的组织运行机制上增强企业市场竞争力。

（七）跨企业组织联系的变革与创新

上述组织创新的几项内容，均属于企业内部组织结构及其运行方面的内容，除此之外，还要进一步考虑企业外部企业相互之间的组织联系问题。在我国，这方面的企业组织创新任务还很重。过去那种具有功能完备、有形实体、集中布局、规模庞大、机构臃肿、高度集权等特征的“大而全”“小而全”的传统企业组织结构，面对今天的信息社会、知识经济时代，越来越不适应科学技术突飞猛进、市场需求复杂多变的动荡环境，各种弊端日益明显，最突出的就是应变能力差，组织缺乏活力。企业经营结构调整特别是进入新领域、发展新事业时，大规模、专用和有形的资产势必存在转换成本极高的障碍，庞大的员工队伍和企业发展所需要的各类专门人才很难适应企业经营的变化而灵活增减、灵活配置。多层次、大规模的金字塔式结构也常常使决策显得十分迟缓甚至失效。如今，日新月异的现代信息技术的广泛应用，既为企业解决上述这些难题创造了条件，同时也向企业提出了积极解决上述问题的紧迫要求。这是因为，现代信息技术的应用，一方面能够使企业与企业之间因需要进行信息沟通、合作、谈判以及签订和履行契约等而发生的市场交易成本大大降低，另一方面，又能够使组织内部信息沟通、业务协调、监督控制等管理活动变得十分快捷、方便，费用也大大降低。因此，在企业发展战略指导之下，加快应用现代信息技术的步伐，重新调整企业与市场的边界，重新整合企业之间的优势资源，推进企业间组织联系的网络化，这是21世纪企业组织创新的一个重要方向。

企业间网络化组织结构的特点是：

（1）专长化。即企业只从事自己最具优势的业务和职能，非核心业务与职能可以通过市场由其他企业来完成。

（2）合作化。即企业充分利用外部市场资源，同其他企业建立优势互补、风险共担、利益分享的合作关系。

（3）离散化。即企业在空间上不是集中的、连续的，它的职能、资源可以分布在全国、全世界各个不同地区，通过信息网络连接成为一个整体。

我国企业在朝着网络化方向进行组织创新时应注意研究和解决的主要问题是：

（1）为了抓住市场机遇，对市场变化作出快速反应，企业要善于根据具体条件，发展虚拟经营和虚拟企业，特别是市场需求变化快的行业，更应进行积极探索。

（2）积极推进大型企业集团的建设与发展，理顺以产权为基础的集团成员企业之间的关系，使集团内部的股权管理、重大决策管理、财务监督管理、业务关系管理和日常监督管理等运行通畅、高效率。

（3）在竞争中实行多种形式的联合，谋求优势互补、共同发展的双赢局面。

三、第三方物流企业组织创新的策略

由上述企业组织变革与创新的内容及方向可以看出，企业组织创新是一项系统工程。同时，组织创新还涉及权力与利益的再调整，由于结构与运行的大变化还将在一定时期影响正常的生产与经营，因此，它必然是一项难度很大、阻力不小的改革，如不讲究创新策略与艺术，就很难顺利推进。

（一）系统配套与整体推进

由于组织本身就是一个系统，如果其中一个要素发生变化，其他要素就要进行相应调整，整个组织系统才能正常运行。所以，组织创新必须注意系统配套，整体推进，不可只抓一点、不顾其余。

应该注意的是，组织创新的系统配套包括两个配套。一个是组织创新工作内容本身的配套。就是说，无论怎样搞组织变革与创新，都要全面解决前述职能结构、管理体制、机构设置、横向协调、管理流程、运行机制和跨企业组织联系等问题，不能搞“单打一”。另一个是组织创新工作同其他方面工作的配套，主要是人员招聘与培训、企业文化建设与改革以转变员工观念、投资运用以计算机和网络技术为主的现代化管理手段等。只有抓好这两个配套，组织创新才可能顺利进行，并取得较好的效果。

（二）抓住主要矛盾与选准突破口

虽然组织创新如前述必须配套，但多个方面的工作毕竟要有主有次、有先有后。这就要从企业实际出发，抓住主要矛盾，选准突破口，由一点切入，以此为中心，其他方面工作相配合。

目前，以不同的切入点为主要特征，组织变革与创新大体可分为三个流派：一是从职能分析和设计入手的结构创新流派；二是从流程再造入手的过程创新流派；三是从提高组织的学习能力入手的能力创新流派。这三个流派应该说是各有千秋，在实际工作中可以依据企业具体条件，选择以某一流派为主线，兼容并蓄其他流派的有益思想和科学方法。但是必须强调指出，不管采用哪个流派，也不管从何处入手，最终都要全面解决前述组织变革与创新的各个方面的问题。

（三）化解和削弱改革阻力与增强改革动力

进行组织创新，常常会遇到来自各个方面的抵制和反对，这是一种国内外企业普遍存在的规律性现象，领导者不必因此而退缩，关键是要根据具体情况，事先就要研究对策，采取恰当的方式方法，排除变革的阻力。一般来说，主要措施有：

（1）组织员工参加组织变革的诊断调研和计划工作，使他们通过亲身体验，充分认识到变革的必要性和重要性，了解并理解改革的思路与正确性，看到企业的光明前途，从而减少抵触情绪。

（2）大力推行与组织变革相适应的人员培训计划，通过培训，增强员工的现代化管理意识，使其开阔眼界，并掌握新的管理方法和业务方法，增强其安全感和信心。许多企业的实践证明，经过培训，多数员工会成为改革的拥护者，有些还会变成组织创新的闯将与骨干。

（3）大胆启用年富力强、具有开拓创新精神的经理人才，采取多种办法和过渡性措施合情合理地安排好老同志，还可以吸收部分老的经理人员参加组织变革工作，例如担任顾问、参加有关的委员会、充当智囊团等，化阻力为动力。

第三节　第三方物流企业的并购战略

物流企业兼并重组的趋势十分明显。这种趋势的背后是整个市场环境的变化以及由此变化带来的对物流服务的新的需求，在这种需求的推动下，整个物流行业正经历着史无前例的巨大变化。2004—2005 年中国快运快递行业兼并重组的主要案例如表 11-1 所示。

表 11-1　2004—2005 年中国快运快递行业兼并重组的主要案例

时　间	并购双方	交易事项
2006. 1	中铁行包、中铁快运	2006 年 1 月 18 日中铁行包与中铁快运在京宣布重组合并
2006. 1	联邦快递、大田	联邦快递以 4 亿美元现金收购大田在双方合资企业——大田-联邦快递有限公司中的 50% 股份，以及大田集团的国内快递网络，获得大田集团所有快递业务
2006. 1	海航、中华航空、扬子江快运	2006 年 1 月 12 日，台资参股大陆航空第一案终于尘埃落定，海航集团正式宣布完成向中华航空公司等四家台湾企业转让持有的扬子江快运航空有限公司 49% 的股权，其中，中华航空占 25%，其他三家共占 24%
2005. 12	中外运、申通快递	中外运购买申通快递 51% 的股权
2005. 12	TNT、黑龙江华宇物流集团	2005 年 12 月 TNT 宣布收购黑龙江华宇物流集团，交易于 2006 年完成
2005. 12	TNT、中国远洋运输集团	全球第二大物流企业荷兰 TNT 集团与中国远洋运输集团在京宣布组建一家合资物流企业，TNT 和中远将分别持有合资公司 50% 的股份，进行市场互换
2004. 12	香港嘉里物流、大通国际运输	2004 年 12 月，香港嘉里物流联网有限公司收购了知名物流企业大通国际运输有限公司 50% 的股权；2005 年 1 月 13 日又将股份增持为 70%

一、物流企业的横向与纵向并购

物流企业的横向并购是指供应链物流同一个环节的功能由物流企业共同承担或转移到其他专业物流企业承担，即生产同类产品或提供同类服务的物流企业之间的并购。两个物流企业之间的并购就是横向并购，例如，企业通过横向整合社会资源构建跨地区的产品流动网络系统，形成水平一体化物流，通过同一行业中多个企业在物流方面的合作而获得规模经济效益。

横向并购适用于并购后能实现规模经济的企业。横向并购容易生成规模经济，产生技术和管理上的协同效应，即“1+1>2”的效应，实现规模效益递增。横向并购带来规模经济的协同效可以分为三类，即技术上的协同效应、管理上的协同效应和市场上的协同效应。

物流企业的纵向并购是指供应链中的物流企业把其承担的功能转移到供应链的上游或下游，前者称为上游替代，后者称为下游替代。物流企业采用纵向并购的方式，可以降低交易费用。交易费用理论的权威罗纳德·科斯指出：“市场运行是有成本的，通过形成一个组织，并允许某个权威（实力雄厚的企业）来支配资源，就能节约某些市场运行成本。”按照科斯的观点，企业并购，尤其是纵向并购，是在比较运作成本的基础上，某种企业组织对市场的替代，其目的是为了减少经营活动的交易费用。在物流业务外包、第三方物流业务发展迅速的今天，纵向并购成为当今物流企业并购的一种重要方式。

纵向并购适用于经营的产业比较多，包括有志建立和形成自己核心价值链的物流集团公司。纵向物流资源整合的结果是形成垂直一体化物流，要求企业将提供产品或物流服务的厂家（商家）和客户纳入管理范围，并作为物流管理的内容，实现从原材料到最终消费者的每个过程对物流进行一体化管理。另外，交易费用的高低是由资产的专用性、交易的不确定性和交易发生的频率这三个因素的不同组合所决定的。

二、第三方物流企业并购的动因

当前的物流市场，呈现出以下特点：一是客户需求不断升级。客户个性化、差异化、专业性的要求，迫使物流企业参与到客户的采购、生产、运输等活动中，成为客户供应链中不可分割的组成部分。二是经营风险不断增加。时间和质量以及降低物流成本的要求，促使物流企业既要追求优质服务，又要不断降低运作成本，双重压力使物流企业的经营风险系数增加。三是市场竞争日益加剧。随着外资的大规模进入，市场竞争已经不是局部的，而是整体的、综合的。四是营销方式不断革新。营销方式的改变使物流方式相应发生变化，要求物流服务必须更快捷、更省钱，同时提供更多的增值服务。五是信息技术不断进步。信息技术是物流企业发展现代物流的基础之一，是企业满足客户需求的前提，智能业务、远程业务、全程业务早已广泛应用。这些特点决定了当前以及未来，能够适应客户需求的物流应该是一种多环节活动，提供服务的物流企业必须具有规模效益，必须具有网络化、规模化的特征。

（一）物流是多环节活动

传统的物流企业根据业务可以有以下分类：一是水上运输的企业。这些企业所提供的服务包括集装箱、干散货、石油等物资的水上运输，以及与水上运输相关的集货运代理、租船经纪、外轮供应等业务，这类企业包括中远、中海、马士基、总统轮船等。二是空运企业。这些企业主要从事货物的空运以及与空运相关的揽货、订舱、仓储、中转、集装箱拼装拆箱、报关、报验、结算运杂费、保险和相关的短途运输等配套服务，各航空公司的货运公司和货运代理公司属于此类。三是储运企业。这些企业主要从事货物陆上运输、仓储、分拣、加工以及质押监管、现货市场等增值服务，这类企业包括中储以及地方各储运公司。四是基于管理的物流企业。这些企业通过自有或租用的方式，为客户提供快递、货物运输等服务。这类企业包括联邦快递、UPS、中外运空运、宝供等企业。在整个物流系统中，这些企业基本上只提供单一环节的服务，或涉足的环节较少，这在一定的历史条件下，适应了市场竞争的需求。但是随着竞争的加剧，市场分工更加明细，大量的制造企业把更多的资源用于增强其自身的核心业务，而要求其物流提供商能够提供有效的一体化综合物流服务。综合物流业务的开展需要实现海陆空等各种运输方式的一体化和各种物流功能的一体化，这就要求物流企业进入物流系统的多个环节和领域。

（二）物流企业必须有规模

从物流的特点来看，一方面物流业务要使用专门的物流设施，快速反应的信息系统，一般需要很高的固定资金投入，固定成本在总成本中占有很大的比例。这种状况决定只有随着规模的扩大，物流平均成本才会呈现出下降的趋势，具有规模经济性。从市场竞争的要求看，也只有拥有一定的规模，才能确保价格大于其平均成本，才可能赢利。因而，一定的规模是物流企业生存的必要条件。另一方面，物流业务的服务范围一般来说是全国性的甚至涉足国际市场，这就要求物流企业必须拥有一个遍布全国的网络体系，才能顺利完成每一笔业务的收取、存储、分拣、运输和递送工作，而运转这样一个体系所需要的资金、人员、设备等是巨大的，只有达到一定规模的大企业才能维系得起。纵观国内外大型的物流企业，其利润率在各自服务的领域中基本上都处于较高的水平。日本邮船的利润率保持在3%左右的水平，UPS、FEDEX的利润率为6%左右，而中远航运2004年的利润率则达到了20%以上。

（三）物流企业必须网络化与国际化

现代物流的发展、物流效率的提高，最重要的条件是构建结构合理、布局优化、功能配套、运作高效的现代物流网络体系。物流网络包括物流设施网络、信息网络和经营网络。在物流企业的兼并重组中，经营网络往往被视为最有效的优势资源。

随着经济全球化进程逐渐加快，各国间经济发展的依赖程度日益加深，企业间的竞争也在全球范围内展开，而企业要获得竞争优势就必须在全球配置资源，这就使跨国公司在世界经济中的地位更加突出。跨国公司为了实现竞争优势和全球化范围内优化配置资源，根据比较成本优势的经济原则，将许多商品的原料生产、半成品生产、零部件加工、成品组装、标志、包装和发运销售，分别安排在国内外许多不同的地方进行，并同生产、流通、分配、消费过程交叉结合，从而改变了传统的生产经营方式。这要求其物流提供商也能提供国际化服务。而电子商务的产生和发展，对物流国际化提出了新的要求。国际化的电子商务需要有国际化的物流来支撑，而且对物流服务的时间性、准确性都提出了更高的要求。

三、物流企业并购的实现方式

物流企业可以根据特定的内外部环境通过收购、合资、战略联盟、托管、特许经营等方式实现企业间的兼并重组。通过综合使用上述手段，剥离物流企业的非核心资产，理顺企业的业务功能，物流企业定将取得快速发展，这也是我国物流企业应对竞争的有效途径。

（一）收购（acquisition）

企业的并购是现代市场经济中资源整合最重要的手段。并购能够促进生产经营要素和活动的集中，节省培养人才、开拓市场、开发技术等所需要的时间，迅速扩大企业规模，形成生产、营销、技术、资金、管理等方面的协同作用。进入21世纪以来的物流行业的两次大规模重组，主要方式就是收购。

在成熟的欧美市场，大型物流企业通过兼并，进行业务单位的选择性交换，重组公司的资产，增强了核心竞争力，使行业合并呈线性增长。在中国这样的新兴市场，它们则通过兼并，进入市场或争取更大的市场份额。近年来我国物流企业的兼并重组也不乏其例。例如，20世纪90年代中远对上海众城实业、2002年上海实业物流控股有限公司对大通国际运输、2004年中储对北京中储物流以及中远对中外理货等，到目前为止在上述诸方面都取得了很好的效果。

（二）合资（joint venture）

合资可以是物流企业与上、下游企业的合资。通过合资，上游企业可以获得可靠的客户源，下游企业也可以获得长期高效的服务。例如，上汽集团上海汽车工业销售总公司与大地物流控股公司合资组建的安吉天地汽车物流有限公司，主要为上海大众、上海通用在整车物流、零部件入厂以及售后物流等方面提供一体化、网络化的物流管理方案。UPS与普华永道、甲骨文等合资成立公司，向企业对企业的电子商务客户和企业对消费者的电子商务客户提供服务，联营公司的经营范围囊括了从技术咨询、金融管理到计算机技术、物资投递服务等所有的邮政类服务。

合资方式还可以是物流企业与物流企业的合资，通过这种合资，双方可以相互学习、共享资源和共享市场。例如，TNT与土耳其科克集团通过资源共享，利用TNT的物流及IT经验、科克集团的客源及本土优势，共同开拓物流市场，与英国邮政局及新加坡邮政局合资，成立全球最大的商业邮递机构SPRING以提供涵盖300多个国家的跨国邮递业务等。

这种方式目前是外资进入我国物流市场的主要途径。通过合资，外国物流企业大多在市场进入、与政府关系、网络、客户关系等方面能迅速打开局面，而本土企业尤其是传统物流企业通过与跨国企业合资，也获得了企业发展急需的技术、管理理念和专业人才等，并且与跨国公司一起，通过充分挖掘自身的业务网络的潜力，实现了企业的跨越式发展。目前，许多大型的传统物流企业如中储、中外运等通过合资，已经取得整体发展。中储的合资项目以天津宝储菱和天津冈谷为代表，收效明显。随着物流业的全面开放，UPS、FEDEX、TNT尽管不再与中外运联营，但这些项目无异对中外运近年来的发展也起到了巨大作用。

（三）战略联盟（strategic alliance）

战略联盟既包括非股权参与型的松散合作，也包括股权参与型的紧密合作，但不形成独立的法人实体。物流企业通过战略联盟可以实现资源共享、开拓新市场等特定战略目标，可以分享约定的资源和能力。这样的协议可以任意取消，而不必受到严格的惩罚。通过战略结盟，物流企业可以在未进行大规模的资本投资的情况下，利用伙伴企业的物流服务资源，增加物流服务品种，扩大物流服务的地理覆盖面，为客户提供一体化物流服务，提升市场份额和竞争能力。相同的文化背景和彼此相互依赖、有效而积极的信息沟通、共同的企业经营目标和凝聚力、技术上的互补能力、双方高层管理人员在管理方面的共同努力等，是物流企业战略联盟成功的关键因素。

日本的物流企业主要就是通过建立战略联盟的方式来整合物流市场、强化与北美和欧洲的物流一体化运作的。例如，日本运输公司与辛克公司通过战略联盟，在全球供应链层面上展开合作；近铁快递公司与荷兰邮政集团通过战略联盟，为亚洲和欧洲的客户提供一体化的物流解决方案；伊藤忠商社与美国的 GATX 物流公司通过战略联盟，在北美和亚洲之间展开物流服务合作，以此作为进入对方物流市场的切入点。我国的一些大型物流企业也通过战略联盟，获得共同发展。例如，中储与中远、中储与中国邮政、中联理货与中远、中海、中外运等。

（四）托管（trusteeship）

物流企业也可以通过托管的方式，对其他物流企业或物流资源进行经营和资产方面的委托管理工作，包括资产重组、资本运作、内外部资源整合和项目开发等。通过托管，物流企业也可以在不进行大规模的投资的情况下，实现兼并重组从而延伸网络、做大规模。但与战略联盟不同的是，这种方式下，被托管的资源完全纳入物流企业，避免了因利益分配、商业机密和技能的保密问题等带来的控制力度有限的瓶颈。同时，被托管企业或资源由于先进的管理、技术、人力资源、客户资源和网络优势，可以获得较托管前更高的资产回报率。

托管对于中国的物流现状，具有很高的现实意义。一方面，受计划经济的影响，目前我国企业中“大而全”“小而全”的现象仍普遍存在，这些企业拥有大量土地等物流设施，由于仅仅服务于本企业和客户资源匮乏，这些设施很多都处在半闲置状态，造成了巨大浪费；而另一方面，众多的物流企业却由于缺少发展所必需的资源而苦苦挣扎。托管是解决这一矛盾的行之有效的方法，通过托管可以在短时期内实现市场资源的优化配置，取得物流企业与工商企业的双赢。

四、第三方物流企业并购产生的效应

（一）物流企业横向并购的效应分析

1. 技术上的协同效应

生产技术的不可分性存在着规模经济的潜能。只要边际收益大于边际成本，厂商扩大生产就有利可图。并购后企业可以实现生产要素的优化配置与专业化经营。比如在技术方面，物流企业之间的并购可以采用射频技术、全球定位系统等高新技术，扩大技术的适用范围可以降低企业成本。在运输方面，可以选择合理的运输方式、确定最短的运输路线，实现整车运输和混载运输等大批量运输，提高运输效率、减少运输成本。

2. 管理上的协同效应

高效的管理作为一种资源同样具有规模经济的特性。并购企业通过裁减重复职能部门和人员，建立一个崭新的、统一的管理组织，达到高效管理资源的共享从而产生收益。另外，企业在并购后，可以对原来的供销网络进行整合，或利用对方的现成网络，建立统一的供销网络。例如，企业通过横向整合社会资源构建跨地区、跨行业的产品流动网络系统，促进物流效益的提高，带来物流成本的下降。

3. 市场上的协同效应

横向并购的市场协同效应主要体现在两方面：① 减少了物流行业内的企业数量，提高了市场集中度，形成潜在垄断力量，可以有效抵御国外物流巨头的竞争。② 解决行业整体生产能力扩大速度和市场扩张速度不一致的矛盾，使资源配置更为集中合理，有效降低竞争的激烈程度，保持市场的供求平衡和行业内的利润率水平。

（二）物流企业纵向并购的效应分析

1. 资产的专用性

资产的专用性指为特定交易或服务而投入的资产。对物流企业而言，资产专用性指自身拥有的耐久性、专门性的投资，包括物流人力资本专用性、信息技术专用性、网络专用性、物质资产和专项资产专用性等。专用性越高，退出成本就越高，也就是说阻止其他物流企业进入同一经营领域的壁垒就越高。企业面临的是一旦需求方发生矛盾，就可能陷入亏损甚至处于破产状态。通过以低于其平均成本的价格并购有专属资产生产的产品或服务可以将这种亏损或者破产的可能性降低。

2. 交易的不确定性

交易的不确定性主要指人的有限理性和交易双方信息的不对称性。交易双方很难准确预见有关价格、质量、品种、交易对手等情况。为了避免损失，交易者总是要更尽可能多地了解有关信息，把能考虑到的因素都反映在合约中，这样对合同条款的要求越来越复杂，必然增加了信息成本、谈判和签约成本。当交易成本变得越来越高的时候，生产者和采购商、销售商就势必会合并起来，以一体化组织替代市场合同交易。

3. 交易发生的频率

如果交易发生的次数很多，交易双方就值得花费资源作一个特殊的安排，尽管这种特殊的安排可能会耗去不少资源，但这种耗费可以分摊到大量不断进行的交易中去，这样，相对交易费用便下降了。当一家物流企业与它所服务的工商企业之间交易的频率很高，以致产生很高的交易费用，这时，合并应该是最佳选择。

（三）物流企业混合并购的效应分析

物流企业的混合并购是指处于不同产业部门、不同市场，且这些产业部门之间没有特别的生产技术联系的企业之间的并购。混合并购可以降低一个企业长期从事一个行业所带来的经营风险，也可以使企业的技术、原材料、设备、管理经验等各种资源得到充分利用。

物流企业的混合并购适用于在其经营主业中实力很强，居产业龙头地位的企业，在原来主业已经实现了规模经济效益，同时有较好的管理能力和有剩余的资金、精力等资源的条件下，企业可以根据市场条件，通过混合并购，积极寻找新的行业增长点，实现多元化经营。例如，中国远洋运输（集团）公司通过并购上海众城实业股份有限公司，由其原来经营的航运业拓展到了房地产开发、餐饮、娱乐、商贸等多个领域，取得了良好的经营效果，成为我国企业混合并购的典型案例。

1. 资源的充分利用与共享

（1）无形资产的协同效应。不相关行业间的企业并购是把管理资源有过剩能力的企业转移到另一家需求企业。除行业内的专属资产外，无形的管理经验同样是一个企业重要的资源。例如，一个有知名度的厂商与无知名度但拥有生产实力的厂商之间往往相互并购，采取多样化的经营，其结果是给消费者带来关于新产品和服务的准确信息，取得无形资产的协同效应。

（2）财务资源的协同效应。一个需求增长低于整个经济增长的行业中的企业往往会意识到，在现有的经营领域中的投资机会是有限的，因此，通过收购另一个在需求高速增长行业中的企业，从而抓住被收购企业所在行业中可以获得的投资机会。如果被收购企业的现金流量较低，那么利用收购企业的现金流量的机会就会增加，于是财务资源从收购企业所在的需求增长缓慢的行业转移到被收购企业所在的需求高速增长的行业。通过混合并购的投资路径，企业可以实现财务资源的重新分配。我国的物流企业目前正处于高速增长的时期，大多企业资金比较短缺，可以考虑与较为成熟的行业中的企业合并，获得财务上的资源。

2. 分散经营风险

混合并购把经营领域拓展到与原经营领域相关性较小的行业，即在一个企业里经营若干没有直接投入产出关系和技术经济联系的各自独立的产品或服务。这样，当其中的某个领域或行业不景气时，可以通过其他领域的成功经营得到补偿，使整个企业的收益率得到保证。因此，物流企业可以考虑通过混合并购的方式涉足其他新兴领域，如房地产、医药、生物科技等行业，进行多元化经营，分散经营风险。而和企业进行直接投资方式进行多元化经营相比，通过混合并购方式实现多元化经营无疑是最直接、最快捷、低成本的最佳方式。

本章小结

本章主要论述了第三方物流企业的组织、组织创新、组织创新的策略和并购战略。

组织是进行有效管理的手段，建立合理的物流管理组织是实现物流合理化的基础和保证。一个合适的组织结构是第三方物流企业可持续发展的有力保障，是企业运营的支撑架构。不同的第三方物流企业采用不同的组织结构，主要有职能型组织结构、事业部型组织结构、矩阵型组织结构。第三方物流企业通过适时的组织创新，选择合适的创新方向和创新内容，可以建立起科学合理的分工协作体系，使第三方物流企业组织结构适应变化的环境与条件，为企业战略提供强有力的组织保证。但是由于组织创新是一项系统工程，涉及权力与利益的调整，因此需要讲究创新策略和艺术，以便顺利推进组织创新。在物流市场兼并重组的趋势下，第三方物流企业根据特定的内外部环境通过收购、合资、战略联盟、托管、特许经营等方式实现企业间的兼并重组，以增强其核心竞争力。对横向并购、纵向并购和混合并购等不同并购方式的效应分析有利于第三方物流企业根据自身的内外部条件选择适合自身的并购方式。

关键词

1. **职能型组织**（function organization）
2. **事业部型组织**（organization of corporation and business-unit）
3. **矩阵型组织**（matrix organization）
4. **收购**（acquisition）
5. **合资**（joint venture）
6. **战略联盟**（strategic Alliance）
7. **托管**（trusteeship）

复习思考题

1. 简述三种组织结构各自的特点及使用范围。

2. 试述物流组织战略与物流组织结构之间的关系。

3. 简述排除组织变革阻力的主要措施。

4. 论述第三方物流企业组织创新的策略并分析各策略的具体运用范围。

5. 简述第三方物流企业并购的动因。

6. 第三方物流企业实现并购有哪几种实现方式？试对各种实现方式的优缺点进行分析。

7. 实行横向并购能带来哪些效应？

案例一

H 公司向第三方物流转变中的组织创新

一、公司概况

H 公司的前身是某市外运的港区办事处，最初成立时只有 7 个人，经过 2 年的发展，现在公司人数达到 140 多人，除了司机和装卸工外的员工就有 90 多人。H 公司正处在不断发展中，每年都有新员工加入，近 2 年平均每年招收人数为 30 多人。H 公司的母公司是一家国际贸易集团，拥有雄厚的资金实力和良好的信誉。

H 公司现已是一家综合性、专业化的第三方物流公司，注册资金 1 200 万元，自有仓库面积达 15 000 平方米，能自由调度 200 多辆货车。其业务范围包括物流服务、货运代办、配载、普通货运、集装箱运输、零担货物运输、货物配送、仓储服务、普通货物装卸、货物中转、货物联运等。

二、当前组织结构与存在问题

H 公司当前的组织结构如图 11-4 所示，存在的主要问题是：

(1) 内运部门各个环节在配合上不能达成完全一致。如图 11-4 所示内运部下面有三个部门：业务部、仓库和车队。图中显示它们三者是平行关系，但是在它们的业务流程上，业务部高于车队和仓库，因为车队和仓库的业务大部分是由业务部门提供，他们不直接和客户联系。但是业务

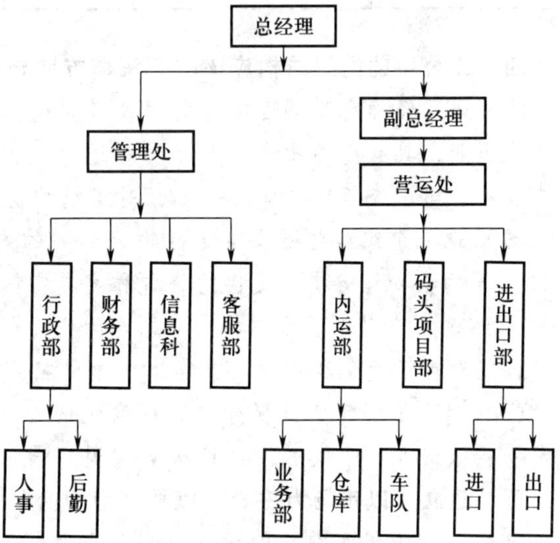

图 11-4　H 公司当前组织结构

部认为他们承担的责任过大，如果车队和仓库出现什么问题，客户只投诉业务部，而客户的投诉率将会影响业务部人员的考核。

(2) 营销队伍没有接受相关营销和物流的培训，没有一个独立的部门。

(3) 没有独立的客户服务部门，涉及的客户服务的内容相对薄弱。

三、符合H公司愿景目标的组织架构要求分析

根据H公司发展第三方物流的愿景目标，该公司已不再是一个仅提供货代、运输等传统业务的公司，应该建立符合其愿景目标的组织架构，如表11-2所示。

表11-2 符合H公司愿景目标的组织架构

相关项目	现状（从事单一环节）	公司远景（高端第三方物流）	对组织架构的要求
核心业务	以货代、运输单项业务为主	整合服务（货代、运输、仓储、延伸服务）	不仅提供单个环节的功能，更要具备物流项目运作的功能
客户需求	明显	潜在、需要挖掘	需加强销售管理功能、客户服务功能
提供的产品与服务	单一的服务	多种的外包物流、物流解决方案	需加强产品开发和管理功能
品牌	品牌知名度并不重要	对高端业务来讲，品牌知名度非常重要	需加强产品宣传和推广的功能
信息技术对业务运作的作用	信息技术只是业务运作的支持手段	前期，信息技术只是业务运作的支持手段；后期，信息技术成为企业核心能力，是企业产品的一部分	需不断提高信息技术人员的技能，保持与业务人员的紧密联系，形成既懂技术、又了解业务的复合型的信息技术人才

四、H公司的组织结构应该与其策略方向相适应

H公司已经确定愿景目标是成为该市周边以多个物流环节运作能力为基础的领先的第三方物流企业，具有高端物流服务开发与运作能力，逐渐发展国内网点，成为国内知名的综合物流服务公司。该策略方向的确定，对组织结构提出了要求，包括：

(1) 未来组织结构要能够支持物流业务的发展，适应H公司提供高端综合物流的需要。对H公司的核心业务提供足够的资源和发展空间，保证核心业务的持续发展。

(2) 建立“以市场为主导，以顾客为中心”的组织结构。做到贴近物流市场，开发潜在需求，能对市场变化和货主需求作出快速反应，与市场紧密结合。

(3) 对人力资源实行规范化和制度化的开发和管理。使人力资源管理起到发掘人才、培养人才、保留人才的作用，为H公司实现高端物流服务公司的目标提供人力资源的保障。

五、建立“以市场为主导，以顾客为中心”的组织结构和管理能力

首先，新的组织结构的设计要以能给客户增加价值为出发点。销售理念和营销人员的实践要以客户为中心。为客户增加价值的行为要得到承认和鼓励。

其次，公司内部的各个业务环节都能给客户带来最大的附加价值。

再次，客户的需求信息能畅通无阻地达到各管理层，产品开发的建议和思路主要是源于市场，而不是源于内部。

最后，组织架构的设置体现贴近市场、贴近货主的原则，能对市场变化和货主需求作出快速反应，与市场紧密整合。

以上要求，意味着组织结构要向以下方向发展：

(1) 把握市场动态。H公司应建立市场部，收集市场信息，分析市场走势，提供竞争对手的情况，设计符合市场情况的产品和服务。

(2) 抓住高端物流客户。H公司应建立高端物流服务的发展机制，从组织上保障高端客户的开发，并从服务上保障高端客户的稳定性。

(3) 提高客户服务水平。在组织结构的设置上考虑将直接向客户提供服务的部门与内部支持部门分开，从而对客户需求的作出快速反应，提高客户对服务的满意度。

由于H公司已不是一个纯粹的货代与运输公司，而高端物流项目的开发与管理是全新的领域，H公司应对人力资源实行规范化和制度化的开发和管理，加强专门人才的引进和培养。

人力资源管理方面，首先应为每个岗位确定职责、权力、技能需求，并建立相应的绩效考核和报酬体系，使员工的行为与职责相连，考核与行为相连，报酬与考核相连。其次，人力资源管理应加强员工的职业培养计划，将企业的需求与员工的职业发展联系起来，使员工与企业共同发展。由此增强员工对企业的认同感，使员工以为H公司工作而自豪，提高核心人才的保留率。

这意味着组织结构要向以下方向发展：

(1) 强化人力资源部门的职能和地位。重视人力资源部门，增强招聘、培训等人力资源部门的职能，将全公司人力资源工作统一由人力资源部负责。

(2) 人力资源开发制度化。制定人员招聘、培训、考核、升迁的一系列规章制度。

(3) 建立透明和规范的考核及奖励制度。对员工的考核由直接的上一级管理人员按事先设定的标准进行，一般情况不越级考核。管理人员除了接受上一级的考核以外，还可接受下属人员的评议。

(4) 建设公司文化。员工对公司最好的认同感是通过实现自身的价值来获得的，应该有明确的职业生涯计划，使员工能看到自己在公司的前途。通过各种渠道对员工进行教育，使他们清楚公司的战略发展目标，熟悉市场状况，了解竞争对手的动态。

六、分阶段建立符合其愿景目标的组织架构

H公司应该分阶段建立符合其愿景目标的组织架构，如表11-3所示。

表11-3　H公司阶段性组织架构

阶　段	时间跨度	组织架构核心叙述	对H公司组织架构的要求
第一阶段（发展期）	2006.7—2009.7	货代、运输、仓储以规模取得成本竞争优势；高端物流项目以个性化挖掘物流潜力；以市场为导向，客户为中心，开发各行业潜在物流客户；具有标准化作业流程管理与信息系统支持，保证服务质量	加强营销与具备高端物流的策划能力，加强客户服务功能，进一步发展信息技术能力

续表

阶段	时间跨度	组织架构核心叙述	对H公司组织架构的要求
第二阶段（巩固期）	2009.10—2011.7	随着公司的壮大，根据业务性质，分为不同的子公司与利润中心；除了对分公司进行总体管理外，各子公司以销售和运营为核心	具有合理集权和分权的能力

H公司的第一阶段组织架构如图11-5所示。

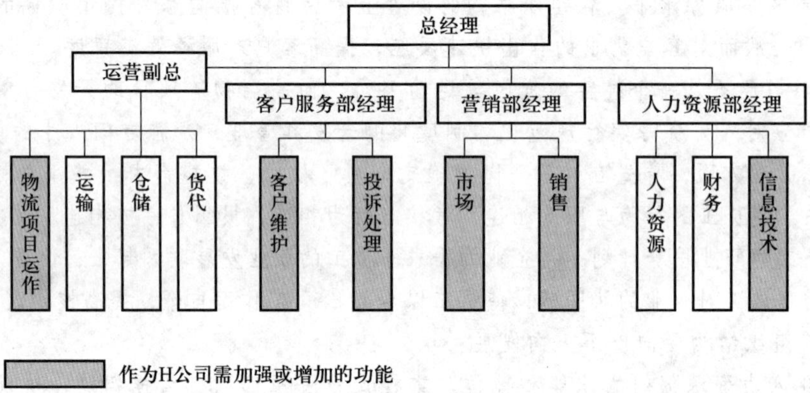

图11-5　H公司第一阶段组织架构

H公司进入巩固期以后，特别是高端外包物流形成一定的规模后，该考虑改变其组织架构，对于专业子公司的管理可以采用分权的方式，使之成为几个利润中心。H公司的第二阶段组织架构如图11-6所示。

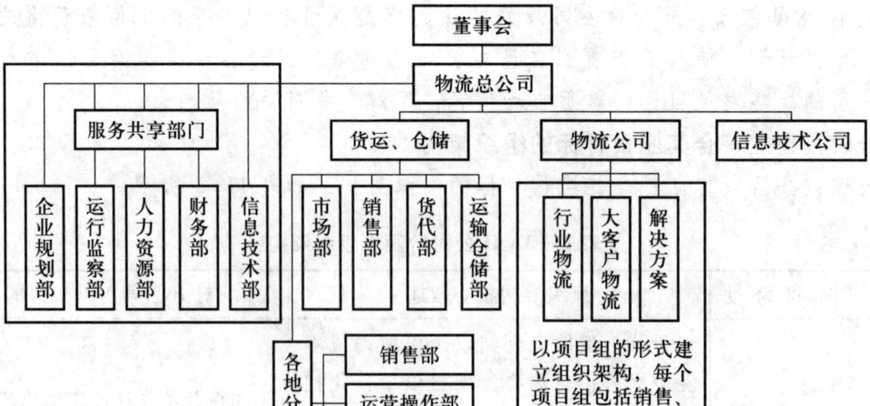

图11-6　H公司第二阶段组织架构

七、岗位职责与关键绩效体系

（一）运营副总岗位职责与关键绩效指标

运营副总岗位职责与关键绩效指标如图 11-7 所示。

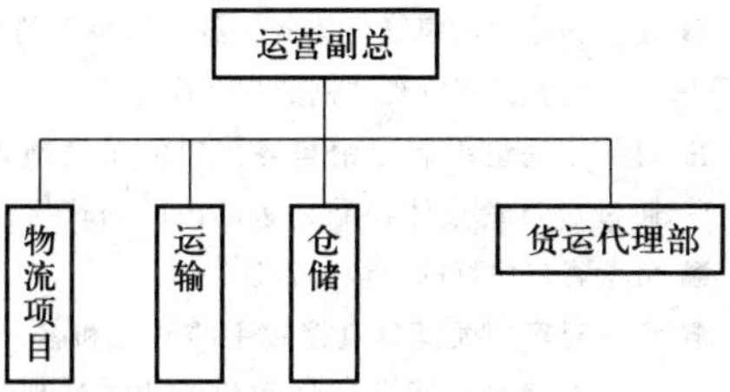

汇报关系

■ 直接向总经理汇报

关键绩效指标

■ 实际运作成本
■ 各项 KPI 指标
■ 出错率
■ 设备利用率
■ 运营计划提交延迟率

主要职责

■ 把握公司发展策略，汇总客户各种需求，安排各种资源计划，以合理的成本满足客户需求
■ 根据销售部的销售情况，合理调配资源，协调各项供需计划的制订
■ 控制运营成本，在满足市场需求的情况下保持运营成本最低
■ 召集和主持供需平衡会议，协调各部门统一调整各项计划，协调供需平衡
■ 组织各部门分析评估计划执行发生偏差的原因，向公司管理层提交分析报告，以利今后工作的改进
■ 指导各分公司运营操作部的计划执行

图 11-7　运营副总岗位职责与关键绩效指标

（二）营销部市场主管岗位职责与关键绩效指标

营销部市场主管岗位职责与关键绩效指标如图 11-8 所示。

汇报关系

■ 直接向营销经理汇报

关键绩效指标

■ 新服务产品收入份额
■ 最终客户了解品牌建设活动的比率
■ 市场份额
■ 按产品的利润率

主要职责

■ 统筹市场管理工作，准确掌握市场动态信息（包括客户需求、竞争对手运营状况等信息），抓好产品定位和市场促销工作，以引导和支持销售任务的达成
■ 根据公司制定的发展目标，负责营销计划、价格策略、广告宣传策略和销售推广策略的制定，并监督各项策略和计划的贯彻执行
■ 负责开展货运和物流市场研究和竞争分析，如进行市场容量研究、市场需求和竞争力分析等，寻求市场增长空间，并与销售部交流整合市场研究成果
■ 对广告促销费用进行控制
■ 负责货运和其他服务产品的开发和设计、上线准备工作和协调工作
■ 负责监控、评估服务产品运营状况，根据市场状况负责运价的制定和调整
■ 负责进行各大型促销活动的策划，并与销售部经理相协调，监控大型促销活动的进展状况

图 11-8　营销部市场主管岗位职责与关键绩效指标

（三）营销部销售主管岗位职责与关键绩效指标

营销部销售主管岗位职责与关键绩效指标如图 11-9 所示。

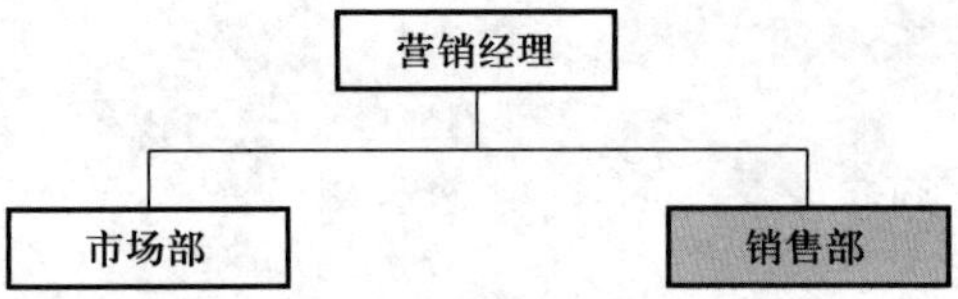

汇报关系

■ 直接向营销经理汇报

关键绩效指标

■ 销售收入
■ 直接客户占总销售收入比率
■ 客户满意度
■ 应收账款天数
■ 销售费用达成率

主要职责

■ 根据公司制定的发展目标和市场营销策略，负责制定销售策略、客户开发策略和计划，得到审核批准后负责销售策略、客户开发策略和计划的贯彻执行
■ 根据各物流环节业务（分公司）的销售预测数据，协同市场部意见，制订销售计划
■ 建立和健全销售管理体制，负责销售部的销售管理工作，监督销售管理体制的贯彻执行
■ 每年年底组织制定销售各部门的年度预算，经审批通过后负责整体控制销售部门的预算执行工作
■ 负责客户协议的洽谈、审议和签订
■ 负责对客户尤其是直接货主的开发和客户关系管理，负责直接客户开发计划和相关业务计划的制订，监控和评估计划的执行情况，协调和维护销售部与客户的良好关系，监控客户满意度并及时对客户投诉处理方案作出决策
■（指导各分公司的销售管理工作）
■ 定期向公司管理层提供销售统计数据以及分析和报告

图 11-9　营销部销售主管岗位职责与关键绩效指标

（四）行政部人力资源部岗位职责与关键绩效指标

行政部人力资源部岗位职责与关键绩效指标如图 11-10 所示。

汇报关系

■ 直接向行政经理汇报

关键绩效指标

■ 招聘空缺职位所需的平均天数
■ 员工年平均培训天数
■ 员工流失率
■ 员工培训满意度
■ 行政服务满意度

主要职责

■ 负责规划中长期人力资源发展策略并督导其贯彻执行，及时与管理层和基层员工宣传、沟通，力求每位员工都清楚了解人力资源发展策略
■ 配合公司中长期人力资源发展的战略目标，负责建立公司整体的年度人力需求、招聘和分配计划
■ 依据公司人力资源发展策略，负责建立必要的人力资源管理机制、办法和工具，并监督各项工作程序及实施质量（例如：人员岗位职责、绩效考评、薪资管理、激励机制、奖酬计划、培训计划、职业发展计划、调任管理、员工关系等）
■ 人力资源专业人才的培育、养成与发展，向公司高级管理层和其他经理人员提供专业咨询，帮助建立正确的人力资源管理观念与技能
■ 督导员工咨询渠道的建立，确认员工在需要时可以得到适当的人事咨询服务
■ 督导绩效评估的准时、正确执行确认绩效评估体系在整个公司范围内的有效运作
■ 负责公司的行政工作，确保对资源的分配和利用能够支持行政工作的运作和发展，完成为公司和员工提供高质量后勤保障的任务

图 11-10　行政部人力资源部岗位职责与关键绩效指标

（五）行政部信息技术部岗位职责与关键绩效指标

行政部信息技术部岗位职责与关键绩效指标如图 11-11 所示。

汇报关系

■ 直接向行政经理汇报

关键绩效指标

■ 信息技术服务满意度
■ “宕机”时间百分比
■ 系统出错次数
■ 信息技术维护费用预算达成率
■ 新系统上线准时性

主要职责

■ 深入理解公司的长期发展策略，组织收集分析各个管理和业务部门对信息技术的需求，结合信息技术的发展动态和在相关行业上的应用，负责制定公司的长期信息技术策略和企业应用系统发展规划
■ 负责规划公司的业务系统、网络、计算机软硬件和电信设备架构，制定详细的实施计划、成本预算以及预期效益，并负责与最高管理层及各相关部门沟通，确保每个相关部门都清楚了解信息技术发展规划
■ 负责制定公司信息技术的标准化制度，对公司应用的软硬件设备采用一致的配置，确保选择的各个应用软件之间有良好的兼容性
■ 负责信息技术部门建立和完善公司的网络、计算机软硬件和电信设备架构，审核其他部门提出的信息技术软硬件购买申请，并主动地维护与信息技术供应商的关系，为公司选择信誉良好、高质量和低成本的供应商
■ 负责公司应用软件的开发和项目管理，并强化系统开发过程中与相关业务部门之间的联系，领导解决或参与解决与信息技术相关的重大问题

图 11-11　行政部信息技术部岗位职责与关键绩效指标

（六）分公司销售部岗位职责与关键绩效指标

分公司销售部岗位职责与关键绩效指标如图 11-12 所示。

汇报关系

■ 行政上向分公司经理汇报
■ 业务上受总部销售部经理指导

关键绩效指标

■ 销售收入
■ 直接客户占总销售收入比率
■ 客户满意度
■ 应收账款天数
■ 销售费用达成率

主要职责

■ 根据总公司销售部的销售策略，负责公司销售策略、客户开发策略和计划在分公司的贯彻执行，并制定相应区域内的销售策略、客户开发策略和计划
■ 负责分公司的销售预测并及时上报总公司，监督销售计划的执行，确保销售指标的达成
■ 负责对新客户尤其是直接货主和其他客户的开发和管理

图 11-12　分公司销售部岗位职责与关键绩效指标

（七）分公司运营操作部岗位职责与关键绩效指标

分公司运营操作部岗位职责与关键绩效指标如图 11-13 所示。

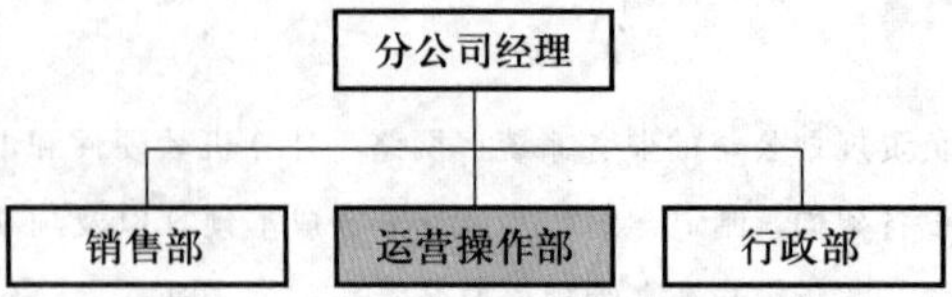

汇报关系

- 行政上向分公司经理汇报
- 业务上受总部运营计划部经理指导

关键绩效指标

- 客户服务满意度
- 货物投递计划执行准时性
- 预期提示文件制作出错率
- 货运单证准确率
- 货运单证的及时性

主要职责

- 在总公司运营计划部的指导下，负责在所辖区域运营操作，在满足销售部需求的同时保持较高的客户满意度
- 负责对本区域的业务操作进行管理和监控
- 管理、监控并协调本区域的操作人员安排、车辆调度、单证操作、仓库管理工作等
- 协调与其他区域的运营操作的联络和衔接

图 11-13　分公司运营操作部岗位职责与关键绩效指标

（八）分公司行政部岗位职责与关键绩效指标

分公司行政部岗位职责与关键绩效指标如图 11-14 所示。

汇报关系

- 行政上向分公司经理汇报
- 业务上受总部财务部经理、人力资源部经理的指导

关键绩效指标

- 招聘计划完成率
- 人事档案的完整率
- 坏账比率
- 平均账单审核时间
- 车辆事故次数

主要职责

- 贯彻执行总公司财务制度，负责分公司的结算和会计工作
- 负责分公司财务预算的制定，监控财务预算的执行，并根据执行情况对财务预算进行评估并提出调整意见
- 负责财务报表的编制工作，审核财务报表，确认其准确性，并报送总公司财务部；定期向总公司汇报分公司的资产运作和财务状况
- 负责分公司的行政人事工作，确保对资源的分配和利用能够支持行政人事工作的运作和发展
- 完成为公司和员工提供高质量后勤保障的任务
- 建立、维护和改进与区域内有关部门行政管理信息的传达、沟通

图 11-14　分公司行政部岗位职责与关键绩效指标

案例讨论

1. 请分析 H 公司战略调整与组织创新的关系。

2. 传统的以单个环节服务的公司（如运输公司），在发展第三方物流时，在组织上会遇到什么困难，如何解决出现的矛盾？

案例二

邮政全球化兼并意味着什么

20世纪90年代，随着经济全球化的发展，兼并、并购也成为一些跨国公司尽快占领国际市场、拓宽业务范围的重要手段。邮政也不例外。

1996年，荷兰邮政以7亿英镑收购了TNT跨国速递公司。随后，荷兰邮政又兼并了十几家大型公司，成立了TPG荷兰邮政集团。

法国邮政兼并了美国Insa运输公司，并且通过三次收购获得了欧洲DPD集团40%的股份。另外，法国邮政还控制着英国运输公司Panic link 51%的股份。

英国邮政兼并了德国包裹公司和德国一流速递公司之一的DerKurier速递公司。这两次收购的成功使英国邮政成为欧洲邮政市场的主角。

德国邮政现已收购了15家公司，其中包括买进敦豪国际运输公司25%的股权，买断英国Securior速递公司50%的股权，收购荷兰包裹运输公司Nedlloyd集团，收购瑞典的物流服务公司ASG。在美国，德国邮政收购了国际航空快运公司，从而使德国邮政成为世界第一货运公司。

邮政兼并首先在欧洲展开，并且这一潮流开始涌向美洲、亚洲。

分析一下这次由欧洲掀起的邮政兼并潮，不难发现邮政兼并的特点：

邮政开始向私营公司兼并实现经营全球化。荷兰邮政于1996年购并总部设在澳大利亚的私人跨国速递公司TNT，这样，荷兰邮政集团马上进入国际邮政市场，打破了世界各国邮政不能直接经营外国邮政业务的惯例，使荷兰邮政的经营触角延伸到了世界各国。尽管现在大部分国家对本国邮政经营还有一些保护措施，但是荷兰邮政通过兼并TNT公司毕竟使其业务范围扩大到了世界各国。

邮政系统兼并运输公司，成为邮政集团，开始提供除传统邮政服务外的物流服务。德国邮政收购了国际航空快运公司，荷兰邮政集团收购了Ansett航空公司，英国邮政收购了德国包裹公司、英国的威廉姆斯集团和美国的花旗邮政，这些都使原来传统的邮政的运输能力大大增强，同时通过收购、兼并这些公司，使各国邮政的经营范围大大拓宽，可以提供能满足不同层次需要的物流服务。

兼并实现的是一种强强联合，弥补各自的弱项。从以上兼并案例也可以看出，这些兼并都是一种强强联合。敦豪快递公司、TNT快递公司是国际上知名的跨国公司；威廉姆斯集团和美国的花旗邮政也是当地知名的公司。威廉姆斯集团是爱尔兰的包裹业务、物流服务、航空货运、配送服务的佼佼者。美国的花旗邮政也是美国近年飞速发展起来的私营公司，能在美国五大城市提供文件次日递送业务，并且在155个城市开办物品配送业务。

为什么要进行兼并？在中荷邮政高级研讨会上，记者采访了荷兰邮政集团亚太区副总裁以及部分邮政专家。他们认为，当今邮政发展处在转折时期，传统邮政受到信息网络化和经济全球化的挑战。信息网络化使以纸质为载体的传统邮政信息传递业务大幅下降，使传统邮政发展遇到了前所未有的困难。同时随着经济全球化的发展，传统邮政的运作方式以及原来在万国邮联领导下的世界各国邮政间合作的方式受到极大的挑战。因为各国邮政发展不平衡，并且各国邮政间的合作是一种较松散的方式，很难适应市场经济条件下需要快速决策、需要高效率工作的市场环境。所以许多专家在谈及为什么成功实现国际化购并如此重要时几乎不约而同地说，不能不这样做，否则将难以保护国内市场。

兼并是各国邮政走向全球化的策略。随着经济全球化的快速发展，一些经济部门也迫切希望邮政行业能提供一些全球性服务，但是由于原来邮政部门做的大部分是本国业务，而对一些国际业务则显得实力不足。因为原来邮联限定，国际邮件从A国到B国，收寄是A国邮政的事，投递是B国邮政的事，两国邮政间只是一种业务关系，而不是一种以资本为纽带的合作关系，所以A国邮政也不知道B国邮政投递了没有，缺乏应有控制手段。为此，兼并一些跨国公司是发达国家邮政实现全球化策略的主要手段。

兼并是各国邮政尽快拓展业务空间的举措。面对信息网络化以及电子商务的快速发展，传统邮政的业务领域也不能满足需要，并且原来各国邮政在这方面的准备也不够充分，传统邮政服务无法满足电子商务对物流服务所提出的需要。为此，一些能适应电子商务等业务发展需要的实物运递部门也成为邮政兼并的对象。

兼并还有一个重要原因就是通过兼并来对原来的传统邮政进行重组、改造、合并，引进一些先进的管理方法，推动邮政朝商业化、企业化方面快速发展，真正使各国邮政成为市场的主体。传统邮政的经营管理模式需要改革已成为世界各国邮政的共识，但是如何改革，难度很大。实行兼并策略其实是推动改革的一剂良药。兼并的首要条件就是使本企业成为一个自负盈亏、自主经营、自我发展的现代企业。同时通过兼并能将被兼并公司的先进的管理方式、方法尽快应用到企业上来。

兼并是一场世界各国邮政重新定位、重新寻找生存空间的革命。我国已加入WTO，这场革命对我国邮政发展也将会产生重大影响。如何应对这一革命？我国邮政能否走出去？值得我们思考。

案例来源：中国邮政官网。

案例讨论

试以我国邮政为例，讨论如何发展全球化的业务。

即测即评

请扫描右侧二维码，进行即测即评。

第十二章　第三方物流的合同与价格结构

引　　言

企业与第三方物流企业建立物流服务的合作关系的形式与内容需要用合同来体现与约束。第三方物流服务的关系有别于传统的交易关系，需要体现长期与可持续性等方面，在合同设计时应该予以注意。同时，企业与第三方物流企业关于服务价格与费用结构的选择会影响双方的表现。本章首先讨论以上相关的问题，然后介绍《中华人民共和国合同法》（以下简称《合同法》）中关于运输与仓储的条款，最后介绍一个以美国为背景的第三方物流合同的范本。

第一节　第三方物流服务合同设计原则

当企业确定了与之合作的第三方物流企业以后，下一步需要签订一份第三方物流合同。从发展趋势来看，企业与第三方物流供应商的关系趋向于一种战略上的合作伙伴关系，双方的合作希望达到一个“双赢”的目的。在双方实施第三方物流关系前，作为明确双方责任和义务的合同，对整个第三方物流关系能否顺利运作，合作能否成功是至关重要的。

企业将物流业务外包给第三方物流供应商，通常并不是简单的运输、仓储、报关、代理环节的运作及合同的签订，而是由第三方物流供应商针对性地提供一套个性化的物流服务，第三方物流合同通常涉及的环节多、时间长，服务要求也较复杂。所以在设计第三方物流合同时应遵循一定的原则。

一、合理性

因为第三方物流关系是双方的一种长期的战略伙伴关系，合作的目的是要达到“双赢”。因此物流合同的签订必须保证双方的利益，使任何一方都能在第三方物流合作关系中获益。如果存在显失公平的情况，一方获得超额的利益，而另一方处于不利的地位，即使合同签订后，也会因双方目标与意见的不一致，在实际的履约过程中出现各种各样的问题，使合作陷入困境。在订立合同过程中，对经济活动所带来的预期利益，双方要公平合理地进行分配。

二、长期性

第三方物流合作双方的关系，通过合同形式的约束进行合作，双方共同发展，实现双赢。

在这一合作关系中，使用方企业是委托方，而第三方物流企业则作为被委托方。在这种委托关系中，保证双方的利益从而保证合作关系稳定这一目标可以通过第三方物流合同中所体现出来的长期性来实现。

三、灵活性

成功的第三方物流服务交易，物流服务提供商和物流服务需求企业之间的关系范围必须要反映外包交易中的实际情况，并随着实际情况的改变而改变。所有的第三方物流服务合同都建立在一些关键假设之上，假设包括技术、商业条件、人员和其他相关方面。一旦合同签署，这些假设会随着时间开始改变。企业起初设计的服务需求可能和 3 年以后的要求截然不同。考虑到对合同灵活性的要求，为发展中的关系提供一个有效的结构框架是必要的，但不限定合同的服务范围和如何提供服务也是同等重要的，因为这样就可以防止一家公司得到全部的关系利益。

灵活性和严格的结构之间有明显冲突，这会给负责制定合同的律师带来挑战，他们的工作就是保证合同协议的严密性。一个长期的第三方物流合同本身就具有自身的不确定性，因为它旨在确定一个长期的关系，这种关系会随着企业对物流的服务需求的演变而不可避免地发展和变化。

第三方物流服务合同需要适应这样的不确定性，但是在不确定性发生之前，企业和第三方物流供应商必须保证它们都理解合同中涉及的目标和目的。这种共同的理解取决于一种真正伙伴关系的形成，而这种关系的形成是建立在风险和报酬之间的良好平衡的基础上的。

四、可持续性

在签订第三方物流服务合同时，还有一个导致第三方物流合作无法达成的失败因素是合同缺乏可持续性。有时指定一组新的人员承担管理持续关系的职责时，新团队成员可能了解，也可能不了解合同的目的，因此协商合同的人员应该继续管理合同。

第二节　第三方物流合同中的关键条款

在第三方物流合同的订立过程中，企业应注意第三方物流合同中尽量包括关键性的内容，避免遗漏。第三方物流合同中的关键内容主要有业务范围、物流服务的质量标准、可扩充性、风险和责任、报酬、合同的中止等。

一、业务范围

业务范围（the scope of work）就是物流服务要求明细，它对服务的环节、作业方式、作业时间等细节作出明确的界定，进行具体而详细的描述。工作范围的制定是物流外包的最重要的一个环节。

物流外包失败或出现黑洞最终大多要归结为工作范围不明确。如在物流合同中常出现“在必要时第三方物流供应商将采取加班作业以满足客户的需求”等泛泛承诺。由于没有明确的界定，实际运作中，双方会就如何理解“必要”会发生分歧。客户会认为，“提出需求时即为必要”，而第三方物流供应商则认为，“客户提出需求，且理由合理时才为必要”。类似的例子，在物流外包服务中经常遇到。

二、物流服务质量标准

物流服务质量标准的条款，不管是作为第三方物流合同的一部分，还是单独签订的一份协议，它都是将第三方物流供应商的动力同客户企业的目标密切相连的有效工具。

设立物流服务质量标准条款的关键在于较为全面地包含以下内容，对这些方面进行周全的考虑与规定，是物流外包合同的重点之一。

（一）要评定哪方面的服务质量

物流服务质量标准即第三方物流业绩的评定水平。一般而言，物流服务质量的评定涉及服务的速度、有效性、可靠性、使用方的友好性、及时性、一致性、效率等。一个好的服务质量评价体系应该既能对供应商产生影响力和控制力，又能对双方交易的成功产生关键的评定作用。而且，第三方物流外包中完善的服务质量评定还应该使合作双方的动力合成一股共同起作用的力量。例如，当服务价格采用固定价格形式的合同时，会使第三方物流公司产生降低成本的动力，而合同中有关服务质量的条款，就会使得第三方物流公司相应地把重点放到质量和及时性上。

（二）各服务质量具体评定什么内容

第三方物流合作各方必须准确定义物流服务质量水平，否则双方之间的协议就不能真正称之为达成一致。有时，会出现这样一种不协调的现象：物流服务需求企业认为要对 A、B、C 三项进行服务质量评定，而第三方物流供应商则只认为仅对 A 与 B 加以评定即可。在这种情况下，当 C 项出现问题就会产生争执，这就称为合同中未能明示。

（三）采用何种过程来评定绩效

在目前的情况下，企业对于第三方物流合同履行状况进行的评定大多是自主进行的。通常情况下，可以在第三方物流外包合同中以附件的形式对具体评定标准加以定义，也就是常说的关键绩效指标。

对于每个服务水平，都需要有一个过程来评定供应商所实现的绩效。在选择评定过程时，有三个关键因素：一是准确性；二是成本；三是透明度。

（四）要提供哪些报表文件

物流服务质量标准条款中应要求第三方物流供应商定期提交清晰、有用、及时的有关绩效的报表。条款中应详细规定报表中应该反映出哪些信息；同时，条款中还应规定供应商对未能达到规定标准的服务要从根本上分析原因，并将分析结果以报告的形式提交给第三方物流服务需求企业。表 12-1 和表 12-2 即为某物流服务外包合同中有关提交报表的内容，主要涉及运输和仓储作业。

表 12-1　报表种类、发送时间与交接要求（运输）

<table>
<tr><th>报表名称</th><th>报表内容</th><th>发送时间</th><th>形式与发送方式</th><th>交接</th></tr>
<tr><td>运输日报表</td><td>反映每一订单货物当天运输状况，以便进行货物的跟踪</td><td>日报表当天发送，或次日上午 10 点前发送</td><td rowspan="5">◇ 报表形式由甲方规定，乙方可以提出合理化建议，乙方应该发送及时且数据准确
◇ 必须利用计算机网络技术，直接将报表以电子文档的方式发送到甲方终端；同时，利用传真等手段，将纸面上的报表，经过乙方签字盖章后发送给甲方
◇ 乙方要将所有运输单据按规定时间交给甲方</td><td rowspan="5">双方指定专人负责</td></tr>
<tr><td>运输汇总报告</td><td>反映货物体积（重量）、实际抵达时间和标准时间等运输信息，主要用于核算运输费用和评价运输服务水平</td><td rowspan="3">每月第 2 个工作日发送上月月报表</td></tr>
<tr><td>月度运输分析</td><td>反映各城市运输量变动情况、订单数量变动情况</td></tr>
<tr><td>KPI 分析</td><td>对各项 KPI 的月度统计</td></tr>
<tr><td>客户投诉/偶发事件</td><td>◇ 客户投诉/偶发事件的情况报告
◇ 原因分析、整改措施</td><td>对客户投诉及偶发事件立即发送，原因分析及整改报告一周之内发送</td></tr>
</table>

表 12-2　报表种类、发送时间与交接要求（仓储）

<table>
<tr><th>报表名称</th><th>报表内容</th><th>发送时间</th><th>形式与发送方式</th><th>交接</th></tr>
<tr><td>入库收货情况报告</td><td>入库收货情况报告是对入库货物进行确认的文件，主要记录货物入库数量和货损情况</td><td>在货物入库 24 小时内</td><td rowspan="11">◇ 报表形式由甲方规定，乙方可以提出合理化建议，乙方应该发送及时且数据准确
◇ 必须利用计算机网络技术，直接将报表以电子文档的方式发送到甲方终端；同时，利用传真等手段，将纸面上的报表，经过乙方签字盖章后发送给甲方</td><td rowspan="11">双方指定专人负责</td></tr>
<tr><td>日报表</td><td>日报表主要反映货物当天的进出和当天货物的结存</td><td>当天发送，或次日上午 10 点前发送</td></tr>
<tr><td>订单发货异常情况</td><td>订单发货延迟、取消、缺货的情况统计</td><td>每天 10 点每月汇总</td></tr>
<tr><td>借还机汇总周报</td><td>反映仓库借还机情况的每周汇总</td><td>每周二提供</td></tr>
<tr><td>月报表</td><td>业务月报表主要反映货物一月的累计进出和月末的结存，一般以件数为统计单位</td><td>当月月底 16 点</td></tr>
<tr><td>费用统计分析表</td><td>每月的费用审核和相关的费用分析报表</td><td>每月月底前 2 天</td></tr>
<tr><td>盘点报告</td><td>每月仓库的实际盘点报告</td><td>当月月底 16 点</td></tr>
<tr><td>仓库异常情况与库损报告</td><td>反映仓库中货物损坏情况和仓库中发生的货物异常情况或突发事件反馈表</td><td>即刻发送</td></tr>
<tr><td>非好品入库分析表</td><td>反映待验机、折价机、损机、报废机的来源和进出库月平衡表</td><td rowspan="3">每月第 2 个工作日发送上月报告</td></tr>
<tr><td>滞销品报告</td><td>低速周转存货（>3 个月未发的存货/平均销售）</td></tr>
<tr><td>KPI 的月度报告</td><td>反映仓库当月的操作指标情况</td></tr>
</table>

三、可扩充性

这是对应合同灵活性原则的一项条款。

服务范围可以根据一定条件进行扩充，但不能根本违背原合同的宗旨。

由于物流服务合同是一项立足于长期合作的协议，在双方较长期的合作中，服务内容可能会随时间的推移有所变动，此时，就要求合同条款有一定的可扩充性，以适应变动的需求。

如在某些合同中，就服务范围有如下的字眼“乙方应根据甲方的需要，提供甲方要求的有关运输服务，包括但不仅限于……”。

四、双方风险和责任

明确的风险分担条款是第三方物流外包合同中必备的条款。只有对双方的责任和风险进行明确有效的划分，第三方物流外包才能走向成功。如在第三方物流外包仓储业务时，合同中应对存货方和保管方进行如下的责任划分：

（1）由于保管方的责任，造成退仓或不能入库时，应由保管方承担由此发生的往返运费，并赔偿存货方产生的一切损失。

（2）货物在储存期间，由于保管不善而发生货物丢失、短少、变质、污染、损坏的，负责赔偿损失。

（3）由保管方负责发运的货物，不能按期发货，赔偿存货逾期交货的损失，错发到货地点除按合同规定无偿运到规定的到货地点外，并赔偿存货方因此而造成的实际损失。

（4）存货方在物资出库时需要开具物资出库单，写明品名、规格、数量、重量及入库时保管方提供的入库单号。保管方凭存货方出库通知单并与出库通知单样本核对无误后方可发货，因未见存货方出库通知单及传真件而发货造成的损失由保管方承担责任。存货方出库单正本及传真具有同等效力（附出库通知单及印鉴样本）。

五、利益报酬分配机制

物流外包合作的成功运作必须以公平、合理的收益分配方案的制订为基础。所谓收益分配是指合作各方成员从联盟组织的总收入或总利润中分得各自应得的份额。只有公平合理的收益分配才能保证合作过程的顺利进行和市场机遇的灵活响应，所以在订立外包合同时，双方应对收益分配问题达成共同认可的方案，作为合同中的重要条款。

六、合同的中止

第三方物流合同中止条款即为退出条款。第三方物流合同中的退出条款应考虑包括以下几方面内容：

（1）合同中止的原因。大多数第三方协议在一定条件下允许中止，即在合同有效期内，发生实质性违反合同履行的情况时，合同中止。

（2）第三方物流供应商中止合作关系的权利。

（3）合同中止时，双方企业应做何处理。

为平稳过渡，要求第三方物流供应商在以下方面提供协助：协助制定过渡计划；提交有关双方业务间的往来数据、资料及文件等的副本；雇用员工、购买资产；与过渡有关的咨询服务；过渡结束后，可继续使用共同的网络或其他类似资产。

物流服务需求企业方单方面提出中止合同时，应向第三方物流供应商作出补偿性措施，以及给予第三方物流供应商动力，以促进其协助中止合同。

第三节　第三方物流服务价格或费用结构

对于第三方物流服务使用方和第三方物流服务提供方，双方另一个重要的协定就是确定第三方物流服务的价格与费用结构。费用结构在第三方物流服务使用方与提供方之间是可以有不同的选择的。例如，第三方物流服务提供方可以只对它们直接控制的成本（如劳务等）负责，间接的成本由客户自己负责。合同中必须指出对于服务过程中的损坏或过失是否要进行处罚，处罚应该如何计算和评估。一般有三种方法来设定价格，即单位费用（单位价格）、管理费用以及成本加管理费。

一、单位价格

单位价格（unite rate）就是按每一单位物流服务收取固定的费用。如配送每箱货物按2元收取费用。双方同意费用包括所有直接的操作成本和设施成本、适当比例的企业管理费用和固定成本、一定水平的利润。

单位价格的优点是：

（1）易于使用和理解。

（2）第三方物流服务使用方的成本是可变的，随着物流服务数量的多少而变化。

（3）它可以适应实际的物流服务数量水平。

（4）能促进第三方物流企业提高生产率。

单位价格的不利之处是：

（1）在数量和其他变量没有达到计划水平的时候风险会增加。

（2）第三方物流服务提供方缺乏和第三方物流服务使用方分享效率的动机。

（3）如果“单位”不容易定义的话，使用起来会比较困难。

（4）第三方物流服务提供方可能会出现成本上浮的情况，包括突发情况产生的风险。

二、管理费用（年固定费用）

管理费用（management fee）就是按年对所需要的服务收取固定的费用的方式。在有些情况下，管理费用的结构包括直接成本、企业的一般管理费用和固定成本、利润等所有要素。一般情况是第三方物流服务使用方（客户）支付直接的成本，第三方物流公司获得固定的管理费用，包括提供服务的管理费与利润。

管理费用结构的优点是：

（1）在操作费用和服务水平上产生的分歧会较小。

（2）管理效率会提高。

（3）在很难定义单位，而且数量和运输模式不明确的时候，提供了一种可供选择的支付方式。

(4) 第三方物流提供方的利润和管理费用是固定的。

管理费用结构的不利之处是：

(1) 不能随着生产率的变化而变化。

(2) 设定一个适当的费用比较困难。

(3) 没有提高效率的促进因素。

(4) 对促进第三方物流企业进行监督或管理上的努力缺乏推动力。

三、成本加管理费用

成本加管理费用（cost plus）的补偿方式能够通过以下方式实现，可能的费用支付包括：

(1) 实际的成本加上作为利润和企业管理费用的固定费用。

(2) 成本加上一定比例的管理费用。

(3) 对成本降低或服务提升给予一定的激励。

成本加管理费用结构的优点是：

(1) 利润已知，所以第三方物流服务提供方没有降低服务水平增加利润的动机。

(2) 在成本结构不确定的时候，开端会比较平稳。

(3) 第三方物流公司不会为偶发事件支付额外费用。

(4) 如果第三方物流服务提供方提高生产率，将因此受益。

(5) 相比单位费用结构而言，承担的风险较小。

(6) 第三方物流企业不会因配送模式估计不准而遭受损失。

成本加管理成费用结构的不利之处是：

(1) 缺乏对第三方物流服务提供方降低成本和提高生产率的促进因素。

(2) 需要有合适的方式监督成本水平，设定合理的成本基准点。

采用哪种服务价格与费用结构通常是可以灵活处理的。有时需要单位费用、管理费用和成本加管理费用这几种方式的结合使用。比如，A公司在某地有一笔业务。它在以单位付费的基础上对第三方物流企业为其货物运送给客户进行付酬。这家公司拥有一个大型仓库，由第三方物流操作。仓库设施和产品都属于这家公司，但是员工是第三方物流公司派出的。在这种情况下，直接支付产生的费用，给第三方物流企业一笔操作仓库设施的管理费用。在其他地方，第三方物流企业给该公司操作仓库设施而以成本加管理费用的方式获得报酬，第三方物流企业负担了该公司的所有成本，因而，还要按一定比例支付给第三方物流服务提供方一定的费用作为其利润和企业管理费用。

在我国，目前第三方物流服务的层次还有待提高，第三方物流服务使用方较多地采取以价格作为衡量与选取第三方物流公司的首选。然而，价格与服务是有关系的，在以价格为首选的情况下，服务与安全很难得到保证。几年前，作者曾为某企业物流招标咨询作了一个调查，发现不同公司对公路运输的报价是不一样的，价格水平基本可以分为三个层次：

(1) 物流公司的报价。

(2) 运输公司（车队）的报价。

(3) 零散的车队或司机的报价。

以上三个层次的价格水平相差大概是：物流公司与运输公司的报价相差15%左右。运输公司的报价与零散车队（司机）的报价相差15%左右。

三个层次的价格水平不同，进一步分析，其运输服务的风险及服务水平也是不一样的，表12-3反映了其价格、风险与服务水平的关系。

表12-3 不同层次的公司的价格、风险与服务水平

层次	价格水平 （以物流公司为1）	风险	服务
物流公司	100%	低	● 对客户统一物流服务，提升公司形象，带来无形价值 ● 整合运输与仓储带来的利益 ● 提供信息服务带来的利益 ● 管理服务（KPI） ● 索赔能力 ● 车况的管理
运输公司	85%，可以降低15%左右	中	● 运输与仓储等环节不在一个公司的管理下 ● 管理困难 ● 得不到物流公司服务带来的利益
零散车队（司机）	70%，可以降低30%左右	高	得不到物流公司服务带来的利益，风险较高： ● 超载 ● 较高的货损率（由于反复装卸） ● 因为等货相拼造成时间不准时 ● 无索赔能力

第四节 我国《合同法》中有关第三方运输的条款

《合同法》于1999年3月15日由第九届全国人民代表大会第二次会议通过，并于1999年10月1日起正式实施。作为一部调整市场交易的基本法律，它的颁布实施结束了我国合同法长期分立的局面。

《合同法》第二百八十八条至第二百九十二条是关于运输合同的一般规定；第三百零四条至第三百一十六条是货物运输合同；第三百一十七条至第三百二十一条是多式联运合同。

一、运输合同

《合同法》颁行前，我国的运输合同立法分散且不平衡。只是在《经济合同法》第二十条、第三十六条中对货物运输合同作了一般性规定，并针对物品运送的不同途径，相继颁布了铁路、公路、水路和航空货物运输合同实施细则等行政规章。凡国际性的运送合同则由我国参加的国际协议、协定、条约或国际公约加以调整。

货物运输合同，是指承运人将货物运送至约定的地点，托运人向承运人支付运费的合同。

货物运输合同是由承运人开展运送业务的法律形式。货物运输合同可根据不同的标准进行不同的分类：以运输工具分类，可将运输合同分为铁路运输合同、公路运输合同、水路运输合同、航空运输合同以及管道运输合同等；以运送方式分类，可将运输合同分为单一运输合同和联合运输合同。其中，单一运输是以一种运送工具进行的运送，联合运输简称为联运，是指两种以上的运送工具进行的同一运输活动，它又可分国内联运合同和国际联运合同。《合同法》从运输合同、货物运输合同以及多式联运合同三个角度对运输合同进行了规范。

“通常的运输路线”，应是指货物运输中，从出发点到目的地之间对双方当事人来说最为经济有效、对托运人或收货人最为有利的运输路线。在公共运输当中，不管是铁路、公路运输，还是水路、航空运输，固定班次的乘运工具有着相对固定的运行路线，这种事先昭示的固定路线即是“通常的运输路线”。在非公共运输路线中，符合日常运输习惯，对托运人或收货人一方最为有利的运输路线即是“通常的运输路线”。

二、货运合同

托运人办理货物运输，即是其签订货物运输合同（并履行货物运输合同）的过程，这里的“托运人”可以是单纯的货物发运人，也可以是带有行李、包裹需托运的具有双重身份的旅客。运输合同的订立，通常分为要约和承诺两个阶段，货物运输合同也不例外。

收货人请求承运人赔偿损失的权利自提货之日起6个月内不行使而消失。“6个月”对承运人和收货人双方都是公平的。

承运人对运输过程中货物毁损、灭失承担损害赔偿责任，但承运人证明货物的毁损、灭失是因不可抗力、货物本身的自然性质或者损耗以及托运人、收货人的过错造成的，不承担损害赔偿责任。

这里的“运输过程中”是指从承运货物时起，至货物交付收货人或者依照有关规定处理完毕时止。“毁损”是指托运的货物因损坏而价值减少。“灭失”是指承运人无法将货物交付给收货人，既包括货物的物质上的灭失，也包括占有的丧失及法律上不能回复占有的各种情形。

留置权，是指债权人按照合同约定占有债务人的动产，当债务人不按照合同约定的期限履行债务时，债权人可依法留置该财产，以该财产折价或者以拍卖、变卖该财产的价款优先受偿的担保物权。享有留置权的债权人叫做留置权人，留置的财产称为留置物。

提存，是指由于债权人的原因而无法向其交付合同标的物时，债务人将该标的物交给政府机关而消灭合同的制度。

三、多式联运合同

所谓多式联运合同，是指多式联运经营人以两种以上的不同运输方式将货物从接收地至目的地的合同。多式联运合同除具有一般运输合同的特征外，还具有以下特征：① 多式联运合同的承运人一方为两人以上。联运合同的承运人若仅为一人，不发生联运。联运合同的承运人虽为二人以上，但联运合同只是一个合同，而不是数个运送合同的组合。② 多式联运合同的各承运人以相互衔接的不同的运送手段承运。承运人虽为二人以上，但各承运人是用同一种运送工具完成运送任务的，也不发生多式联运。多式联运的承运人一方须以不同运送手段承运。③ 托运人一次交费并使用同一运送凭证。在多式联运中，货物由一承运方转交另一承运人运送或者旅客由一种运送工具换乘另一运送工具时，不需另行交费和办理托运手续。因此，联运可以减少运送的中间环节，有利于加快运送速度，提高运送效率。

多式联运经人对全程运输享有承运人的权利，承担承运人的义务。

多式联运经营人的权利包括：① 有权向托运人、收货人收取符合规定的各项费用；② 如能证明其本人、受雇人、代理人或为履行联运合同而服务的任何人，为避免事故的发生及其结果，已经采取一切可能的合理措施时，则有权拒绝承担赔偿责任；③ 如果多式联运经营人由于发货人或其雇用人或代理人的过失或疏忽而遭受损失，多式联运经营人有权向发货人提出索赔。

多式联运经营人的义务包括：① 必须将多式联运单据项下的货物运至目的地，完成多式联运合同规定的义务；② 在运输的责任期间，对货物的灭失、损坏、延迟交货等造成的损失负赔偿责任；③ 如果多式联运经营人故意欺诈，在多式联运单据上列入有关货物的不实资料，或者漏列有关应载明的事项，或货物的损失是由多式联运经营人故意造成，则有义务负责赔偿因此而遭受的任何损失或费用；④ 在发货人如期按规定交付各项费用后，必须向收货人交付货物。

所谓多式联运单据，是指多式联运经营人（联运人）在接管货物时，向发货人（托运人）签发的，证明多式联运合同以及证明多式联运经营人接管货物，按照合同条款交付货物的单据。它是多式联运合同的证明，是多式联运经营人已接管货物的收据，也是多式联运经营人交付货物和收货人提取货物的凭证。

第五节 我国《合同法》中有关第三方仓储的条款

我国《合同法》中第三百八十一条至第三百九十五条集中明示了仓储规定的条款。

一、仓储合同的概念和特征

仓储合同，又称仓储保管合同，是指当事人双方约定由仓库营业人（以前称仓管人）为存货人保管储存货物，存货人为此支付报酬的合同。

仓储合同具有以下法律特征：① 仓库营业人员须为有仓储设备并专事仓储保管业务的人；② 仓储保管合同的保管对象须为动产；③ 仓储合同为诺成合同；④ 仓储合同为双方有偿合同、不要式合同；⑤ 存货方主张货物已交付或行使返还请求权时以仓单为凭证。

二、仓储合同的效力

（一）仓库营业人员的义务

仓库营业人员为保管货物的一方当事人。仓储合同一经有效成立，仓库营业人即有以下义务：① 依存货人的要求，向存货人开具由其签名的仓单的义务；② 按合同的约定，承担接受存货人交付储存的货物并将其入库的义务；③ 按照合同约定的储存条件和保管要求，妥善保管保管物的义务；④ 在储存的货物出现危险时，仓库营业人有及时通知存货人的通知义务；⑤ 在合同约定的保管期限届满或因其他事由终止合同时，仓库营业人员应将储存的原物返还给存货人或存货人指定的第三人的义务。

（二）存货人的义务

存货人的义务主要有以下四项：① 按照合同的约定交存货物入库；② 支付保管费；③ 偿付仓库营业人因堆藏、保管货物所支出的必要费用；④ 按照合同的约定及时提取货物。

仓储合同法律关系的主体是保管人和存货人。保管人，指拥有一定设施，从事仓管业务的法人、其他经济组织和自然人。存货人，指将一定货物交付保管人由其储存的法人、其他经济组织和自然人。

仓储合同法律关系的客体是仓储行为。债权法律关系的客体，是债务人的行为。仓储合同是以实现一定仓储行为而进行的，双方当事人签订合同的目的亦围绕这一行为展开。

仓单是表示所有权（物权）的证券，同时又有债权效力，为不至于混淆于狭义的有价证券，我们将仓单定义为：保管人接受存货人交付的仓储物后依法给付存货的单证。仓单的法律特征有：① 仓单属于广义的有价证券。有价证券是指一定票面金额，证明持券人有权按期取得一定收入的所有权或债权证书。其权利的行使或处分须借助于证券的占有和转移。仓单往往表明持有人对仓储物享有所有权，即对仓储物有返还请求权，其权利的行使或转移，也必须以仓单占有或转移为必要，而且请求交付仓储物也须交还仓单，可见仓单属于广义的有价证券。由于仓储业务属于商业活动范畴，因而仓单亦是商业证券。② 仓单为要式证券。仓单记载的主要事项是法律确定的，因而仓单必须经保管人署名，记录法律规定的必备事项后才有效，所以属于要式证券。③ 仓单为法定指示证券。理论上，凡是依照法律可以通过背书转让的证券称为法定指示证券或背书证券。仓单可以背书转让，因而属于法定指示证券。④ 仓单为物权证券或交付证券。一般来说，仓单既具有债权效力，也具有物权效力。所谓仓单的债权效力，是指仓单持有人基于物权效力，有权要求保管人履行交付仓储物的义务。所谓仓单的物权效力，是指仓单即代表所载物品，因而就其物权效力来说，仓单可称为物权证券。⑤ 仓单为文义证券。所谓文义证券是指证券义务人只按证券上指明的内容对权利人履行义务。而不管证券的内容对当事的人意愿是否有出入，如果仓单持有人与保管人或其他当事人就权利义务发生争议时，概以票据的文义为准。⑥ 仓单为要因证券。其理由在于仓单上的权利是基于仓单的出单行为本身而产生的，其出单行为的基础为有效的仓储合同的存在，因而，仓单为要因证券。

本章小结

第三方物流合同设计需要考虑合理性、长期性、灵活性与可持续性。第三方物流合同的关键条款包括业务范围、服务的质量标准、可扩充性、双方的风险和责任、利益与报酬机制、合同中止等。第三方物流服务的价格与费用结构可以根据情况灵活采用，包括单位价格、管理费用价及成本加管理费用。

《合同法》颁布前，我国运输合同的立法分散且不平衡，《合同法》从运输合同、货物运输合同与多式联运合同三个角度对运输合同进行了规范。

第三方物流合同需要在两个对立的原则中取得双方的一致，即第三方物流公司为客户投资的摊提（回收）与客户保留提出中断物流服务关系的权利。

关键词

1. **业务范围**（the scope of work）
2. **单位价格**（unite rate）
3. **管理费用**（management fee）
4. **成本加管理费**（cost plus）

复习思考题

1. 第三方物流合同设计一般遵循什么原则？

2. 第三方物流合同中有哪些重要条款？试讨论业务范围与服务质量标准这两条款制定时需要考虑的方面。

3. 第三方物流服务的价格确定有哪些方法？试讨论每一种方法的优缺点。

案　例

第三方物流与客户的价格博弈

第三方物流的客户（甲方）总希望缩减预算，第三方物流（乙方）则拼命追求利润。在价格相对公开的物流外包中，为了实现各自的目标，势必上演一场斗智斗勇的好戏。

越来越多的企业开始在供应链的大旗下高呼“双赢”的口号。但实际上，货主企业（甲方）与为其提供服务的第三方物流公司（乙方）的竞争一直没有停止。

近几年来，由跨国公司带进中国内地来的招标投标方式，在合同物流市场蔚然成风。报价透明化虽然是必须的，但利润空间的权衡和第三方的服务质量时刻让甲方关注，“腹背受敌”的乙方们也从来没有放弃博弈价格的机会，谁愿意先公开自己的“底细”呢？

一场和平年代的价格争夺战开始了。

一、价格透明化表象

与传统的“整托”运输模式不同，现在运输行业的费用基本是透明的。各个线路上的人员费、过路费大都明码标价。在很多谈判中，乙方在价格上做到了形式上的透明，甲方对其利润空间也心知肚明。然而，这样的“诚意”还不足以表明双方之间合作的真诚。甲方怀疑乙方价格的“猫腻”，乙方也对甲方的咄咄逼人表示不满。

其实，在“明码标价”的前提下，“隐形价格”还是有所收敛的。甲乙双方通过协商，达成一个正负波动可接受的价格范围，是国际上通行的谈判形势。这样协商的效果在欧美的一些公司显得尤为突出。

相对于国内的运输与第三方物流服务行业，欧美的物流公司大都愿意公开自己的“家底”，告诉乙方自己的价格心里底线。这样的方式有时会显得刻板，但无论对于甲方还是乙方来讲，都是有利可图的。多数情况下，双方达成的利润区间也是彼此能够接受的。

同样的行业，同样的模式，在中国就有些“水土不服”了。中国的运输企业在尝试报价透明化的同时，很难保证甲乙双方会不会“留一手”，第一局的心理博弈就这么产生了。

在成本利润相差无几的竞争环境中，乙方不敢明目张胆地多报利润，只得悄悄地挤压成本，甚至于偷工减料，从成本费用里挤出一些利润养家糊口。但多数时候，成本和服务质量是成正比的。一旦客户对物流公司打了折扣的服务有所发觉，势必将运输价格一降再降，心想：反正再降你也是赚的。这样你追我跑的合作模式，让不少合作多年的伙伴纷纷选择“分手”。甲乙双方谁也不愿意见到这种曲终人散的局面，第三方物流公司叫苦连天，企业又看不惯他的贪得无厌，合作还要继续，怎么办？利润空间自然又成就了第二局的斗争焦点。

企业愿意给物流公司一定的利润空间，第三方对此也能够接受是最好的。只是，这个空间的“度”又聚焦了双方的眼球。大了，企业感觉自己吃了亏；小了，物流公司肯定不干！所以无论甲方乙方，在确定物流外包的报价时无不谨小慎微。

二、报价陷阱和犯规

一位参与过多次物流合同招投标的资深人士称，甲方的疏忽有时会方便乙方在报价的时候“埋钉子”。

他表示，一些甲方企业在招标时，通常会对整体的外包价格做一个测算，测算以过去一年的数据为基础。比如，在比较几个不同的运输上的报价时，甲方会把某个线路上的报价乘以去年在这个线路上的流量，然后再把所有线路的结果进行累加。

但是，如果这样的方式让第三方物流公司知道，后者就会采取有针对性的投标策略。在主要的线路上，乙方的报价差异不会很大。比如，从北京到上海的运输线路，由于竞争饱和，所以价格里已经没有任何水分。但乙方会在去年一些不被注意的线路上报相对高的价格，以求在“偏门”上获取更高的利润。而这些预埋的“钉子”是很难被测算到的。

“比如企业去年北京到哈尔滨的流量是200吨，到上海的流量是800吨。而乙方了解到，今年北京到哈尔滨的流量有可能上升到400吨。这时，第三方会在北京到上海的线路报价不变的情况下在北京到哈尔滨的线路报一个高价。如果货主企业用去年的数据算，肯定是算不出来的。”

据说，很多企业用这样的招式参加招投标屡试不爽。这样的“钉子”让企业防不胜防。在业内人士看来，这样的招式虽称不上是新鲜，但也足以使甲方企业不胜其烦。

如果说“埋钉子”还是市场规则允许的技术动作，那么恶意投标则是甲方避让不及的故意犯规了。

恶意投标者在招投标中以低价的优势被一些企业相中，但日后双方的合作就显得不那么顺利了。他们会以种种理由为借口要求提价，诸如油价、路政，甚至是一些完全不相干的原因。面对要挟，准备不足的货主企业有时无路可退。如果第三方当了甩手掌柜，企业短时间内找不到合适的“替身”，就会陷入进退两难的境地。

对于恶意投标，最好的办法就是提前把这些“苍蝇”过滤出去，不让他们参与到竞标当中来。“在我们的操作程序里，会对竞标公司进行提前调查，调查结果会自动进入公司的竞标系统。我们会优先选择一些正在为我们提供服务的物流商进行合作，当然，全球合作的供应商也是个不错的选择。除了这三方面的选择之外，我们就不会考虑其他的了。”一位知名跨国快消品企业的计划经理说。

她指出，一味追求价格低廉，反而会使恶意投标者钻了空子。此外，有时候具体价格还要具体分析。比如，同样是北京到天津，1 吨货和 5 吨货的单价肯定是不一样的。因为 1 吨的需要拼车，5 吨可以发整车。这样一来，可能 1 吨的流量 1 000 元到天津就赔了，5 吨流量 5 000元就赚了。从综合指数来看，最后中标者的价格并不一定就是最低的价格。

三、养一家物流公司

防止深陷甲方乙方缠斗泥沼，关键在于改善双方之间的信任。

一位曾在某知名手机生产商任职的专业人士给出的建议是，甲方可以培养几家物流公司专门为其提供物流服务。这样的好处在于，既规避了在陌生面孔中挑选合作伙伴时的忐忑不安，也防止与一些大型物流公司合作时出现店大欺客的问题。这尤其适用于像化妆品、药品、烟草等高货值产品的生产和零售企业。

“当时在我们公司，这样的方式是非常实用的。”这位专业人士说：“对大规模的运输公司而言，我们的业务量只是他们的一小部分，所以他们不会给予我们足够大的重视。而选择外资公司，也不是好的办法，他们会找一些外包的小公司对付我们。所以当时我们就选择一些能把我们放在第一、二位的中小规模的物流公司，这要比找大规模的公司要好得多。”

培养专门的物流公司，对于从根本上解决价格乱战交出了一份不错答卷。但也有不少企业发出不同的声音。

“你能保证他不背叛你吗？”一位持反对意见的人士反问道。他举例说，一家中国知名的快速消费品企业就采用了这样的方式，但被养大的供应商最后也并不是只为这家企业提供服务。在供应商成了一家全国性的物流公司之后，付出巨大培养心血的这家快速消费品企业成了供应商的一个普通客户。而两家公司之间的价格谈判，也逐渐由甲方一言堂，乙方协助，变成了双方之间的讨价还价。

事实上，对于物流公司来说，只要给他们足够的利润空间，这些公司会成长得很快。快速发展很容易让这些“白手起家”的第三方们不再甘于只为一家企业服务，外来的商机考验着这些物流公司的道德准则。这样的“背叛”同样在很多快速消费品企业上演着。一家被某跨国化妆品企业养大的物流公司，后来被发现用这家公司的钱去投资房地产。

看起来，甲方乙方的博弈很难有终极答案，还要长期继续下去。

案例讨论

1. 以上的价格博弈是在我国运输与第三方物流合作中经常发生的，对此谈谈你的看法。双方在价格博弈中容易犯的错误有哪些？

2. 你认为第三方物流取得双赢的定价方法有哪些？针对以上案例，你认为双方可以如何改进，以真正达到双赢的定价？

即测即评

请扫描右侧二维码，进行即测即评。

参考文献

[1] Christopher. Logistics and Supply Chain Management. London：Pitman Publishing，1992.

[2] Bowersox D J，Closs D J. Logistics Management-the Integrated Supply Chain Process. New York：McGraw-Hill Companies，INC，1998.

[3] European Conference of Ministers of Transport. New Trends in Logistics in Europe，1997.

[4] Coyle J J，Edward J. Bardi E J，Langley J. The Management of Business Logistics. St. Pall：West Publishing Company，1996.

[5] Kent J，Flint D. Perspectives on the evaluation of logistics thought. *Journal of Business Logistics*，1994，18（2）：15~29.

[6] Londe L，Cooper. Partnership in providing customer service：A third party perspective. Council of Logistics Management，1989.

[7] Londe L，Maltz. Some Propositions about outsourcing the logistics function. The International Journal of Logistics Management，1992.

[8] Londe L，Bernard. Supply Chain Management：Myth or Reality?. Supply Chain Management Review，1997，（1）：6~7.

[9] Berglund M. Third Party Logistics Providers-Towards A Conceptural Stragegic Model. Sweden：Linkoping University，1998.

[10] Mentze，John etc. Defining Supply Chain Management. Journal of Business Logistics. 2001.

[11] Peter van Laarhoven P V，Sharman G. Logistics Alliances：The European Experience. The Mckinsey Quarterly，1994（1）.

[12] Bagcji P K. European Logistics in Transition：Some insights. The International Journal of Logistics Management，1995（2）.

[13] Lieb R，Randall H. A comparasion of the Use of Third-Party Logistics Services by Large American Manufactures，1991，1994，1995. Journal of Business Logistics，1996（17）.

[14] Leahy S，Murphy R，Poist R. Determinants of Successful Logistics Relationships：A Third-Party Logistics Provider Perspective. Transportation Journal，1995（2）：35.

[15] Sheffi，Wandel. Third Party Logistics：Present and future prospects. Journal of Business Logistics，1990.

[16] Sink，Langley，Gibson. Buyer Observations of the U. S. Third Party Logistics Market. International Journal of Physical Distribution and Logistics Management，1996（3）：26.

[17] 郝聚民. 第三方物流. 成都：四川人民出版社，2002.

[18] 田宇. 第三方物流项目管理. 广州：中山大学出版社，2006.

[19] 亚当・斯密. 国民财富的性质和原因的研究. 北京：商务印书馆，1972.

[20] 叶守礼. 企业管理. 北京：高等教育出版社，2000.

[21] 约翰. B. 库伦. 多国管理战略要径. 邱立成，等，译. 北京：机械工业出版社，2000.

[22] 张代恩. 运输合同、保管合同、仓储合同. 北京：中国法制出版社，1999.
[23] 张维迎. 博弈论与信息经济学. 上海：上海人民出版社，1997.
[24] 周慧中. 宏观经济学. 上海：上海人民出版社，1999.

教学支持说明

建设立体化精品教材，向高校师生提供系列化教学解决方案和教学资源，是高等教育出版社（集团）“服务教育”的重要方式。为支持相应课程的教学，我们向采用本书作为教材的教师免费提供教学课件。

为保证该课件仅为教师获得，烦请授课教师填写如下开课情况证明并寄出（传真）至下列地址。

我们的联系办法：

地址：北京市朝阳区惠新东街4号　高等教育出版社经济管理分社

邮编：100029　　电话：010-58581771/58581020

传真：010-58581414　E-mail:zengfh@ hep. com. cn 或 guanli@ hep. com. cn

---

证　　明

兹证明____________大学____________系/院第__________学年开设的______________课程,采用高等教育出版社出版的________________(书名和作者)作为本课程教材,授课教师为__________,学生________个班共________人。

授课教师需要与本书配套的教学课件为：

地址：____________________

邮编：____________________

电话：____________________

E-mail：____________________

系/院主任：__________(签字)

(系/院办公室盖章)

20____年____月____日